# Die zeitlose Ayurveda-Küche
## Heilkraft unserer Nahrung

Alexander Pollozek & Dominik Behringer

# Die zeitlose Ayurveda-Küche

*Heilkraft unserer Nahrung*

Alexander Pollozek & Dominik Behringer

DIE ZEITLOSE AYURVEDA-KÜCHE
Heilkraft unserer Nahrung

2. überarbeitete Auflage 2012

ISBN 978-3-941706-37-8

Coverabbildung: © Jutta Schneider und Michael Will,
© yuliaglam - Fotolia.com, Kara-Kotsya - Fotolia.com
Layout: Perform, Kandern

Herausgeber:
Narayana Verlag GmbH, Blumenplatz 2, 79400 Kandern
Tel.: +49 7626 9749700
E-Mail: info@narayana-verlag.de
www.narayana-verlag.de

© 2012, Narayana Verlag

Alle Rechte vorbehalten. Ohne schriftliche Genehmigung des Verlags
darf kein Teil dieses Buches in irgendeiner Form - mechanisch, elektronisch, fotografisch -
reproduziert, vervielfältigt, übersetzt oder gespeichert werden, mit Ausnahme
kurzer Passagen für Buchbesprechungen.

Sofern eingetragene Warenzeichen, Handelsnamen und Gebrauchsnamen
verwendet werden, gelten die entsprechenden Schutzbestimmungen
(auch wenn diese nicht als solche gekennzeichnet sind).

Die Empfehlungen dieses Buches wurden von Autor und Verlag
nach bestem Wissen erarbeitet und überprüft.
Dennoch kann eine Garantie nicht übernommen werden. Weder der Autor
noch der Verlag können für eventuelle Nachteile oder Schäden, die aus den im Buch
gegebenen Hinweisen resultieren, eine Haftung übernehmen.

| | |
|---|---|
| **1** | **Einführung – 17** |
| **2** | **Die individuelle Konstitution – 41** |
| **3** | **Die ayurvedische Ernährungslehre – 79** |
| **4** | **Die Ayurveda-Küche – 147** |
| **5** | **Lebensmittelkunde – 161** |
| **6** | **Basisrezepturen – 219** |
| **7** | **Rezepte – 233** |
| **8** | **Kinderernährung nach Ayurveda – 323** |
| **9** | **Heil- oder Reinigungsdiäten – 329** |
| **10** | **Anhang – 357** |

# Inhalt

## 1 Einführung – 17

| | |
|---|---|
| Historische Quellen der Ayurveda-Medizin | 20 |
| Definition von Ayurveda als Methode | 26 |
| Definition der ayurvedischen Heilküche | 28 |
| Ayurveda in der westlichen Gesellschaft | 32 |
|     Ayurveda und die Azidose/Anti-Milch-Propaganda | 34 |

## 2 Die individuelle Konstitution – 41

| | |
|---|---|
| Die Entstehung des Kosmos mit seinen 25 Grundsubstanzen gemäß Sankhya-Philosophie | 42 |
| Tabelle: Die fünf Elemente und 20 Qualitäten | 44 |
|     Gurvadi Guna - die 20 Qualitäten aller Substanzen und ihre Wirkungen auf VPK | 44 |
| Das Tridosha-Konzept – die ayurvedische Drei-Säfte-Lehre | 46 |
|     Der Luftikus – Vata | 48 |
|     Der Hitzkopf – Pitta | 49 |
|     Der stille Genießer – Kapha | 50 |
| Tabelle: Die fünf Elemente und Tridosha | 52 |
| Tabelle: Analoge Ebenen der Tridosha im Überblick | 54 |
| Konstitutionsmerkmale und individuelle Verhaltensmuster | 56 |
|     Tabelle: Hauptmerkmale der Konstitutionstypen | 56 |
|     Tabelle: VPK und Gunas | 58 |
| Die fünf grundlegenden Lehrsätze des Ayurveda | 60 |
| Prakruti/Vikruti (Konstitution/Krankheit) | 62 |
|     Anleitungen zum Krankwerden/Anleitungen zum Gesundbleiben | 63/64 |
|     Der Prakruti–Typtest | 68 |
|     Auswertung des Typtests | 71 |
|     Die Stoffwechseltypen | 72 |

## 3 Die ayurvedische Ernährungslehre – 79

| | |
|---|---|
| Grundlagen der Ayurveda-Ernährung | 80 |
| Die Energetik der Nahrung | 82 |
|     Tabelle: Die sechs Geschmacksrichtungen (Rasaguna) und ihre Wirkungen im Überblick | 84 |
|     Tabelle: Bhuta agni (Stoffwechselfeuer) und die Transformation von Nahrung in Bewusstsein | 86 |
|     Tabelle: Die Energetik der Nahrung anhand der sechs Geschmacksqualitäten | 86 |
|     Tabelle: Die sechs Geschmacksqualitäten im Wandel der Jahreszeiten | 90 |
|     Das Konzept von Agni | 94 |
|     Tabelle: Die sechs Stadien der Verdauung | 98 |
|     Dhatvagni-Paka - der Stoffwechsel durch die Gewebefeuer | 100 |
|     Die acht Umwandlungsprozesse in den Körpergeweben | 102 |
|     Das Triguna-Konzept | 110 |
|     Wie wirkt Nahrung auf unser Bewusstsein und welchen Geist prägt sie? | 114 |
|     Die zirkadianen Rhythmen und deren Wirkung auf VPK | 117 |
|     Tridosha Mandala der Jahres- und Tageszeiten | 118 |
|     Der doshaspezifische Einfluss der Jahreszeiten und ausgleichende Maßnahmen (Rtucharya) | 122 |
|     Das Essritual | 128 |
|     Tabelle: Die Unterdrückung der 13 körperlichen Reflexe (Vegasamdharana) und ihre Behandlung | 131 |

| | |
|---|---|
| Die zehn goldenen Essregeln | 132 |
| Die toxischen Nahrungskombinationen | 138 |
| Antagonistischer Gebrauch von Nahrungsmitteln | 140 |

## 4 Die Ayurveda-Küche – 147

| | |
|---|---|
| *Die sattvische Küche* | 148 |
| *Grundausstattung der ayurvedischen Küche* | 156 |
| Liste der in der sattvischen Küche gebräuchlichsten Lebensmittel und Gewürze | 157 |

## 5 Lebensmittelkunde – 161

| | |
|---|---|
| *Nahrung im Industriezeitalter* | 164 |
| *Einteilung/Bewertung der Nahrungsmittel nach Caraka* | 168 |

| | | | |
|---|---|---|---|
| Getreide | 169 | Früchte | 171 |
| Leguminosen/Hülsenfrüchte | 169 | Fermentierte Getränke | 171 |
| Fleisch – Fisch – Eier | 170 | Wasser | 172 |
| Gemüse und Salate | 170 | Milch und Milchprodukte | 172 |

| | |
|---|---|
| *VPK-Nahrungsmittelliste* | 174 |
| *Küchenheilmittel* | 186 |

| | | | |
|---|---|---|---|
| Ajwan – *Königskümmel* | 188 | Kokosnuss – *Naral* | 198 |
| Asant – *Hing* | 189 | Koriander – *Dhania* | 200 |
| Bockshornklee – *Methi* | 190 | Kreuzkümmel/Cuminsamen – *Jeera* | 201 |
| Chili – *Mirch* | 191 | Minze – *Pudina* | 202 |
| Curryblätter – *Kadhi Patta, Mitha* | | Muskatnuss – *Jaiphala* | 203 |
| Neem | 192 | Safran – *Keshara* | 204 |
| Fenchel – *Badi Shep* | 192 | Schwarzer Pfeffer – *Kali Mirch* | 205 |
| Grüne Mungbohnen – *Moong* | 193 | Tamarinde oder Sauerdattel – *Chinch* | 206 |
| Honig – *Madhu* | 194 | Turmerik/Gelbwurz – *Kurkuma* | 206 |
| Ingwer – *Adrak* | 196 | Zimt – *Dalchini* | 208 |
| Kardamom – *Elaichi* | 197 | Zitronengras – *Pati Chaha* | 208 |
| Knoblauch – *Lahasun* | 198 | Zwiebel – *Kannda* | 209 |

| | |
|---|---|
| *Weitere Küchenheilmittel* | 210 |

| | | | |
|---|---|---|---|
| Äpfel | 210 | Kirschen | 211 |
| Bananen | 210 | Datteln | 212 |

| | |
|---|---|
| *Antidots* | 214 |
| *Erste Hilfe aus der Küche* | 215 |
| *Vitamine und Mineralien* | 216 |

# Inhalt

## 6 Basisrezepturen – 219

Zeichenerklärung/Legende ... 221
*Basisrezepte* ... 222
    Ghee $V°P°K°$ ... 222
    Paneer – selbst gemachter Frischkäse $V°P°K^+$ ... 223
    Chapatiteig/Rotiteig $V^+P°K^+$ ... 224
    Alumasala $V^+P°K°$ ... 226
*Gewürzmischungen* ... 228
    Rasammasala $V^+P°K°$ ... 229
    Garamasala $V^-P^+K^-$ ... 230
    Digestivmasala $V^-P^+K^-$ ... 231

## 7 Rezepte – 233

*Suppen und Dals* ... 236
    Chanadal-Suppe $V^+P°K°$ ... 236
    Chanasabji-Gemüse mit Dal $V^+P^-K°$ ... 238
    Dalbhat/Dalfry $V°P°K°$ ... 239
    Getreidesuppe für die kalte Jahreszeit $V°P^+K^-$ ... 240
    Karotten-Ingwersuppe $V°P°K°$ ... 241
    Kürbissuppe mit Fenchel $V°P°K°$ ... 242
    Leichte Gemüsesuppe $V°P°K°$ ... 243
    Mungdalsuppe $V°P°K°$ ... 244
    Rote Linsensuppe $V°P^+K^-$ ... 245
    Rasam mit grünen Bohnen $V^+P°K°$ ... 247
    Kokosrasam $V°P^-K°$ ... 248
    Spinatrasam, $V^+P^+K^-$ ... 248
    Tomatenrasam $V°P^+K^-$ ... 248
*Dosas und Pfannkuchen* ... 250
    Gemüse-„Omelett" ohne Eier $V°P°K^-$ ... 250
    Kräuterpfannkuchen $V°P°K^+$ ... 251
    Kürbisomelett mit Meerrettichsoße $V°P°K^-$ ... 252
    Holunderküchle $V^+P°K^-$ ... 253
    Masala-Dosa $V^+P°K^-$ ... 255

*Gemüsegerichte* — **256**

- Alu Matar – Kartoffeln und Erbsen in Tomatensoße *V⁺P°K⁻* — 257
- Alu-Bhandghobisabji – Kohl und Kartoffeln geschmort *V⁺P⁻K⁻* — 258
- Auberginen-Khaddi *V°P⁺K°* — 259
- Bengalisches Kürbiscurry *V°P°K⁺* — 260
- Bittergemüse *V°P⁻K°* — 261
- Bittermelonen-Sabji *V°P⁻K°* — 262
- Brinjal Poriyal – gefüllte Auberginen *V⁺P°K⁻* — 263
- Gefüllte Kohlblätter *V°P°K°* — 264
- Gefüllte Paprika *V°P⁻K°* — 265
- Gemüsebällchen in Soße *V°P°K⁺* — 266
- Getreidebratlinge mit Gemüse *V°P°K°* — 268
- Grüne Bohnen in Kichererbsensoße *V⁺P°K⁻* — 269
- Kaschmir-Kartoffeln *V⁺P⁻K°* — 270
- Kichererbsencurry *V⁺P°K⁻* — 271
- Kürbis-Kuzambhu *V°P⁻K⁺* — 272
- Mangoldgemüse mit Kartoffeln *V°P°K°* — 273
- Palak Paneer, selbst gemachter Frischkäse in Spinat *V⁻P⁺K⁺* — 274
- Pasta Verdura *V°P°K⁺* — 275
- Ayurvedisches Ratatouille *V°P°K°* — 276
- Weißkohl geschmort *V°P°K°* — 277

*Reisgerichte und Kicharis* — **278**

- Ayurvedisches Risibisi *V⁺P°K°* — 279
- Biryani/Pilaw *V°P°K°* — 280
- Gewürzreis *V°P°K°* — 281
- Herbstkichari *V⁻P⁺K°* — 282
- Kichari *V°P°K°* — 283
- Powerkichari *V⁻P⁺K⁻* — 284
- Zitronenreis *V°P°K⁻* — 285

*Snacks* — **286**

- Alukofta *V°P°K⁺* — 287
- Alupatra-Kartoffelschnecken *V⁺P⁻K°* — 288
- Aluthikka *V⁺P°K°* — 289
- Dal Katschauri *V⁺P°K⁺* — 290
- Dalthikka *V⁺P°K⁻* — 292
- Hirsebällchen *V⁺P⁺K⁻* — 293
- Kürbisschnitze aus dem Ofen *V°P°K°* — 294
- Pakora-Teig *V°P°K°* — 294
- Spicy Wedges mit Gemüsedip *V°P°K°* — 296
- Vegetarische Frikadellen *V⁺P°K°* — 297

*Frühstück und Dessert* — **298**

- Apfel-Samosa *V⁻P°K⁺* — 299
- Apfelkrapfen in Sirup *V°P°K°* — 300
- Gedünstetes Obst *V°P°K°* — 300

# Inhalt

## 7 Rezepte – Fortsetzung

- Geschmortes Obst V°P°K° — 301
- Getreideporridge V°P°K° — 301
- Halava, Grießdessert V-P-K+ — 302
- Karotten-Halava V°P-K° — 303
- Hausrezept gegen Übergewicht, und erhöhte Cholesterinwerte V-P+K+ — 304
- Kheer – Milchreis V°P°K+ — 304
- Laddu – Indisches Konfekt, aus geröstetem Kichererbsenmehl V°P°K+ — 305
- Mandelkheer V-P-K+ — 306
- Porridgevariationen mit Obst V°P°K° — 306
- Sandesh – Käsedessert V°P°K+ — 307

### Chutneys und Raitas — 308
- Ananas-Chutney V-P+K- — 309
- Apfel-Chutney V°P°K° — 310
- Brombeer-Chutney V-P+K- — 310
- Gurken-Raita V-P°K+ — 311
- Joghurt-Minzchutney V-P°K° — 312
- Karotten-Chutney V+P°K° — 312
- Kokos-Chutney V+P-K° — 313
- Tamarinden-Chutney V-P-K° — 314

### Getränke — 316
- Gewürzmilch V-P-K+ — 317
- Gewürztee-Mischungen — 317
- Honigwasser V-P-K+ — 318
- Limonade V+P°K° — 318
- Mangolassi V-P°K+ — 319
- Safranlassi V°P°K° — 320
- Safranmilch V-P-K+ — 320
- Sommerbowle V-P°K° — 321
- Stoffwechseltrunk V-P+K- — 321

## 8 Kinderernährung nach Ayurveda – 323

## 9 Heil- oder Reinigungsdiäten – 329

- *Saftfasten* — 334
- *Monodiäten für Vata-Typen* — 336
  - Flüssigkeitsfasten — 336
  - Weizenkorndiät — 337
  - Power-Reisdiät — 337

| | |
|---|---|
| *Monodiäten für Pitta-Typen* | 338 |
| Wassermelonendiät (vereinfachte Form) | 338 |
| Chlorophylldiät | 338 |
| Leberreinigungsdiät | 339 |
| Gemüsemusdiät | 339 |
| Saftfasten | 339 |
| *Monodiäten für Kapha-Typen* | 340 |
| Schleimfreie Diät | 340 |
| Kurkumareis-Diät | 341 |
| Selleriediät | 341 |
| *Monodiät für alle Typen* | 342 |
| Kichari-Diät | 342 |
| *Übergewicht und Ayurveda* | 344 |
| Ganzheitliche Empfehlungen zum Gewichtsabbau | 353 |

# 10  Anhang – 357

| | |
|---|---|
| *Liste der E-Nummern* | 358 |
| *Bibliografie* | 374 |
| *FAQ* | 376 |
| *Bezugsquellen und Links* | 378 |
| *Danksagungen* | 378 |
| *Nachwort von Alexander Pollozek* | 380 |
| *Nachwort von Dominik Behringer* | 381 |
| *Sanskrit-Glossar* | 382 |
| *Stichwortindex* | 386 |
| *Abbildungsverzeichnis* | 395 |
| *Die Autoren* | 396 |

# Vorwort von Alexander Pollozek

In diesem Buch werden Missstände und Fehlentwicklungen in der Lebensmitteltechnologie und dem Lifestyle aufgezeigt, die wir verändert wissen wollen. Es lädt ein zu Diskussionen und kritischen Selbstreflexionen. Gesundheit ist heute in erster Linie ein Informationsproblem. Die zeitlose und aktuelle Lebensphilosophie des Ayurveda kann durch ihre Schlichtheit und Ursprünglichkeit den eigenen Blick auf die Dinge schärfen.

Wir, die Autoren dieses Buches, wollen provozieren, aufrütteln und einen Spiegel vorhalten. Möglicherweise fühlen Sie sich in alten Gewohnheiten und Denkmustern ertappt. Wir möchten Sie aber auch ermutigen, neue Wege zur Verbesserung Ihrer Lebensführung und Ihrer Gesundheit zu beschreiten.

**Ayurveda fordert für uns ein altes Geburtsrecht ein**

Im Ayurveda werden Phänomene oft nüchtern, unvoreingenommen und sachlich benannt und eingeordnet – ohne Wertung und ohne moralistisch zu werden. Jede Erscheinung in unserer Welt hat ihre Daseinsberechtigung, sonst wäre sie nicht existent. Oft wird das, was wir uns wünschen, nur durch die extreme Überzeichnung des Gegenteils klar. Wer sich dann persönlich angegriffen oder beleidigt fühlt, hat die universale Lehre vom langen Leben missverstanden. Ayurveda stellt uns alles Wissen bereit, damit wir von unserem ältesten Geburtsrecht Gebrauch machen: das Leben glücklich, gesund und im Einklang mit dem Ganzen zu genießen.

**Ein Nachschlagewerk, in dem der Heilaspekt von Nahrung vorrangig ist**

Wir möchten erreichen, dass der Koch von heute der Nahrung und dem Umgang mit ihr wieder mehr Achtung entgegenbringt. Er soll die Seelenqualitäten der Lebensmittel wieder verstehen lernen und sie zum Wohle des Essers einsetzen. Dieses Buch ist ein Nachschlagewerk für alle, die für sich, ihre Familie oder im professionellen Rahmen kochen. Dafür sind durchaus Geschicklichkeit und Passion vonnöten. Will man nicht nur die Gaumen seiner Gäste und Familienmitglieder erobern, sind Menschenkenntnis, Lebenserfahrung und Wissen um die Energetik der Nahrung unabdingbar. Die Qualität der Lebensmittel bei der Herstellung, die Kombination derselben in einem Gericht und der alchemistische Prozess des Kochens selbst bestimmen nachhaltig den Energiehaushalt des Essers. Wie die Nahrung anschließend richtig verzehrt wird, ist ein weiteres Mysterium, dem wir in diesem Buch auf den Grund gehen. In den Tank Ihres Autos füllen Sie auch nicht jede x-beliebige Flüssigkeit. Und so ist der menschliche Kraftstoff die *Prana*-Energie in den Lebensmitteln – das, was uns und jede Körperzelle am Leben erhält.

**Wie stellt man Heilnahrung her?**

Durch den Prozess des Veredelns kann man der Nahrung ihre medizinischen Qualitäten und ihre *Prana*-Energie entlocken, um daraus Heilnahrung zu komponieren. Seit 20 Jahren berichten uns Patienten, wie sie sich täglich ernähren. Zwölf Jahre lang haben Gourmetköche in Vier- und Fünf-Sterne-Hotels unsere Kurgäste ayurvedisch bekocht – so gut sie konnten. Schmerzlich mussten wir erkennen, dass ein guter Sterne- oder Diätkoch noch lange kein guter Ayurveda-Koch ist.

**Ayurveda versus Zeitgeist**

Uns liegt besonders am Herzen, eine so uralte und zeitlose Lebensphilosophie wie den Ayurveda im heutigen Zeitgeist zu verankern. Eine Lehre bleibt nur lebendig, wenn man sie mit der Problematik der jeweiligen Zeitströmung konfrontiert. Ayurveda findet erstaunliche Antworten auf unsere globale Umweltverschmutzung, auf das Problem der toxischen Nahrungsmittelzusätze oder die Behandlung zahlreicher moderner Zivilisationsseuchen. Wollte man den Ayurveda heute unkritisch übernehmen und als starre Doktrin predigen, würde man dieser Lehre, die Mensch und Natur dient, großes Unrecht tun.

**Seit über drei Jahren bekochen wir unsere Gäste selbst in unserem Kurzentrum – begeisterte Kurgäste gaben den Anstoß zu diesem Buch**

Die Erfahrung lehrte uns, dass die Zubereitung von Heilnahrung eine wahre Kunst und die halbe Therapie sein kann. Wir freuen uns darauf, mit Ihnen die verblüffenden Erfahrungen zu teilen, die Hunderte von Gästen in unserem Hause machen durften.

Im Kapitel „FAQ" (frequently asked questions – häufig gestellte Fragen) haben wir viele der Kernfragen gesammelt, die dem Koch tagtäglich und in zahlreichen Kochkursen immer wieder gestellt wurden. Viele Gäste berichteten, dass sie in keinem Buch lernten, frei nach der ayurvedischen Methode zu kochen.

**Ayurvedisch zu kochen ist die Kunst der Improvisation, gepaart mit Wissen, Hingabe und Intuition**
Es ist vergleichbar mit klassischem Klavierunterricht. Viele Jahre lernt man, mit den Augen an das Blatt geklammert, nach Noten zu spielen. Das Spielen ohne Noten muss man dann lernen wie ein neues Instrument. Wer nur nach Kochbuch kochen kann, ist unfrei und hat die Methode selbst meist nicht verinnerlicht. Erst wenn man das Buch aus der Hand legen kann und seiner Intuition folgt, gepaart mit dem Wissen um Harmonien und Gesetze, eröffnen sich dem inneren Auge neue Dimensionen.

**Stellen Sie sich vor, Sie sind irgendwo eingeladen...**
Sie sollen spontan etwas kochen und haben nur einige wenige Zutaten zur Verfügung. Es sind sehr unterschiedliche Gäste vor Ort. Wie können Sie nach ayurvedischen Kriterien ein köstliches Mahl zaubern, das jedem schmeckt und vor allem jedem bekommt? Das ist möglich! Noch Wochen später spricht man über dieses gelungene Essen. Es geht darum, wieder Freude am Kochen zu haben – und noch viel mehr! Lernen Sie die innere Notwendigkeit zu verspüren, täglich für sich selbst aus gewöhnlichen Nahrungsmitteln Heilnahrung herzustellen. Wer das tut, übernimmt schon zu 50 % Verantwortung für die Gesundheit seines Körpers, seiner Gefühle und Gedanken.

**Der Schlüssel zu dauerhafter Gesundheit ist die exakte Kenntnis der eigenen Natur – unser genetisches Strickmuster**
Ayurveda lehrt uns, dass wir Eigenverantwortung für unser Wohlergehen übernehmen dürfen. „Bei mir ist das alles Veranlagung" zählt nicht mehr als Ausrede. Jeder hat die Chance, aus alten Gleisen zu springen – es ist unsere eigene Entscheidung. Unser ererbtes Reiz-Reaktions-Muster hingegen lässt uns immer wieder auf die gleichen Reize in gleicher Weise reagieren. Warum ist das so? Drehen wir einfach an der folgenreichsten Stellschraube des Lebens – der Ernährung!

**Die alte Kochkunst der vedischen Brahmanen beruht auf den therapeutischen Prinzipien des Ayurveda**
Sie hat eine reiche Tradition, die die abendländische Kochkunst verarmt erscheinen lassen mag. Man verwendet unzählige Kräuter und Gewürze – die Juwelen der Verdauung. Eine Antwort auf die Tatsache, dass die moderne, westliche Küchenkultur die Geschmacksrichtungen so einseitig anspricht, ist auch das erhöhte Suchtpotenzial bei uns Westeuropäern und den westlich orientierten Indern. Der Durchschnittseuropäer konsumiert täglich künstliche Genuss- und Aufputschmittel in großen Mengen: Weißmehlprodukte, Kaffee, Zucker, Softdrinks, Alkohol und Nikotin.
Die Folge dieses Teufelskreises ist ein chronischer Mangel an *Prana*-Energie. Sie ist nur in frisch zubereiteten, sanft gegarten Speisen auf Basis von Getreiden, Hülsenfrüchten, Samen, Obst und Gemüse, versetzt mit Gewürzen und Küchenkräutern, enthalten.

Ich wünsche Ihnen, dass Sie am Ende dieses Buch aus der Hand legen und den Mut haben, gemäß diesen zeitlosen Prinzipien eine schmackhafte und vitalisierende Mahlzeit zu zaubern.

Viel Freude bei der Lektüre wünscht Ihnen
Alexander Pollozek

# Vorwort von Dominik Behringer

Viele der von mir Bekochten haben mich gebeten, mein Wissen zu teilen. Sonst hätte ich wahrscheinlich nie die Idee gehabt, ein Kochbuch zu schreiben. Genauso wenig wäre ich, wie oft gefordert, auf die Idee gekommen, selbst ein Restaurant zu betreiben. Ich hatte mit dem Kochen in der Gastronomie komplett abgeschlossen und den Glauben daran verloren, dass man als Koch in Europa auf ganzheitlicher Ebene arbeiten kann. So hatte ich mir geschworen, nur noch so zu kochen, dass ich nicht mit meinem Gewissen in Konflikt komme – also für mich selbst und meine Lieben daheim. Aber dann kam eine Anfrage des Triguna-Zentrums, wo ich nun weiter Erfahrungen sammeln kann, wie wirksam und heilsam bestimmte Kost ist. Sie, liebe Leser, werde ich nun ein wenig daran teilhaben lassen.

Heilküche oder Kurküche bedeutet nicht zwangsläufig Diät, fade Kost und Verzicht. Überzeugen Sie sich selbst, wie vielfältig und schmackhaft man auch im Krankheitsfall essen darf – und damit sogar noch die Gesundung unterstützt.

Durch meine Zusammenarbeit mit meinem jetzigen Lehrmeister Alexander Pollozek konnte ich meine Erfahrungen mit Diätküche und symptomorientiertem Kochen um die Erfahrung der europäischen Essgewohnheiten und Bedürfnisse erweitern. Ich konnte den praktischen Nutzen und verblüffenden Effekt kennenlernen, der allein mit Ernährung erzielt werden kann.
Im Lauf meiner Berufserfahrungen habe ich mich mit relativ vielen Ernährungstheorien auseinandergesetzt. Ich stellte immer wieder fest, dass die wenigsten länger als zehn Jahre propagiert und praktiziert werden. Das liegt nicht unbedingt daran, dass Wissenschaftler so rasante Fortschritte erzielen, immer tiefer in die Materie eindringen und permanent neue Erkenntnisse zutage fördern. Es liegt vielmehr im Ansatz ihrer Bemühungen begründet.

Wenn man Nahrungsmittel nur auf einer chemisch-analytischen Ebene betrachtet, lässt man einen wichtigen Punkt aus, der in allen Naturheilsystemen und traditionellen erfahrungsmedizinischen Lehren unter verschiedenen Bezeichnungen auftaucht: *Prana* = Vitalität = Chi = Lebensenergie. Moderne Ernährungswissenschaftler können alle Inhaltsstoffe von Nahrung, also Proteine, Fettsäuren, Vitamine etc., synthetisch herstellen. Dennoch sind diese Bausteine nicht in der Lage, uns über einen längeren Zeitraum zu ernähren, ohne unseren Organismus aus dem Gleichgewicht zu bringen. Das beste Beispiel hierfür sind Astronauten. Obwohl sie alle Ingredienzien in Tubenform mit sich führen, benötigen sie zusätzlich Vitalstoffe, die sie auf der ISS beispielsweise in Form von im Glaskasten unter Kunstlicht angebautem Blattsalat zu sich nehmen müssen. Sie stehen unter ständiger medizinischer Überwachung und werden nach spätestens einem Jahr wieder zur Erde zurückgeholt. Grund dafür ist, dass nach einem Jahr synthetischer, toter Nahrungsaufnahme ihr Gesundheitszustand besorgniserregend ist. Natürlich sind auch andere Faktoren, wie das Fehlen der Schwerkraft und des Sonnenrhythmus, von großer Bedeutung. Meiner Ansicht nach hat allerdings die Nahrung mindestens ein ebenso großes Gewicht. Wenn also die Vitalitätsenergie von so großer Bedeutung ist, fragt man sich, warum sich nur wissenschaftliche Randgruppen (z. B. Quantenphysiker und Biophysiker) mit der Erforschung dieser feinstofflichen Substanz auseinandersetzen. Hier ist der Ansatz für ein ganzheitlicheres Betrachten der Nahrungsaufnahme zu finden.

Es ist faszinierend, dass eines der ältesten erfahrungsmedizinischen Systeme über ein derartig komplexes Wissen sowohl im chemisch-analytischen als auch im feinstofflichen Bereich verfügt. Das war für mich Grund genug, der Sache auf den Grund zu gehen und den Ayurveda unter die Lupe zu nehmen. Nicht nur die Verbindung der Nahrungsaufnahme mit „heiligem, holistischem" Gedankengut war für mich interessant, sondern auch die hingebungsvolle Art, diese Philosophie in Alltag und Praxis umzusetzen.

In meiner mehr als zehnjährigen Erfahrung als Koch habe ich kein besseres System kennengelernt, das erlaubt, Ernährung individuell „maßzuschneidern". Daher bin ich dem Ayurveda treu geblieben und lasse Sie nun an meinen Erfahrungen teilhaben.

Mein Beitrag zu diesem Buch erhebt nicht den Anspruch auf vollständige Wahrheit oder Unfehlbarkeit – ebenso wenig wie ich vedische Quellen über andere geisteswissenschaftliche Quellen erheben will. Vielmehr bitte ich die Leser dieses Buches zu ergründen, zu hinterfragen und konstruktiv zu kritisieren, wenn sie es für erforderlich halten.

Wenn ich mich auf alte traditionelle Quellen berufe, geschieht das zum einen aus meiner sentimentalen Verbundenheit zu diesen Traditionen, zum anderen aus dem Nichtvorhandensein modernerer Quellen, die diese Thematik behandeln.

Ayurveda ist eine traditionelle Lehre, die in unserer Zeit nicht nur eine Renaissance, sondern auch eine konstante Weiterentwicklung erlebt. Daher halte ich das Auseinandersetzen und Verknüpfen mit modernen Erkenntnissen für wichtig, um die geistige Entwicklung der Menschen unabhängig vom kulturellen, religiösen oder spirituellen Hintergrund voranzutreiben.

Mit guten Gedanken!
Dominik Behringer

Alexander Pollozek und Dominik Behringer in der Küche

# 1 Einführung

| | |
|---|---|
| Historische Quellen der Ayurveda-Medizin | 20 |
| Definition von Ayurveda als Methode | 26 |
| Definition der ayurvedischen Heilküche | 28 |
| Ayurveda in der westlichen Gesellschaft | 32 |

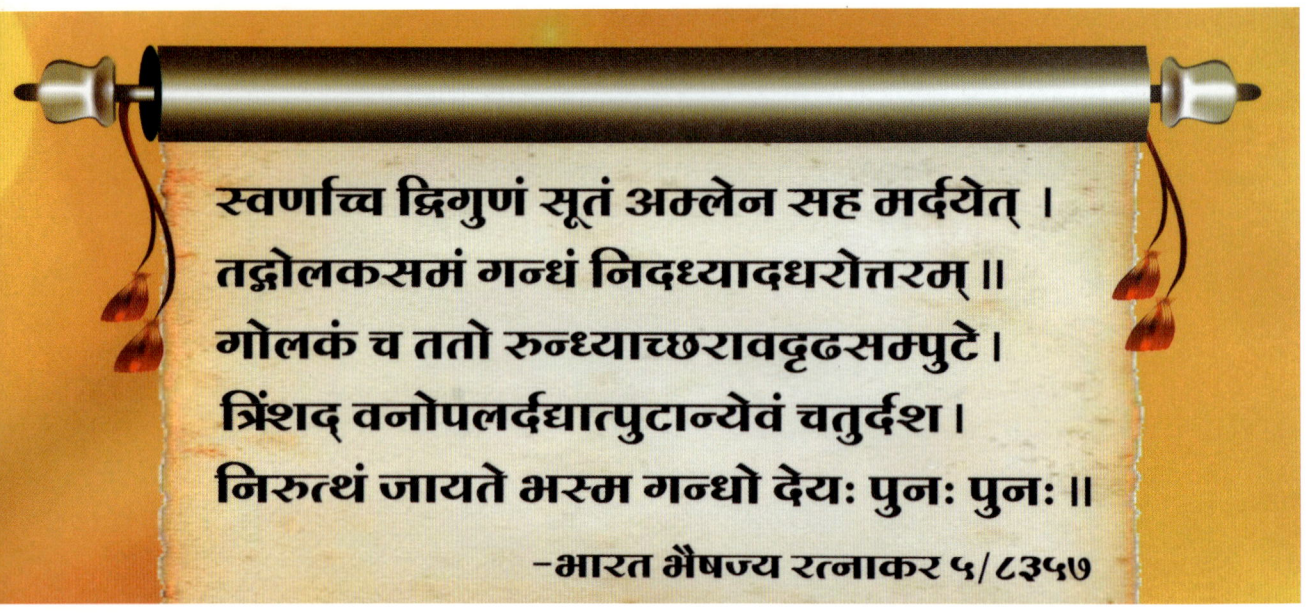

Die **Geschichte des Ayurveda** muss genau genommen von zwei Seiten beleuchtet werden.
Es existieren die **traditionelle Überlieferung** aus vedischem Zusammenhang und eine **wissenschaftlich geprüfte Historie**.

Beide stehen in krassem Widerspruch zueinander. Damit sich jeder **ein eigenes Bild machen** kann, stellen wir die beiden einander gegenüber und überlassen dem Leser die Entscheidung, welche Version er für wahrscheinlicher hält. Zuerst wenden wir uns der Darstellung innerhalb der Tradition zu.

In der ayurvedischen Tradition gibt es die Darstellung der Entstehung nur in philosophischem und mythologischem Kontext. Die Entstehung des Ayurveda historisch zu datieren ist ebenso unmöglich wie sinnlos. Er ist eine Wissenssammlung, die aus einem unbestimmten Zeitraum bis zum erstmaligen Niederschreiben vor ebenfalls unbestimmbarer Zeit stammt. Schätzungsweise wird die Wissenssammlung seit etwa 5.000 Jahren betrieben, mit Unterbrechung nach dem Zerfall der vedischen Hochkultur. Die ältesten bekannten Schriften sind ursprünglich etwa 3.000 Jahre alt, aber immer wieder abgeschrieben und heute nur noch aus jüngerer Zeit verfügbar. Das Prinzip der *Mahabhutas* (5 Elemente) findet sich allerdings schon auf Steinschriften aus Indien, die auf ein Alter von 11.000 Jahren datiert werden können (*Die 4 Elemente – Der geheime Schlüssel zur geistigen Macht*, Emil Stejnar, Ibera-Verlag, Wien, 2008).

Sämtliche Verfasser vedischer Texte weisen darauf hin, dass dieses Wissen universell und zeitlos ist und seit Anbeginn der Schöpfung existiert. Des Weiteren herrscht eine große Kluft zwischen schulgeschichtlicher, anthropologischer Forschung und der orientalischen asiatischen Geschichtsschreibung in Bezug auf historische Zeiträume.
Die vedischen Verfasser weisen auch immer wieder auf den zyklischen Aspekt der Zeit hin. Hiernach wird erst in diesem gegenwärtigen Zeitalter des *Kaliyuga* (astronomisches Zeitalter der Dunkelheit) das Niederschreiben gewisser Wissenskomplexe notwendig. Grund dafür ist der zunehmende Verlust der menschlichen Fähigkeit des *Sruti-Siddha*, dem Behalten aller einmalig gehörten Zusammenhänge. Das *Kaliyuga* begann vor 5.400 Jahren. Interessant ist, dass das Erscheinen der ersten komplexen Schriftart, dem *Deva-Nagari* (dem heutigen Sanskrit), in ebendiesen Zeitraum fällt.

## Die klassischen Schulen

Die ältesten uns bekannten Texte gehen direkt auf zwei Verfasser zurück, die auch als Begründer der zwei führenden Schulen gelten: *Caraka* und *Sushruta*. Ältere Texte, die der mythischen Figur *Dhanvantari*[1] zugeordnet werden, sind heute nicht mehr existent oder vor der Öffentlichkeit verborgen.
Die genaue Lebenszeit beider Ärzte ist nicht genau zu bestimmen. Laut den ayurvedischen Revitalisierungsaktivisten haben sie definitiv gelebt, wenn auch ungewiss ist, wann und wo.
*Sushrutas* Leben und Wirken wird auf etwa 800 v. Chr. datiert. Naheliegend ist, dass *Caraka* und *Sushruta*, wenn überhaupt, in zwei verschiedenen Jahrtausenden gelebt haben.

---

1 *Divodasa Kasi Raja Dhanvantari* wird die Begründung der Ayurvedischen Tradition zugeschrieben

# Historische Quellen der Ayurveda-Medizin

Die ältesten uns bekannten handschriftlichen Texte werden auf die Zeit zwischen 300 v. Chr. und 200 v. Chr. datiert. Zwischen 300 v. Chr. und 600 n. Chr. muss eine Art Kanonisierung der vorliegenden Texte durch damalige Verantwortliche für den medizinischen Bildungsbereich geschehen sein. Das geht eindeutig aus Zeitzeugenberichten und späteren Quellen hervor.

Der Meisterchirurg *Sushruta*[2] lebte der Legende nach etwa 800 v. Chr. Den Überlieferungen zufolge war er, Sohn des *Vishvamitra*, von seinem Vater an die Schule des *Divodasa Kasi Raja Dhanvantari* in Varanasi (Benares) geschickt worden, um die Grundlagen der Medizin zu studieren. Während seines Studiums spezialisierte er sich auf *Shalya* (Chirurgie) und machte es zu seinem Lebensinhalt. Über seine Erfahrungen schrieb er ein Buch. So entstand die *Sushruta Samhita*, das berühmte anatomische Standardlehrwerk des Altertums. Bemerkenswert an dieser Schrift ist, dass sie im Altertum sowohl ins Arabische als auch ins Griechische übersetzt wurde. Sie wird in allen medizinischen Quellen der Antike erwähnt – sowohl in Europa als auch im restlichen Mittelmeerraum.

*Sushruta* hatte sich auf das Behandeln von Kampfwunden auf den Schlachtfeldern der damaligen Zeit spezialisiert. Dies garantierte seinerzeit reichlich Arbeit. So erwarb er sich weit über die Grenzen seines Landes hinaus einen Ruf als Wundarzt und Feldchirurg. Diese Tätigkeit kann als Schlüssel dazu angesehen werden, warum *Sushruta* über so exakte anatomische Kenntnisse verfügte, was in diesem Zeitalter eher ungewöhnlich war. Diese Kenntnisse waren für die damalige Zeit so präzise, dass sie in unserer bekannten Antike bis ins Spätmittelalter in Südeuropa als anatomisches Standardlehrwerk galten.
In der *Sushruta Samhita* wird erwähnt, dass das niedergeschriebene Wissen eine Abschrift der Lehren *Dhanvantaris* ist. Gleichzeitig wird erwähnt, dass Mitschüler *Sushrutas* wie *Aupadhenava*, *Aurabhra* und *Skalavat Paua* ebenfalls schriftliche Abhandlungen über plastische Chirurgie geschrieben haben. Diese Schriften existieren nicht mehr. Daher nahm *Sushrutas* Werk den Platz des Standardlehrwerks ein. Ebenso interessant ist *Sushrutas* Bericht über das Anfertigen einer eisernen Beinprothese nach der Amputation bei einer jungen Frau.

Neben der Anatomie *Sushrutas* ist das nächste Hauptwerk des Ayurveda das von *Caraka* – die *Caraka Samhita*. Sie ist das zentrale Werk ayurvedischer Heilkunde und Standardliteratur an ayurvedischen Universitäten in Indien. *Caraka* definiert zunächst ganz allgemein die menschliche Natur ganzheitlich. Er legt Regelwerke für gesundes Verhalten fest und erläutert grundlegende Naturheilverfahren, die größtenteils auf der ganzen Welt bis heute bekannt und genutzt werden. Hierzu gehören die Diätetik, Dampfbäder, Kräuterabkochungen, heiße Wickel, Ölmassagen usw.
*Caraka* beschreibt ein ganzheitliches Menschenbild, das sowohl geistige Realitäten als auch die seelische Ebene dem Menschen als ebenso wichtig zuordnet, wie das Wissen um die Funktionen auf der physischen Ebene. Man kann sagen, dass der Ayurveda durch Ergänzungen moderner medizinischer Erkenntnisse das älteste ganzheitliche erfahrungsmedizinische Wissen der Menschheit darstellt. Hierbei sind alle möglichen Realitäten im somatischen wie im psychischen Bereich berücksichtigt.
Die Verfasser weisen immer wieder daraufhin, dass dieses Wissen vom Ursprung her deduktiver Art ist. Es entstammt also der gleichen spirituellen Dimension wie unsere Seelen und existiert seit Anbeginn der Zeit. Alle Sammlungen von Texten späteren Erscheinens stellen den induktiven erfahrungswissenschaftlichen Teil dar.

Die Schulen teilten sich früh in zwei Linien: Diagnostik/Innere Medizin und Chirurgie. Die chirurgische Schule geht über *Sushruta* und auf *Divodasa Dhanvantari* (schriftlich erstmalig erwähnt im 9.–6. Jahrhundert v. Chr.) zurück. Er gilt als der Urvater der chirurgischen Schule.

---

2  Verfasser der *Sushruta Samhita*, angeblich erstmalige Niederschrift 4.–5. Jahrhundert v. Chr.

In der traditionellen Überlieferung verläuft der Entwicklungspfad der Schulen folgendermaßen:

*Bharadvaj:* erster Mensch, der dieses Wissen in deduktiver Form empfängt; *Sharngadhaa Samhita* (Sammlung ayurvedischer Rezepte aus dem 13. Jahrhundert v. Chr.).

*Madhava Nidana-Diagnostik:* im 9. Jahrhundert v. Chr. erstmalig schriftlich erwähnt; hier wird die erste Verwendung von Quecksilber auf das 14. Jahrhundert v. Chr. zurückdatiert.

*Asthanga Hridayam:* angeblich im 8. Jahrhundert v. Chr. erstmalig schriftlich erwähnt.

*Atreya Punarvasu:* erste Ärzteschule, 6.–8. Jahrhundert v. Chr. gegründet.

*Atreya:* schreibt die *Caraka Samhita* im 1. Jahrhundert v. Chr. in der heute bekannten Form nieder.

## Die Historie aus indologischer/ethnologischer Sicht

Der uns heute bekannte Ayurveda ist in dieser professionalisierten Form ein Kind des 20. Jahrhunderts. Seine Ursprünge liegen nicht allein in Indien. Vielmehr hat der asiatische Medizinpluralismus über Jahrhunderte, möglicherweise über Jahrtausende hinweg ein vielschichtiges Gewebe entwickelt, das man heute unter dem Begriff „Ayurveda" zusammenzufassen versucht.

Die verschiedenen medizinischen Traditionen wurden über Jahrhunderte hinweg in Indien nur innerhalb bestimmter Familien weitergegeben. So kommen auch die verschiedenen Spezialisierungen der alten Traditionen zustande. Die Verwendung der klassischen Texte und Methoden spielten hier nachweislich keine Rolle. Die meisten *Vaidya*-Familien waren erwiesenermaßen nicht einmal des Sanskrit kundig („Kölner Ethnologische Arbeitspapiere", Bonn 1992).

Nach den eigenen vedischen Quellen ist der Ayurveda göttlichen Ursprungs, d. h., er wurde durch Götter und Weise (*Rishis*) offenbart. Daran knüpfen sich die Jahrtausende alte Erfahrungswerte durch die praktische Anwendung des offenbarten Wissens. Durch das Verbundensein mit der religiösen Tradition Indiens erhebt der Ayurveda einen Anspruch auf Absolutheit und gleichzeitig darauf, wissenschaftlicher Urheber der Humanmedizin zu sein.

# Historische Quellen der Ayurveda-Medizin

Bei einem genaueren Betrachten der historischen Hintergründe entsteht allerdings ein völlig anderes Bild. Wir haben für unsere Recherchen die ethnologische Magisterarbeit von Ronald Kaiser mit dem Titel „Die Professionalisierung der ayurvedischen Medizin und deren Rolle im indischen Medizinpluralismus" eingehend studiert und dort die besten Belege über die Historie des Ayurveda gefunden.

Zum einen zeigen die dort angegebenen Quellen eine andere Entstehungsgeschichte als die ayurvedaeigenen Überlieferungen. Zum anderen entsteht ein anderes Bild der gegenseitigen Beeinflussung von indischer, arabischer, griechischer und graeco-arabischer *Unani*-Medizin. Danach ist viel wahrscheinlicher, dass mehr Teile des Ayurveda von anderen medizinischen Traditionen übernommen wurden als umgekehrt. Damit muss der Urheberanspruch des Ayurveda als älteste Medizin infrage gestellt werden.

Sowohl indologische als auch viele indische Quellen stehen im Widerspruch zueinander, was historische Fakten und Zeiträume betrifft. An dieser Stelle werden wir uns nur kurz mit den beiden grundlegenden Unverständlichkeiten der ayurvedischen Geschichte befassen:

Die grundlegenden Werke der klassischen Periode

- *Caraka Samhita* und *Sushruta Samhita*
- Die einseitige Einflussnahme des Ayurveda auf andere medizinische Traditionen

Die Werke des Altertums, die die Basisliteratur des Ayurveda darstellen, stammen nach den Indologen aus verschiedenen Epochen. Sie beziehen sich auf chinesische Dokumente, die einen Arzt mit Namen *Chara* oder *Caraka* am Hofe des Königs Kaniska erwähnen. Es ist nicht gesichert, dass er auch der Autor der nach ihm benannten *Samhita* ist. Selbst in der *Caraka Samhita* findet sich der Hinweis, dass einige Teile der Originalversion verloren gingen und im 12. Jahrhundert von einem *Kashmiri* namens *Drdhabala* ergänzt wurden.

Auch *Sushruta* lässt sich als historische Person nicht datieren und es existiert kein Beweis für seine Existenz. Sicher ist allerdings, dass ausgerechnet die Chirurgie eher in griechischer, mesopotamischer und arkadischer Medizin praktiziert und gelehrt wurde als in ayurvedischer. Die *Sushruta Samhita* beschreibt aber hauptsächlich das Thema Chirurgie. Sie beschreibt 121 Operationsinstrumente und Techniken der plastischen Chirurgie, z. B. die Entwicklung einer Nasenplastik sowie die Herstellung von Beinprothesen.

Die von Vedantisten behaupteten medizinischen Kenntnisse in *Rigveda* und *Atharvaveda* heben sich nicht über den Kontext Krankheit und Dämonologie hinaus, kennen keine Materia Medica und keine vielschichtigen Therapiemethoden. Lediglich die Existenz von Heilpflanzen wird erwähnt.

Der älteste genau datierte Nachweis über ein *Tridosha*-Konzept, eine Lehre über Verdauung, Einfluss von Jahreszeiten und benannten Krankheiten sowie Medikamenten, lässt sich im sogenannten *Bower*-Manuskript finden, das auf ca. 500 n. Chr. datiert wird. Die Sprache dieses Manuskripts ist älter als die der *Caraka*- und *Sushruta Samhita*, von denen heute nur Fassungen aus dem 11. oder 12. Jahrhundert existieren. Interessant ist aber an dieser Stelle, dass es arabische Übersetzungen der beiden Texte aus dem 8. Jahrhundert gibt. Die Texte existierten also schon vorher.

Der erste literarische Beweis über ein Ungleichgewicht der Säfte, das Krankheiten hervorrufen kann, findet sich in einem Manuskript von *Katyayana* von 313 v. Chr. Dazwischen existiert das sogenannte *Quizil*-Fragment aus dem 2.-3. Jahrhundert n. Chr., in dem ebenfalls die drei *Doshas* Wind, Galle und Schleim erwähnt werden. Das älteste bekannte Dokument der *Caraka Samhita* ist nach dem deutschen Indologen Julius Jolly in noch schlechterem Zustand als die *Sushruta Samhita*. Deren heutige Version wurde aus verschiedenen Kommentaren aus dem 11. und 12. Jahrhundert n. Chr. zusammengesetzt.

Die dem Autor *Vagbhata* zugeordnete *Samhita* stammt aus dem 6.-7. Jahrhundert n. Chr. und ist das jüngste der drei klassischen Standardlehrwerke. Alle zusammen werden *Astangahrdaya Samhita* genannt, das „Herz der acht Glieder".

Es bleibt also zu bemerken, dass die frühe Datierung der *Samhitas* auf bis zu 1.000 Jahre v. Chr.

wissenschaftlich nicht haltbar ist, auch wenn es vonseiten der Ayurveda-Bewegung immer wieder behauptet wird. Auch die von Indologen gemachten Angaben von 100/200–400 n. Chr. sind nur Schätzungen. Nachgewiesen wurde ein medizinisches Konzept, das über die *Dosha*-Lehre hinausgeht, erst im 5. Jahrhundert n. Chr.

Insgesamt nehmen die Autoren der Werke über Indologie an, dass sich die medizinischen Traditionen dennoch unabhängig voneinander parallel entwickelt haben. Es ist eine Tatsache, dass im 6. Jahrhundert v. Chr. griechische Ärzte an den Höfen der persischen Könige arbeiteten, zu deren Imperium auch Indien zählte. Eine einseitige Einflussnahme der ayurvedischen auf die griechische Medizin wird also eher ausgeschlossen.

In seiner heutigen Form ist Ayurveda ein Produkt des Zusammenschlusses vieler medizinischer Traditionen, auch europäischer. Die Behandlungsarten wie Aderlass, Einläufe und Ausleitungsverfahren finden im 16. Jahrhundert in den Krankenhäusern der portugiesischen Kolonialherren erstmalig in Indien Erwähnung. Auch das Pulsfühlen als Diagnosemethode wird erst spät von der *Unani*-Medizin übernommen. Zungenbelag mit der Verdauung in Zusammenhang zu bringen entstammt nachweislich der europäischen Medizin.

Während der Herrschaft der persischen Mogulkaiser ab dem 15. Jahrhundert fand ein ausgesprochen reger Austausch von medizinischem Wissen unter *Unani*-Ärzten, *Vaidyas* und buddhistischen Heilertraditionen statt. Die muslimischen Herrscher waren Patrone der *Vaidyas*, während die Hindukönige die *Unani*-Ärzte förderten. Von einer Unterdrückung der Ayurveda-Tradition durch Besatzungsmächte kann also nicht die Rede sein. Selbst die Briten unternahmen Anstrengungen, die indischen Heilkünste zu fördern und in diesem Bereich ein eigenes Bildungswesen aufzubauen. Leider war zu diesem Zeitpunkt (frühes 19. Jahrhundert) Indien voll von Heilern, die nur magisch-mystisch oder religiös in der Praxis orientiert waren, jede Menge Scharlatane inklusive.

Erste Bestrebungen der indischen Provinzregierungen entwickeln im 19. Jahrhundert ein medizinisches Bildungssystem. Es entstanden die ersten klassischen ayurvedischen Schulen, die, angelehnt an europäische Medizin, Anatomie, Chirurgie und Anwendungen der klassischen Ayurveda-Medizin lehrten. Auch hier spielte der Austausch zwischen Europäern und Indern eine wichtige Rolle. Die heute existierenden Schulen sind erst im letzten Jahrhundert (also nach der Unabhängigkeit Indiens 1947) eröffnet oder reaktiviert worden. Das einheitliche Bildungswesen für Ayurveda wird vom CCIM (Central Council for Indian Medicine) reguliert. Der indische Studiengang fängt beim Bachelor-Studiengang über fünf Jahre an und geht über insgesamt neun Jahre weiter bis zum Doktor der Medizin (M.D.).

# Historische Quellen der Ayurveda-Medizin

**Die vedische Kochkunst und ihre Ursprünge**

Die Entwicklung der vedischen Kochkunst lässt sich nicht mehr datieren, da viele der heute noch bekannten Rezepte auch bereits in Jahrtausende alten Schriften Erwähnung finden, z. B in der *Bhagavata Purana*, der *Caraka Samhita* und anderen. Einige der orthodoxen spirituellen Schulen besitzen Klöster, die Jahrtausende alte Rezeptsammlungen auf ayurvedischer Grundlage archivieren. Heilkundige und Hüter des Wissens waren und sind bis heute Eingeweihte der spirituellen Schulen. Strengere ayurvedische Diäten und Kochrituale finden sich in ganz Indien und Asien nur noch in Klöstern oder Tempeln von Hindus und Buddhisten. Speziell in brahmanischen Kreisen wird die vedische Kochkunst seit Jahrtausenden entwickelt und kultiviert. Die speziellen Diäten (*Sattvika* bis *Tamasika*) werden von dort an die Menschen außerhalb weitergegeben. Auf deren Empfehlungen und Vorbildfunktion hin hat sich speziell in Indien auch die bürgerliche Kochkultur entwickelt.

Da sich im Laufe der Jahrhunderte die Lebensgewohnheiten in Bezug auf Landwirtschaft und Konsumgüter auch durch klimatische Änderungen immer wieder verändert haben, finden wir auch eine stetige Weiterentwicklung der Forschung im Ernährungsbereich.

Im Laufe der letzten 100 Jahre wurden im Westen moderne Ernährungstheorien entwickelt. Sie sind meist widerlegt worden oder stellten sich als ineffektiv oder teilweise sogar gefährlich heraus, und

*„Der, der täglich Heilnahrung zu sich nimmt,*
*genießt ein harmonisches Leben.*

*Er bleibt unberührt von den Sinnesobjekten,*
*gibt und vergibt, liebt die Wahrheit,*
*dient den Mitmenschen und bleibt frei von Krankheit."*

(Vagbhata Sutrasthana)

verschwanden deshalb wieder. Im Gegensatz dazu ist die ayurvedische Ernährungslehre die älteste zeitlose Erfahrungswissenschaft der Menschheit. Grund dafür ist, dass sie die Individualität jedes Körpers berücksichtigt. Demzufolge liefert sie zuverlässige Ergebnisse im Bereich der Prävention und Ernährungstherapie.

Zwischen moderner wissenschaftlicher Forschung und Ayurveda stellt sich die Vertrauensfrage. Der Unterschied beider Schulen liegt in der Methodik: Die *Rishis* und die vedischen Ärzte der Antike betrachteten ihren eigenen Körper als Experimentierfeld. Durch exakte sinnliche Wahrnehmung und Beobachtung kamen sie zu Ergebnissen, die auch heute jeder Mensch reproduzieren kann – unabhängig von Rasse, Kultur, Glauben, Gewohnheit und Klima. In der modernen wissenschaftlichen Forschung wurde das Experimentierfeld in die Tierwelt der kleinen Säugetiere verlagert. Dabei ist statistisch jedes Ergebnis mittels Laboruntersuchungen und technischen Messdaten am toten Säugetier reproduzierbar. Interessant ist aber, dass die sogenannten „modernen" ernährungswissenschaftlichen Erkenntnisse sich größtenteils mit den ayurvedischen Angaben aus grauer Vorzeit decken.

Die historischen Einflüsse Indiens schlagen sich auch in der ayurvedischen Küche nieder. Die heute bekannte indische bürgerliche Küche geht natürlich maßgeblich auf das alte Wissen zurück. Man muss aber beachten, dass der Norden des Landes über Jahrhunderte hinweg immer wieder von Belagerern und Eroberern besetzt war, die erheblich Einfluss auf die kulturellen Gepflogenheiten genommen haben. So führten die persische Küche der Moguln und die Vorlieben der englischen Kolonialherren zu einer überraschend fleischlastigen Küche Nordindiens. Die Portugiesen brachten beispielsweise die bis dahin unbekannte Chilischote nach Indien, die einen festen Platz in der indischen Küche gefunden hat. Die toxischen Nahrungsmittelkombinationen hingegen, nach ayurvedischen Maßstäben bemessen, finden wir eher noch in der bürgerlichen Küche Südindiens berücksichtigt.

## Definition von *Ayurveda als Methode*

Im Juli 2010 wurde eine ZDF-Kochsendung mit dem bekannten bayerischen Sternekoch Lanz ausgestrahlt. Überraschenderweise sprach er dort über die uralte **ayurvedische Küchentradition**, natürlich ohne sie namentlich zu erwähnen.

Er bereitete eine Gewürzmischung zu, in der die antikarzinogene Wirkung der **Kurkumawurzel** durch die Beigabe von schwarzem Pfeffer 100-fach verstärkt wird.

War das ein wegweisendes Signal für die bahnbrechende **Heilküche** des indischen Subkontinents?

## Ayurveda die zeitlose Mutter aller Heilkünste

### Was bedeutet Ayurveda wortwörtlich?

Ayurveda ist das älteste überlieferte Medizinsystem der Menschheit. *Ayus* ist das lebendige Gefüge aus Körper, Sinnesorganen, Geist und Bewusstsein. *Veda* bedeutet das erfahrbare praktische Wissen. Ayurveda, die „Wissenschaft vom langen, gesunden Leben", ist eine umfassende Humanwissenschaft und Erfahrungsmedizin. Sie wirkt ordnend und ausgleichend auf das menschliche Leben in all seinen Bereichen.

### Gesundheit im ayurvedischen Sinn

Ein Mensch wird gesund genannt, wenn

- seine Bioenergien (*Vata*, *Pitta* und *Kapha*) in Harmonie sind (*Sama doshah*),
- er über eine ausgewogene Verdauung/einen ausgewogenen Stoffwechsel verfügt (*Samagnish*),
- seine Gewebe richtig aufgebaut und die Abfallstoffe adäquat ausgeschieden werden (*Sama dhatu, mala kriyah*),
- seine Sinnes- und Tastorgane richtig arbeiten (*Prasannatmendriya*),
- seine Seele und sein Geist sich in einem Zustand dauerhaften Glücks befinden (*Manah svastha ityabhidhiyate*).

*Sushruta Samhita*, 15.38, 1. Jahrhundert v. Chr.

### Gesundheit im abendländischen Sinn

„Gesundheit ist ein Zustand des vollständigen körperlichen, geistigen und sozialen Wohlbefindens und nicht nur das Fehlen von Krankheit oder Gebrechen." (WHO, Genf, 1948)

Ayurveda ist eine universale, zeitlose Heil- und Selbstheilmethode. Da die menschliche Seele dem „kristallisierten, höheren Bewusstsein – der Summe aller Erfahrungen" in uns entspricht, kann man Ayurveda als „Medizin des Bewusstseins" bezeichnen. Nur das, was wir bewusst tun, vermag uns wirklich zu heilen.

Ayurveda ist überall auf unserem Globus anwendbar, unabhängig von Rasse, Kultur, Religion, politischen Überzeugungen, Gewohnheiten und klimatischen Bedingungen. Wer die Grundprinzipien des Ayurveda beherrscht, kann diese globale Methode den jeweiligen lokalen Bedingungen und Bedürfnissen auf der Erde anpassen.

Die logische Folge wird stets ein harmonisches Gleichgewicht auf der Ebene von Körper, Sinnesorganen, Geist und Bewusstsein sein.

Die indischen *Rishis* (Priesterärzte der Antike) empfingen in tiefer Hingabe und Versenkung die Naturgesetze. Sie waren in der Lage, den Fluss des Lebens zu kontrollieren. In Selbstversuchen ersannen sie Methoden und Verfahren, durch welche der Mensch sich vor Krankheiten schützen konnte und so in immer größere Harmonie mit dem Leben und der Umwelt gelangt.

# Definition der ayurvedischen Heilküche

### Ayurvedisch kochen heißt:

In einer Hauptmahlzeit

- alle sechs Geschmacksrichtungen *(Rasa)* zu vereinigen: süß, sauer, salzig, bitter, scharf und herb,

- den Wandel der Jahreszeiten *(Rtu)*, die Konstitution des Menschen *(Prakruti)* und seinen momentanen, gestörten Zustand *(Vikriti)* zu beachten,

- das Verdauungsfeuer *(Agni)* zu stärken sowie die Verdauung *(Samana)* und die Ausscheidung *(Apana)* anzuregen,

- durch eine gezielte Auswahl an Nahrungsmitteln, Gewürzen und den Stoffwechsel anregenden Zubereitungsmethoden alle fünf Sinne *(Jnanendriyas)* anzusprechen. In ayurvedisch zubereiteten Speisen wird das „Gegengift" in Form von sogenannten Antidots gleich mitgeliefert (siehe Tabelle, S. 214),

- die richtigen Nahrungskombinationen *(Pathyapathya)* zu wählen und damit *ayurvedische Trennkost* zu praktizieren.

### Der Esser ist wichtiger als das Essen

Die Komplexität seines Wohlbefindens hängt von folgenden Faktoren ab:

- der Individuellen Konstitution: *V, P, K, VP, PV, VK, KV, PK, KP, VPK* (siehe S. 68 „Der Prakruti-Typtest"),
- der aktuellen körperlichen und seelischen Verfassung,
- der gegenwärtigen Lebensphase (*Kapha*-Wachstumsphase, *Pitta*-Midlife oder *Vata*-Seniorenalter),
- dem Zustand des individuellen *Agni/Ama* (Verdauungsfeuer/Ausscheidung) je nach Jahreszeit,
- der intuitiven Wahrnehmung und dem Einsatz der Sinne beim Essen: Was tut gut – was nicht?

Hier zählt man weder Kalorien noch zerlegt man die Nahrung in Fette, Eiweiße, Kohlenhydrate oder Spurenelemente.

In der ayurvedischen Ernährungswissenschaft haben die subjektive Erfahrung und das subjektive Empfinden eines jeden Menschen mehr Bedeutung als die objektiven Inhaltsstoffe der Nahrung. Die Nahrung soll individuell verträglich sein, also der momentanen Verdauungskapazität entsprechen.

aus der Region vorzuziehen. Alle Zutaten sollten einen hohen Nährwert haben, natürlich hergestellt und so wenig wie möglich industriell verarbeitet sein (siehe Kap. 3, S. 133 ff.).

Ein weiterer Faktor, der bei der qualitativen Auswahl von Nahrungsmitteln eine Rolle spielt, betrifft die alkalische Balance in Speisen, also das Gleichgewicht zwischen säuernden und basisch wirkenden Nahrungsmitteln der pH-Werteskala. Leider gibt es viel Verwirrung um die korrekte pH-Wert-Bestimmung. Viele Konsumenten sind unsicher, wo der pH-Wert eigentlich gemessen werden soll. Im Säure-Basen-Milieu des Speichels oder im Magen? Im Blut oder im Urin? Oder ist das Säure-Basen-Verhalten der Nahrungsmittel selbst ausschlaggebend? Alles ist richtig, aber nichts ausschließlich. Auch in diesem Fall lohnt die ganzheitliche Betrachtung der Phänomene.

Auch soll sie den unterschiedlichen Bedürfnissen eines Menschen, seinem Alter, Beruf, seiner körperlichen und seiner geistigen Verfassung angemessen sein. Gesunde Ernährung ist somit für jeden etwas ganz Persönliches.

Ein ayurvedisches Axiom lautet: „Nahrung ist Medizin, Medizin ist Nahrung." Die Nahrung sollte so zubereitet werden, dass man mit ihr gleichzeitig das Gegengift zu sich nimmt. Das sind Gewürze, Samen oder Kräuter, die helfen, die Speisen optimal zu verdauen. Voraussetzung für das sichere Hantieren mit diesen Zutaten ist die Kenntnis der Energetik der Nahrungsmittel: *Rasa, Guna, Karma, Virya, Vipak* (siehe Kap. 3, S. 82 ff.), die *Tridosha*-Lehre (siehe Kap. 2, S. 46 ff.) und ihre Wirkung auf das Bewusstsein: *Sattva, Rajas, Tamas* (siehe Kap. 3, S. 114 ff.).

Es gilt, sorgfältig qualitativ hochwertige Nahrungsmittel auszuwählen. Dazu gehören Wurzeln, Milch und Getreide, möglichst aus biologischem Anbau. Es sind Früchte und Gemüse der Jahreszeit

Man kann die Verwirrung aus ayurvedischer Sicht aufklären. Beginnen wir mit den Nahrungsmitteln und den ihnen innewohnenden Qualitäten (*Gunas*), Geschmacksrichtungen (*Rasas*) und pharmakologischen Wirkungen (*Karmas*).

Diese stehen fest, basierend auf jahrhundertealten Erfahrungen. Die meisten Zitrusfrüchte haben in ihrem natürlichen Zustand einen sauren *Rasa* (Geschmack), wirken aber erst nach der Assimilation im Blut alkalisierend. Wenn diese Substanzen mit dem Speichel in Berührung kommen, nimmt man die einzelnen *Rasas* wahr. Hier spielen Säure und Base noch keine Rolle. Im sauren Magenmilieu könnte man den heißen *Virya* (Energie einer Substanz) mit einer säuernden Wirkung vergleichen; ein kühler *Virya* wäre mit einer basischen Wirkung vergleichbar. Säuren erhitzen, Basen wirken kühlend.

Das mit Nährstoffen angereicherte Blut (*Ahara rasa*), entspricht der Nachverdauungswirkung (*Vipak*). Allerdings gibt es hier einen süßen *Vipak* (K++/vermutlich basisch[3]), einen sauren *Vipak* (P++/vermutlich säuernd[4]) und einen scharfen *Vipak* (V++). (Weitere Details über die Energetik der Verdauung im Kap. 3, S. 92)

*„Was des einen Nahrung, ist des anderen Gift."*

(Paracelsus)

---

3, 4 Wirkungsweise ist eine Vermutungen des Autors.

# Definition der ayurvedischen Heilküche

Der pH-Wert im Urin ist, ayurvedisch betrachtet, weniger relevant als die Frage, ob über die drei Ausscheidungsprodukte Stuhl, Urin, Schweiß (*Malas*) überschüssiges *Vata*, *Pitta* oder *Kapha* ausgeschieden wurde. Hierüber lassen sich physio-pathologische Rückschlüsse ziehen und man kann so die Ursache der Stoffwechselstörung analysieren – ein völlig anderer Weg.

Generell leiden Vegetarier weit weniger unter Übersäuerung. Der Stoffwechsel, d. h. die Enzymaktivität, die Zellatmung sowie das Herz-Kreislauf-System werden stark von Veränderungen des pH-Werts im Blut beeinflusst.
Diese Veränderungen finden nicht plötzlich, sondern über Wochen und Monate statt. Sie sind das Resultat des gesamten Ernährungsverhaltens. Vegetarier ernähren sich in erster Linie von basischen und pH-neutralen Nahrungsmitteln und einer geringen Menge an säuernden Stoffen. Das ist der Grund, weshalb man kaum Vegetarier kennt, die unter den sogenannten Zivilisationskrankheiten leiden. Die oben genannten pH-Veränderungen sind das Ergebnis einer langjährigen unausgewogenen, säurelastigen Ernährung. Jeder Mensch kann durch veränderte Kost sein Blut basischer machen. Basisches Blut ist der Garant für ein Höchstmaß an Gesundheit und mentaler Ausgeglichenheit.

### Die drei großen Gruppen der Säure-Basen-Diät

**1.** Basennahrung: süße und saure natürliche Früchte und Fruchtsäfte, Trockenfrüchte, nahezu alle Gewürze und Gemüse, Salate, Pilze, Kartoffeln, Bohnen (Hülsenfrucht), Kokos- und Haselnuss, Bulgur, selbst gemachter Frischkäse (Paneer), Hüttenkäse, Buttermilch. Basische Nahrung wirkt aufbauend und harmonisierend auf Organe, Gewebe, Nerven und Drüsen.

**2.** Säure bildende Nahrungsmittel: Fleisch, Fisch und Meeresfrüchte, Käse, Eier, Erbsen, Linsen und die meisten Kohlenhydrate, insbesondere Süßigkeiten und Weißmehlprodukte, Brot und Backwaren.

**3.** pH-neutrale Nahrungsmittel: Fette wie *Ghee*, Butter, Margarine, Speiseöle, Buchweizen, Milch, Sahne und Sauermilchprodukte. Da diese Fette sehr konzentriert sind, können sie, im Übermaß genossen, säuernd wirken. Das wiederum belastet das Verdauungssystem, insbesondere die Organe der Fettverdauung wie Leber, Gallenblase und Pankreas. Bei Kindern unter zwölf Jahren wirkt sich das besonders problematisch aus. Ihre Organe sind noch nicht voll belastbar durch schweres Essen.

Im Verhältnis sollte die tägliche Kost aus ⅔ Basennahrung und ⅓ sauren Nahrungsmitteln bestehen. Bei der durchschnittlichen US-amerikanischen Kost verhält es sich genau umgekehrt. Machen Sie also Gemüse zum Kern Ihrer Ernährung, begleitet von Früchten, Nüssen, Hülsenfrüchten und einfachen Milchprodukten. Schränken Sie Süßigkeiten, Kohlenhydrate und tierische Proteine ein. Seien Sie maßvoll in der Verwendung von Fetten und Ölen. Sie werden sich dadurch besser fühlen!

Einführung

# Ayurveda in der westlichen Gesellschaft

### Diätrichtungen im Vergleich

Im Ökotest von 1993 wurden erstmals u. a. folgende Diätrichtungen untersucht: Vegetarismus (ovo-lacto/vegan), Makrobiotik, Haysche Trennkost, Ayurveda, Rohkost und anthroposophische Ernährung. Unbedenklich für Jung und Alt und auf lange Sicht ohne Gesundheitsrisiken waren lediglich die anthroposophische und die ayurvedische Ernährungsweise. Bei letzterer ist für Kinder und Heranwachsende bis zur Volljährigkeit ein ausschließlicher Genuss nicht ratsam. Die zu intensiven Gewürze oder bitteren und scharfen Gemüse wie Zwiebeln, Knoblauch, Ingwer und Chili wirken zu stimulierend auf das Hormon- und Nervensystem. Alle anderen Richtungen können vorübergehend oder bei Allergien und Stoffwechselproblemen eine reinigende und entlastende Wirkung auf den Organismus haben. Bei zu langem Genuss führen sie – von typbedingten Ausnahmen abgesehen – zu Mangelerscheinungen und Gesundheitsproblemen.

**Beide, die anthroposophische und die ayurvedische Ernährungsweise, sind ganzheitliche, spirituelle, also den ganzen Menschen in seinem Umfeld spiegelnde Systeme**
Körper, Sinne und Bewusstsein sind gleichberechtigt.

Nach Rudolph Steiner[5] ernährt man sich so wie in Europa vor dem zweiten Weltkrieg: höchstens einmal pro Woche Fleisch oder Fisch, regelmäßig Hülsenfrüchte, Milchprodukte in Maßen, viel ungespritztes Gemüse, Salate, Gartenkräuter und Obst der Jahreszeit. Alles ist möglichst in der gleichen Region gereift (in der man selbst lebt), d. h. aus einem Umkreis von 50–100 km.

Schlussendlich ist in der anthroposophischen Betrachtung der geistige Aspekt der Nahrung ebenso wichtig wie in der *Triguna*-Lehre. Auch hier geht es darum, so viel wie möglich ätherisches, also feinstoffliches Bewusstsein aus der Nahrung zu ziehen. Das gemeinsame Ziel lautet: allumfassende Gesundheit und spirituelles Wachstum.

### Ayurveda-Küche versus indische Küche

Den meisten sind der exotische Geschmack und die stark gewürzten Speisen der bürgerlichen indischen Küche bekannt. Die verschiedensten Kochtraditionen des indischen Subkontinents gehen auf die vedische Tradition zurück und orientieren sich in Bezug auf Kombination und Auswahlkriterien an den Grundprinzipien des Ayurveda.

---

5 „Naturgrundlagen der Ernährung" (Stuttgart, 1981).

Viele unserer Gäste meinten, die indische Volksküche sei mit der ayurvedischen Heilküche gleichzusetzen. Das trifft aber nicht zu. Die Definition der ayurvedischen Heilküche zeigt deutlich, womit sie sich von der indischen Küche abgrenzt. Die brahmanische Priesterkaste Indiens hat sich meist an die Prinzipien der Ayurveda-Küche gehalten. Ein Großteil der Hindus isst vegetarisch. In den ayurvedischen Medizinschriften hingegen werden die Qualitäten, Vorzüge und Nachteile des Verzehrs einzelner Nahrungsmittel wie Fleisch, Fisch oder Milch genauestens analysiert. Es geht dabei um die typenspezifische Zu-/Abträglichkeit und den therapeutischen Nutzen dieser Nahrungsmittel sowie die pathologischen Folgen missbräuchlichen Verzehrs. Fleisch war also in der indischen Antike keineswegs tabu – unter gewissen Voraussetzungen natürlich. Die Ausübung bestimmter religiöser, spiritueller Praktiken und Meditationstechniken legte den Verzicht auf Fleisch- oder Fischverzehr nahe. (Mehr dazu im Kapitel 3, S. 113 ff. )

### Wie jedes andere Land sind die Inder in ihre kulturellen Traditionen eingebettet und haben klimatisch bedingte Essgewohnheiten

Die persische Mogulherrschaft führte im 16. Jahrhundert den Fleischverzehr ein. Die Portugiesen brachten etwas später die Chilischote nach Indien. Die Kuh war und ist bis heute die Lebensgrundlage der indischen Familie in ländlicher Gegend. Die hinduistische Religion ist die einzige Weltreligion ohne Religionsstifter. In ihr ist sogar die Nahrung Gott Brahma zugeordnet und das (Verdauungs-)Feuer wird als Gottheit namens *Agnideva* verehrt. Alle Lebewesen haben hier gleiches Recht auf Leben und seelische Entwicklung. Menschen, die den Tieren das Leben nehmen, verstricken sich nach Auffassung der Hindus in karmische Prozesse, die bis in spätere Reinkarnationen negative Auswirkungen haben können. Deshalb haben die Hindus die älteste vegetarische Tradition der Erde. Diese Gegebenheiten prägen trotz äußerer Einflüsse die Küche Indiens. Indien war zudem das letzte Land, in dem der McDonald's-Konzern Fuß gefasst hat – ein positives Zeichen starker und gesunder Esstraditionen. Die junge Generation der Oberschicht in den indischen Metropolen ernährt sich heute genauso schlecht und unbewusst wie die meisten Menschen in den westlichen Industrieländern.

### Ayurvedisch kochen heißt nicht indisch kochen

Die uns bekannten indischen Gewürze sind heute auch in der westlichen Welt wieder zunehmend gefragt – nicht allein wegen ihrer intensiven und exotischen Gaumennoten, sondern vor allem wegen ihrer wohltuenden Wirkung. Viele von ihnen waren schon vor Beginn des 20. Jahrhunderts beliebt und eine Luxusware, die nur wohlhabenden Kreisen vorbehalten war. Wenn man alte Handelsregister der Hafenstädte Europas durchforstet, findet man über Jahrhunderte Gewürze wie Anis, Fenchel, Asant, Cumin, Gelbwurz, Koriander, Zimt, Kardamom und andere aus dem Orient.
Wenn wir unseren heimischen Gerichten Gewürze wie Cumin, Kardamom oder Fenchel hinzufügen, kann es sein, dass das Ganze plötzlich „indisch", „orientalisch" oder „weihnachtlich" schmeckt. Mit Sicherheit gibt es in jedem Teil der Welt äquivalente Gewürze, die den Eigenschaften der bekannten ayurvedischen Gewürze entsprechen. Hierzulande finden wir in der Hildegard-Küche die bei uns beheimateten Wildkräuter und Gewürze. Hildegard von Bingen hat in Anlehnung an die ayurvedische Drei-Säfte-Lehre gearbeitet.

### Selten wird in indischen Restaurants Europas nach ayurvedischen Kriterien gekocht

Die Speisen sind, wie in jeder anderen Küchentradition, meist einseitig oder unzeitgemäß zubereitet. Indische Gerichte sind oft viel zu fett. Sie werden in Joghurt oder Sahne gekocht, mit säuernden Tomatensoßen, Brot aus Weißmehl, zu scharf oder schlichtweg überwürzt und mit in altem Frittierfett gebackenen Zutaten serviert. Die Nachtische sind üppig und oft viel zu süß.
Erstaunlich ist, dass diese Küche dennoch vielen Europäern weitaus besser bekommt als jede westliche Fast-Food-Küche. Das liegt vermutlich an den Juwelen der Verdauung – den Gewürzen.

# Ayurveda in der westlichen Gesellschaft

### Ayurvedisch kochen heißt

das Prinzip der unterschiedlichen Energetik von Lebensmitteln zu verstehen, erwünschte Eigenschaften gezielt hervorzuheben oder durch einfache Kunstgriffe (z. B. mithilfe von Antidots) Ausgleich zu schaffen. Dieses Prinzip lässt sich auf jede Kochtradition übertragen, sofern man sich mit Energetik befasst. Das haben wir für Sie in wochenlanger Recherche getan.

Ayurvedisch kochen können Sie überall auf der Welt. Indisch kocht man besser nur für indische Mägen. Ayurvedisch kochen heißt stets, ein sensibles Gleichgewicht zwischen Genuss, Sättigung, Befriedigung der Sinne und einem individuellen Maß an Zuträglichkeit zu finden. Die Auswahl der Speisen sollte sich überwiegend auf die Nahrungsmittel heimischer Herkunft, entsprechend der saisonalen Erntezeit, beschränken.

Die vorherrschende Qualität der Jahreszeit bestimmt die Art der Zubereitung:

- warme, ölige Speisen und Gewürze im Herbst und Frühwinter – der *Vata*-Zeit,
- kühlende Speisen, mehr Rohkost und Früchte im Sommer – der *Pitta*-Zeit,
- trockene, leichte, schleimlose, eiweiß- und fettarme, gut gewürzte Speisen im Spätwinter und Frühjahr – der *Kapha*-Zeit.
(Näheres dazu siehe Kap. 3, S. 90, 118 ff. 122 ff.).

Speziell in den asiatischen Kochtraditionen kommt genau das gleiche Prinzip zum Einsatz. Chinesen und Japaner haben ebenso feingliedrige Energetiksysteme. Energetisch ausgewogen zu kochen ist also keineswegs nur eine indische Fähigkeit.

## Ayurveda und die Azidose/Anti-Milch-Propaganda

Anhänger der sogenannten Azidosetherapie (sie dient der Entsäuerung des Körpers) vertreten die These, dass insbesondere das Milcheiweiß vom erwachsenen Menschen nicht aufgespalten werden kann. In der Folge würden die Lymphgefäße verkleben. Der Zwischenzellraum würde mit zahllosen sauren Schlacken und Zelltrümmern überflutet. Das wird als Grundlage allen zivilisatorischen Übels angesehen. Man rückt den „Milcheiweißsündern" mit unangenehmen Azidosemassagen zu Leibe, untersagt ihnen den Verzehr von Milchprodukten und verabreicht Basenpulver. Auf diese Weise meint man, den Übeltäter namens „Azidose" erfolgreich bekämpfen zu können. Aber warum trifft das nur auf einen Teil der Bevölkerung zu? In der Lebensmittelbranche und auch in der klassischen Schulmedizin befasst man sich nur selten mit der Konstitutionslehre.

### Die Milchverachtung hat auch genetische Ursachen

Um Milch bzw. den darin enthaltenen Milchzucker überhaupt verdauen zu können, wird das Enzym *Lactase* benötigt. Dieses Enzym fehlt vielen Völkern rund um den Globus, besonders den Afrikanern, den Chinesen, den Indianern, den Aborigines Australiens und den Ostasiaten – mit Ausnahme der Inder und der Nordeuropäer.
Wird die Laktose nicht aufgespalten, kommt es zu Darmspasmen, Blähungen und Durchfällen. Das Milcheiweiß beginnt im Darm zu gären, führt zu Flüssigkeitsansammlungen und sehr schmerzhaften, kolikartigen Symptomen.

### Warum fehlt so vielen Menschen das Enzym Lactase?

Die Fähigkeit nordeuropäischer Erwachsener, Milch zu verdauen, ist eine junge entwicklungsgeschichtliche Anpassung. Kein Säugetier verträgt im Erwachsenenalter Milch. Auch unsere Vorfahren sind als Erwachsene über Generationen ohne Milch ausgekommen. Eine populärwissenschaftliche These behauptet, dass die Umstellung unseres Körpers vor 10.000 Jahren mit der Sesshaftigkeit, also durch Ackerbau und Viehzucht, begann. Die Rinder dienten zunächst als Arbeitstiere, später, und besonders in Notzeiten, als Fleisch- und Milchlieferanten. Nur die Menschen in der nördlichen Hemisphäre überlebten, die Milch als primäre Proteinquelle problemlos trinken und verdauen konnten.

Die Mittelmeervölker vertragen hingegen Milch nicht so gut; Käse oder Joghurt sind dagegen weniger ein Problem. Eine Erklärung der Genetiker ist das Wetter. Im Nord-Süd-Gefälle Europas ist die Sonneneinstrahlung sehr unterschiedlich. Die Haut produziert bei Sonneneinstrahlung Vitamin D, was für die Kalziumaufnahme im Dickdarm wesentlich ist. Durch die helle Haut können wir auch bei geringer Sonnenstrahlung mehr UV-Licht absorbieren. Dies reicht aber trotzdem nicht aus, um uns vor Vitamin-D-Mangel (Rachitis) oder Kalziummangel (Osteomalazie) zu schützen. Hier kommt die Milch ins Spiel: Sie enthält große Mengen an Kalzium. Andererseits erleichtert die Lactase die Kalziumaufnahme im Darm erheblich. Die Anpassung unserer Erbanlagen durch unsere helle Haut und das Enzym Lactase brachte uns immerhin 2 % Überlebensvorteil. Dieser Prozess dauerte etwa 5.000 Jahre.

**Aus ayurvedischer Sicht kann man in Sachen Ernährung und Therapien nichts zum allein selig machenden Wunderheilmittel erheben**
Die Kuhmilch wird in der ayurvedischen Ernährungslehre als wertvolles Nahrungsmittel eingestuft – allerdings unter bestimmten Voraussetzungen und nicht für jedermann zu jeder Zeit (weiteres siehe S. 172 und S. 336,). Keine einzelne Diät- wie Therapierichtung kann allen Menschen gerecht werden. Die Antwort liegt in der Betrachtung der individuellen Konstitution – dem genetisch determinierten, individuellen Reiz-Reaktions-Muster eines jeden Menschen (siehe Kap. 2, S. 41 ff.).

### Diätetische Einschränkungen des Ayurveda in Bezug auf Milchprodukte

- **Der Kapha-Typ mit seiner lymphatischen Konstitution sollte Milchprodukte generell eher meiden** (Näheres siehe „Prakruti-Typtest", S. 68 ff.). Er neigt zur Verschleimung der Atemwege, zu vermehrter Lymphaktivität, Ödemen, Diabetes, Stoffwechselträgheit, Übergewicht und Herz-Kreislauf-Erkrankungen. Milch besteht wie *Kapha* aus dem Erd/Wasser-Element. Gleiche Qualitäten verstärken einander. Milch ist süß, schwer, kalt, träge, leicht ölig, schleimig.

- **In der Kapha-Jahreszeit erzeugen Schleim vermehrende Nahrungsmittel wie Milchprodukte zahlreiche vermeidbare Krankheiten.** In Westeuropa ist das die Zeit vom 1. Februar bis 1. Juni jedes Jahres. Schon in christlichen Urzeiten war das die klassische Fastenzeit. Besonders *Kapha*-Typen haben in dieser Jahreszeit die o. g. Beschwerden. Aber auch *Pitta*- und *Vata*-Typen können bei regelmäßigem Verzehr von Milchprodukten gesundheitliche Probleme bekommen. Vermehrte Magen-Darm-Infekte, periodische Erkältungen, Nebenhöhlenentzündungen, Heuschnupfen o. Ä. treten gehäuft in der *Kapha*-Jahreszeit auf. Wenn man in jener Zeit weitgehend auf Milchprodukte verzichtet, bleiben erstaunlich viele Symptome aus.

- **Milch wirkt, kalt getrunken, wie Gift.**
Milch sollte stets allein und mit bestimmten schleimlösenden Gewürzen aufgekocht werden. Dann bezeichnet man Milch als *Amrit* (Leben spendenden Nektar). Milchprodukte dürfen auf keinen Fall mit bestimmten Nahrungsmitteln kombiniert werden (siehe Kap. 3, S. 144-145 ff. „Die toxischen Nahrungskombinationen"). Milch, mit Früchten kombiniert, erzeugt beispielsweise einen unverdaubaren, toxischen Komplex im Magen. Die enzymatischen Prozesse laufen unvollständig ab. *Ama* (unverdaute Nahrungsschlacken) sind das Resultat. Sie sind Nahrungsgrundlage für zahlreiche Parasiten und der Ursprung vieler Allergien und Schleimkrankheiten. Hier gibt es eine Übereinstimmung mit der Azidosetheorie – man spricht hier von Übersäuerung. Im Ayurveda ist von Verschleimung und Obstruktion der Verdauungskanäle die Rede. Die Symptome müssen allerdings konstitutionell unterschiedlich behandelt werden.

# Ayurveda in der westlichen Gesellschaft

**Fünf Gründe weshalb wir die Milch aus Supermärkten, mitunter sogar aus Bioläden, nicht vertragen**

Man muss sich fragen, ob die Milch vor 3.000 Jahren hochwertiger war. Das lässt sich zweifelsohne bejahen.

**1.** Die Umweltbelastung von Luft, Wasser und Boden hat in den letzten 50 Jahren drastisch zugenommen. Die Milchqualität ist damit geringer, da Milch, ähnlich wie das Wasser, ein äußerst sensibles Medium ist.

**2.** Die Hornentfernung. Aus Gründen einer problem- und gefahrloseren Viehhaltung sägt man den Kühen ohne Betäubung die Hörner ab und verschmort anschließend die nachblutenden Hornhöhlen. Die Hörner wachsen nie mehr nach. Diese Tierquälerei wird durch Wirtschaftlichkeit und Bequemlichkeit gerechtfertigt. Ein Viehzüchter kann die Tiere so auf engerem Raum halten. Das Horn ist ein Abscheidungsorgan für Stoffwechselabfälle wie tote Zellen, vergleichbar mit den menschlichen Haaren und Fingernägeln. Auf diese Weise werden auch Stoffwechselgifte aus dem Organismus entfernt. Wenn dieser Ausscheidungsmechanismus unterbunden wird, indem man die Hörner wegbrennt, landen die Gifte in der Milch. Die Milch wird also durch Toxine verunreinigt, die die Kuh selbst produziert, aber nicht mehr ausscheiden kann. Für hypersensitive Menschen ist Milch deshalb gesundheitlich bedenklich. Eine wissenschaftliche Langzeitstudie hat den Beweis erbracht, dass Menschen mit nachgewiesener Laktoseintoleranz die Milch von Kühen <u>mit</u> Hörnern problemlos vertrugen. Eine weitere Studie erbrachte die Erkenntnis, dass eben diese Milch von Milcheiweißallergikern vertragen wird.

**3.** Genfutter. Der überwiegende Teil der Großmolkereien hierzulande verfütterte früher neben Silage- und Mineralfutter recycelte tierische Abfälle. Heute ist es genmanipuliertes Sojafutter aus Südamerika. Das belastet zusätzlich die Milchverträglichkeit. Außerdem wird die Milch hier von Hunderten von Kühen zu einem heterogenen „Milchcocktail" vermischt.

**4.** Die chemische und thermische Behandlung der Milch in den Molkereien erzeugt weitere Probleme. Die Pasteurisierung ist dabei noch die schonendste Behandlung. Alle anderen Verfahren machen aus der Milch einen unverdaubaren chemischen Cocktail. Er ist Lichtjahre von den Qualitätskriterien für Milch aus den ayurvedischen Medizinschriften entfernt.

**5.** Kuhmilch als Babynahrung. Viele Menschen entwickeln bereits in ihrer Kindheit eine Laktoseintoleranz. Ursache dafür ist, dass manche Eltern ihren Kleinkindern bereits Kuhmilch oder Fertigprodukte auf Basis von Kuhmilchpräparaten als Muttermilchersatz geben, um die vermeintlich „lästigen" Stillzeiten zu verkürzen und die Babys schneller zu sättigen. Mitunter raten sogar Ärzte wegen drohendem Kalzium- und Eiweißmangel dazu. Erwiesen ist aber, dass das noch nicht ausgebildete Immunsystem der unter Fünfjährigen eigenes von artfremdem Eiweiß noch nicht unterscheiden kann. So entsteht oftmals ein Autoimmunkomplex mit Bildung von Milchschorf und anderen Allergiesymptomen. Hier zeigt sich, dass selbst die vorhandene Lactase (das Milchzucker spaltende Enzym im Dünndarm) nicht das Problem ist. Lactase als Wunderwaffe gegen Lactasemangel beseitigt nicht die Ursache der Laktoseintoleranz.

**Die Inder – das kränkste Volk der Erde?** Wenn also Erwachsene kein Milcheiweiß verdauen könnten, müssten allen voran die Inder bei ihrem hohen Milchkonsum das kränkste Volk sein. Sie leiden jedoch weit weniger unter Blähbäuchen, Allergien, Asthma, Morbus Crohn, Colitis ulcerosa und anderen Darmentzündungen als wir Europäer. Tatsache ist, dass mit derartigen Zivilisationskrankheiten lediglich die verwestlichten, reichen Inder zu tun haben.

*Wenn die Ernährung rein ist, wird der Geist rein sein, und wenn ...*

## Die ominösen E-Gruppen

Mittlerweile ist der Mensch in der Lage, sämtliche Bestandteile der Materie bis ins kleinste Detail zu zerlegen und zu benennen – auch unsere Nahrungsmittel. Mit der Kenntnis um die einzelnen Elemente sind die Wissenschaftler zwar in der Lage, unseren Bedarf an verschiedenen Stoffen festzulegen, eine allgemeingültige Ernährungsdoktrin lässt sich dadurch aber nicht ableiten. Man muss die individuelle Konstitution berücksichtigen.

Die Molekülverbindungen der Vitamine sind schon lange bekannt und benannt. Die Vitaminmangeltheorie ist ebenso schwammig bewiesen wie die Vitaminüberschusstheorie. Am Beispiel des Vitamins B12 sei aufgezeigt, dass die meisten Vegetarier und Veganer im asiatischen Raum unter Mangelerscheinungen leiden würden oder gar todkrank sein müssten. Dem ist aber nicht so.
Die Theorie, Vitamine seien die wichtigsten Nährstoffe, ist ebenso wie viele andere nur schwer haltbar. Die Pharmaindustrie behauptet, die Natur stelle zu wenig Vitamine zur Verfügung und der Mensch müsse Ergänzungspräparate einnehmen, die Abhilfe leisten.

Dies ist eine Verhöhnung der in sich perfekt funktionierenden Natur, eine Beleidigung der Schöpfung. Dass massenhaft industriell gefertigte Produkte allerdings einen akuten Nährstoffmangel aufweisen, ist ein anderes Thema, dem man ruhig etwas genauer nachgehen könnte.

Ich bin eher der Überzeugung, dass oft Stoffe in Lebensmitteln, die dort nicht hineingehören, für gesundheitliche Defekte verantwortlich sind. In Europa sind im Rahmen der Vereinheitlichung mittlerweile wieder Zusatzstoffe in Lebensmitteln zugelassen, die in Deutschland noch wenige Jahre zuvor verboten waren. Als Beispiel dienen hier die Prionen, die in Backwaren zusammen mit Gips und ähnlichen Substanzen enthalten sind – von Pestiziden ganz zu schweigen[6].
Wenn man seine Ernährungsweise an substanziellen Inhalten orientiert, tut man besser daran, Aromen, Konservierungsstoffe und Stabilisatoren zu vermeiden, als Vitaminen nachzujagen. Die im Anhang befindliche Vitamintabelle zeigt, was worin enthalten ist (siehe S. 216/17).

Wichtig ist, dass man „einfach" gesund lebt: Man nimmt frische Nahrung zu sich, vermeidet weitgehend eine „Vergiftung" durch Fertigprodukte, treibt regelmäßig Sport und pflegt eine gesunde Geisteshaltung. In der vedischen Philosophie ist der Geist die Essenz der Nahrung.

*... der Geist rein ist,*
*wird der Verstand ebenfalls rein sein."*
(Manu, 500 v. Chr.)

---

6   Siehe Video von Len Foley über den Bionic Burger.

# Ayurveda in der westlichen Gesellschaft

*Uddalaka Aruni\**, der ayurvedische Gelehrte der Antike, sagt:

### Die einverleibte Nahrung wirkt auf drei Ebenen:

**1.** Der grobe Anteil wird zu Exkrementen.

**2.** Der mittlere Anteil wird zu Fleisch (Gewebe).

**3.** Der feinstoffliche Anteil wird zu Geist (Denkorgane und Sinne).

In den *Upanishaden* steht, dass Nahrung verehrt werden soll und durch *Prana* (die göttliche Wirklichkeit, die Seele) repräsentiert wird. Sie spiegelt die Einheit allen Lebens. Der Prozess der Einverleibung der Außenwelt demonstriert diese Einheit allen Lebens. *Prana* ist sozusagen das schöpferische Prinzip der materiellen Welt. Der physische Körper wird geboren und lebt durch Nahrung.

### Prana ist die Lebenskraft, die allen Lebewesen innewohnt

Sie definiert das Leben. Jedes Lebewesen ist auf ständiger Nahrungssuche, auf ständiger Suche nach Lebenskraft, die in den Nahrungsmitteln schlummert. Ein Sanskrit-Sprichwort lautet: „Leben lebt vom Leben" (*Jivo jivasya jivanam*). Das eigene Leben wird nur durch die Konsumierung anderen Lebens erhalten. In der vedischen Philosophie haben alle Wesen ein gleiches Anrecht darauf zu leben.
Es gibt eine Reihe von Nahrungsmitteln, die uns die Natur zur Verfügung stellt, ohne dass wir für unser Weiterleben höheres Leben opfern müssen: Nüsse, Früchte, Gemüse, Hülsenfrüchte, Wurzeln, Beeren, Samen, Kräuter, Milchprodukte, Getreide, Kartoffeln und Honig.

### Eine Ernährung im Wandel der Jahreszeiten und angepasst an die individuelle Konstitution ist das Fundament für ein gesundes und glückliches Leben

Die alte Kochkunst der vedischen Brahmanen beruht auf den therapeutischen Prinzipien der alten ayurvedischen „Wissenschaft vom langen Leben". Es ist eine reiche Tradition, die die abendländische Kochkunst verarmt erscheinen lässt. Man verwendet hierbei unzählige Kräuter und Gewürze – die Juwelen der Verdauung. Eine Antwort auf die Tatsache, dass die moderne, westliche Küchenkultur die Geschmacksrichtungen so einseitig anspricht, ist auch das erhöhte Suchtpotenzial bei uns Europäern.

### Der Durchschnittseuropäer konsumiert täglich künstliche Genuss- und Anregungsdrogen:

Zucker, Weißmehl, Kaffee, Nikotin und Alkohol. Der Grund für dieses Suchtverhalten ist ein chronischer Mangel an *Prana*-Energie. Sie ist nur in frisch zubereiteten, sanft gegarten Speisen und Rohkost, versetzt mit Gewürzen und Küchenkräutern, enthalten. Fast Food ist zwar praktisch und bequem, aber diese Nahrung ist tot – bloßes Füllmaterial, das den Konsumenten unerfüllt lässt. *Prana*-Energie ist quantitativ nicht an Vitaminen, Mineralien und Kalorien messbar.

Je mehr wir uns von den naturgemäßen Lebensgewohnheiten entfernen, desto mehr Leid entsteht. Je mehr Nahrungsmittel verarbeitet, mit chemischen Zusätzen versehen, schockgefrostet, thermisch behandelt, denaturiert oder anders verfremdet werden, desto mehr entfernen wir uns von der uns innewohnenden Natur. Folge sind zunehmende Unzufriedenheit und wachsender Hunger, ein Hunger der Seele – auf der Suche nach wahrer Seelennahrung. Sucht ist die unerfüllt bleibende Suche. Krankheit und Depression sind die logischen Folgen.

Zu Zeiten der *Rishis* gab es weder polychlorierte Biphenyle, DDT, Natriumchloracetat, Dioxin noch übermäßig radioaktive Strahlung oder Nitrate. Umso mehr ist es heute ein Gebot der Umstände, für eine routinemäßige Unterstützung der Ausscheidung, für eine Entgiftung des Körpers zu sorgen. Gewürze und vor allem auch Nüsse, Kräutersamen und Gartenkräuter, frische Früchte und Gewürze sorgen für die optimale Funktion von *Agni* (Verdauungsfeuer) und für mehr *Prana*-

---

*Chandogya Upanishad

Energie in unseren vitalen Körpergeweben. Kräuter und Gewürze sind dementsprechend die Medizin, die wir täglich zu uns nehmen. Diese Medizin verbessert die Verdauungskraft, steigert den Nährwert, mindert die Schlackenbildung und verleiht uns mehr Energie. Obst, Gemüse, Knollenfrüchte und Getreide aus biologischem Anbau enthalten auf jeden Fall deutlich mehr *Prana*-Energie als Nahrung aus herkömmlichem Anbau.

Im Anhang finden Sie eine ausführliche E-Nummernliste, der Sie entnehmen können, wozu der jeweilige Stoff verwendet wird und welche Gefahr von ihm ausgeht.

**Auswärts essen – kein Problem?**

Die meisten lieben es, an einem schönen Abend, möglichst mit angenehmer Begleitung, essen zu gehen. Die wenigsten wissen, was sich tatsächlich hinter der Küchentür mancher Restaurants abspielt. Wir leben in einer Zeit, in der im Gastrogewerbe Rentabilität großgeschrieben wird. Deshalb finden Sie in jedem Restaurant mehr Tiefkühltruhen und -schränke als Kühlregale. In jeder „Profiküche" befindet sich auch eine Mikrowelle, das Symbol dafür, dass das Bewusstsein für Nahrungsmittel schon vor 30 Jahren zerstört wurde. Unsere schnelllebige und leistungsorientierte Gesellschaft zwingt die Hersteller geradezu, minderwertige Nahrung zu produzieren.

### Warum kommen viele Restaurants nicht ohne industriell gefertigte Produkte aus?

Außer dem Geschmack hat der moderne unbewusste Mensch kaum noch Kriterien, nach denen er die Qualität der Nahrung beurteilen kann. Dem Geschmack kann man dank Geschmacksverstärkern nachhelfen. Ohne Natriumglutamat wären viele Produkte ungenießbar. Welch Glück für die Industrie, dass die meisten Konsumenten nicht die Nebenwirkungen kennen ...
Wenn man jetzt noch den gängigen Küchenjargon kennt, weiß man in etwa, mit welchem Bewusstsein und welcher Achtlosigkeit man es zu tun hat.

### Jeder Restaurantbesuch kann zum Vabanquespiel werden

Die Ware muss möglichst billig sein. Gesundheitsschädigende Fette werden benutzt, um Kosten zu sparen. Es ist die gesamte Geisteshaltung gegenüber dem Umgang mit Lebensmitteln, die zu wünschen übrig lässt. Jeder Gang ins Restaurant sollte gut überlegt sein. Er ist eine enorme Herausforderung an das Verdauungs- und Immunsystem. Einen toxischen „Dauerbeschuss" hält selbst der robusteste Magen nicht lange durch. Vergessen Sie nicht: Selbst in Gourmetrestaurants muss ökonomisch gewirtschaftet werden.

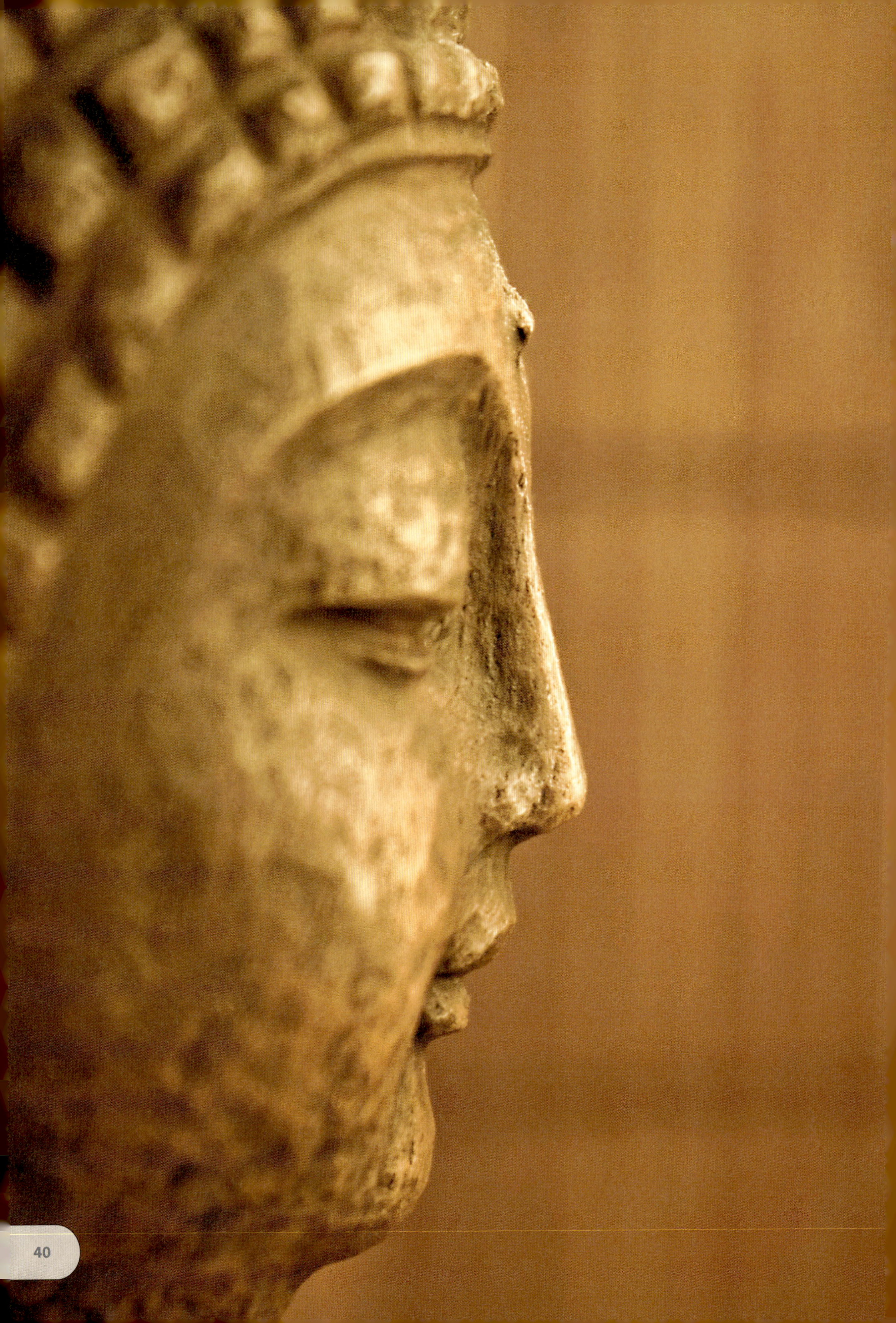

# 2 Die individuelle Konstitution

Die Entstehung des Kosmos mit seinen 25
Grundsubstanzen gemäß Sankhya-Philosophie — 42

Tabelle: Die fünf Elemente und 20 Qualitäten — 44

Das Tridosha-Konzept –
die ayurvedische Drei-Säfte-Lehre — 46

Tabelle: Die fünf Elemente und Tridosha — 52

Tabelle: Analoge Ebenen der Tridosha
im Überblick — 54

Konstitutionsmerkmale
und individuelle Verhaltensmuster — 56

Die fünf grundlegenden Lehrsätze
des Ayurveda — 60

Prakruti/Vikruti (Konstitution/Krankheit) — 62

# Die *Entstehung des Kosmos* mit seinen
# 25 Grundsubstanzen gemäß Sankhya-Philosophie

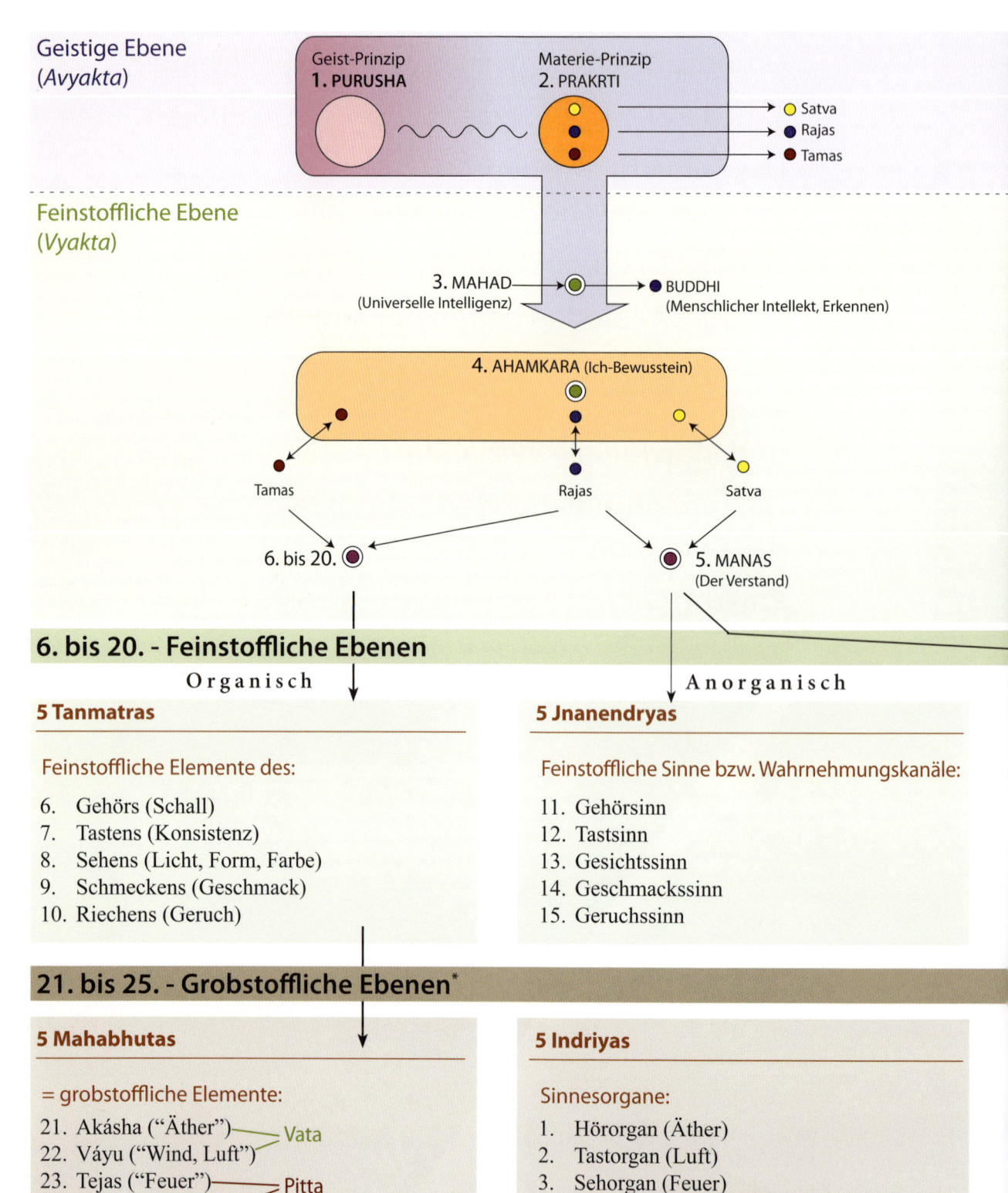

**Geistige Ebene** (*Avyakta*)

Geist-Prinzip
**1. PURUSHA**

Materie-Prinzip
**2. PRAKRTI**
- Satva
- Rajas
- Tamas

**Feinstoffliche Ebene** (*Vyakta*)

**3. MAHAD** (Universelle Intelligenz) → **BUDDHI** (Menschlicher Intellekt, Erkennen)

**4. AHAMKARA** (Ich-Bewusstein)

Tamas — Rajas — Satva

6. bis 20.

**5. MANAS** (Der Verstand)

## 6. bis 20. - Feinstoffliche Ebenen

Organisch | Anorganisch

### 5 Tanmatras

Feinstoffliche Elemente des:

6. Gehörs (Schall)
7. Tastens (Konsistenz)
8. Sehens (Licht, Form, Farbe)
9. Schmeckens (Geschmack)
10. Riechens (Geruch)

### 5 Jnanendryas

Feinstoffliche Sinne bzw. Wahrnehmungskanäle:

11. Gehörsinn
12. Tastsinn
13. Gesichtssinn
14. Geschmackssinn
15. Geruchssinn

## 21. bis 25. - Grobstoffliche Ebenen*

### 5 Mahabhutas

= grobstoffliche Elemente:

21. Akásha ("Äther") — Vata
22. Váyu ("Wind, Luft") — Vata
23. Tejas ("Feuer") — Pitta
24. Apas ("Wasser") — Pitta
25. Prithivi ("Erde") — Kapha

### 5 Indriyas

Sinnesorgane:

1. Hörorgan (Äther)
2. Tastorgan (Luft)
3. Sehorgan (Feuer)
4. Geschmacksorgan (Wasser)
5. Riechorgan (Erde)

### 1. Purusha
Reines, unendliches kosmisches Bewusstsein; neutrale Wahrnehmung; kosmische und individuelle Seele.

### 2. Prakriti (Urnatur)
Kosmische Mutter, kreatives Potential, äußere (Urnatur) und innere Natur (menschliche Konstitution).

---

Nicht manifestiert, als "ideelle" Kraft zur Schöpfungsgestaltung.

Manifestiert in stufenweiser Entfaltung.

### 3. Mahad
Die kosmische Ordnung die in jeder Zelle, jedem Samenkorn existiert (= Zellintelligenz).

### 4. Ahamkara
Ahamkara ist der Prozess der Identifizierung - das ICH-Bewusstsein aus dem heraus jedes Individuum denkt, fühlt, handelt.

### 5. Manas
Koordinator für Sinneskräfte, Emotionen, Bewusstseinszustände, Fähigkeit der Erkenntnis und des Handelns.

## 5 Karmendryas

Tatvermögen, Handlungsvermögen:

16. Reden
17. Handeln, Greifen
18. Gehen
19. Zeugen
20. Entleeren, Ausscheiden

## 5 Tatorgane

1. Sprechorgan: Zunge (≈ Äther)
2. Greiforgan: Hände (≈ Luft)
3. Gehorgan: Füße (≈ Feuer)
4. Geschlechtsorgane (≈ Wasser)
5. Ausscheidungsorgan: Anus (≈ Erde)

*Diese grobstofflichen Ebenen und Bezüge sind in der Sankhya-Philosophie nicht erwähnt mit Ausnahme der 5 Mahabhuta.

# Die *Fünf Elemente* und *20 Qualitäten*

## Gurvadi Guna - die 20 Qualitäten aller Substanzen und ihre Wirkungen auf VPK

Ayurveda-Ärzte nutzen in der Anamnese 20 Qualitäten als Therapieleitfaden – als diagnostisches und klinisches Barometer.
Sie finden damit heraus, welche Qualitäten *Vata*, *Pitta* oder *Kapha* provoziert oder gestört haben.

Jede Substanz, jedes Nahrungsmittel, jede Krankheit und jede psychische Störung lassen sich auf diese Weise klar definieren. Jeder kann es täglich zum inneren Ausgleich nutzen.

### Machen Sie den Test:

Vergleichen Sie bei Übergewichtigen, welche Qualitäten *Kapha* vermehren (1a, 2a, 6a, 8a, 9a und 10a), und Sie verstehen, warum.

Die Anleitung zum Abnehmen finden Sie in folgenden entgegengesetzten Qualitäten:
1b, 2b, 3b, 4b, 8b, 9b und 10b.

| 20 | Gunas | Element/Rasa | Doshas |
|---|---|---|---|
| 1a | schwer (*guru*) | Erde, Wasser<br>süß, salzig, herb | K+/VP-<br>Agni- |
| 1b | leicht (*laghu*) | Feuer, Luft, Äther<br>bitter, scharf, sauer | VP+/K-<br>Agni+ |
| 2a | träge (*manda*) | Erde, Wasser<br>süß | VP-/K+<br>Agni- |
| 2b | scharf (*tikshna*) | Feuer<br>scharf | VP+/K-<br>Agni+ |
| 3a | kalt (*sheeta*) | Wasser<br>süß, bitter, herb | VK+/P-<br>Agni- |
| 3b | heiß (*ushna*) | Feuer<br>salzig, sauer, scharf | VK-/P+<br>Agni+ |
| 4a | ölig (*snigdha*) | Wasser<br>süß, sauer, salzig | V-/PK+<br>Agni- |
| 4b | trocken (*ruksha*) | Erde, Feuer, Luft<br>bitter, herb | PK-/V+<br>Agni+ |
| 5a | schleimig (*slakshna*) | Wasser<br>süß | V-/PK+<br>Agni- |
| 5b | rau (*khara*) | Luft<br>herb | V+/PK-<br>Agni+ |
| 6a | fest/dicht (*sandra*) | Erde<br>süß | VP-/K+<br>Agni- |
| 6b | flüssig (*drava*) | Wasser, Luft<br>sauer | V-/PK+<br>Agni- |
| 7a | weich (*mrdu*) | Wasser, Äther<br>süß | KP+/V-<br>Agni- |
| 7b | hart (*kathina*) | Erde<br>salzig | VK+/P-<br>Agni- |
| 8a | unbeweglich (*sthira*) | Erde<br>süß | VP-/K+<br>Agni- |
| 8b | beweglich (*chala*) | Wasser, Luft<br>bitter, herb | K-/VP+<br>Agni+ |
| 9a | grob (*sthula*) | Erde<br>süß | VP-/K+<br>Agni- |
| 9b | fein (*sukshma*) | Luft, Feuer, Äther<br>scharf, herb | VP+/K-<br>Agni+ |
| 10a | trüb/klebrig (*picchila*) | Wasser<br>herb, süß | VP-/K+<br>Agni- |
| 10b | klar (*vishada*) | Äther<br>bitter | VP+/K-<br>Agni+ |

| Therapeutisch-pharmakologische Wirkung | Beispiele | Im Übermaß |
|---|---|---|
| wachstumsfördernd, erdend, vermehrt die Gewebe, aphrodisierend, regenerativ | Fleisch, Milchprodukte, schwarze Linsen, Erdnüsse, Zucker | Übergewicht, träge, dumpf |
| gut bei Fieber, Diabetes, Krebs; beseitigt Ama, klärt die Gefäßsysteme, Gewebe reduzierend | Getreidefl., Reis, Mungdal, Sprossen, Popcorn, Wachteln | ungeerdet, labil, verträumt |
| wirkt beruhigend, kühlend, Palliativtherapie, reduziert Stoffwechsel, blockiert die Srotas | Hüttenkäse, Fleisch, Ghee, Joghurt, Tofu | träge, dröge, faul, apathisch |
| schweißtreibend, Srotas reinigend, ausleitend, Muskel-/Fettgewebereduzierend | Cayenne, Ingwerpulver, Chili, Ingwer, Senf, Alkohol | Geschwüre, Entzündungen |
| vermindert Sekretion/Brennen, verstopfend, schweißhemmend, vermehrt Körpergewebe | Weizen, Milch, Minze, Sandelholz, Obst, Rohkost | schwächt das Immunsystem |
| fördert Hitze/Schweißsekretion/Ausleitung/ Assimilation; Ama/schleimlösend, karminativ | Chili, Pfeffer, Paprika, Eier, Ingwer, Alkohol, Meerrettich | Entzündungen, Wut, Irritation |
| macht Srotas & Doshas weich, durchlässig, schmiert/befeuchtet die Dhatus; Zellschutz | Ghee, Käse, Avocado, Frittiertes, Nüsse, Creme | macht träge und müde |
| dehydrierend, verstopfend, absorbierend, reduziert Dhatus, Gewichtsabbau, Konstriktion | Gerste, Bohnen, Hirse, Roggen, Getreideflocken | Schmerz, Angst, Nervosität |
| schmiert Gewebe/Gelenke, schützt vor Osteoporose/Arthritis; heilend | Käse, Avocado, Joghurt, Milchprodukte, Okra, Ghee | Kongestionen, Übergewicht |
| erhöht Trockenheit, Absorption, Verstopfung, Schleim-/Fettreduktion, Zellentgiftung | Rohkost, Popcorn, Salat, Bohnen (schwarz/braun) | Dehydrierung, Obstipation |
| fördert Kompaktheit der Gewebe, erdet, stabilisiert, Muskel tonisierend, verfestigend | Butter, Dals, Fleisch, Käse, Kokosnuss | Ablagerungen, Übergewicht |
| verflüssigend, auflösend, Nieren anregend, fördert Speichelsekretion, Appetit, Mitgefühl | Wasser, Suppen, Milch (gek.), verdünnte Säfte, Zitrusfrüchte | Schwellungen, Ödembildung |
| reduziert Brennen/Hitzegefühl, weicht Malas auf, vermehrt/entspannt Muskel-/Blutgewebe | Milchprodukte, Cremes, Eis, Öle, süß-saftige Früchte | Schleimbildung, macht träge |
| fördert Abhärtung, Unempfindlichkeit, Stabilität und Festigkeit der Gewebe | Kokosnuss, rotes Fleisch, Seefisch, Sesam, Mandeln | Steifh., Kontraktur, Schwielen, Tumor |
| fördert Stärke & Stabilität der Knochen und Muskeln; Wind treibend, regenerativ | Ghee, Milchprodukte, trockene Bohnen & Getreide | Obstipation, Obstruktion, Depression |
| Peristaltik anregend, Gewebe abbauend, fördert Spasmen, Tremor, Unrast, Unruhe | Kohlsorten, Hülsenfrüchte, Alkohol, Sprossen, Popcorn | Gewichtsverlust, Ungeerdetsein |
| fördert Obstruktion der Srotas, Gewichtszunahme, Gewebe aufbauend, Mandagni (K+) | Fleisch, Käse, Pilze, Sahne, Eier, süße Kuchen | Adipositas, Stoffwechselprobleme |
| Substanzen verteilen sich rasch im Körper, wirken schnell, katalytisch, durchdringend | Alkohol, (ätherische) Öle, Marihuana, Aspirin | geistig labil und ungeerdet |
| fördert Festigkeit v. Körper & Geist, Gewebsneubildung, salbend, haftend, heilt Brüche | Honig, Öle, Joghurt, Käse, Urad dal, Weizen, Dinkel | Anhaftung, geistige Trübung |
| beruhigt, reinigt Körper & Geist, zerstreut, wirkt nicht-schleimig, reinigend, zirkulierend | frisches Wasser, Algen, Gemüsesäfte | Vereinsamung, Austrocknung |

# Das Tridosha-Konzept

## – die ayurvedische Drei-Säfte-Lehre

Die **ayurvedische Ernährungslehre** besteht nicht aus strengen Regeln und Verboten. Sie appeliert vielmehr an die Fähigkeit jedes Menschen, die **individuellen Bedürfnisse** seines Körpers zu erkennen. Um diese verstehen zu lernen, ist es unabdingbar, die **eigene Konstitution** zu kennen.
Sie ist der Schlüssel zur **Pflege**, **Gesunderhaltung** und **Heilung** von Körper, Geist und Seele.

### Die drei Doshas beschreiben die Ordnungskräfte des Lebens

Bei der Empfängnis erhält jeder Mensch seine Grundkonstitution durch genetische Anteile von Mutter und Vater, deren psycho-emotionale Muster und die Qualität der Jahreszeit der Zeugung. Es handelt sich um eine individuelle Kombination der drei *Doshas*. Diese drei Bioenergien sind im menschlichen Organismus vitale Regulationsprinzipien mit ganz konkreten Aufgabenbereichen. *Dosha* bedeutet: „das, was geneigt macht" – welche Eigenschaften folglich bei Übertreibung zu Gesundheitsstörungen führen können. Es handelt sich hier um die genetischen Schwachpunkte. Die menschliche Konstitution ist mit der Volljährigkeit (zwischen dem 18. und dem 21. Lebensjahr) voll ausgeprägt und demgemäß sicht- und messbar. Sie begleitet jedes Individuum sein ganzes Leben hindurch.

In seltenen Fällen wird ein Mensch von einem einzigen *Dosha* geprägt. Häufiger sind Kombinationen zweier oder aller drei *Doshas*. Dieses für den Menschen charakteristische Verhältnis der drei Prinzipien resultiert aus der jeweiligen Lebensaufgabe. Es gibt folglich keine „gute" oder „schlechte"

Konstitution. Ergänzend zu den westlichen Untersuchungsmethoden wird der ayurvedische Arzt die individuelle Konstitution mithilfe der ayurvedischen Diagnostik (Pulsdiagnose u. a.) oder anhand eines vedischen Horoskops ermitteln.

### Zurück zur individuellen Natur – Prakruti

*Prakruti* ist die erste Schöpfung des Kosmos – die Natur. Sie ist die individuelle, unveränderliche Eigenfrequenz der uns innewohnenden Natur. Sie entspricht dem genetisch determinierten Reiz-Reaktions-Muster an Gewohnheiten/Eigenheiten, Sympathien/Antipathien – sie ist unser „psychosomatisches Temperament". Durch die Natur der fünf Elemente können wir uns selbst erkennen. Wir lernen zu verstehen, wie wir geschaffen wurden. Diese Erkenntnis öffnet uns Tür und Tor zu Selbstheilung, Glück und Harmonie in Familie, Partnerschaft und Beruf.

### Jeder Mensch ist ein Individuum – ein Unikat der Natur

Alle Menschen sind mit einer individuellen Konstitution ausgestattet. Sie lässt uns in besonderer Weise auf Umwelteinflüsse reagieren. Jeder empfindet bezüglich der Jahreszeiten, der klimatischen Veränderungen, Tag- und Nachtzeiten, Farben, Klänge, Musik, Nahrungsmittel, Geschmacksrichtungen, Düfte, Berührung u.v.m. anders. Auch unsere Gewohnheiten, unsere Neigungen zu bestimmten Krankheiten, unsere Verdauung, unser Nervenkostüm und unsere körperliche und psychische Belastbarkeit sind genetisch festgelegt.

### Ohne exakte Typbestimmung ist eine genaue Lebensplanung, Therapie oder Beratung unmöglich

Krankheit (*Vikruti*) und Natur (*Prakruti*) eines Menschen haben im Ayurveda zwei Gesichter. Der traditionelle Ayurveda-Arzt bestimmt exakt die angeborene **Persönlichkeit der Natur eines Menschen** und die davon abweichende **Persönlichkeit seiner Störung/Krankheit.** Er verlässt sich dabei auf die Wahrnehmung der äußeren Erscheinung eines Menschen, seinen Körperbau, seine Gestik, seine Mimik, seinen Habitus etc. Andererseits ist die Diagnose der Organpulse, der Zunge und der Körperausscheidungen von entscheidender Bedeutung. Großen Raum nimmt die ausführliche Befragung über Krankheiten, Gewohnheiten, das Essverhalten, das soziale Umfeld und die seelische Verfassung/Grundstimmung ein.

### Tridosha beschreibt die drei psychosomatischen Regulationsprinzipien

Wir stellen Ihnen nachfolgend kurz die typischen körperlichen und seelischen Grundmuster vor, von denen jeder von uns Anteile in sich trägt: *Vata* (der Luftikus), *Pitta* (der Hitzkopf) und *Kapha* (der stille Genießer).

### Im Lauf eines Lebens droht das Zusammenspiel der Doshas immer wieder aus dem Gleichgewicht zu geraten

Tritt z. B. *Vata* stärker in Erscheinung, hat das Unruhe, Schwäche und Austrocknung zur Folge. Die ayurvedische Therapie zielt darauf ab, diesen Überschuss durch ausgleichende Behandlungen und eine die *Doshas* regulierende Kost abzubauen. Manche Erkrankungen deuten auf die Störung eines *Doshas* hin. Komplexere chronische Krankheiten haben ihre Ursache in der Beteiligung mehrerer *Doshas*. Der Grad der Abweichung zwischen Konstitution (*Prakruti*) und falscher Lebensführung und Ernährung definiert die erworbene *Dosha*-Störung (*Vikruti*). Sie bestimmt den individuellen Diätplan, die Therapie und damit die Wahl der Heilmittel.

### Ayurveda propagiert, das Leben zu genießen

Solange kein Konflikt zwischen dem Mikrokosmos (Mensch) und dem Makrokosmos (Umwelt) entsteht, können wir maßvoll das Ego (*Ahamkara*), die Sinne (*Jnanendriya*) und die Seele (*Jivatma*) befriedigen. Krankheit wird immer die Folge sein, wenn wir den Körper mit überflüssiger oder einseitiger Nahrung überladen oder uns entgegen den natürlichen Rhythmen und Zeitzyklen verhalten.

# Das Tridosha-Konzept

## – die ayurvedische Drei-Säfte-Lehre

### Der Luftikus – Vata

#### Physische Merkmale

Der *Vata*-Typ ist durch die Eigenschaften vom Luft- und Raumelement gekennzeichnet: kalt, rau, trocken, unruhig, leicht, veränderlich. Er ist schlank und hager und gehört zur Gruppe der sogenannten Leptosomen oder Astheniker. Er verkörpert das Bewegungsnaturell. Diese Menschen haben meist eine trockene faltige Haut, trockene Schleimhäute, neigen zu Verstopfung oder Blähungen und leiden unter chronischen Schmerzen und Verspannungen.

#### Gewohnheiten und Triebstruktur

Der *Vata*-Typ ist leicht erregbar, himmelhoch jauchzend im einen und zu Tode betrübt im nächsten Moment. Typisch sind seine schnelle Auffassungsgabe, Arbeitsweise, Gestik und Bewegung – all seine Tätigkeiten führt er in Hast und Hektik aus. Er hat kein Zeitgefühl, kennt keine Grenzen und kann sich oft schwer entscheiden. Sein Appetit, seine Ess- und Schlafzeiten, sein Sexualleben, sein ganzer Lebenswandel sind von Turbulenzen, Unregelmäßigkeiten und Extremen durchzogen.

#### Genetische Schwachpunkte/Disposition

Die Schwachpunkte der *Vata*-Geborenen sind der Dickdarm, der Bewegungsapparat, die Sinnesorgane, die Atemorgane und das Nervensystem. Das *Vata*-Naturell neigt in diesen Bereichen zu Schmerzen, Krämpfen, Durchblutungsstörungen, Kälte- und Zugempfindlichkeit, Verspannungen, Knochen- und Gelenkproblemen, Erkrankungen der Atem- und Harnwege, des Nervensystems und des Dickdarms.

#### Mentale und emotionale Charakteristika

*Vata*-Typen leiden oft unter Ängsten, sind nervös, machen sich unnötig Sorgen und Gedanken, sind bisweilen unsicher, haben kein Zeitgefühl und keinen Orientierungssinn und wirken getrieben. In ihren Überzeugungen und Ansichten sind sie flexibel und offen. *Vata*-Typen haben eine blitzschnelle Auffassungsgabe und reden schnell. Ihre Fantasien sind grenzenlos, ihre Ideen und Kreationen zuweilen bahnbrechend. Schlafstörungen, Unruhe, Stress, Konzentrationsschwäche und Erschöpfung sind an der Tagesordnung. Das Temperament der *Vata*-Typen ist dem sanguinischen zuzuordnen.

## Der Hitzkopf – Pitta

### Physische Merkmale

Der feurige *Pitta*-Typus vereinigt alle Eigenschaften der Elemente Feuer und Wasser in sich: heiß, durchdringend, scharf, leicht, ölig und klar. *Pitta*-Typen wirken untersetzt, muskulös, sportlich, sind heißblütig und kaltschnäuzig und schwitzen leicht. Sie gehören zum athletischen Körpertypus und verkörpern das Empfindungsnaturell.

### Genetische Schwachpunkte/Disposition

Die Schwachpunkte der *Pitta*-Geborenen sind die Verdauungsorgane des Oberbauchs (Magen, Gallenblase, Dünndarm, Leber), das Drüsensystem und die Haut. *Pitta*-Typen neigen aufgrund ihrer übermäßigen inneren Hitze in diesen Bereichen zu Übersäuerung, Schleimhautreizungen, Entzündungen, Geschwüren, Infekten, Fieber, Durchfällen, Allergien und Hautproblemen.

### Gewohnheiten und Triebstruktur

Das *Pitta*-Naturell hat durchdringende Augen, einen scharfen Intellekt und ebenso scharfe Verdauungssäfte. Wird der Wolfshunger eines *Pitta*-Geborenen nicht sofort gestillt, bekommt man die scharfen Zähne und bissige Worte hautnah zu spüren. Dieser Menschenschlag ist sehr leidenschaftlich, heißblütig, verführerisch, machohaft, draufgängerisch, besitzt reichlich Humor, Ehrgeiz, Verhandlungsgeschick und Durchsetzungsvermögen. Durchdringend sind bei diesen Menschen gleichermaßen ihr Auftreten, ihr Körpergeruch, ihre Verdauung und ihr Sinn für Gerechtigkeit.

### Mentale und emotionale Charakteristika

Das *Pitta*-Naturell ist leicht in Rage zu bringen, oft ungeduldig, jähzornig, ehrgeizig, eifersüchtig und angriffslustig. Diese Menschen können Verantwortung tragen, gut planen, abwägen und entscheiden. Ihre Ausdrucksweise ist klar und unverblümt, bisweilen verletzend scharf und kritisch. Frustration und Aggression sind für *Pitta*-Geborene eine gefährliche Spirale. Das Temperament der *Pitta*-Typen ist dem cholerischen zuzuordnen.

# Das Tridosha-Konzept

## – die ayurvedische Drei-Säfte-Lehre

## Der stille Genießer – Kapha

### Physische Merkmale

Die Elemente Wasser und Erde sind im Gegensatz zu Feuer kalt, träge, zähflüssig, stabil, schwer und langsam. Bei diesen Naturen sind demzufolge alle Prozesse verlangsamt: die Nahrungsaufnahme, die Verdauung, die Ausscheidung, die Bewegungen und die geistige Verarbeitung von neuen Informationen. Körperbau, Knochen, Gelenke und Fettgewebe sind kompakt und zuweilen massig. *Kapha*-Typen sind meist schwergewichtig, zählen zu den Pyknikern und verkörpern das Genussnaturell.

### Gewohnheiten und Triebstruktur

Der *Kapha*-Typus ist ein Genießer auf allen Ebenen. Er ist aber auch ein Stressesser. Beides beruhigt das Gemüt, vermehrt aber die Körpermasse. Genuss kann zur Genusssucht werden, wenn diese Menschen zu wenig von anderen gebraucht, anerkannt und gefordert werden. In sexueller Hinsicht haben sie die größte Ausdauer und die stärkste Libido. Leider sind hier aber Trägheit und oft auch Körperfülle ein Problem.

### Genetische Schwachpunkte / Disposition

Die Schwachpunkte der *Kapha*-Geborenen sind ihre Schleimhäute: Nasen-Rachen-Raum, Lunge, Pankreas, Herz-Kreislauf und Magen. Ein überschießendes Wasser-/Erdelement führt zu Übergewicht, Schwellungen, häufigen Erkältungen, Nebenhöhleneiterungen sowie Herz-Kreislauf-Erkrankungen, Diabetes, Steinleiden und Süchten.

### Mentale und emotionale Charakteristika

*Kapha*-Naturen sind äußerst zuverlässig, treu, geduldig, gutherzig, ausdauernd, umsorgend und harmoniebetont. Sie haben einen sicheren Umgang mit Geld. Sie können materielle Güter gewinnbringend verwalten und erhalten. Dass sie sich schwer von materiellen Dingen und/oder lieb gewonnenen Menschen trennen können, ist die Kehrseite. Der *Kapha*-Typ meidet Konflikte und unterdrückt häufig Emotionen wie Wut, Hass, Gereiztheit und sexuelle Begierden. Er kompensiert sie lieber durch Genusssucht. Das führt nicht selten zu Melancholie, Lethargie, Essstörungen und Depressionen. Das Temperament der *Kapha*-Typen ist demnach dem melancholischen zuzuordnen.

Die individuelle Konstitution

# Tabelle: Die Fünf Elemente und Tridosha

| Elemente | Erde/Prithvi | Wasser/Apas |
|---|---|---|
| Zusammensetzung der Tridosha | | Pitta (Galle-Prinzip) |
| | Kapha (Schleim-Prinzip) | |
| Kosmische Quelle | Tamas (= Trägheit) | Rajas & Tamas |
| Rasa (Geschmack) | süß, (herb) | süß, sauer, salzig |
| Gunas bzw. Eigenschaft der Elemente | schwer, träge, unbeweglich, hart, klar, rau, fest, grob | flüssig, träge, ölig, schwer kühl, trüb, weich, schleimig |
| Karma (Wirkung) | fördert Stabilität, Wachstum/Stärke | befeuchtend, bindend, fettend |
| Wirkprinzip | Stärkung | Nährung |
| Funktion | Kristallisation | Nährung |
| Tanmatras/Objekte der Wahrnehmung | Klang, Berührung, Form, Geschmack, Geruch | Klang, Berührung, Form, Geschmack |
| Sinn | Geruchssinn | Geschmackssinn |
| Sinnesorgan | Nase | Zunge |
| Tatorgan | Anus | Genitalien |
| Tätigkeit | Ausscheidung | Fortpflanzung |
| Farbe | rot (braun/grün) | orange (blau) |
| Chakra | Wurzelchakra | Nabelchakra |
| Hauptsitz | Phys. Struktur, Gewebe | Nieren, Lymphsystem, Keimdrüsen |
| Energieform | mechanische Energie | chemische Energie |
| Zustand | fest | flüssig |
| Positive Qualitäten | Vergebung, Stärke, Erdung, Ausdauer | Mitgefühl, Liebe, Reinigung, Ruhe, Lebensspender |
| Negative Qualitäten | Verhaftetsein, Gier, Geiz, Habsucht, Apathie | Depression, (Selbst)Mitleid, Sentimentalität, Suchtgefahr |
| Physische Aufgaben | Stabilität/Aufbau v. Gewebe, Organschutz, Organhalt | Prod. v. Samen, Sekreten, Blut, Zellversorgg. m. $H_2O$ & Nährstoffen |
| Organbezug | Nägel, Knochen, Haare, Muskeln, Zähne, Fett, Zellmembran, alle Gewebe | Liquor, Schleimhäute/-drüsen, Nieren, Lymphsystem, Schweißdrüsen |
| Störung infolge von Übermaß | Tumore, Sklerose, Myom, Osteom, Lipom, Myogelosen, Steinbildung | Ödeme, Diabetes, Hypertonie, Verschleimung, Eiterherde, Adipositas |
| Störung infolge von Mangel | Osteoporose, Frakturen, Luxationen | Dehydratation, Abmagerung |
| Nahrungsmittel | Samen, Nüsse, Fleisch, Knollen | Milchprodukte, Obst, saftige Gemüse |

| Feuer/Tejas | Luft/Vayu | Äther/Akasha |
|---|---|---|
| | Vata (Wind-Prinzip) | |
| Rajas (= Erregbarkeit/Dynamik) | Sattva & Rajas | Sattva (= Gleichgewicht) |
| scharf, salzig | herb, (bitter) | unmanifestiert |
| heiß, scharf, klar, fein, trocken, leicht, rau | fein, klar, leicht, kalt, beweglich, trocken, rau | leicht, fein, klar, weich, unermesslich |
| erhitzend, verdauend, ziehend | nicht schleimig, leicht, faul, rau | weichmachend, erleuchtend, porös |
| Transformation | Bewegung | Kommunikation |
| Durchdringung | Katalyse | Morphogenese |
| Klang, Berührung, Form | Klang, Berührung | Klang |
| Sehsinn | Tastsinn | Hörsinn |
| Augen | Haut | Ohren |
| Füße | Hände | Stimmbänder |
| Fortbewegung | Festhalten | Sprechen |
| gelb | grün (rosa) | lichtblau |
| Solarplexus | Herzchakra | Kehlchakra |
| Bauch: Leber, Pankreas, Milz | Thorax: Lunge, Herz, Thymus | Kehle/HWS, Schilddrüse |
| thermische Energie | elektrische und elektromagnetische Energie. | Kernenergie |
| positive Entropie | gasförmig | 3. Dimension |
| Esprit, Klarheit, Dynamik, Wissen, Urteilskraft | unabhängig sein, Glück, Frische, Freude | Freiheit, Liebe; feinsinnig, rein, medial, friedlich |
| Zorn, Rach- und Eifersucht, Wut, Hass, Neid, neg. Kritik | Angst, Furcht, Unsicherheit, Nervosität | Trennung, Isolation, Leere; haltlos, unsicher, ängstlich |
| Stoffwechsel, Körpertemperatur, Pigmentierung | Zellversorgg. m. Prana, Atmung, Nervenleitung, Ausscheidung | räumliche Anordng./Trenng. von Organen und Zellen |
| Magen-Darm-Trakt, Leber, Blut, Hormone, Galle, Kreislauf, Magensäure | zentrales, autonomes und vegetatives Nervensystem, Atmungsorgane | (inter-)zellulärer Raum, Synapsen, Hohlräume, Immunsystem |
| Fieber, Ulcera, Entzündungen, Hautkrankheiten, Allergien, Verbrennung | Asthma, neuromuskul. Leiden, Gelenkkrankheiten, Ischias, Obstipation | Tinnitus, Hernie, Prolaps, AIDS, Dilatation, Krebs, Autoimmunkrankheiten |
| Hypothyreose, Stoffwechselschwäche | Schmerz, Paresen, Apnoe, Zyanose | Stauungen, Überfüllung, Stenosen |
| Gewürze, saures Obst, Alkohol | Dörrobst, Rohkost Kohl, Keime, Dal | Sprossen, Säfte, Algen, Drogen |

## Tabelle: Analoge Ebenen der *Tridosha* im Überblick

| DOSHA | VATA | |
|---|---|---|
| **Prinzip** | Bewegung/Animation | |
| **Symbol** | Wind (Bewegung der Atmosphäre) | |
| **Triguna/Entsprechung** | Rajas = Erregbarkeit/Dynamik | |
| **Einfluss auf Dhatus** | Gewebe abbauend | |
| **Stoffwechselprinzip** | katabolisch | |
| **Embryonale Keimblätter** | Ektoderm: Nerven/Gehirn/Rückenmark/Nebennierenmark | |
| **Funktionsebene** | Nervensystem/Atmung/Exkretion | |
| **Makro-/Mikrokosmos** | Bewegung/Innervation | |
| **Genetische Schwachpunkte** | Dickdarm (Lunge, Herz, Knochen, zentrales Nervensystem) | |
| **Leitsymptom** | Schmerz | |
| **Essentielle Form** | Prana (vitale Lebensenergie) | |
| **Natürliches Potenzial** | Vitalität | |
| **Neurotransmitter** | Acetylcholin | |
| **Denksystem (PC-Vergl.)** | Datenzugriff auf Speicher/Abgleich | |
| **Zelluläre Ebene** | Nahrungszufuhr/Abfallabtransport | |
| **Aktive Tageszeit/Aktives Organ** | 2–4 Uhr: Leber/Galle<br>4–6 Uhr: Dickdarm/Niere | 14–16 Uhr: Leber<br>16–18 Uhr: Dickdarm/Niere |
| **Tag-Nacht-Rhythmus** | Morgengrauen/Abenddämmerung | |
| **Lebensphase** | Ca. 55 Jahre–Tod (Abbauprozess) | |
| **Biolog. Lebensalter** | Menopause - Lebensende | |
| **Jahreszeit (W-Europa)** | 1. Oktober – 1. Februar (Herbst/Frühwinter) | |
| **Witterungseinfluss** | Wind(Herbststürme/Klimawechsel) | |
| **Dominante Qualitäten (Gunas)** | trocken  mobil<br>leicht  kalt | veränderlich<br>rau |
| **Elemente** | Luft & Äther | |
| **Verdauungsphase** | Zerkleinerung/Transport v. Nahrung | |
| **Typus (Kretschmer)** | Leptosom | |
| **Temperament** | sanguinisch | |
| **Emotionen/Neigungen** | ängstlich, nervös, traurig, besorgt, scheu, sprunghaft, zerfahren, „spacy" | |
| **Charakterstärken** | geist-/fanatasiereich, mitreißend, imaginativ, kontaktfreudig, enthusiastisch, medial | |
| **Drei-Säfte-Lehre** | Wind | |

## Die individuelle Konstitution

| PITTA | | KAPHA | |
|---|---|---|---|
| Energieproduktion/Transformation | | Formgebung/Kohäsion | |
| Sonne (Photosynthese) | | Mond (Wasserhaushalt) | |
| Sattva = Gleichgewicht | | Tamas = Trägheit | |
| Gewebe erhaltend | | Gewebe aufbauend | |
| metabolisch | | anabolisch | |
| Entoderm: Epithel/Drüsen des GIT | | Mesoderm: Epithelzelle/Mesenchym | |
| Hormon-/Blutsystem (reticulo-endotheliales System)/Verdauung | | Immunsystem/Bewegungsapparat | |
| Transformation/Stoffwechsel | | Stabilisation/Festigkeit der Gewebe | |
| Dünndarm (Augen, Leber, Pankreas) | | Magen (alle Flüssigkeiten, Schleim etc.) | |
| Entzündung | | Eiter-/Schleimbildung | |
| Tejas (subtile Essenz aller Agnis) | | Ojas (subtile Essenz aller Gewebe) | |
| Intelligenz | | Schutzfunktion | |
| Katecholamine | | Histamin | |
| Datenverarbeitung/Deduktion | | Rückgriff auf einzelne Datensätze | |
| liefert Energie für die Zellfunktion | | Zellaufbau & Strukturgebung | |
| 10–12 Uhr: Magen | 22–0 Uhr: Magen | 6–8 Uhr: Lunge | 18–20 Uhr: Lunge |
| 12–14 Uhr: Herz | 0–2 Uhr: Herz | 8–10 Uhr: Pankreas | 20–22 Uhr: Pankreas |
| Mittag/Mitternacht | | Vormittag/Abend | |
| Ca. 13–55 Jahre (Hormonzyklus) | | Ca. 0–22 Jahre (Wachstumsphase) | |
| Pubertät - Menopause/Andropause | | Geburt – Ende der Pubertät | |
| 1. Juni – 1. Oktober (Frühjahr/Sommer) | | 1. Februar – 1. Juni (Winter/Frühling) | |
| Sonne (Hitze/Schwüle/Gewitter) | | Wolken (Tauwetter/Regen/Schnee) | |
| heiß  flüssig scharf  ölig | leicht penetrant | kalt  zähflüssig stabil  fest | schwer träge |
| Feuer & Wasser | | Wasser & Erde | |
| Verdauung/Assimilation/Absorption | | Verflüssigung & Organschutz | |
| Athletiker | | Pykniker | |
| cholerisch | | melancholisch-phlegmatisch | |
| gereizt, kritisch, verletzend, gefrustet, zornig, eifersüchtig, neidisch, ungeduldig | | geizig, nachtragend, verschlossen, neidisch zweifelnd, depressiv, gierig, stur, lethargisch | |
| resolut, ehrgeizig, klar, pünktlich, direkt, humorvoll, verantwortungsbewusst, mutig | | treu, mitfühlend, warmherzig, umsorgend geduldig, tolerant, gutmütig, verlässlich | |
| Galle | | Schleim | |

# Konstitutionsmerkmale und individuelle Verhaltensmuster

## Tabelle: Hauptmerkmale der Konstitutionstypen

| Merkmal | VATA |
|---|---|
| Körperbau | groß oder klein, hager, unterentwickelt |
| Gewicht | nimmt schwer zu, unter Stress eher ab |
| Gelenke | schmal, dünn, knackend |
| Ausdauer wie ein | „Kurzstreckenläufer" |
| Energieentfaltung | impulsiv, wie ein Strohfeuer |
| Stuhl(-gang) | unregelmäßig, Winde, verstopft, hart, trocken |
| Urin | spärlich, farblos, häufig, Reizblase |
| Schweiß | wenig, geruchlos, selten |
| Zunge | rissig, trocken, braun |
| Essverhalten | unregelmäßig, „Snacker", unterzuckert schnell |
| Appetit | wechselhaft, Augen oft größer als der Magen |
| Durst | wechselhaft, vergisst leider oft zu trinken |
| Belastbarkeit | gering, erholungsreif |
| Körperbau (18. Lj.) | knochig, hager, schlank |
| Haut | trocken, rau, rissig, dünn, kalt, adrig |
| Heikle Jahreszeit | Herbst/Winter: 1. Oktober – 1. Februar |
| Wärmehaushalt | kalte Extremitäten |
| Bewegungsdrang | stark, hyperaktiv, extrem, eher undiszipliniert |
| Schlaf | leicht, unterbrochen, „Nachtschwärmer", würde mehr Schlaf benötigen |
| Kopfbehaarung | leicht gewellt, brünett, trocken, spärlich |
| Redeweise | schnell, sprunghaft, fix, sehr redselig, chaotisch |
| Mentalität | gehetzt, unentschlossen, anpassungsfähig, zerstreut, extrovertiert, euphorisch |
| Gedächtnis | Kurzzeitgedächtnis |
| Überzeugung | wechselhaft, rebellisch, nicht festgelegt, labil |
| Gewohnheiten | liebt Bewegung, Reisen, Spiele, Tanz, Kunst |
| Abwehrkraft | schwach, wechselhaft |
| Neigungen zu Krankheiten | Nervensystem, Schmerz, Gelenke, Psychosomatik |
| Neurosen/negative Emotionen | Ängste, Panik, Phobien, Unruhe, üble Nachrede |
| Abneigung gegen | Kälte, Wind, Trockenheit |

## Die individuelle Konstitution

| PITTA | KAPHA |
|---|---|
| durchschnittliche Statur untersetzt, muskulös | stämmig, rundlich, klein, kräftig entwickelt |
| hält sein Gewicht meist konstant | nimmt leicht zu, „Stressesser" |
| mittel, locker, weich | kräftig, breit, fest |
| „Mittelstreckenläufer" | „Marathonläufer" |
| gut, zielgerichtet, hitzig | langsam wie startende Dampflok |
| meist weich bis breiig, 1-3x tgl., oft brennend | täglich, etwas träge, kompakt, fest, schwer |
| große Mengen, gelb-orange, brennend | mäßig viel, selten, trüb, milchig, oft nachts |
| viel, heiß, penetrant | kühl, ölig, nur bei Sport |
| klar, gelblich, rosarot | dick, schleimig, weiß, feucht |
| regelmäßig, Gourmet, übersäuert schnell | kann fasten, „Süßmaul", überisst sich schnell |
| gut & heftig, vertilgt problemlos gr. Mengen | permanent, „Gourmet" mit Völlegefühlrisiko |
| trinkt viel & regelmäßig, leider oft cold drinks | selten durstig, leider oft Softdrinks |
| gut, durchschnittlich | sehr gut, hat Reserven |
| muskulös, untersetzt | vollschlank, kräftig, rundlich |
| Mischhaut; empfindlich, gerötet, feucht, heiss | fett, talgig, dick, feucht, kühl, weich, ödematös, blass |
| Sommer: 1. Juni –1. Oktober | Frühjahr: 1. Februar –1. Juni |
| gute Durchblutung | friert nur wenn inaktiv |
| zielgerichtet, „Sportass", Joggen als Ventil | gering, „Sport ist Mord", braucht Antrieb (z. B. Hund) |
| regelmäßig, wacht auf, schläft schnell wieder ein; bekommt genug | fest, früh müde, liebt Tagschlaf, „Morgenmuffel", schläft zu viel |
| mäßig; Glatzenbildung, grau, fein, glatt, weich | dicht, fettend, fest, dick, kraus, glänzend, stark |
| überzeugend, scharf, direkt, liebt Auftritte | langsam, schweigsam, entschieden, bedächtig |
| geistreich, zielstrebig, kritisch, streitsüchtig, provokant, humorvoll | beharrlich, zögerlich, nebulös, introvertiert, konfliktscheu, dröge |
| selektives Gedächtnis | Langzeitgedächtnis |
| entschlossen, fanatisch, „inoffizieller Führer" | konstant, fest, stur, konservativ, loyal |
| liebt Sport, Politk, Tanz, Jagd, Garten, Berge | liebt Business & Beauty, Technik, Faulenzen, Wasser |
| mittelmäßig bis gut | stark, widerstandsfähig |
| jede „-itis", Infektionen, Allergien, Hautprobleme | Atemwege, Herz-Kreislauf, Schleimhäute, Ödeme |
| Eifersucht, Wut, Groll, Kritik-, Rachsucht, Hass | Anhaftung, Apathie, Gier, Gram, Sentimentalität |
| schwüle Hitze, Sonne | feuchte Kälte, Wolken |

# Konstitutionsmerkmale und individuelle *Verhaltensmuster*

## Tabelle: VPK und Gunas

| Qualitäten (Gunas) | VATA |
|---|---|
| trocken | Haut, Lippen, Nägel, Mund, Augen, Haare, Stuhl |
| leicht | Körperbau, Knochen, Schlaf, Gang, Auffassungsgabe, Redeweise, Erregbarkeit |
| kalt | Hände, Füße, Blase, Hals, Zug-/Kälteempfindlichkeit |
| rau | Haut, Knochen, Gelenke, Nägel, Zunge, Lippen, Haar |
| beweglich | Gelenke, Muskulatur, Puls, Ticks, Lidschlag, Zunge |
| veränderlich | Stimmung, Meinungen, Interessen, Tätigkeiten, Wohnort |
| klar | Reaktion, Wahrnehmung, Gefühle, Gespür, Sinne |

| Qualitäten (Gunas) | PITTA |
|---|---|
| heiß | Haut, Hunger, Durst, Blut, Temperament, Haarausfall |
| scharf/penetrant | Augen, Zunge, Stuhl, Nase, Schweiß, Auftritt, Verstand, Geist |
| leicht | Gang, Redeweise, Reizbarkeit, Bewegungen |
| fein | Haut(empfindlichkeit), Nase, Gespür, Sinne, Wahrnehmung |
| flüssig | Schweiß, Urin, Galle, Stuhlkonsistenz |
| ölig/weich | Haut, Nägel, Haare, Aversion gegen Öliges |
| sauer-metallig | Mundgeruch, Magensäfte, Schweiß, Blut, Urin |

| Qualitäten (Gunas) | KAPHA |
|---|---|
| schwer | Körperbau, Gewicht, Gang, Stuhl, Knochen, Muskeln, Gemüt, Auffassungsgabe |
| langsam/träge | Bewegungen, Gang, Reaktion, Merkfähigk., Verdauung, Auffassungsgabe, Essen |
| kühl | Hände, Füße, Haut, Kopf, Schweiß, Gemüt |
| ölig/schleimig | Haut, Haar, Nägel, Gelenke, Stimme, Fürsorge, Mitgefühl |
| fest/dicht | Muskeln, Gewebe, Haare, Gelenke, Knochen, Zähne |
| grob | Muskeln, Gewebe, Körpererscheinung, Bewegungen, |
| trübe | Geist, Auffassungsgabe, Wahrnehmung, Melancholie |

## Die individuelle Konstitution

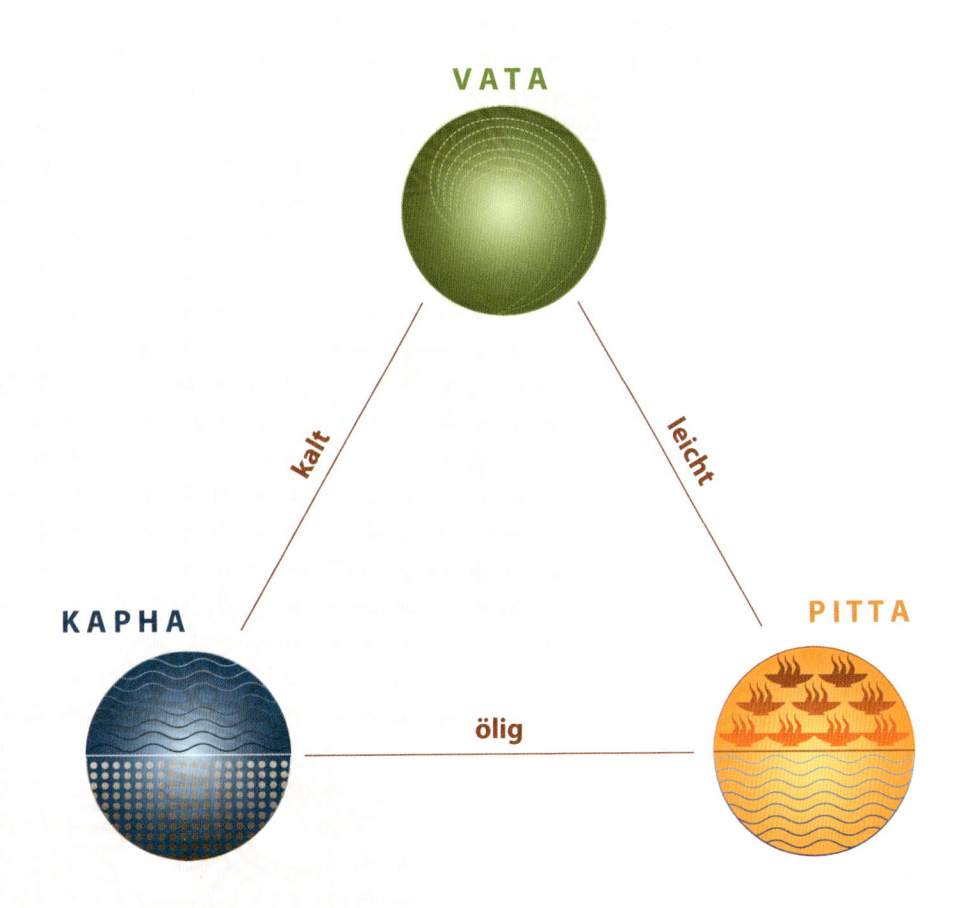

**VATA**

kalt — leicht

**KAPHA** — ölig — **PITTA**

# Die fünf grundlegenden Lehrsätze des Ayurveda

Die fünf grundlegenden Lehrsätze des Ayurveda erklären anschaulich die Entstehung des Universums und der drei *Doshas* (*Tridosha*).

## 1. Axiom

### Mikrokosmos = Makrokosmos

Alles, was im äußeren Universum existiert, hat seinen Gegenpart im inneren Universum des menschlichen Körpers. Jede natürliche Kraft, jedes Objekt in der Natur – ob Sonne, Mond, die Gestirne oder der Wind, der Regen und die Urelemente – alles ist im menschlichen Körper in abgewandelter Form präsent.

Im Umkehrschluss hat das zur Folge, dass selbst die geringste Störung im Kosmos eine Auswirkung auf das innere Körper-Geist-Seele-Gefüge des Menschen hat. Die Hermetiker[7] prägten dafür den Satz: „Wie oben, so unten."

Das bedeutet, dass für den menschlichen Organismus die gleichen Gesetze gelten wie für das Universum – und umgekehrt. Über die fünf Elemente als Ursubstanzen erschließen sich uns diese kosmischen Gesetze. So gibt es folglich keinen Unterschied zwischen dem Kochen von Nahrung im Topf auf dem Herd und dem „Kochen" der Nahrung im „Topf" unseres Magens auf dem „Herd" unseres inneren Verdauungsfeuers. Beide benutzen Hitze, um die Nahrung aufzuschließen. Beim äußeren Herd werden Flammen dazu benutzt, im Körperinneren Salzsäure und Enzyme. Das Prinzip des Kochens ist identisch. Ziel beider Vorgänge ist die Energiegewinnung mittels Transformation von Materiepartikeln. Das gleiche Phänomen existiert auf der Sonne oder bei der Entstehung von Vulkanen.

## 2. Axiom

### Luft, Feuer und Wasser verkörpern die drei grundlegenden Prinzipien des Lebens

Sie treten im menschlichen Organismus in Form von Vata, Pitta und Kapha in Erscheinung. Ihre feinstofflicheren Formen sind Prana, Tejas und Ojas (siehe Tab. S. 54). Die fünf Elemente verdichten sich zu den drei Doshas.

**Vata** besteht primär aus dem Luft-, sekundär aus dem Ätherelement. Es wirkt durch das Nervensystem und kontrolliert alle Bewegungen und Transportsysteme des Körpers sowie die Atmung.

---

[7] Geisteswissenschaftliche Tradition (vor allem Freimaurer), die sich auf Hermes Trismegistos beruft.

Pitta besteht primär aus dem Feuer-, sekundär aus dem Wasserelement. Es wirkt durch das enzymatische und das endokrine System. Es kontrolliert den Energiehaushalt und die Elektrolytbalance des Körpers. Alle biochemischen Prozesse beinhalten das „Kochen" oder Verarbeiten der fünf Elemente – auch das „Kochen" und „Verdauen" von Gedanken und Informationen, die der Geist aufnimmt.

Kapha besteht primär aus dem Wasser-, sekundär aus dem Erdelement. Es wirkt durch das Immunsystem. Es kontrolliert den Wasserhaushalt, die Stabilität und Struktur der Körpergewebe und das Schmieren von Gelenken und inneren Organen. Hauptaufgabe ist hier der Schutz von Organen und Gewebestrukturen vor innerer Überhitzung/Reibung. Äußerlich schützt uns *Kapha* vor dem Eindringen von Kälte, Erregern und Fremdkörpern. *Kapha* verleiht uns Durchhaltevermögen, Energie sowie Robustheit und Selbstvertrauen.

Die drei *Doshas* repräsentieren ferner die drei kosmischen Neigungen des Universums zu Bewegung (*Vata*), Transformation (*Pitta*) und Stabilität (*Kapha*).

### 3. Axiom

### Gleiches verstärkt Gleiches

Nach dem Resonanzprinzip ruft Gleiches in der Regel Gleiches hervor: Isst ein gestresster Vata-Typ in der Vata-Jahreszeit trockene, kalte und rohe Nahrung, sind Vata-Störungen das Ergebnis, die sich im Dickdarm manifestieren und vegetativ zu Unruhe, Schlafstörungen und Trockenheit führen.

Krankheit bedeutet Disharmonie der *Tridosha* und einen Anstieg von einem oder mehreren *Doshas*. Dieser Anstieg mag auf externe (exogene) oder interne (endogene) Faktoren zurückzuführen sein. Der bedeutendste Krankheitsauslöser ist aber der Faktor „Zeit" in seiner qualitativen Dimension: Es gibt sogenannte Unzeiten oder günstige Zeiten für Essen, Sex und Schlaf usw. Z. B. lehrt Ayurveda, dass Sex direkt nach dem Essen schädlich ist für die Verdauungsorgane.

### 4. Axiom

### Was auch immer den Körper beeinflusst, beeinflusst den Geist – und umgekehrt

Von allen Zeitfaktoren (Tages-, Jahres-, Körperzeit, psychologische und astrologische Zeit) ist die astrologische Zeit die bedeutsamste. Die Planeten üben ihren Einfluss über den Geist (psychologische Zeit) in unseren Körper hinein aus (Körperzeit).

**Ein Beispiel:** Der Mars ist im Allgemeinen für Unterleibsbeschwerden verantwortlich. Ein unter Spannung stehender Mars im Horoskop einer Frau stört permanent den neurochemischen Stoffwechsel in ihrem Gehirn. Das wiederum beeinflusst ihren Hormonstoffwechsel. In der Folge entstehen Zyklusstörungen oder auch Zwölffingerdarmgeschwüre.

### 5. Axiom

### Nahrung ist Medizin, Medizin ist Nahrung

Selbst die gesündesten Nahrungsmittel können zur Entstehung von Krankheiten führen, wenn sie unter Missachtung der Essensregeln verzehrt werden (näheres in Kap. 3, S. 128 ff.).

Zunächst muss man die zugrunde liegende Absicht hinter den ayurvedischen Essensregeln verstehen und am eigenen Leib erfahren haben, um sich über die wahrscheinlichen Folgen klar zu werden, die ihre Missachtung haben kann. Wenn eine Speise es dennoch wert ist, diese Folgen in Kauf zu nehmen, kann die Verwendung des betreffenden Antidots (Gegenmittel) zur teilweisen Neutralisierung ihrer Nebenwirkungen führen (siehe Tab., S. 214).

# Prakruti/Vikruti (Konstitution/Krankheit)

In den **klassischen medizinischen Schriften** des Ayurveda wird bei der Beschreibung der Krankheiten großer Wert auf deren **Entstehungsfaktoren** gelegt. In der heutigen westlichen Medizin ist immer wieder erstaunlich, bei wie vielen Erkrankungen zur Ursache „**Ätiologie unbekannt**" vermerkt ist.

Im Ayurveda sind etwa **50 % aller Krankheiten** durch falsche oder zumindest nicht dem Typ entsprechende Ernährung verursacht.

Mehr darüber lesen Sie bei den „Goldenen Essregeln"[8].

---

8  Siehe S. 132 „Die zehn goldenen Essregeln".

Die ätiologischen Faktoren kann man nur dann tatsächlich verstehen, wenn man das gestörte Lebens- und Essverhalten im Detail beschreibt und benennt. Es kann bestimmte Krankheiten begünstigen. Mancher mag sich bei den folgenden „Anleitungen" ertappt oder entlarvt fühlen. Dass das dann eine Kurskorrektur des Lebensstils zur Folge hat, ist eine Herzensangelegenheit der Autoren.

## Anleitungen zum Krankwerden

**Wie vermehre ich durch folgenden Lebensstil Vata-Symptome wie** Verstopfung, Blähungen, Bauchkrämpfe, Überempfindlichkeiten, Burn-out, Schlafstörungen, Gelenkschmerzen, Gewichtsabnahme, trockene Haut, Unruhe, Ängste und Unsicherheit:

- Mach Dir viele Sorgen und rede so viel und so oft Du kannst.
- Faste regelmäßig und lasse öfter Mahlzeiten aus.
- Bekomme nie genügend Schlaf und gehe regelmäßig spät zu Bett.
- Gönne Dir keine Ruhepausen und verzichte auf Freizeit.
- Iss häufig in Eile – im Gehen, Stehen, Laufen, beim Lesen, Fernsehen, Radio hören und unter Stress.
- Beschränke Deine Ernährung auf trockene, tiefgefrorene, konservierte, aufgewärmte oder rohe Nahrungsmittel und Speisen sowie Fast Food, Cracker, Fertiggerichte, Süßigkeiten und Salate.
- Ziehe häufig um und haste viel umher – in Autos, Zügen, Flugzeugen oder in Joggingschuhen.
- Öle nie Deine Haut ein und nimm nie ein Bad.
- Habe möglichst oft Sex, insbesondere mit wechselnden Partnern. Pflege Fernbeziehungen oder Partnerschaften, durch die Du Dir viele Sorgen machen darfst.
- Bevorzuge im Berufsleben Schicht- oder Nachtarbeit oder eine Reisetätigkeit.
- Meide ruhige, kuschelige, feucht-warme Orte/Klimazonen.
- In der Ferienzeit bevorzuge Aktivurlaube, Weltreisen, Skikarusselle, Fallschirmspringen, lange Radtouren, Großstadtaufenthalte, Segeltörns, Abenteuersafaris und Strandwanderungen an der Nordsee.
- Rauche regelmäßig und nimm Drogen, insbesondere, Kaffee, Kokain und Speed. Konsumiere weißen Zucker. Als Medikamente bevorzuge Aufputsch- und Abführmittel sowie regelmäßig Schlaftabletten.
- Unterziehe Dich einer großen Bauchoperation mit einem großen, quer verlaufenden Schnitt.
- Unterdrücke häufig Gefühlsäußerungen wie Traurigkeit, Kummer, Sorgen, Ängste und gehe Konflikten aus dem Weg.

**Wie vermehre ich durch folgenden Lebensstil Pitta-Symptome wie** Sodbrennen, Magenschleimhautentzündungen, Hautallergien und -ausschläge, fiebrige Infekte, Schwindelanfälle, Übelkeit, Durchfallneigung, Hitzeempfindungen, Ungeduld, Gereiztheit und Wutanfälle:

- Trinke regelmäßig große Mengen Alkohol, besonders harte Getränke.
- Iss viel scharfe Gewürze, Soßen, Senf, Pickles, fette Dips und Chips.
- Gönne Dir zwischendurch stark gesalzene Snacks und eiskalte Getränke.
- Gehe beruflich und privat frustrierenden Aktivitäten nach. Engagiere Dich ehrgeizig in Konflikten und langwierigen Gerichtsprozessen.
- Bevorzuge in Deiner Ernährung Tomaten, Paprika, Chilis, rohe Zwiebeln, saure, salzige, pikante Speisen und Joghurt.
- Iss so viel rotes Fleisch, geräucherten Fisch, Meeresfrüchte und Frittiertes wie möglich.
- Treibe besonders mittags, zur heißesten Zeit, Sport.
- Verliebe Dich in verheiratete Partner. Halte aussichtslose Beziehungen aufrecht, in denen Du viel streiten und leiden darfst.
- Trage oft zu warme, eng anliegende Kleidung.
- Halte Dich selten an kühlen, frischen und ruhigen Orten auf.
- In der Urlaubszeit bevorzuge schwül-heiße Klimazonen mit Wüstentrekking, Abenteuersafaris, Sonnenbaden oder Sportwettkämpfen.
- Rauche viel und nimm Drogen, besonders Kokain, Speed oder Marihuana.
- Unterdrücke Deine Gefühle, besonders Ärger, Wut, Kritik, Neid, Eifersucht, Frust und Unzufriedenheit.

# Prakruti/Vikruti (Konstitution/Krankheit)

**Wie vermehre ich durch folgenden Lebensstil Kapha-Symptome wie** Müdigkeit, Trägheit, Neigung zu Verschleimung des Rachens und der Atemwege, Bronchitis, eitrige Anginen, Übergewicht, Naschsucht, Bluthochdruck, Diabetes, Gallensteine, Herzinfarkt, Heuschnupfen und Depressionen:

- Mache täglich nach dem Mittagessen ein langes Nickerchen. Schlafe so oft wie möglich richtig lange aus.
- Iss reichlich fette Speisen, Nudeln und Milchprodukte.
- Überiss Dich so oft wie möglich und trinke reichlich zum und nach dem Essen.
- Verbringe Deine Freizeit vor dem Fernseher – besonders die Mahlzeiten.
- Ignoriere Dein schöpferisches Potenzial. Die Menschen lieben Dich wegen Deiner Gutmütigkeit und Leidensfähigkeit.
- Überlasse anderen die Erledigung Deiner täglichen Pflichten.
- Gönne Dir so häufig wie möglich den Luxus des Müßiggangs.
- Freundschaften sind für Dich Zeitverschwendung. Suche Halt in gescheiterten Beziehungen. Bleibe Partnern, die Dich ausnutzen, stets treu.
- Sex ist für Dich verschwendete Energie und viel zu anstrengend.
- Meide harte Körperarbeit und warme, trockene Plätze.
- Bewege Dich möglichst wenig und geize mit Deinen Energien. Benutze immer Rolltreppen, Aufzüge und Taxis. Achte darauf, dass Du möglichst eine sitzende Tätigkeit ausübst. Für Besuche, Einkäufe und Erledigungen benutze, selbst für kurze Entfernungen, ausschließlich das Auto.
- In der Ferienzeit bevorzuge All-inclusive-Reisen verbunden mit luxuriösen Badeurlauben, Kreuzfahrten, Sightseeing mit Schlemmerbüfets und kulinarischen Rundreisen.
- Was auch immer in Deinem Leben geschieht: Treibe keinen Sport!
- Lebe von Süßigkeiten, Kartoffelchips und Bier. Werde Stammkunde bei McDonald's.
- Unter den Medikamenten bevorzuge Antidepressiva, Hormonpräparate, Statine und Tranquilizer.
- Stelle sicher, dass Du jeden Tag wenigstens ein Dessert bekommst, vorzugsweise Käsekuchen oder Eiscreme. Iss Snacks, sooft du kannst.
- Unterdrücke Deine Gefühlsäußerungen in Bezug auf Konflikte, Einsamkeit, Sexualität, Partnerschaftsprobleme, Verlustängste und Neidgefühle.

## Anleitungen zum Gesundbleiben

### Was man für eine ausgeglichene Vata-Konstitution tun kann:

- **Achte auf genügend Wärme** in Bezug auf Kleidung, Wohnräume, Entspannungsbäder, Speisen, Getränke und zwischenmenschliche Beziehungen.
- **Meide in der kritischen Jahreszeit** Zugluft, Wind, trocken-kaltes Klima, klimatisierte Räume und Autos. Achte besonders darauf, ab Anfang Oktober bis Ende Januar Deine *Vata*-Gesundheitsroutine und die Diätempfehlungen strenger einzuhalten.
- **Iss in Ruhe** – möglichst keine Gespräche oder Ablenkungen. Iss regelmäßig und so oft wie möglich warme Mahlzeiten, besonders Suppen, Reis, Gemüse, Getreidebreie sowie warme Getränke.
- **Beste Esszeiten:** früh 6.30–8.30 Uhr; mittags 11.30–13.30 Uhr; abends 17.30–19.30 Uhr. Halte 3–4 Stunden Essenspause ein. Lasse keine Mahlzeit aus, besonders mittags nicht. Keine Snacks zwischendurch; Ausnahmen: heiße Getränke, Yogitee, Chai, Gewürzmilch mit Honig, süße Früchte, eingeweichte Trockenfrüchte oder Nüsse.
- **Ruhen ist Medizin für Dein Gemüt.** Gehe so oft wie möglich vor 23 Uhr zu Bett und ruhe kurz nach den Mahlzeiten. Achte auf feste Zeiten und Rituale. Also: regelmäßige Essens- und Schlafzeiten und ausreichend Ruhe und Entspannung in Deinem Alltag.

- Trinke täglich 1,5–2 Liter abgekochtes Wasser, Ingwer- oder Kräutertee, vor allem morgens nach dem Aufstehen.
- Meide Folgendes: bittere, scharfe, trockene, leichte, aufgewärmte Speisen und Getränke, Konserven, Mikrowellennahrung, Weißmehlprodukte, raffinierten Zucker, Hefeprodukte; Fast Food generell; ferner Hast und Ablenkung beim Essen. Abends: tierisches Eiweiß (Fleisch, Fisch, Milchprodukte), Obst und Salate.
- Diätempfehlungen und Geschmacksqualitäten, um Körpergewicht und Widerstandskraft zu stabilisieren. Sauer: Zitrusfrüchte, milchsauer Vergorenes, Sauermilchprodukte, Tamarinde. Salzig: Himalaya-/Meersalz, Sojasoße, Miso, Wurzelgemüse, Essiggurke. Süß: eiweißreich (Hülsenfrüchte; Milchprodukte), Ghee, Butter, Vollkorngetreide, Nüsse; generell: mild gewürzte, heiße, gekochte, vollwertige, ölig-wässrige Speisen und Getränke, Suppen und Wurzelgemüse. Ausreichende Portionen, regelmäßig essen. Empfehlenswert: 10–20 % hochwertige Proteine, 40 % Vollkorngetreide (Bio), 30–50 % frisches Obst (gedünstet) oder gar gekochtes Gemüse.
- Freizeit. Mach täglich einen kleinen Spaziergang. Lies ein entspannendes Buch und sieh Dir öfter romantisch-sentimentale Filme an. Lasse es zur Gewohnheit werden, dass Du Dich ein Mal pro Woche mit engen Freunden aussprichst. Entspannungstechniken und Atemübungen sorgen täglich für Dein inneres Gleichgewicht. Tage oder Wochenenden des Schweigens in Zurückgezogenheit sind Gold für Dich.
- Achte in Deinem Leben auf: Stabilität, Regelmäßigkeit, Planung, Kontinuität, feste Beziehungen, ein gemütliches, geborgenes und sicheres Zuhause, einen geregelten Beruf.
- Gönne Dir regelmäßig eine Ganzkörpermassage und ein Ölbad. In der *Vata*-Jahreszeit gehe wöchentlich einmal in die Dampf- oder Biosauna.
- In der Ferienzeit mache öfter Entspannungs-, Yoga- oder Badeurlaube in warmen Ländern, vorzugsweise am Meer, oder Kulturreisen/Kreuzfahrten.

**Merke:**

*Vata-Pitta*-Typen/*Vata-Kapha*-Typen sollten sich in Lebensführung und Ernährung antizyklisch zu den anderen Jahreszeiten verhalten, in denen ihr zweitstärkstes *Dosha* aus der Reihe zu tanzen droht. Auf diese Weise jonglieren Sie sich gesund und in Harmonie mit den Elementen durch die Turbulenzen des Jahres.

### Was man für eine ausgeglichene Pitta-Konstitution tun kann:

- Trinke täglich 2–3 Liter kühles bis zimmerwarmes stilles Wasser.
- Meide Hitze (Solarien, Sonnenbäder, überheizte Räume, Wüstenklima), Dampf (Sauna) und Feuchtigkeit (tropisches oder auch nass-kaltes Klima).
- Achte in der kritischen Jahreszeit (ab Anfang Juni bis Ende September) besonders darauf, Deine *Pitta*-Gesundheitsroutine und die Diätempfehlungen strenger einzuhalten.
- Meide Folgendes: frittierte, scharfe und saure Speisen und Getränke sowie regelmäßigen Fleischkonsum (besonders rotes Fleisch), Koffein, Salz (Chips, Cracker, Fertigsoßen), saure Milchprodukte, Zitrusfrüchte und Alkohol. Abends: Fleisch, Fisch, Käse, Salate, Obst, Frittiertes, Gegrilltes, Geräuchertes. Iss möglichst nichts mehr nach 20 Uhr.
- Gönne Dir öfter Salate (mittags) und Obst (morgens und bis 14 Uhr). Gegen Übersäuerung und Überhitzung empfehlen wir drei Mahlzeiten pro Tag. Bevorzuge folgende Geschmacksrichtungen: bitter: grüne Gemüse, Chicorée, Radicchio, Artischocke, Salate, Gartenkräuter; herb: Hülsenfrüchte, Sojaprodukte, Salate, Koriander, Kurkuma, Grüntee; süß: Früchte, Nüsse, Trockenfrüchte, Pudding, Obstkuchen, Eiscreme, Halva; generell: kühle, leicht ölige Speisen

# Prakruti/Vikruti (Konstitution/ Krankheit)

und Getränke, Rohkost, Salate, „Sonnenobst"; empfehlenswert: 30–40 % Vollkorngetreide, 20–30 % hochwertige Proteine (Biovollmilch, Paneer oder Frisch- oder Hüttenkäse), 30–50 % frisches Obst und Gemüse.
- **Iss in Ruhe** und regelmäßig, insbesondere um die Mittagszeit.
- **Beste Esszeiten:** Früh 6.30–8.30 Uhr; mittags 11.30–13.30 Uhr; abends 17.30–19.30 Uhr. Halte 3–4 Stunden Essenspause ein. Lasse keine Mahlzeit aus, besonders mittags nicht. Keine Snacks zwischendurch. Ausnahmen: Reiswaffeln, süße Früchte, getrocknete Feigen, Datteln, Kokosnuss oder Flohsamen in Wasser oder Sojamilch. Getränke: Safran- oder Kurkumamilch mit Rohrzucker. Kräutertee, grüner Tee, Jasmin-, Pfefferminz- oder Eisenkrauttee.
- **Freizeit.** Halte Dich oft an frischer Luft auf (barfuß, mit Hund, Joggen, im Garten, am und im Wasser). Um Deinen kritischen Geist zu zähmen, spiele öfter Schach, lege eine Patience oder löse Kreuzworträtsel.
- **Vertraue Deinen Gefühlen** und drücke diese konstruktiv und sachlich aus. Wenn Du Dich über jemanden ärgerst, schlafe eine Nacht darüber und versetze Dich in die Lage des anderen. Führe erst dann ein klärendes Gespräch. Übe Dich in Geduld, Nachsicht und im Verzeihen.
- **In der Urlaubszeit bevorzuge** Bergregionen, schattige Seenlandschaften, Nordländer mit Kanufahrten, Radtouren, Tauchen, Angeln, Wintersport, Wander- oder Bergtouren.

> **Merke:**
>
> *Pitta-Vata*-Typen/*Pitta-Kapha*-Typen sollten sich in Lebensführung und Ernährung antizyklisch zu den anderen Jahreszeiten verhalten, in denen ihr zweitstärkstes *Dosha* aus der Reihe zu tanzen droht. Auf diese Weise jonglieren Sie sich gesund und in Harmonie mit den Elementen durch die Turbulenzen des Jahres.

### Was man für eine ausgeglichene Kapha-Konstitution tun kann:

- **Trinke täglich** 1–2 Liter abgekochtes Wasser, vorzugsweise warmes Honigwasser.
- **Meide nass-kaltes Klima** (feucht-kalte Räume, klimatisierte Räume und Autos, Dampf, Sauna) und Feuchtigkeit (tropischer Regenwald und Monsunklima).
- **Kritische Jahreszeit.** Achte besonders darauf, ab Anfang Februar bis Ende Mai Deine *Kapha*-Gesundheitsroutine und die Diätempfehlungen strenger einzuhalten.
- **Meide folgende Geschmacksqualitäten und Speisen:** süß: einfache Kohlenhydrate (Süßigkeiten, Torten, Weißmehlprodukte, Pasta), Frittiertes (Transfettsäuren …), tierische Fette, schwere Eiweißbomben wie Fleisch und Käse, Fisch und Sahne, Nudeln mit Käse und Sahne und dergleichen; sauer: saure Früchte, Joghurt, Joghurtdressing, sauer Eingelegtes; salzig: Chips, Salzgebäck, Fertigsoßen, Mayonnaise, Ketchup, Salznüsse; generell: Milchprodukte, Gebratenes, Fertiggerichte, Fast Food, Süßigkeiten und Fette; abends: Fleisch, Fisch, Käse, Salate, Obst, Frittiertes, Gegrilltes, Geräuchertes, zu viel Pasta-Gerichte … Iss möglichst nichts mehr nach 20 Uhr.
- **Gönn Dir öfter** Salate als Vorspeise (mittags) und lass öfter das Frühstück klein ausfallen. Empfehlungen für die schlanke Linie und zum Entwässern: besonders trockene, fettlose, heiße, würzige, leichte Speisen, Getränke und Salate. Bevorzuge folgende Geschmacksrichtungen: bitter: grüne Blattgemüse, Chicorée, Radicchio, Artischocke, Salate, Bockshornklee; herb: Hülsenfrüchte, Sojaprodukte, Salate, Koriander, Kurkuma, Rotwein, Grüntee; scharf: alle Pfeffersorten, Chili, Paprika, Senf, Gartenkräuter, Gewürze, Meerrettich; empfehlenswert: 40 % Vollkorngetreide (Bio), 10 % hochwertige pflanzliche Proteine (Hülsenfrüchte, Bio-Sojaprodukte, Tofu) sowie 50 % frisches Gemüse und Obst.

- **Iss in Ruhe, ohne Ablenkung,** nicht zu langsam, aber regelmäßig, insbesondere um die Mittagszeit.
- **Beste Esszeiten:** Früh 6.30–8.00 Uhr (im Frühjahr auslassen); mittags 11.30–13.30 Uhr; abends 17.30–19.00 Uhr. Halte 4–5 Stunden Essenspause ein, nicht länger. Die Hauptmahlzeit ist mittags. Das Abendessen sollte kleiner ausfallen. Keine Snacks zwischendurch. Ausnahmen: Honigwasser, Reiswaffeln, ein Apfel oder eine Birne, geröstete Kichererbsen (vom Türken) oder 1 El Flohsamen in Wasser oder Sojamilch.
- **Freizeit.** Bleibe in Bewegung und schwitze täglich einmal. Vermeide langes Sitzen oder Liegen. Ein Hund oder ein Joggingpartner hält Dich in Schwung. Mach nach dem Abendessen einen Spaziergang. Halte Dich vor allem in der kritischen Zeit zwischen 18 Uhr und 22 Uhr wach. Schlafe niemals vor dem Fernseher ein. Beim Fernsehen möglichst auf dem Heimfahrrad fahren. Gehe einmal pro Woche in die finnische Sauna (besonders im Winter) und zwei- bis dreimal ins Fitnesscenter.
- **Vertraue Deinen Gefühlen und drücke diese aus.** Pflege intensiven geistigen und körperlichen Kontakt und Austausch mit Freunden und dem Partner. Verleihe Deinem Bedürfnis nach Zärtlichkeit und Nähe Ausdruck. Regelmäßiger Geschlechtsverkehr mit einem geliebten Partner ist für Dich Psychotherapie und die beste Fitness.
- **In der Urlaubszeit** bevorzuge Aktiv- oder Campingurlaube wie Kanufahrten, Radtouren, Wintersport, Wander- oder Bergtouren, Trekking, Abenteuersafaris sowie Reisen in ferne Länder und Kulturen.

### Merke:

*Kapha-Vata*-Typen/*Kapha-Pitta*-Typen sollten sich in Lebensführung und Ernährung antizyklisch zu den anderen Jahreszeiten verhalten, in denen ihr zweitstärkstes *Dosha* aus der Reihe zu tanzen droht. Auf diese Weise jonglieren Sie sich gesund und in Harmonie mit den Elementen durch die Turbulenzen des Jahres.

# Prakruti/Vikruti (Konstitution/Krankheit)

**Der Prakruti-Typtest**
**Bitte beachte beim Ausfüllen Folgendes:**

**1.** Die Fragen zielen auf Langzeitzustände, Körperreaktionen und Gewohnheiten ab, also nicht auf Veränderungen von Zuständen innerhalb der letzten Jahre.

**2.** Auch wenn nur ein Teil einer Frage zutrifft: Bitte ankreuzen!

**3.** Bitte spontan und so ehrlich wie möglich antworten.

**4.** Jede bejahte Frage oder Aussage zählt als ein Punkt – also hinten eine „1" in das graue Feld eintragen.

**5.** Die Punkte jedes Abschnitts addieren und bei der Gesamtpunktzahl darunter eintragen.

| VATA-TEST | |
|---|---|
| Ich handele und/oder bewege mich schnell. | |
| Ich bin von Natur aus lebhaft oder begeisterungsfähig. | |
| Ich nehme schneller ab als zu, besonders unter Stress oder Kummer. | |
| Ich habe eine schnelle Auffassungsgabe oder vergesse aber auch rasch wieder. | |
| Mir fällt es schwer, Entscheidungen zu treffen oder mich festzulegen. | |
| Ich besitze wenig Disziplin oder keine Ausdauer. | |
| Ich komme oft zu spät oder habe etwas vergessen. | |
| Ich bin schreckhaft und/oder überempfindlich. | |
| Ich habe eine schlechte Orientierung oder wirke öfter abwesend oder zerstreut. | |
| Ich mache mir oft Sorgen oder neige zu Ängsten oder Selbstzweifeln. | |
| Ich spreche gern und schnell oder verliere gelegentlich den Faden. | |
| Ich neige zu Verstopfung oder hartem Stuhl, manchmal auch zu Blähungen. | |
| Ich leide unter Kälte, Zugluft oder Trockenheit. | |
| Ich habe oft Verspannungen, Schmerzen oder knackende Gelenke. | |
| Ich bekomme leicht kalte Hände und/oder Füße. | |
| Meine Haut ist, vor allem im Winter, trocken, rissig oder schuppig. | |
| Wenn ich allein bin, sind meine Ess- und Schlafgewohnheiten eher unregelmäßig. | |
| Mein Schlaf ist leicht und oft zu kurz. Ich schlafe öfter schlecht ein. | |
| Ich liebe den Wechsel, die Veränderung. Routine ist mir ein Gräuel. | |
| Ich leide besonders im Spätherbst, im Winter, bei Wetterwechsel, Föhn oder Wind. | |
| **Gesamtpunktzahl:** | |

Leider ist es unmöglich, immer klare, eindeutige und damit unmissverständliche Fragen zu stellen. Das Problem liegt einerseits in der für manche irritierenden Fragestellung, andererseits in der oft mangelnden Selbsteinschätzung und befangenen Eigenwahrnehmung. Viele können nicht zwischen der angeborenen Konstitution (*Prakruti*) und einem durch ungesunde Lebensführung erworbenen gestörten Zustand der *Doshas* (*Vikruti*) differenzieren. Diese Differenzialdiagnostik kann nur durch die geschulten Sinne eines Ayurveda-Fachmanns vorgenommen werden. Die Pulsdiagnose/Anamnese beseitigt meist die letzten Unklarheiten bezüglich der angeborenen *Dosha*-Verteilung.

Letztendlich ist das Wissen um die eigene Konstitution der Schlüssel zu einem erfüllten Leben in Gesundheit und Balance. Wer sein „Lebensfundament" kennt, weiß, wie er seine Lebenssäulen im Gleichgewicht hält. Er wird selten auf einen Arzt oder ein Medikament zurückgreifen müssen. Das Wissen um die Energetik der ausgewählten Nahrung macht dabei gut 50 % aus. Der Rest ist im Hinblick auf eine ausgewogene Lebensführung und eine körperliche und geistige Hygiene eine Frage der Disziplin.

| PITTA-TEST | |
|---|---|
| Klarheit und Ordnung spielen in meinem Leben eine große Rolle. | |
| Präzises, zielorientiertes Arbeiten ist mir sehr wichtig. | |
| Im Berufsleben bin ich zielstrebig und/oder liebe die Herausforderung. | |
| Ich übernehme gern Verantwortung und arbeite hart dafür. | |
| Ich führe lieber, als geführt zu werden. | |
| Ich bin humorvoll, aber kritisch oder gelegentlich auch misstrauisch. | |
| Ich werde ziemlich schnell gereizt, ungeduldig oder jähzornig. | |
| Ich treibe regelmäßig und gern Sport. | |
| Ich bin Perfektionist und liebe es, zu organisieren. | |
| Mein Auftreten/Umgangston wirkt auf andere direkt oder gar einschüchternd. | |
| Ich konnte früher stets alles, auch in großen Mengen, essen, ohne zuzunehmen. | |
| Bei Verzögerung oder Ausfall einer Mahlzeit fühle ich mich unwohl oder gereizt. | |
| Ich habe regelmäßig Stuhlgang oder neige manchmal zu Durchfall. | |
| Mir ist schnell zu heiß. Ich komme leicht ins Schwitzen, auch nachts. | |
| Ich habe feine Haare oder leide unter Haarausfall oder frühzeitigem Ergrauen. | |
| Ich fühle mich unwohl bei grellem Licht, direkter Sonne oder schwül-heißem Wetter. | |
| Ich habe eine empfindliche Haut oder neige zu Übersäuerung oder Sodbrennen. | |
| Ich liebe kalte Getränke, Eiscreme oder alkoholische Getränke. | |
| Ich liebe scharfe oder gewürzte Speisen, obwohl sie mir nicht bekommen. | |
| Mein Schlaf ist erholsam. Ich brauche höchstens sieben Stunden. | |
| **Gesamtpunktzahl:** | |

# Prakruti/Vikruti (Konstitution/ Krankheit)

| KAPHA-TEST | |
|---|---|
| Mein Körper ist kräftig und solide gebaut. | |
| Ich nehme schon lange leicht zu und/oder nur schwer ab. | |
| Ich neige seit meiner Jugend zu Molligkeit. | |
| Ich habe eine weiche, leicht fettende oder eher blasse, sonnenempfindliche Haut. | |
| Ich bin geduldig, beständig oder neige dazu, Ärger in mich „hineinzufressen". | |
| Meine Arbeiten verrichte ich bedachtsam, ruhig oder brauche länger als andere. | |
| Ich bin ein friedliebender Mensch oder nicht leicht aus der Fassung zu bringen. | |
| Es fällt mir schwer, Emotionen auszudrücken, insbesondere Wut. | |
| Veränderungen oder Neuanpassungen im Leben fallen mir schwer. | |
| Für mich zählen Treue und Zuverlässigkeit und/oder ich bin eher konservativ. | |
| Ich trenne mich schwer von Menschen, Dingen oder Gewohnheiten. | |
| Mein Schlaf ist tief, traumlos und fest oder ich könnte jederzeit schlafen. | |
| Ich komme morgens schwer aus dem Bett oder brauche mehr als sieben Stunden Schlaf. | |
| Ich treibe ungern Sport oder bewege mich meist zu wenig. | |
| Mein Stuhlgang ist regelmäßig, fest, zuweilen träge oder mühevoll auszuscheiden. | |
| Ich kann problemlos eine Mahlzeit auslassen und/oder ich überesse mich öfter. | |
| Nass-kaltes, trübes Wetter setzt mir am meisten zu. | |
| Ich liebe es, zu naschen, oder gebe gern Geld für die feine Küche aus. | |
| Ich habe ein gutes Langzeitgedächtnis. | |
| Ich habe ein Händchen für Geld und/oder Geld und Wohlstand sind mir wichtig. | |
| Gesamtpunktzahl: | |

**DOSHA-Verteilung für die Typbestimmung**

Typ-Beispiel: $K_3 V_2 P_1$

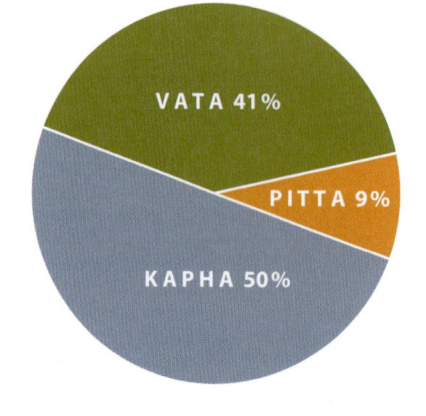

VATA 41%
PITTA 9%
KAPHA 50%

## Auswertung des Typtests

**V** : Gesamtpunktzahl x 5 = (*Dosha*-Prozentanteil)

**P** : Gesamtpunktzahl x 5 = (*Dosha*-Prozentanteil)

**K** : Gesamtpunktzahl x 5 = (*Dosha*-Prozentanteil)

**Festlegung der Prozent-Grenzwerte:**

| | | | | |
|---|---|---|---|---|
| 0 – 15 % | (0–3 Punkte) | = | nicht relevant | |
| 20 – 30 % | (4–6 Punkte) | = | 1 Konstitutionsanteil | (z. B. V1) |
| 35 – 60 % | (7–12 Punkte) | = | 2 Konstitutionsanteile | (z. B. K2) |
| 65 – 100 % | (13–20 Punkte) | = | 3 Konstitutionsanteile | (z. B. P3) |

Bitte die genauen Prozentwerte im Verhältnis errechnen.

Es gibt sieben Grundtypen: **V**, **P**, **K**, **VP**, **VK**, **PK** und **VPK**
Exakte Zahlenrelationen ergeben über 50 Konstitutionstypen:

### 1. Die drei Monotypen:

*Vata*, *Pitta* oder *Kapha* dominiert alleine.

### 2. Die Dualtypen (das dominante *Dosha* zuerst)

| | | |
|---|---|---|
| V3P1/2 | V2P1 | = VP |
| P3V1/2 | P2V1 | = PV |
| V3K1/2 | V2K1 | = VK |
| P3K1/2 | P2K1 | = PK |
| K3P1/2 | K2P1 | = KP |
| K3V1/2 | K2V1 | = KV |

### 3. Die Tridosha-Typen (in der anteiligen Reihenfolge)

| | | | | | |
|---|---|---|---|---|---|
| V3P3K2 | V3P3K1 | V3P2K2 | V3P2K1 | V3P1K1 | V2P1K1 |
| P3V3K2 | P3V3K1 | P3V2K2 | P3V2K1 | P3V1K1 | P2V1K1 |
| K3P3V2 | K3P3V1 | K3P2V2 | K3P2V1 | K3P1V1 | K2P1V1 |
| V3K3P2 | V3K3P1 | V3K2P2 | V3K2P1 | V3K1P1 | V2K1P1 |
| P3K3V2 | P3K3V1 | P3K2V2 | P3K2V1 | P3K1V1 | P2K1V1 |
| K3V3P2 | K3V3P1 | K3V2P2 | K3P2V1 | K3V1P1 | K2V1P1 |

# Prakruti/Vikruti (Konstitution/Krankheit)

Ihre **Stoffwechselaktivität**, also die Stärke Ihres genetisch determinierten **Verdauungsfeuers (Agni)**, entscheidet über Ihr Essverhalten, Ihre Darmtätigkeit, Ihren Appetit, Ihre **seelische Verfassung** und natürlich über Ihre Krankheitsanfälligkeit.
Hier gibt es eine enge Verknüpfung mit der **persönlichen Lebensqualität**.

Der Ayurveda lehrt, sich selbst zu erkennen. Im Folgenden geht es um unverhüllte und in Humor gepackte, schonungslose, aber nicht immer zutreffende Selbstspiegelungen mit dem Ziel der Selbstakzeptanz und Kraft zur Wandlung. Hier werden Ihre jeweiligen Schwachstellen mit Verlaub aufs Korn genommen.

## Die Stoffwechseltypen

### Der Vata-Typ

Sie rangierten schon immer in den unteren Gewichtsklassen. Bei Kriegsjahrgängen war eine Landverschickung zum „Aufpäppeln" keine Seltenheit. Zuzunehmen war zumindest bis zur Lebensmitte ein Wunschtraum. Stress hat bei Ihnen ein Dauerabonnement und Kochen war Ihnen schon immer ein Gräuel. Ihr größter Feind ist die Zeit. Sie entwickeln eine traumwandlerische Sicherheit, der Zeit hinterherzujagen und täglich nie genug davon zu haben. Da die Zeit so knapp ist, nehmen Sie sich ständig zu viel vor, halten aber nie Ihren Plan ein. Für die wichtigen Dinge, die „Basic Instincts" (Essen, Sex, Sport) haben Sie schon gar keine Zeit oder nur maximal 10 Minuten. Schlaf brauchen Sie viel – aber wann, wenn gerade die Nächte die beste Zeit zum Lesen oder Arbeiten sind?

Ihrer Medialität und vor allem Ihrer Sensitivität wegen sind Sie mitunter als „Prinzessin auf der Erbse" oder „Sensibelchen" verschrien. Wegen Wasseradern, mysteriösen Luftzügen, Erdverwerfungen oder Elektrosmog haben Sie schon so manchen Hausbesitzer zur Verzweiflung gebracht. Auch unter den Frostbeulen verdienen Sie den ersten Platz.

Machen Sie sich mit der Tatsache vertraut, dass Sie beim Essen mengenmäßig nicht mit anderen mithalten können. Vermutlich mag Ihr Magen jeden Tag etwas anderes, mal mehr, mal weniger, mal vergessen Sie ganz eine Mahlzeit. Man müsste mal Zeit haben!

Erst wenn Sie beginnen, sich unkonzentriert, hibbelig, desorientiert, chaotisch und Nägel kauend zu gebärden, oder gar konfabulieren, fällt Ihnen vielleicht ein, dass Sie seit Stunden weder gegessen noch getrunken haben. Ihre Darmtätigkeit lässt meist zu wünschen übrig. Störungsfreie Momente sind wie Sternstunden in Ihrem Leben. Es gab Lebensphasen, in denen Sie möglicherweise als „Blähboy"/„Blähgirl" eine zweifelhafte Beachtung gewannen. Auf Reisen fühlen Sie sich nicht selten wie ein wandelnder Müllcontainer, der wegen Dauerstreiks nicht geleert wird. Gäbe es eine Besteuerung auf Biogasemissionen, würden Sie wegen zu hoher Abgaben zuweilen an die Existenzgrenze stoßen.

### Der Vata-Pitta-Typ

Sie bewegen sich im Leicht- bis Mittelgewicht. Manche behaupten, man könne Ihnen das Vaterunser durch die Rippen blasen und müsse zweimal hinsehen, bevor man Sie wahrnimmt. Aber dabei sind Sie zäh wie Leder. Ihre wieselflinken Bewegungen sind wie die von Charly Chaplin: schneller Gang, schnelles Mundwerk, schnelle Kombinationsgabe und Fluchttendenz. In der Jugend haben Sie nicht selten Ihrer Mutter die Haare vom Kopf gefressen. Zeitweise haben Sie für das Essen aber keine Zeit, besonders wenn Sie am Rotieren sind – und das meist ständig. Problematisch ist nur, wenn Sie Ihr Mittagessen zu verpassen drohen. Dann springen Sie so manchem an die Kehle oder selbst im Dreieck. Ihr Darm ist nicht immer pünktlich, was man von Ihnen auch nicht immer sagen kann. Mit Ihrem Appetit ist es wie „Regenmännchen und Sonnenmarie". Auf Reisen gewinnt das Regenmännchen schon mal die Oberhand. Sie sind unternehmungslustig, Ihr Intellekt ist messerscharf und die Zunge sitzt recht locker. Unter Stress erleben Sie sich zeitweise ängstlich, dann wieder zornig. Energiemäßig übernehmen Sie sich ständig, fahren oft auf Reserve. Burn-outs, Blasenentzündungen, Allergien, Migräne oder Magenverstimmungen sind unliebsame, aber beharrliche Wegelagerer, auch wenn Sie diesen vergeblich auf der Dauerüberholspur zu entkommen trachten.

### Der Vata-Kapha-Typ

Wer möchte schon zu den „schweren Jungs" oder den „leichten Mädchen" zählen? Ihr Körper will sich hier nicht unbedingt festlegen. Jedenfalls fehlt Ihnen eine Menge innerer Hitze, was Sie in der kalten Jahreszeit zur wahren Frostbeule degradiert. Ihr Typ ist in jeder Hinsicht schwankend – in der Gewichtsklasse wie im Gemütszustand, in der Liebe wie im Genuss, die in Selbsthass und Verdruss münden können. Sie sind im einen Moment „himmelhoch jauchzend", im anderen „zu Tode betrübt". Oft sind Sie leicht erregbar, dann wieder dickhäutig. Phasenweise explodiert Ihr Körpergewicht unter Stress, dann wieder sehen Sie aus wie Mahatma Gandhi nach dem letzten Hungerstreik. Mit dem Essen ist es nicht anders. Manchmal lieben Sie es, spät zu tafeln mit Wein und Käse, dann wieder gleiten Sie in die Askese. Die Verdauung ist mal prächtig und regelmäßig, etwas träge zwar, doch dann werden Sie unter Stress urplötzlich zum gurgelnden Bauchredner, „Korinthenkacker" oder Luftikus.

Wenn Sie nicht aus dem Koffer leben, nicht Stammkunde bei McDonald's sind, nicht von einem Beziehungsdesaster ins nächste laufen und sich nicht von einem dominanten Elternteil oder Partner fernsteuern lassen, könnte Ihr Leben durchaus positiv verlaufen.

# Prakruti/Vikruti (Konstitution/Krankheit)

### Der Pitta-Typ

Gewichtsprobleme kennen Sie nicht. Sie vertilgen alles, vertragen alles und in großen Mengen (abgesehen von überlegenen Konkurrenten), ganz zum Neid Ihrer Tischgenossen. Das mag sich vielleicht mit Anfang fünfzig ändern, wenn Sie die Nahrungsaufnahme bis dahin immer noch mit einer Raubtierfütterung verwechseln. Leider bevorzugen Sie scharfe, säuernde/salzige oder auch süße Nahrungsmittel, was Ihnen nicht immer zum Vorteil gereicht. Es macht Sie meist noch saurer, hitziger, leidenschaftlicher, heißblütiger und kampflustiger. Ihre Kampfgewichtsklasse ist im Mittelfeld anzusiedeln. Auf die Waage schielen Sie gelegentlich aus Eitelkeit, nicht aber aus einer Notwendigkeit heraus. In Ihrer Sturm- und Drangzeit gehörten Sie nicht selten zu den Landesmeistern oder Halbprofis Ihrer bevorzugten Sportart. Das war auch Ihre Zeit als neidumwitterter Frauenaufreißer/heißblütiger Männerschwarm, die Zeit des Kräftemessens unter Streetfightern und Zicken.

Manchmal geht es Ihnen wie einer Toilettenbrille: Man macht was durch – vor allem, wenn Sie Milch- oder Milchprodukte verzehren, zu scharf essen oder zu sehr dem Alkohol zusagen, was gelegentlich an der Tagesordnung ist. Die rasante Regelmäßigkeit, mit der Sie Ihre morgendlichen Geschäfte erledigen, erzeugt, gerade bei *Vata*-Typen, blanken Neid.

Krankheit oder Kränkeln ist für Sie ein Fremdwort und Zeichen von Schwäche. Da Sie Ihren Beruf möglicherweise zur Kampfarena ausgebaut haben und zum Workaholic neigen, dulden Sie keine Betriebsausfälle – weder bei sich noch bei Mitarbeitern oder Kollegen.

„Durchhalten bis zum Äußersten" ist Ihr Lebensmotto. Deshalb gibt es für Sie im Notfall nur zwei Optionen: Blaulicht oder Kiste.

### Der Pitta-Vata-Typ

Als Fußballtrainer kämen Sie so richtig auf Ihre Kosten und würden mit Ihren Temperamentsexplosionen obendrein gutes Geld verdienen! Jedenfalls finden Sie mit traumwandlerischer Sicherheit für jede Gelegenheit einen zweibeinigen Blitzableiter. Ihr Problem ist, dass Sie unter Ihrer Motorhaube einen aufffrisierten Turbomotor haben. Da gibt es nur eines: Gas geben oder sich den Strick nehmen! Da Sie sich meist für das Erstere entscheiden, sind Kolbenfresser (sprich Herzinfarkt) ein einkalkulierbares Risiko. „Langsam", „bedächtig", „ruhig" sind für Sie Eigenschaften, die Sie sich bestenfalls fürs Rentenalter aufheben. Bei Ihnen geht im Leben alles schnell: essen, reden, Witze und Geschäft(e) machen – selbst das Vergnügen nach Feierabend wird pedantisch in der Agenda abgehakt. Wer im Gespräch mit Ihnen Luft holt, hat bereits verloren. Arbeiten heißt für Sie, „in den Ring zu steigen". Frieren tun Sie nur bei dem Gedanken, die Konkurrenz könnte besser, schneller, erfolgreicher sein als Sie.

Beim Essen punktet alles, was satt macht. Wenn es dabei noch schmeckt, würden Sie gegen den Koch kein Klageverfahren einleiten. Wo andere noch im Vorspeisensalat herumstochern, sind Sie schon in Gedanken beim Zahlen. „Ich habe fertig!" ist Ihr alles übertönendes Motto, leider auch im Bett. Aber man kann im Leben nicht alles haben. Es reicht schon der tägliche Stress im Morgenstau und bei der Parkplatzsuche, um selbst zu platzen. Was ist der Unterschied zwischen Ihnen und einem Arbeitslosen? Der Arbeitslose sucht Arbeit – für Sie ist Arbeit Sucht. Ein Glück! Was würde sonst der Turbo mit Ihnen machen?

### Der Pitta-Kapha-Typ

Unter den Nagetieren gehören Sie zur besonderen Gattung der Manager. In manchen Unternehmen werden Sie als „Wadlbeißer" eingestellt. Sie nehmen weder ein Blatt vor den Mund noch den Finger aus der Wunde Ihrer Kontrahenten. Ihr Ehrgeiz und Ihre Hitzköpfigkeit könnten Sie zeitweise in frustrierende Gerichtsstreitigkeiten oder Dauerkonflikte manövrieren. Das innere Spiegelbild entspricht einer penetranten Gastritis, einem blühenden Heuschnupfen, einer zermarternden Schuppenflechte, einem hämmernden Blutdruck oder einem messerscharfen Zwölffingerdarmge-

...schwür. Erst im Krankheitsfall stellen Sie fest, dass es fünf nach zwölf ist.

Sie neigen zur Ansammlung schlechter Säfte im Körper. Deshalb umgeben Sie sich gern mit Parfümwolken und dann erst mit Damen, für die Sie auch bereit wären, eine Abspeckkur durchzustehen. Hautprobleme ziehen sich bei vielen Ihrer Kampfgenossen wie ein roter Faden durchs Lebensgewebe – leider auch die Tatsache, dass Sie gern aus der Haut fahren und die Überholspur ungern einem schnelleren Hintermann überlassen. Da Sie oft sauer sind, ist Ihr Magen erst recht sauer auf Sie. Diese doppelte Übersäuerung versuchen Sie vergebens in Eiscremeorgien, Schlemmerbüfets oder Trinkgelagen zu „neutralisieren".

Sie lieben Fakten, Zahlen und klare Verhältnisse in Ihren Beziehungen und sind jederzeit bereit zum Schlagabtausch. Mit andern Worten: „Schlag – fertig". Das schlägt sich auch im punktgenauen Geschäftstermin auf der Morgentoilette nieder. Ihre physische Belastbarkeit ist sprichwörtlich. Sport ist für Sie keineswegs Mord, sondern die Kampfarena der Gladiatoren.

Sie würden sich als Alles(fr)esser, aber nur ungern als Gourmet bezeichnen. Im Alltag sind pünktliche Mahlzeiten fester Bestandteil Ihrer Agenda. Für Geschäftsessen tut es auch mal ein Sushi-Restaurant – Hauptsache, der Wolf bekommt seine Kreide ab.

### Der Kapha-Typ

Diese Gattung Mensch hat die Ökonomie erfunden. Es handelt sich um eine Spezies, die jeder Art überflüssiger Vergeudung von Energie = Geld = Materie vehement zu Leibe rückt:

1) Nicht mehr Geld ausgeben als nötig, nach dem Motto „What I have, have I!"

2) Nicht mehr bewegen als nötig! „Sport ist Mord."

3) Nicht mehr hergeben als nötig! „Brot für die Welt – die Wurst bleibt hier."

4) Sich mit dem Status quo zufriedengeben und ihn mit diplomatischem Geschick erhalten. Sie lieben somit Konservatismus und Traditionen.

Selbst wenn Sie es nicht immer gern hören, aber Ihr Leben verläuft auf vielen Ebenen in beneidenswerter Zeitlupe, also verlangsamt und dabei äußerst entspannt: alle Bewegungen, selbst das Sprechen, aber auch das Denken und Lernen sowie das Vergessen, das genussvolle Essen, die Verdauung und das Ausscheiden (hierbei werden vorher ganze Telefonbücher ausgelesen). Selbst beim Altwerden lassen Sie sich Zeit. Das Einzige, was bei Ihnen bedauerlicherweise schnell vonstattengeht, ist die Gewichtszunahme. Bei einigen *Kapha*-Zeitgenossen, die bereits in Jugendjahren der Schwergewichtsklasse angehörten, kann die stetige Gewichtszunahme mit Anfang fünfzig förmlich zum Gewichts-Tsunami werden.

Schon seit der Steinzeit ist Ihr Körper auf Mangel programmiert. Ihre Spezies hat sich geschworen, in künftigen Hungerperioden nicht wie Ihre Stammesgenossen am Daumen zu lutschen! Es ging also um Überlebenssicherung. Essen ist für Sie weit mehr als nur Sattwerden. Essen verleiht Ihnen seelisches Wohlbefinden. So entwickelten Sie allmählich ein Händchen für die Materie (Geld). Sie entschlossen sich, in guten Tagen zum Sammler von Kalorien und Jäger nach Fettdepots zu werden, um in schlechten Tagen davon zu zehren. Seit über 50 Jahren erleben wir fatalerweise keine Mangelsituation mehr, zumindest nicht auf den Tellern. So wurde die zwangsweise Beschäftigung mit Essen und Diäten zum Hobby, vielleicht sogar zum Beruf (Koch?!), sicher aber zur Lebensaufgabe. Mancher unter Ihresgleichen gab schon sein Leben für eine Handvoll Dollar und ein täglich Schnitzel mehr – sozusagen am Höhepunkt seiner Jäger- und Sammlerleidenschaften. Andere Leidensgenossen wiederum verlegten sich auf das Sammeln von Gallensteinen, Herzinfarkten, Gichtknoten, Rettungsringen, Jagdtrophäen, Aktien oder Prospekten über Schlemmerlokale. Alles „überflüssig", oder was?

*„Sport ist Mord"* (Churchill – *Kapha*-Typ)

# Prakruti/Vikruti (Konstitution/Krankheit)

### Der Kapha-Vata-Typ

Ihr Stoffwechsel konnte sich nicht entscheiden. Wenn Sie es sich leisten könnten, wären Sie schon längst auf und davon gen Italien oder in die Karibik ausgewandert, um den ewigen Eisgründen des Nordens zu entrinnen. Ihr Körper gleicht einem Haus, in dem man vergessen hat, die Heizung einzubauen: Es regiert die Kälte. Diese Entscheidungsschwäche der Natur trifft auch Sie manchmal hart im Leben: die wechselnden Konfektionsgrößen, die zeitweisen Stimmungsschwankungen, Essgelüste, Berufsqualen, die narzisstischen Selbsttäuschungen und die Hassliebe zu dem einen oder anderen Elternteil. Sie schwanken oft zwischen Loslassen und Festhalten: in Beziehungen, in puncto Körpergewicht, in der Verdauung und in Sachen Geld. Beim Essen schweben Sie zwischen Gourmet-Tempeln und Currybuden. Sie gönnen sich zuweilen doch eher Letzteres, schon allein der Linie wegen, die manchmal recht kurvenreich, zuweilen auch verknittert verläuft. Das Kleingeld reicht dann doch eher für süße Ersatzfreuden und den kleinen Hunger. Ihr Darm freut sich darüber aber keineswegs. Die Candida-Pilze jubeln hingegen. Für diese „Hausbesetzer" gibt es täglich Schlemmerbüffets (man gönnt sich ja sonst nichts!). Ihr Darm ist generell nicht der flotteste. Er frönt unfreiwillig der Sammelleidenschaft, was so manchen von Ihnen zur schwebenden Montgolfiere werden lässt. Da in Ihrem Leben das Feuerelement fehlt, hassen Sie die kalte Jahreszeit und werden aus Notwehr zum „Schleimer". Auch sonst gehen Sie Konflikten eher aus dem Weg, was Ihnen die Nebenhöhlen übel nehmen. Sie werden zur Schleimstätte unterdrückter Wut, wovon auch die Asthmatiker unter ihnen ein Liedchen singen können. Aber wollen wir keine schlafenden Hunde wecken …

### Der Kapha-Pitta-Typ

Aus Ihren Reihen stammen Typen vom Schlag eines Sean Connery, eines John Wayne oder einer Sophia Loren. Ihr Durchhaltevermögen ließ schon so manchen vor Neid erblassen. Sie schockiert so schnell nichts – außer sinkende Börsenkurse, schlechte Geschäftsbilanzen und wachsende Lohnnebenkosten. Krankheit kennen Sie nur aus dem Fernsehen. Und wenn Sie krank sein sollten, geht es Ihnen nur darum, dass es keiner merkt – nicht einmal Sie selbst merken es immer. Telefonbücher brauchen Sie auf dem WC nicht. Sie halten es mehr mit Julius Cäsar: „Er kam, sah und siegte." Den irdischen Freuden gegenüber sind Sie nicht abgeneigt. Man möchte Sie mit einem der lachenden, rundbäuchigen, chinesischen Buddhas vergleichen. Wer Auskunft braucht, wo er sich in der Stadt auf hohem Niveau den Magen verderben kann, ist bei Ihnen an der richtigen Adresse. Regelmäßiges körperliches Work-out stünde Ihnen gut an. Wenn Sie jedoch die Wahl zwischen Work-out und Chill-out haben, sitzen oder liegen Sie regelrecht in der Klemme. Wenn Sie nach getaner Arbeit erst mal zu Hause sind, die Chips kalt gestellt sind und das Bier in der Tüte raschelt, kann Sie niemand so leicht vom Sportprogramm oder vom Kommissar befreien.

### Der Tridosha-Typ

Alle scheinen Sie zu beneiden: „So gut möchte ich's auch haben – so im Gleichgewicht!" Pustekuchen! Nur wer unter Ihresgleichen seinen genetischen Vorsprung bereits in Jugendjahren versäuft, verraucht oder verkokst, dürfte bereits mit Ende zwanzig nicht mehr der frischste sein. Diese jugendliche Unvernunft trifft, Gott sei's gedankt, nicht auf alle *Tridosha*-Typen zu. Tatsache ist, dass in ihnen enorme soziale Potenziale schlummern. Sie können auf allen Klaviaturen mitspielen, alle Register ziehen, sich unglaublich in andersgeartete Menschen hineindenken und -fühlen, haben sie doch Wesensanteile aller Typen in sich.

Im Herbst mögen Sie frieren wie ein Schneider und eine unregelmäßige Verdauung, aber einen gigantischen Wolfshunger haben. Im Winter holen sie sich den turnusmäßigen Stimmritzenkatarrh, nehmen ein Pfündchen zu oder schleimen herum. Im Sommer transpirieren sie beim Schwitzen und tolerieren keine scharfen oder fettigen Gerichte. Gerüchte, denen zufolge diese Hans-Dampf-Typen alle Regeln brechen können, sind leider glaubhaft.

Wer in diesen Reihen gesund alt werden möchte, tut gut daran, nicht jung krank zu werden, sondern auf den Wellen der Jahreszeiten zu surfen.

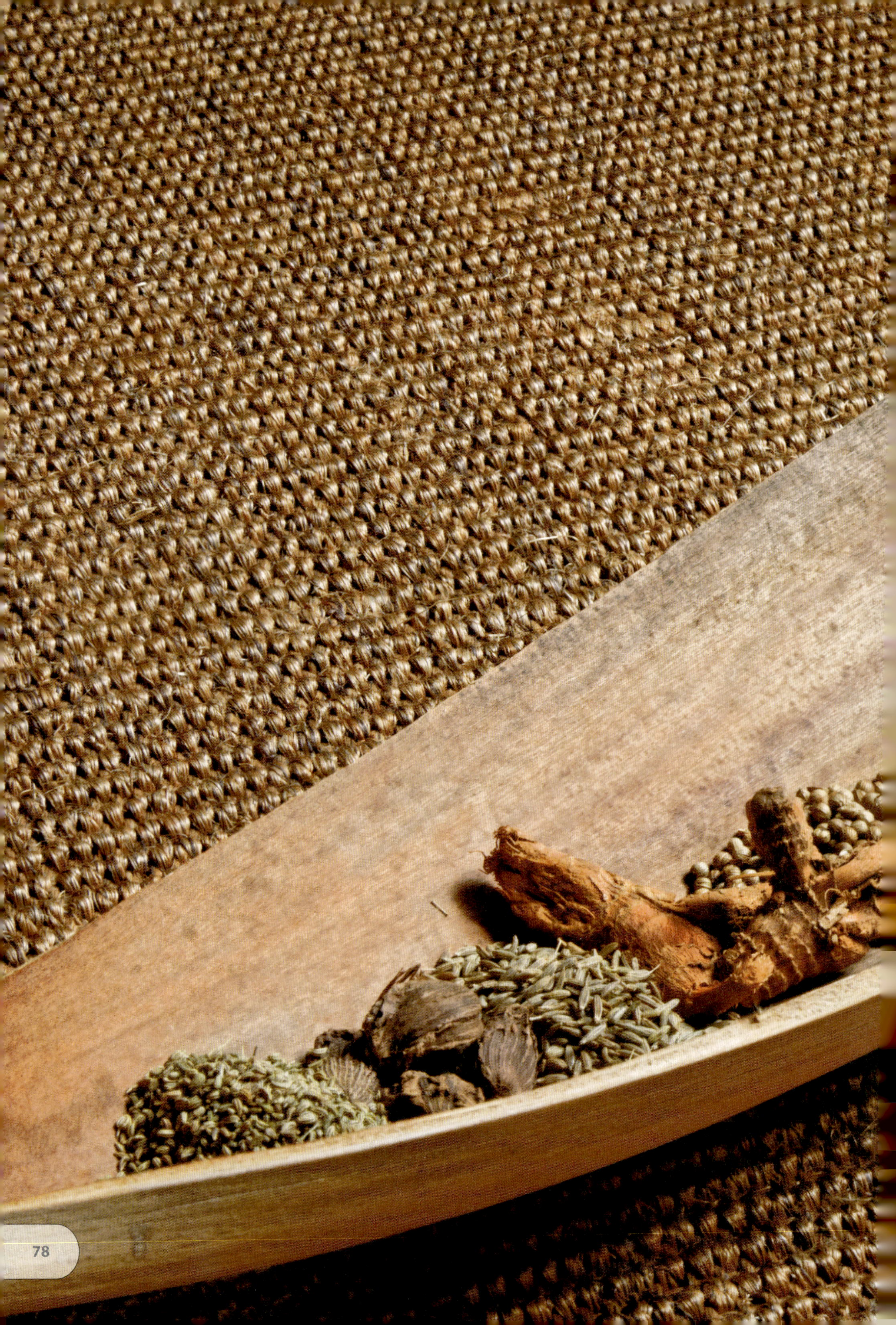

# 3 Die ayurvedische Ernährungslehre

| | |
|---|---|
| Grundlagen der Ayurveda-Ernährung | 80 |
| Die Energetik der Nahrung | 82 |

# Grundlagen der Ayurveda-Ernährung

„*Eure Lebensmittel
   sollen Eure Heilmittel sein.*"
(Hippokrates von Kos, 460 bis ca. 377 v. Chr., griechischer Arzt)

Wir behandeln jetzt ein Thema, das bereits zu Zeiten der Klassiker vor ca. 2.000–2.200 Jahren äußerst kontrovers diskutiert wurde. Da unser Anspruch nicht war, die einzelnen Positionen zu dokumentieren, geben wir hier die Lehrmeinung des Arztes *Caraka* wieder, die sich in vielen westlichen Lehrbüchern durchgesetzt hat. Gleichsetzungen des Ayurveda und seinen Sanskrit-Fachtermini mit der Schulmedizin und ihren Begriffen reduziert den Ayurveda auf eine einzelne Ebene und tut ihm damit Unrecht. Für Laien mag eine solche Übersetzung vertraute Anhaltspunkte liefern, doch wird das der vielschichtigen Medizinphilosophie nicht gerecht. Vergleiche zweier so unterschiedlicher Medizinsysteme werden immer hinken. Leider versuchen heute auch Professoren und Ärzte an indischen Ayurveda-Universitäten, diese Vergleiche zu zementieren, um den Ayurveda im Westen hoffähig und akzeptabel zu machen. Wir finden, dass die „Mutter aller Heilkünste" sich nicht für ihre Erkenntnisse und Erfahrungsschätze rechtfertigen muss. Sie sprechen für sich selbst. Außerdem sind Menschen unterschiedlicher Kulturen und Zeitalter immer wieder zu den gleichen Resultaten gelangt, wenn sie sich mit der ayurvedischen Medizin/Ernährungslehre beschäftigt haben.

## A) Panca Mahabhuta – die fünf Elemente oder die fünf großen Seinszustände

Das gesamte sinnlich wahrnehmbare Universum besteht aus fünf kosmischen Bausteinen. Sie sind die kleinsten gemeinsamen Nenner zwischen dem menschlichen Individuum (Mikrokosmos) und der uns umgebenden Welt (Makrokosmos). Die *Rishis* (Priesterärzte der Antike) benutzten die Theorie der fünf Elemente, um zu erläutern, wie diese internen und externen Kräfte miteinander verquickt sind.

**Erde** = fester Zustand von Materie, gekennzeichnet durch Stabilität und Härte,

**Wasser** = flüssiger Zustand von Materie, fließend, verleiht Kohärenz,

**Feuer** = die Kraft der Umwandlung eines Zustands in einen anderen; Feuer ist Form ohne Substanz. Ihr Kennzeichen ist Transformation,

**Luft** = gasförmiger Zustand von Materie, gekennzeichnet durch Beweglichkeit und Dynamik,

**Raum** = der Raum oder Himmel, aus dem heraus sich alles manifestiert und in den alles zurückkehrt; die „Bühne", auf der die anderen vier Akteure/Elemente agieren. Raum hat keine physische Existenz. Er bemisst sich nur durch die Entfernung von Materiepartikeln zueinander, multipliziert mit dem Faktor Zeit.

## B) Dravya – die Substanz

Nach *Caraka* sind die fünf Elemente, das Selbst, der Verstand, Zeit und Raum als „Substanzen" definiert. Jeder Substanz (*Dravya*) wohnen spezifische Qualitäten (*Guna*) und Wirkungen/Potenzen (*Karma*) inne. *Guna* und *Karma* können unabhängig von einer Substanz nicht existieren. Umgekehrt kann keine Substanz ohne *Guna* oder *Karma* bestehen. Jede Substanz ist aus einem oder mehreren der fünf Elemente zusammengesetzt. Alle Substanzen können medizinisch genutzt werden. Sie werden dann „Medizin" genannt, wenn sie einem bestimmten rationalen Ansatz folgen und ein klar umrissenes Ziel haben.

Man unterscheidet Substanzen tierischen, pflanzlichen und mineralischen Ursprungs. Ferner werden die Substanzen nach ihrem Gebrauch unterschieden: Nahrung (*Ahara*) oder Medikament (*Aushadha*). Bezüglich der Wirkung auf die *Doshas* unterscheidet man drei Typen von *Dravya* (Substanzen):

**1.** *Dosha* besänftigende Substanzen (Medikamente),

**2.** *Dhatu*, den Gewebestoffwechsel störende Substanzen (Krankheit verursachende, toxische Stoffe),

**3.** Die *Dosha*-Balance aufrechterhaltende Substanzen (die Gesundheit erhaltende Substanzen, z. B. die Nahrung).

(Vgl. CS 1:67)

# Die Energetik der Nahrung

*Rasa* ist die Essenz/Seele jeder Substanz, die zuerst auf der Zunge wahrgenommen wird. Im Sanskrit ist *Rasa* sehr vielschichtig. Es bedeutet auch Wahrnehmung, Erfahrung, Saft, Melodie und Quecksilber.

### Die ayurvedische Einordnung von Nahrungsmitteln und Heilpflanzen basiert auf urmenschlichen Wahrnehmungsfähigkeiten

Die ayurvedischen Priesterärzte der Antike verfügten genauso wenig wie die Tiere über Laboratorien und Messinstrumente, um den Giftgehalt oder den medizinischen Nutzen von Gräsern, Blättern, Samen, Früchten oder Fleischarten zu bestimmen. Sie nutzten vielmehr ihre Intuition und Sinneswahrnehmung, um die richtigen Nahrungsmittel auszuwählen. Sie besaßen außerordentlich differenzierte und verlässliche Sinnesorgane. Wir modernen Industriezeitmenschen haben heute mehr Vertrauen in Laboruntersuchungen, Statistiken und technische Messdaten als in unsere eigenen Sinne.

## C) Guna – die Qualitäten

Die Qualität (*Guna*) einer Substanz (*Dravya*) entfaltet nur in der physio-pharmakologischen Wirkung (*Karma*) ihren unverwechselbaren Charakter. Im Allgemeinen sind die *Guna* (Qualitäten) stärker in ihrer pharmakologischen Bedeutung als die *Rasa* (Geschmack). Die *Rasa* dagegen sind ausschlaggebender in der Ernährungslehre. Die *Guna* definieren die Wirkung jeder Substanz und damit die *Dosha*: Wasser (süß, kalt, schwer) vermehrt *Kapha* (süß, kalt, schwer) aufgrund der gleichen *Guna*, also seiner natürlichen Süße, Kälte und Schwere. Heißes Wasser hingegen reduziert *Kapha*, weil es zum Teil gegensätzliche Eigenschaften hat. Somit reduziert die Wärme des Wassers die Kälte von *Kapha*.

Die *Guna* können innerlich (z. B. Nahrung, Medizin) und äußerlich (z. B. Öl oder als medizinische Pasten auf der Haut) angewandt werden, wohingegen die *Rasa* nur innerlich ihre Wirkung entfalten können.

Klassisch beschrieben sind die zehn Gegensatzpaare (*Gurvadi Guna*, s. Tab. „Die fünf Elemente & 20 Qualitäten", S. 44) mit ihren gegensätzlichen Attributen. Auch sie sind aus den fünf Elementen aufgebaut. Sie finden sich in den Körpergeweben (*Dhatu*), der Nahrung, im menschlichen Verhalten und auch im klimatischen Einfluss und in Medikamenten wieder.

Tritt bei einer Störung oder Erkrankung eine Eigenschaft verstärkt auf, verabreicht man Nahrung, Therapien oder Medikamente mit der entgegengesetzten Eigenschaft zum Ausgleich. Bei starker Austrocknung der Gewebe gibt man z. B. Substanzen mit nährenden, öligen und wässrigen Eigenschaften.

Die hier beschriebenen 20 *Guna* entsprechen nicht allen denkbaren Qualitäten von Substanzen. Sie sind die am häufigsten genutzten und dominantesten.

## D) Rasa – der Geschmack

Auch Ayurveda-Ärzte denken meist in schulmedizinischen Kategorien. Unter *Rasa* kann man demgemäß die unmittelbare Wahrnehmung von Geschmacksreizen auf der Zunge vor der Verdauung verstehen. Auch ist seine subtile Wirkung auf den Stoffwechsel und die Psyche naheliegend. *Rasa* ruft eine spontane Reaktion im Körper und in der Psyche hervor, so z. B. Vergnügen, Entspannung, Freude, Ekel oder Bestürzung. *Rasa* entfaltet sich lokal entsprechend der Wirkung der Substanz und dem Ort, an dem sie mit dem Körper in Kontakt kommt. Im Organismus entsteht *Rasa* zwischen Mund und oberem Teil des Magens. Bei den Nahrungsmitteln spielt *Rasa* eine herausragende Rolle.

### Der Geschmack ist ursprünglich die Eigenschaft des Wasser- und Erdelements

Ohne Wasser könnten wir mit der Zunge nichts schmecken. Wenn Sie in einem Experiment die Zunge trocken reiben und zwei weiße kristalline Pulver namens Salz und Zucker blind unterscheiden wollten, würden Sie nichts schmecken. Es ist dazu der Speichel, also das Medium Wasser, nötig. Nur mithilfe des Wasserelements erschließt sich uns mit dem Geschmackssinn die Welt der Urelemente. Diese wiederum haben individuelle Wirkungen auf Körper, Bewusstsein und Psyche.

Die Verbindung zwischen Geschmack und Psyche oder Bewusstsein klingt für viele wie esoterische Spinnerei. Tatsache ist, dass Neurologen diesen Zusammenhang mittlerweile beweisen konnten. Sie fanden heraus, dass Nerven die Geschmackssignale in das Gehirn (das limbische System) leiten. Dieses Zentrum ist verantwortlich dafür, Lust und Ekel empfinden zu können. Über eine andere Nervenbahn werden die Geschmackssignale in den Thalamus (das „Bewusstseinstor") und weiter zur Großhirnrinde geleitet. Es gibt hier eine Fülle von Kettenreaktionen. Geschmacksreize lösen z. B. folgende Prozesse aus: die Bildung von Magensäure, die Ausschüttung von Hormonen und Enzymen, das Empfinden von Körperwärme sowie eine Beeinflussung von Herzfrequenz und Blutdruck.

## Moderne Wissenschaft und Ayurveda liegen in Geschmacksfragen gar nicht so weit auseinander

Wissenschaftler haben Ende des 20. Jahrhunderts herausgefunden, dass das Erkennen bestimmter Stoffe mit der Zunge, aber auch die grundlegenden Geschmacksvorlieben und -abneigungen, genetisch verankert zu sein scheinen. Der Amerikaner James C. Boudreau[9] entdeckte (leider mittels Tierversuchen) neun Gruppen von Nervenfasern in den Geschmacksnerven. Diese antworten jeweils spezifisch auf bestimmte Geschmacksrichtungen. Neben süß, sauer, bitter und salzig, meint Boudreau, reagieren wir auf mehr als 20 Basisgeschmackskategorien. Dazu gehören auch metallisch, adstringierend, warm und kalt sowie zwei Varianten von süß und bitter.

Der Ayurveda hat diese Kategorien schon Jahrhunderte zuvor mit den 20 verschiedenen Qualitäten der *Gurvadi Guna* berücksichtigt. Die Temperaturreize, also erhitzend oder kühlend, werden allerdings über den *Virya*[10] beschrieben. Lesen Sie Details hierzu in den folgenden Abschnitten.

### Die Wirkung der sechs Rasa auf die Tridosha (siehe S. 84, Tabelle: Die sechs Geschmacksrichtungen....)

in der Reihenfolge nach abnehmender Stärke aufgezählt:

**1.** salzig, sauer, süß – vermindern *Vata*,

**2.** bitter, süß, herb – senken *Pitta*,

**3.** scharf, bitter, herb – reduzieren *Kapha*.

CS Su 1:66

### Die ideale Reihenfolge der Rasa in Mahlzeiten aus ayurvedischer Sicht:

- süß
- salzig und sauer
- scharf, bitter, herb

**Ausnahme:** Wenn eine Mahlzeit besonders scharf war, und nur dann, sollte danach eine Süßspeise folgen.

### Die sechs Geschmacksrichtungen und ihre Qualitäten

Die Theorie der *Rasa* (oder Geschmacksrichtungen) spielt im Ayurveda bezüglich der Auswahl von Nahrungsmitteln und arzneilichen Drogen zu Heilzwecken, der Diagnose von Krankheiten sowie der Therapieverordnung eine herausragende Rolle.

Der Geschmack (*Rasa*) ist das Sinnesobjekt des Geschmacksorgans (*Rasana*). Er besteht aus den materiellen Substanzen des Erd- und Wasserelements. Die Geschmacksentfaltung und -differenzierung erfolgt unter dem Einfluss der anderen drei Elemente: dem Raum-, dem Luft- und dem Feuerelement.

---

9  Siehe Bibliographie: GEO Wissen, „Nahrung+Gesundheit", 21/94, Gruner + Jahr, Hamburg

10  Die kühlende oder erhitzende Energie oder Potenz einer Substanz

# Die Energetik der Nahrung

> „**Süß, sauer, salzig, bitter, scharf und adstringierend, das ist die Gruppe der sechs Rasa (Geschmacksrichtungen)**" CS Su. 1:65
>
> Die regelmäßige Ausscheidung überflüssiger *Dosha* (Körpersäfte) aus dem Körper ist lebenswichtig, da unser normaler Stoffwechsel sie produziert. Gemeint sind damit Winde und Stuhl (V), Gallensäuren und Schweiß (P) sowie Schleim und Urin (K). Wie viel von jedem *Dosha* produziert wird, hängt davon ab, welche Geschmacksrichtung wir primär konsumieren. Die sechs Geschmacksrichtungen lassen sich, wie die *Dosha* selbst, von den fünf Elementen herleiten. Sie unterstützen uns dabei, eine Balance zwischen den konstitutionellen *Dosha* (den drei Bioenergien) aufrecht zu erhalten.

Spätestens hier wird klar, dass die genetisch determinierte Anlage von *Vata*, *Pitta* und *Kapha* eine konstante Größe in uns ist. Sie entspricht unserer Natur (*Prakriti*). Davon zu unterscheiden ist das gestörte *Dosha*-Verhältnis oder die Krankheit (*Vikriti*). Sie entsteht zum Großteil durch eine falsche, also unserer Konstitution nicht zuträglichen Ernährungsweise. Der Rest ist inadäquate Lebensführung sowie negative Verhaltens- und Gedankenmuster (siehe nachstehende Tab. „Die sechs Geschmacksrichtungen (*Rasaguna*) und ihre Wirkungen im Überblick").

## Tabelle:
## Die sechs Geschmacksrichtungen (Rasaguna) und ihre Wirkungen im Überblick

| Rasa (Geschmack) | Guna (Qualitäten) | Element (Hauptfunktion) | Dosha | Nahrungsbeispiele |
|---|---|---|---|---|
| **süß** *madhura* | ölig, trüb schwer kalt | Wasser/ Erde<br><br>Nähren | VP–/ K+<br><br>Agni– | Reis, Getreide, Teigwaren, Sirup, Milch, Butter, Ghee, Sahne, Honig, Zucker, Süßwaren, süße Früchte |
| **sauer** *amla* | heiß ölig leicht scharf | Feuer/ Erde<br><br>Anregen | V–/**P+** K+<br><br>Agni+ | Beeren-, Zitrusfrüchte, Tomaten, Sauermilchprodukte, Sauerkraut, Tamarinde, Essig, Fermentiertes |
| **salzig** *lavana* | heiß ölig schwer | Wasser/ Feuer<br><br>Erweichen | V–/P+ K+<br><br>Agni+ | Stein-/Meersalz, Meeresfrüchte, Algen, Oliven, Salzgebäck, Sojasauce, Miso, Ingwer, Asafötida |
| **scharf** *katu* | heiß trocken leicht | Feuer/ Luft<br><br>Anregen | V+/K– **P+**<br><br>Agni+ | Gewürze: Cayenne, Chili, Zwiebel, Senf, Zimt, Paprika, Pfeffer, Hing, (Meer)Rettich, (Knob)Lauch, Ingwer |
| **bitter** *tikta* | leicht kalt trocken | Luft/ Raum<br><br>Entgiften | PK–/ **V+**<br><br>Agni– | grüne Gemüse, Salate, Kaffee, Alfalfa, Kräuter, Bockshornklee, Curcuma, Artischocke, Chicorée, Löwenzahn |
| **herb** *kashaya* | trocken kalt schwer | Erde/ Luft<br><br>Reinigen | V+/PK–<br><br>Agni– | Hülsenfrüchte, Fleisch, Okra, Kohl, Spinat, Spargel, Granatapfel, Alfalfa, Honig, Curcuma, Koriander, Salate |

### E) Karma – die Wirkung von Substanzen

*Karma* ist der ursächliche Faktor für die Kombination/Trennung von Substanzen. Die Wirkung einer Substanz, die durch das Zusammenwirken von *Rasa* (Geschmack), *Guna* (Qualität), *Virya* (Energie einer Substanz), *Vipaka* (Nachverdauungswirkung von Nahrung) und *Prabhava* (spezifische Wirkung einer Substanz) entsteht, wird *Karma* genannt. Das bedeutet, dass die Antwort des Körpers auf die Einnahme von *Dravya* mit *Karma* gleichzusetzen ist.

Sowohl Drogen als auch Nahrungsmittel besitzen mehrere Arten von *Karma* (Wirkung) im menschlichen Organismus. *Caraka* unterscheidet 50 Gruppen von verschiedenen Medikamenten nach deren spezifischen, pharmakologischen Wirkungen.

### Hier einige Beispiele:

**1.** Emetica sind Brechreiz fördernde Stoffe (Luft-und Feuerelement). Sie wirken entgegen der Peristaltik und helfen beim Eliminieren von verunreinigtem *Kapha*, *Pitta* und *Ama*.

**2.** Purgativa sind Abführmittel (Erd- und Wasserelement). Sie beeinflussen die Peristaltik. Sie lösen verdaute und unverdaute Abfallstoffe und helfen, diese über den Dünndarm auszuscheiden.

**3.** Karminativa (verdauungsfördernd) sind z. B. die meisten Küchengewürze. Sie regen *Agni* an und bewirken die Verdauung und die Ausscheidung unreifer Stoffwechselzwischenprodukte (*Ama*).

| Psychische Wirkung +/- | Karma (Pharmakologische Wirkung) |
|---|---|
| + stärkt Liebe, Mitgefühl, Glück, Befriedigung<br>- Gier, Sucht, Lethargie | erhöht Ojas, aphrodisierend, anabolisch, nährend, erhält Gleichgewicht der Elektrolyte, laxativ, laktagog, antitoxisch |
| + sucht Bewertung/Urteil, weckt/schärft Geist und Sinne,<br>- Kritik, Hass, Eifersucht | regt Appetit/Speichelfluss an, metabolisch, eliminiert Stuhl, Urin, Winde, digestiv, antikoagulant, karminativ |
| + stillt Lebenshunger, Begeisterung, Neugier,<br>- Anhaftung, Sucht, Gier | laxativ, emetisch, reinigend, antispasmodisch, digestiv, karminativ, katabolisch |
| + Extroversion, sucht Anreize & Lebensintensität,<br>- Wut, Zorn, Begierden | Expektorans, antikoagulant, antibakteriell/antimykotisch, karminativ, katabolisch |
| + sucht Veränderung/Desillusionierung, Wahrheit<br>- Verbitterung, Zynismus | antibakteriell, antitoxisch, austrocknend, blutreinigend, antipyretisch, katabolisch |
| + Introversion, innere Klarheit & Ordnung, Askese,<br>- Ängste, Depression | antidiarrhöisch, lipolytisch, hämostatisch, antibakteriell, antipyretisch, katabolisch |

# Die Energetik der Nahrung

### Tabelle: Bhuta agni (Stoffwechselfeuer) und die Transformation von Nahrung in Bewusstsein

| Element | Stoffwechsel | Qualitäten |
|---|---|---|
| Äther *Akasha* | Nabhasa agni | klar, leicht, subtil, weich |
| Luft *Vayu* | Vayava agni | beweglich, kalt, trocken, rau, leicht, subtil |
| Feuer *Agni* | Tejo agni | heiss, scharf, leicht, subtil, trocken |
| Wasser *Apa* | Apo agni | kalt, flüssig, weich, ölig, schleimig |
| Erde *Prithvi* | Parthiva agni | schwer, statisch, fest, hart, grob |

### Tabelle: Die Energetik der Nahrung anhand der sechs Geschmacksqualitäten

| Rasa | Organbezug | Virya (im Magen/Dünndarm) | Vipak (Im Dickdarm) | Prabhava (spezif. Orte) |
|---|---|---|---|---|
| **süß** *madhura* | Schilddrüse Bronchien | kalt (stark) | süß | Honig, Reis, Gerste vermindern *Kapha* |
| **sauer** *amla* | Lungen | heiß (schwach) | sauer | Amla, Granatapfel vermindern *Pitta* |
| **salzig** *lavana* | Nieren | heiß (mittel) | süß | nur Steinsalz erhöht nicht den Blutdruck |
| **scharf** *katu* | Magen Herz | heiß (stark) | scharf | Knoblauch, Pippali reduzieren *Vata* |
| **bitter** *tikta* | Pankreas Leber, Milz | kalt (mittel) | scharf | – |
| **herb** *kashaya* | Dickdarm | kalt (schwach) | scharf | – |

| Aminosäuren[11] | Objekte d. Wahrnehmung | Sinnesorgane |
|---|---|---|
| Arginin, Isoleucin, Valin | Klang | Ohren |
| Cystein, Arginin, Glycin, Methionin, Phenylalanin, Serin, Valin | Berührung | Haut |
| Arginin, Aspartat, Glutamat, Glycin, Phenylalanin, Valin | Form & Farbe | Augen |
| Alanin, Cystein, Isoleucin, Glutamin, Prolin, Histidin, Asparagin, Threonin, Lysin | Geschmack | Zunge |
| Alanin, Asparagin, Prolin, Tyrosin, Threonin, Lysin, Leucin | Geruch | Nase |

11  Moderne empirische Zuordnung

| Stoffwechseleffekt | Doshawirkung | Nahrungsbeispiele | Genuss im Übermaß |
|---|---|---|---|
| anabolisch exkretorisch | K+ (Magen) VP– | Kohlenhydrate, Eiweiße, Fette | Kongestion, Erkältung, Verstopfung, Übergewicht, Hypertonie, Diabetes, Asthma, Tumor, Parasiten |
| metabolisch stimulierend | P+ (Dünndarm) VK– | Sauermilchprodukte, Zitrusfrüchte | Hautkrankheiten, Azidose, Ulzera, Varikose, Juckreiz, Kongestion, Schwindel, Samenproduktion ↓ |
| anabolisch erweichend | KP+ (Magen) V– | alle Salze, Wurzel- und Knollengemüse | Blutgerinnung, Ödeme, Hypertonie, Sehstörung, Ulzera, Hautprobleme |
| katabolisch Wasser/Prana-Resorption | VP+ (Colon), K– | Gewürze, Chili, Ingwer, Zimt, Nelke | tötet Ovum & Sperma, Hautirritation, Diarrhö, Ulzera, karzinogen |
| katabolisch Wasser/Prana-Resorption | V+ (Colon), KP– | Blattgemüse, Artischocke, Sprossen | tötet Ovum & Sperma, Gewichtsverlust, Osteoporose, Kolik, Dehydrierung |
| katabolisch Wasser/Prana-Resorption | V+ (Colon), KP– | Hülsenfrüchte, Curcuma, Koriander | Spasmen, Auszehrung, Obstipation, Thrombose, Apoplex, Osteoporose |

# Die Energetik der Nahrung

**Madhura rasa - süß**

**süß**

**Amla rasa - sauer**

**sauer**

**Lavana rasa - salzig**

**salzig**

## Katu rasa - scharf

**scharf**

## Tikta rasa - bitter

**bitter**

## Kashaya rasa - herb

**herb**

# Die Energetik der Nahrung

### Tabelle*: Die sechs Geschmacksqualitäten im Wandel der Jahreszeiten

| Monat | Doshadominanz | Elemente | Rasadominanz |
|---|---|---|---|
| Januar | Vata+ Kapha+ | Luft/Erde | herb |
| Februar | Kapha+ | Erde/Wasser | süß |
| März | Kapha+ | Erde/Wasser | süß |
| April | Kapha+ Pitta+ | Erde/Feuer | sauer |
| Mai | Kapha+ Pitta+ | Erde/Feuer | sauer |
| Juni | Pitta+ | Feuer/Wasser | salzig |
| Juli | Pitta+ | Feuer/Wasser | salzig |
| August | Vata+ Pitta+ | Feuer/Luft | scharf |
| September | Vata+ Pitta+ | Feuer/Luft | scharf |
| Oktober | Vata+ | Luft/Äther | bitter |
| November | Vata+ | Luft/Äther | bitter |
| Dezember | Vata+ | Luft/Erde | herb |

### F) Virya – die Einteilung der Geschmacksrichtungen nach ihrer Potenz

*Virya* ist die Kraft, durch die eine Substanz ihre Wirkung in einem Organismus entfaltet. Welches Prinzip auch immer diese Wirkung hervorbringt, kann *Virya* genannt werden. Die Wirkung des *Virya* ist gleich, von der Aufnahme bis zur Ausscheidung. Wenn diese Wirkung z. B. aufgrund eines *Rasa* entsteht, wirkt *Rasa* als *Virya*.

> **Der Virya ist so bedeutend, weil**
>
> **1.** nicht in allen pflanzlichen Teilen in gleichem Maß medizinischer Nutzen steckt.
>
> **2.** eine pflanzliche Droge nach einiger Zeit an Wirkung verliert.

*Virya* kann in Bezug auf *Guna* (Qualität), *Karma* (Wirkung) oder *Dravya* (Substanz) ausgelegt werden. Die Interpretation auf der Basis der *Guna* ist jedoch am gängigsten.

### Caraka unterscheidet zwei Typen von Virya:

**1.** Ushna Virya oder Hitze erzeugende Kraft

Scharf, sauer und salzig fördern den Stoffwechsel anregende Prozesse. Diese Wirkung ist auf das Element Feuer zurückzuführen. *Ushna Virya* wirkt *Pitta* anregend und *Vata/Kapha* reduzierend, ist ferner erhitzend, verdauungsfördernd, verursacht Bewusstseinsverlust, Schweißbildung, Durchfall und Erbrechen, Durst, Brennen und Schwindel sowie Depression. *Ushna Virya* reduziert die Samenbildung.

| Gunas | Virya | Rasaausgleich | Viryaausgleich |
|---|---|---|---|
| schwer, trocken, rau | kühlend | ölig, schwer, scharf | erhitzend |
| ölig, schwer, träge | kühlend | leicht, trocken, scharf | erhitzend |
| ölig, schwer, träge | kühlend | leicht, trocken, scharf | erhitzend |
| leicht, ölig, flüssig | erhitzend | schwer, trocken, weich | kühlend |
| leicht, ölig, flüssig | erhitzend | schwer, trocken, weich | kühlend |
| schwer, ölig, hart | erhitzend | leicht, trocken, weich | kühlend |
| schwer, ölig, hart | erhitzend | leicht, trocken, weich | kühlend |
| leicht, trocken, scharf | erhitzend | ölig, schwer, weich | kühlend |
| leicht, trocken, scharf | erhitzend | ölig, schwer, weich | kühlend |
| leicht, trocken, beweglich | kühlend | ölig, schwer, weich | erhitzend |
| leicht, trocken, beweglich | kühlend | ölig, schwer, weich | erhitzend |
| schwer, trocken, rau | kühlend | ölig, schwer, scharf | erhitzend |

## 2. Shita Virya oder eine kühlende Wirkung erzeugende Kraft

Süß, bitter und adstringierend fördern Gewebe aufbauende (im Fall von süß) oder reinigende Prozesse (im Fall von bitter oder adstringierend). Diese den Stoffwechsel verlangsamende Wirkung wird anabolisch genannt. Dies wiederum ist auf die Elemente Erde und Wasser zurückzuführen. *Shita Virya* wirkt *Vata* und *Kapha* anregend und *Pitta* reduzierend, ist befeuchtend, kühlend, verjüngend, tonisierend und fördert die Samenbildung.

*Virya* oder thermische Veränderung, direkt im Körper spürbar: Gurke oder Melone lässt frösteln, Chili treibt den Schweiß auf die Stirn. Nahrungsmittel mit scharfem, sauerem oder salzigem *Rasa* (Geschmack) haben normalerweise einen erhitzenden *Virya*. Sie erhöhen *Pitta* und damit die Darmaktivität. Süße, bittere und adstringierende Nahrung hat in der Regel einen kühlenden *Virya*. Sie gleicht *Pitta* aus und vermindert folglich die Darmaktivität. Bei der Einordnung von Heilkräutern und Arzneien ist der *Virya* einer zu untersuchenden Substanz entscheidend bei der Bewertung ihrer pharmakologischen Wirkung. Sie entscheidet über die Erhaltung oder Wiederherstellung der Gesundheit.

---

*Anm. der Autoren: Diese Analogien entsprechen nicht den Klassikern, sondern unseren eigenen Erfahrungen und denen von Dr. Lad.

# Die Energetik der Nahrung

### G) Vipaka – die Wirkung der Dravya (Substanzen) nach der Verdauung

*Vipaka* ist die letztendliche Wirkung einer Substanz, nachdem die *Bhutagni* auf sie einwirkten. Es ist das Endstadium der Transformation von Nahrung über die *Dosha* in die Gewebe (*Dhatu*). Nach *Caraka* entfalten Nahrungsstoffe eine dreifache Wirkung auf die *Dosha*, bevor sie in die tieferen Gewebe geschleust werden:

**1. Süßer und salziger Rasa werden transformiert in süßen Vipaka**
Er hat eine nährende, *Dhatu* aufbauende, schwere, ölige, beruhigende und befriedigende Wirkung auf den Organismus.
**Nahrungsbeispiele:** Weizen, Kartoffel, Reis. Diese Nahrungsmittel wirken abführend, harntreibend und erhöhen die Samenproduktion. Es ergibt sich folgende *Dosha*-Wirkung des süßen *Vipaka* aufgrund von Erd- und Wasserelement: *Kapha* stärkend und somit erhöhend.

**2. Saurer Rasa produziert einen sauren Vipaka**
Er bewirkt durch den öligen und leichten *Guna* (Qualität) eine Gewebereduktion, ist abführend und entwässernd.
**Nahrungsbeispiele:** Buttermilch, saure Sahne, Tomate. Diese Nahrungsmittel wirken säuernd, Schleimhaut reizend, irritierend und mindern die Samenproduktion/Fruchtbarkeit. Der Geist wird geschärft, angriffslustig und beurteilend. Es ergibt sich folgende *Dosha*-Wirkung des sauren *Vipakas* aufgrund des Feuerelements: *Pitta* stärkend und somit erhöhend.

**3. Bitterer, scharfer, herber Rasa werden transformiert in scharfen Vipaka**
Er bewirkt durch den trockenen/leichten *Guna* (Qualität) einen Gewebeabbau, ist verstopfend und hemmt die Wasserausscheidung (antidiuretisch). Diese Bestandteile werden komplett verstoffwechselt oder führen zu verstärkter Exkretion über Stuhl, Urin, Haut.
**Nahrungsbeispiele:** Salat, Bohnen, Chili. Nahrungsmittel mit scharfem *Vipaka* wirken erwärmend und austrocknend auf den Dickdarm. *Dosha*-Wirkung des scharfen *Vipakas* aufgrund des Feuer-, Luft- und Raumelements: *Vata* und *Pitta* stärkend und somit erhöhend.

### Zusammenfassung

Zahlreiche Krankheiten und Störungen entstehen über konträre, toxisch wirkende Nahrungskombinationen bezüglich *Rasa*, *Virya* und *Vipaka*. Sie lösen entgegengesetzte energetische, also enzymatische, Reaktionen im Verdauungstrakt aus. Die Folge ist die Bildung von *Ama* – unverdaute Stoffwechselmetaboliten wie Säuren, Schleim, Fäulnisgase, Cadaverine (mehr dazu in Kap. 3, S. 138 ff.).

Alles, was wir essen, nimmt auf dreifache Weise Einfluss auf unseren gesamten Organismus:

**1.** vor der Verdauung durch *Rasa*,
**2.** während der Verdauung durch *Virya*,
**3.** nach der Verdauung durch *Vipaka*.

### H) Prabhava – die einzigartige, spezifische Heilwirkung einer Substanz

Wenn zwei zu vergleichende Substanzen (Arzneien, Nahrungsmittel, Getränke etc.) mit ähnlichem *Rasa* (Geschmack), *Virya* (Wirkkraft im Organismus) und *Vipaka* (Wirkung nach der Verdauung) dennoch verschiedene Wirkungen aufweisen, bezeichnet man das als *Prabhava* – eine Wirkung, die man nicht durch logische Schlussfolgerung erklären kann. *Prabhava* kann direkt oder indirekt, lokal oder systemisch wirken – je nach Art seiner Spezifität. Die Empfindung von scharf auf der Zunge bei der Einnahme von Chili ist direkt; die tränenden Augen sind eine indirekte Wirkung. Abführende Medikamente wirken direkt auf die Darmperistaltik; die dadurch entstehende Zunahme des Gallenflusses würde man als indirekte Wirkung bezeichnen.

**Vor der Entwicklung der modernen Chemie kannte man zwei Phänomene nicht. Deshalb führte man damals den Prabhava ein:**

**1.** Die exakte chemische Zusammensetzung von Stoffen.

**2.** Die Spezifität der Angriffsstelle (Rezeptor), d. h., manche chemischen Substanzen wirken spezifisch auf bestimmte Organe. Die Glykoside in Digitalispräparaten werden z. B. in der Behandlung von Herzkrankheiten eingesetzt, weil ihre Wirkung speziell im Herzmuskel ansetzt.

**Was ist der exakte Grund für die vollkommen andersartige pharmakologische Wirkung/ Reizreaktion von ähnlichen Substanzen auf menschliche oder tierische Organismen?**

Es ist die Wirkung der verschiedenen Arten von Agni auf die individuelle Molekülstruktur der Urelemente, aus denen die Substanz besteht. So kann am Ende ein neuer Molekülverband mit einer spezifischen pharmakologischen Wirkung entstehen. Selbst Edelsteine, Kristalle und Mantras unterstützen vielfältige Heilungsprozesse durch ihren *Prabhava*.

### Beispiele:

- Die Dosierung von zwei TL Ghee auf 1 Tasse Milch wirkt als mildes Abführmittel. Ein halber TL Ghee auf eine Tasse Milch wirkt hingegen verstopfend. Warum? *Prabhava* ist die Antwort.

- Steinsalz und Meersalz besitzen einen salzigen *Rasa*, einen heißen *Virya* und süßen *Vipaka*, entsprechend der Logik. Dennoch verursacht Meersalz eher *Kapha*-Störungen und ist damit bei Bluthochdruck kontraindiziert. Steinsalz wirkt nicht *Kapha* erhöhend. Auch hier ist die einzige Erklärung der *Prabhava*.

- Anis und Fenchel haben einen scharfen *Rasa*, einen heißen *Virya* und einen süßen *Vipaka*. Fenchel ist im Gegensatz zu Anis laktagog, d. h., er fördert die Milchsekretion bei jungen Müttern.

- Reis und Gerste besitzen beide einen süßen *Rasa*, einen kalten *Virya* und einen süßen *Vipaka*. Gerste hat eine stark harntreibende Eigenschaft, Reis hingegen nicht.

Den *Prabhava*, aber auch den *Rasa*, *Virya* und *Vipaka* eines bestimmten Nahrungsmittels oder einer Heilpflanze kann man stets aufs Neue beweisen und erfahren. Wir dürfen dabei lernen, wieder auf unsere eigenen Messinstrumente – die Sinne – zu vertrauen.

# Die Energetik der Nahrung

**Das Konzept von Agni**

Wörtlich übersetzt bedeutet **Kaya Cikitsa** „Behandlung des inneren Feuers". Gemeint ist die **Behandlung des menschlichen Körpers**, in dem die Nahrungsstoffe zirkulieren, und des ihm innewohnenden Feuers namens Agni (Kayagni). Die ayurvedische Heilkunde hat folglich die **Beseitigung der Störungen** zum Ziel, die durch Veränderungen der regelrechten Funktion des Agni, z. B. aufgrund falscher Ernährung und Lebensführung, entstanden sind. Agni muss stets **in Verbindung mit den Dosha behandelt** werden.

**Entsprechend der Konstitution hat jeder Mensch ein anderes Hauptstoffwechselfeuer (Kayagni). Man unterscheidet folgende Arten:**

**1. Vishamagni:** unregelmäßiges schwaches *Agni* (Feuer) des *Vata*-Typs,

**2. Tikshnagni:** scharfes, aggressives *Agni* des *Pitta*-Typs,

**3. Mandagni:** träges, langsames *Agni* des *Kapha*-Typs,

**4. Samagni:** ausgeglichenes, starkes *Agni*. Es schützt den Körper, unabhängig davon, was man isst.

*Agni* verkörpert in unserem Organismus das Element Feuer. Es steuert alle biochemischen Umwandlungsprozesse im Körper. *Agni* ist somit verantwortlich für den Stoffwechsel: Verdauung, Absorption, Assimilation von Nahrungsstoffen und Exkretion von Abfallstoffen. Wortwörtlich bedeutet Stoffwechsel: Durch *Agni* wechseln alle aufgenommenen Stoffe ihre Identität/ihre Struktur und werden zu einem Teil von uns. Jedes natürliche Nahrungsmittel enthält *Prana* – Lebensenergie. Sie wird durch *Agni* herausgelöst und versorgt die Körperzellen mit *Prana*-Energie. *Agni* ist somit Garant und Quelle unseres Lebens.

Ohne *Agni* ist Leben unmöglich. In der ayurvedischen Tradition sagt man, ein Mensch sei so jung, wie sein *Agni* stark ist. Auch das Immunsystem eines Menschen hängt von der Stärke seines *Agni* ab. Wenn der *Agni* träge wird, ist das langfristig der schleichende Ruin unserer Gesundheit.

### Die Aufgaben von Agni zusammengefasst:

**1.** *Agni* (hier: die Verdauungssäfte) ist sauer. Es zersetzt die Nahrung und leitet die Verdauung ein.

**2.** *Agni* hält die Ernährung der Gewebe und jeder einzelnen Zelle aufrecht.

**3.** *Agni* ist für ein starkes Immunsystem verantwortlich.

**4.** *Agni* vernichtet Mikroorganismen, z. B. Bakterien und Endotoxine (*Ama*). *Agni* stellt als biologischer Schutzfaktor somit eine immunologische Barriere dar.

**5.** *Agni* ist verantwortlich für Langlebigkeit, Intelligenz, Verständnis, Wahrnehmung und Unterscheidungsvermögen.

**6.** *Agni* hält die Hautfarbe aufrecht und sorgt für die Pigmentierung.

**7.** *Agni* kontrolliert alle biochemischen Stoffwechselreaktionen.

### Die normalen Funktionen von Agni:

- Hilft bei der Verdauung von Kohlenhydraten, Fetten, Proteinen etc. aber auch bei der Verdauung der fünf Sinneseindrücke, die wir über die Sinnesorgane aufnehmen, und aus denen Wissen und Erkenntnis erwächst (*Pakti*).
- Ermöglicht die Wahrnehmung und Verarbeitung optischer Reize über die Netzhaut (*Darshana*).
- Reguliert die Körpertemperatur und hält diese aufrecht (*Matroshna*).
- Erhält Konstitution und Hautfarbe aufrecht (*Prakriti varna*).
- Nährt die Körpergewebe (*Dhatu poshanam*).
- Bildet *Ojas*, das das Immunsystem unterstützt (*Ojah kara*).
- Bildet *Tejas*, verantwortlich für die Stoffwechselaktivität und Semipermeabilität der Zellmembranen (*Tejah kara*).
- Bildet und verarbeitet *Prana*, die vitale Lebensenergie in den Atmungsorganen und der Zellatmung (*Pranakara*).
- Erhält die Lebensspanne (*Dirgham*).
- Bildet gesundes Aussehen und Strahlkraft (*Prabha*).
- Liefert Körperkraft und Vitalität (*Bala*).
- Verleiht Vertrauen, Mut und Furchtlosigkeit (*Shauryam*).
- Erzeugt Freude, Heiterkeit, Humor und Zufriedenheit (*Harsha*).
- Verleiht geistige Klarheit, unterstützt die Selbstheilungskräfte (*Prasada*).
- Erzeugt Gemütsbewegungen, Interesse, Begeisterung (*Raga*).
- Liefert Urteils-, Unterscheidungskraft, logisches Denken (*Buddhi*).
- Hält die Zellintelligenz und interzellulärer Kommunikation aufrecht (*Medhakara*).
- Erhalt von Geduld, innerer Stabilität, Zuversicht (*Dhairyam*).

# Die Energetik der Nahrung

**Schwaches Agni = schwache Gesundheit**

Nach dem Studium der komplexen Aufgaben von *Agni* kann man sich ausmalen, welche verheerenden Folgen ein chronisch gestörtes *Agni* hat. Falsche Essgewohnheiten oder Essstörungen, falsche Lebensführung und unterdrückte Emotionen schwächen nachhaltig unser Verdauungsfeuer und damit die Funktionen von *Pitta*. *Agni* hat nicht nur die Funktion von „Verdauung" sondern auch von „Reifung". *Agni* lässt die Gewebe reifen, indem es deren Tonus erhält. Das Wort Tonikum kommt von Tonus (Spannungszustand der Gewebe), da es meist das *Agni* anregt. Es ist vergleichbar mit einem ungebrannten Lehmkrug. Er ist nicht lange haltbar. Wird er aber gebrannt, wird er stabil und für lange Zeit benutzbar. Wenn wir das *Agni* in Balance halten, können wir uns eines gesunden und langen Lebens erfreuen.

Das „Wissen vom langen Leben" (Ayurveda), kennt eine uralte Therapieform zur Regeneration und Verjüngung der Gewebe – genannt *Rasayana Cikitsa*. Diese hängt eng mit der Reinigung und Stärkung des *Agni* zusammen.

**Wird Agni durch ein Ungleichgewicht der drei Doshas beeinträchtigt, sind drastische Auswirkungen auf den Stoffwechsel die Folge:**

**1.** Immunstörungen, Allergien, Unverträglichkeiten, Nahrungsintoleranzen.

**2.** Mangelnde Assimilation der Nährstoffe; die Nahrung bleibt unverdaut.

**3.** Eine Ansammlung von *Ama* (unverdaute Stoffwechselabbauprodukte) in den genetischen Schwachpunkten fördert die Provokation in ihren Stammorganen: im Magen toxischen Schleim (K++), im Dünndarm überschüssige Säurebildung (P++) und im Dickdarm toxische Gase und Kotreste (V++).

**4.** Verstopfung der *Srotas*: Därme, Kapillaren und Blutgefäße durch *Ama*.

**5.** Autointoxikation: Im Körper entstandene Toxine gelangen in den Blutkreislauf.

**6.** Entzündungsprozesse, Organschwächen etc.

**7.** Manifeste Krankheitszustände in den betreffenden Organen: Arthritis, Diabetes, Herzkrankheiten, Asthma etc.

### Symptome eines geschwächten Agnis:

Bei Krankheitszuständen erkennt man ein geschwächtes *Agni* an:

- Blähungen, Verstopfung,
- Aufstoßen,
- träger Verdauung,
- geistiger Ermüdung,
- schwerem Erwachen,
- wenig oder keiner Schweißabsonderung,
- fahler Gesichtshaut.

Hier helfen vor allem enzymreiche Nahrungsmittel, scharfe Gewürze und ein verdauungsfördernder Trunk aus starkem Ingwerwasser mit Kreuzkümmel, Salz und Rohrzucker. Auch die harmonische Zusammenstellung der Speisen und das Einhalten der erforderlichen Verdauungszeiten sind für ein schwaches *Agni* wesentliche Voraussetzungen, um die Nahrung ausreichend zu verwerten. Nicht zu vergessen sind die Beachtung der Tabukombinationen (siehe S.144 ff.).

### Symptome eines zu starken Agnis:

- heftiges Aufstoßen,
- starkes Schwitzen,
- Hautausschläge,
- Durchfall,
- Übererregbarkeit,
- übermäßiges Reden,
- Heißhunger,
- brennendes Gefühl im Verdauungstrakt,
- Reizbarkeit, Zorn.

Im Fall eines zu starken *Agnis* sollten alle sauren Speisen und scharfe Gewürze sowie Alkohol gemieden werden. Kühlende Speisen, Gewürze und Getränke wie Gurke, Banane, Kardamom, Milch, kühles, stilles Wasser oder Rosenwasser sind zu bevorzugen. Alle *Pitta* reduzierenden Nahrungsmittel und Maßnahmen sind empfehlenswert.

### Allgemeine Ernährungsempfehlungen zur Stärkung von Agni (Dipana)

- Kurzzeitiges Fasten: *Vata* = 1 Tag, *Pitta* = 1-3 Tage, *Kapha* = 3-7 Tage. Der Ayurveda versteht hierunter niemals eine Nulldiät, sondern vielmehr eine gezielte, konstitutionsspezifische Entlastung der entsprechenden Organe bzw. Organsysteme (näheres dazu auf S. 329 ff., „Heil- oder Reinigungsdiäten").
- Kleine gekochte/leichte Mahlzeiten essen.
- Gründliches Kauen und Einspeicheln der Nahrung.
- Verzicht auf Schleim bildende (steigern *Kapha*), kalte Nahrungsmittel (erregen *Vata* und *Kapha*).
- Vor den Mahlzeiten 1-2 Scheiben mit Zitronensaft und Steinsalz marinierte frische Ingwerscheiben essen oder einen *Agni*-Tee trinken: Eine Tasse Wasser mit 1 TL Kreuzkümmel- oder Ajwan-Samen, ½ TL Pfefferkörnern, je einer gehäuften Msp. Ingwerpulver und Steinsalz 5-10 min kochen.
- Atem- und Yogaübungen, Saunabesuch.
- Zitronenwasser/warmer Ingwertee mit Ahornsirup schluckweise trinken.
- Frischer Koriander oder Petersilie mit etwas schwarzem Pfeffer.
- Nach dem Essen hilft auch die Einnahme von 1 TL einer Gewürzmischung. Rösten Sie folgende Gewürze in einer Pfanne trocken:
  Je 1 TL Kreuzkümmel-, Fenchel-, Koriandersamen, ½ TL Ingwerpulver, ¼ TL pulverisiertes Steinsalz.

**Der Feuergott Agnideva in den Veden**

*Agni*, die Energie der Transformation, symbolisiert den Mund der Götter, den Mund des kosmischen Bewusstseins, des Opferfeuers. *Agni* gleicht der Brücke zwischen dem niedrigen und höheren Bewusstsein, dem menschlichen und dem göttlichen Selbst (*Para Brahman*).

*Agni* entspricht dem physischen Feuer in uns. Die Energie dieses Feuers ist *Agnideva*.

Diese Gottheit hat zwei Gesichter: Das eine versinnbildlicht die Schöpfung (Bildung neuer Zellen durch *Agni*), das andere die Zerstörung (alter Zellen durch *Agni*).

Agnideva besitzt drei Zungen: Sie symbolisieren einerseits die *Triguna Sattva, Rajas, Tamas* sowie die *Tridosha Vata, Pitta* und *Kapha*. *Agni* verkörpert das energetische, dynamische Prinzip hinter diesen funktionellen Einheiten.

Agnideva wird mit sieben Armen (shakha) dargestellt: die sieben *Dhatu*. Jeder *Dhatu* besitzt sein eigenes *Agni* als umwandelndes Wirkprinzip.

Agnideva hat drei Beine: Ein Bein entspricht dem physischen Körper, das zweite dem mentalen Körper und das dritte dem Bewusstsein.

Agni ist das, was Körper, Herz und Zellbewusstsein durchdringt: *Agni* repräsentiert letztendlich den Dirigenten, die Schaltzentrale über alle Funktionskreisläufe, Strukturen und Energiesysteme im menschlichen Organismus. Als Brücke zwischen individuellem und kosmischem Leben ist *Agni* das verbindende Element zwischen Körper, Geist und Bewusstsein.

# Die Energetik der Nahrung

### Tabelle*: Die sechs Stadien der Verdauung

| Stadien | Dauer | Element | Doshareaktion |
|---|---|---|---|
| **1. Stadium süß** *madhura avastha paka* | 60 Min. | **Wasser/** Erde | VP–/**K+Phase** |
| **2. Stadium sauer** *amla avastha paka* | 1.–2. Std. | **Feuer/** Erde | V–/**PK+Phase** |
| **3. Stadium salzig** *lavana avastha paka* | 2.–3. Std. | **Wasser/** Feuer | V–K°/**P+Phase** |
| **4. Stadium scharf** *katu avastha paka* | 3.–4. Std. | **Luft/** Feuer | K–/**VP+Phase** |
| **5. Stadium bitter** *tikta avastha paka* | 4.–5. Std. | **Luft/** Äther | PK–/**V+Phase** |
| **6. Stadium herb** *kashaya avastha paka* | 5.–6. Std. | **Luft/** Erde | PK–/**V+Phase** |

Für gewöhnlich nimmt die Verdauung einer Mahlzeit, je nach Stärke von *Agni*, mindestens sechs Std. in Anspruch. Das ist der Grund dafür, weshalb ayurvedische Diätärzte und Ernährungsberater nicht für Zwischenmahlzeiten plädieren. Die Folge von Essen während der Verdauungs- oder Absorptionsphase ist immer *Ama* – unverdaute, toxisch wirkende Stoffwechselzwischenprodukte. Jeder der sechs *Rasa* steht für ein Stadium des Verdauungsprozesses, das ca. 60 min beansprucht. Jede Geschmacksrichtung nährt in ihrem Stadium den ersten *Dhatu* – vergleichbar dem lymphatischen Gewebe/Blutplasma (*Rasa Dhatu*).

Der Verdauungsprozess beginnt, wenn die Zunge/der Speichel mit Nahrung in Kontakt kommt und der Kauvorgang beginnt. Das ist auch der Moment, in dem die Geschmackssensation eine direkte Wirkung auf die *Dosha* und damit auf die Psyche auslöst.

---

*Anm.: Diese Analogien entsprechen nicht den Klassikern, sondern geben die Interpretation von Dr. Lad wieder

| Ort/Aufgabe | Allgemeine Wirkung |
|---|---|
| Mundhöhle/Fundus, Verflüssigung, Nährung, KH-Spaltung mit Ptyalin, Elektrolyt-Gleichgewicht | nährt Körper-Kapha, Liefert Energie/Zufriedenheit, Schweregefühl, Müdigkeit |
| Magenkörper (Corpus)/ Ansäuerung, Proteinspaltung durch Pepsin | nährt Körper-Pitta, Rasa und Vorstufe von Rakta Dhatu (Blutgewebe), kann zu Azidose führen Juckreiz, Hautprobleme |
| Duodenum/ Kohlenhydrat-/Fett-/Eiweißverdauung Galle/Pankreassäfte Salzproduktion/Emulgierung | nährt Körper-Pitta, Rasa Dhatu (Blutplasma, Lymphe) und Vorstufe von Mamsa- bzw. Meda Dhatu (Muskel- bzw. Fettgewebe) |
| Jejunum/ Enzymatische Aufspaltung von Kohlenhydraten, Eiweißen, Fett, Assimilation | nährt Körper-Pitta u. Vorstufe von Asthi Dhatu (Knochengewebe), erhöhte Hitzeproduktion/Kreislaufaktivität und Peristaltik, Gasbildung |
| Ileum/ Peristaltik, Hauptphase der Absorption | nährt Körper-Vata und Vorstufe von Majja Dhatu (Knochenmark), Gefühl von Leichtigkeit/falsches Hungergefühl, Körperkühlung |
| Zökum/ Absorption von Wasser und Mineralstoffen, Stuhlbildung, Hungergefühl | nährt Körper-Vata und Vorstufe von Shukra /Artava Dhatu (männl. u. weibl. Fortpflanzungsgewebe), Peristaltik und Stuhldrang, echter Hunger für neue Nahrungsaufnahme |

**Man unterscheidet vier Typen von Nahrung entsprechend ihrer Textur:**

**1.** Suppige dickflüssige Substanzen, die man schlucken kann, ohne zu kauen (*Ashita*).

**2.** Harte oder feste Substanzen, die durch Kauen verflüssigt und weichgemacht werden (*Khadita*).

**3.** Wässrige Flüssigkeiten wie Wasser, Fruchtsäfte oder dünner Getreideschleim.

**4.** Weiche Substanzen, die geleckt werden können, z. B. Eiscreme oder Chutneys

# Die Energetik der Nahrung

## Dhatvagni-Paka - der Stoffwechsel durch die Gewebefeuer

### Das 1. Verdauungsstadium:

In den ersten 60 Minuten nach Nahrungsaufnahme sind alle sechs Geschmacksrichtungen präsent. Der süße *Rasa* ist jedoch dominant und sorgt für ein süßes Milieu, bedingt durch das Erd- und das Wasserelement. Das fördert die *Kapha*-Sekretion von schleimigem Speichel der Schleim bildenden Speicheldrüsen der Mundhöhle und des Magens. Im Gegensatz zur Theorie der Allopathie vertritt Ayurveda die These, dass sich der Speisebrei nicht 6–8 Std., sondern ca. 2 Std. im Magen aufhält. Die in dieser Phase herausgelösten Zuckermoleküle werden danach in den Gewebekreislauf geschleust, also zunächst in *Rasa Dhatu*, wodurch der Blutzuckerspiegel ansteigt.

### Das 2. Verdauungsstadium:

Das Erd- und das Feuerelement sind hier vorherrschend und damit das saure Milieu des Magenkörpers. Hier wird auch nach moderner Sicht die Salzsäure des Magens gebildet. In dieser Phase entsteht durch die Anwesenheit des Feuerelements ein Gefühl von etwas mehr Leichtigkeit. Die Nahrungsbestandteile werden hier im sauren Milieu weiter zerlegt. Der *Kapha*-lastige Magenschleim schützt die Magenwände vor den aggressiven Säuren.

### Das 3. Verdauungsstadium:

Der Nahrungsbrei wird jetzt in den Dünndarm geschleust. Das Wasser- und das Feuerelement schaffen hier durch die Gallen- und Pankreassäfte ein salzhaltiges Milieu. Die moderne Physiologie beschreibt, wie sich der säurehaltige Speisebrei aus dem Magen mit den basischen Gallen- und Pankreassäften (Amylase, Trypsin und Lipase) verbindet. Das Ergebnis: ein salziges Milieu mit Wasserbildung. Das Salz hat hier eine Säuren abpuffernde Funktion, was bei der weiteren Aufspaltung der Fette und Proteine hilfreich ist.

### Das 4. Verdauungsstadium:

Diese Verdauungsphase spielt sich vermutlich im 2. Teil des Dünndarms ab. Das Luft- und das Feuerelement sorgen hier für ein scharfes Milieu. Das Feuerelement ist verantwortlich für die Gelb-Braun-Färbung des Speisebreis. Eine Folge davon sind auch eine erhöhte Wärmeentwicklung und Blutzirkulation. Das Luftelement ist hier Katalysator für die erste Absorptionsphase der Nährstoffe in den Blutkreislauf.

### Das 5. Verdauungsstadium:

Diese Phase findet der Beschreibung nach wahrscheinlich im längsten Teil des Dünndarms statt, im Ileum. Jetzt beginnt die Hauptphase der Absorption im bitteren Milieu, verursacht durch Gallenstoffe und die Anwesenheit vom Raum- und Luftelement. Das Luftelement unterstützt weiterhin die Peristaltik. Diese beiden subtilen Elemente können ein Gefühl der Leichtigkeit und damit des falschen Hungers entstehen lassen. Es ist nicht ratsam, in dieser Phase zu essen. Das bittere Milieu erzeugt eine kühlende, *Pitta* besänftigende Wirkung.

### Das 6. Verdauungsstadium:

Der Speisebrei befindet sich jetzt im ersten Teil des Dickdarms. Dieser Teil des Dickdarms wird auch ‚zweiter Magen' genannt, da der Speisebrei dort länger verweilt. Unter dem Einfluss von Erd- und Luftelement gelangt der Speisebrei in ein herbes adstringierendes Milieu. Das Luftelement und der herbe *Rasa* erleichtern die weitere Absorption von Vitaminen, Mineralstoffen und Wasser im Dickdarm. Das Erdelement bewirkt durch seine schweren und rauen Eigenschaften eine Formung des Stuhls. Das Luftelement entzieht dem Stuhl das Wasser und sorgt für das Eindicken.

## Was geschieht mit der Nahrung nach diesem Prozess?

Die kleinen Äste der *Rasavahasrotas* (feine Lymphgefäße) im Bauchraum sammeln das Endprodukt der verdauten Nahrung, den *Ahara Rasa*, vom Magen-Darm-Trakt auf und bringen ihn in den Blutkreislauf. *Ahara* bedeutet „Nahrung" und *Rasa* heißt „Saft" oder „Essenz". Er (der *Ahara Rasa*) ähnelt dem milchigen basischen Chylus, der Darmlymphe. Sie wird aus den Stoffwechselfeuern des *Jatharagni* und der *Bhutagni* produziert. Der *Ahara Rasa* ist somit als Stoffwechselendprodukt der Vorläufer der sieben Gewebe (*Saptadhatu*).

Innerhalb von mehreren Tagen (die Gelehrten streiten sich hier) entsteht aus dem unreifen Gewebevorläufer *Ahara Rasa* durch Umwandlung ein „reifer" *Rasa Dhatu* (Blutplasma).

### Die Zeitspannen für die Vorherrschaft der einzelnen Geschmacksrichtungen während der Verdauung sind nicht festgelegt

Sie variieren von Mensch zu Mensch und sind zudem konstitutionsabhängig. Dies ist also nur ein vereinfachtes Schema zur Veranschaulichung. Alle sechs Geschmacksrichtungen haben nach sechs Stunden den *Rasa Dhatu* erreicht.

### „Die benötigte Zeitspanne für die komplette Verstoffwechselung von Nahrung beträgt sieben Tage und Nächte" (CS.IV.21)

Hierüber gibt es einen Gelehrtenstreit auch unter Ayurveda-Ärzten. Dr. Lad[12] behauptet, dass der gesamte Stoffwechselprozess bis zum letzten der sieben Gewebe 35 Tage, also fünf Tage pro Gewebe, dauert. *Caraka* spricht von sieben Tagen und Nächten, ähnlich wie in der Genesis im Alten Testament.

### Dieser komplizierte biochemische Vorgang ist in den alten Medizinschriften gleichnishaft in Versform beschrieben

**1.** Das Gleichnis der Umwandlung von Milch in Sauermilch (Transformationsprinzip). Die nahrhaften Anteile des vorher gehenden Dhatus werden vollständig in die nachfolgenden Dhatus umgewandelt.

**2.** Das Gleichnis vom Feld und Kanal (Transmissionsprinzip). Es beschreibt in der Landwirtschaft die Bewässerung (*Ahara Rasa*) der Felder (*Dhatu*) mittels Kanälen (*Srotas*).

**3.** Das Gleichnis von Feld und Vögeln (Selektionsprinzip). Es beschreibt, wie die Vögel (*Dhatu*) von den Feldern (*Ahara Rasa*) die Nährstoffe herauspicken, die sie zum Leben und Wachsen benötigen.

So gelangt die Nahrung über die Verdauungskanäle zu allen sieben Geweben. Als Nächstes nimmt sich jedes Gewebe seine Nährstoffe, verwandelt sie durch sein *Dhatvagni* (spezifische Stoffwechselaktivität jedes Gewebes) und baut diese transformierten Nährstoffe in sein Gewebe ein.

### Jedes Dhatvagni hat vier Aufgaben/Funktionen:

**1.** Sein eigenes Gewebe aufzubauen.

**2.** Sein von ihm abhängiges Untergewebe (*Upadhatu*) zu nähren.

**3.** Sein Abfallprodukt (*Mala*) mit dem Ziel der Ausscheidung zu „nähren".

**4.** Sein nächst tiefer gelegenes Nachbargewebe zu nähren und zu bilden.

**Ausnahme:** Wenn ein *Dhatvagni* seine Aufgabe nicht vollständig erfüllt, entsteht *Ama* (unverdaute Stoffwechselabbauprodukte).

### Die 13 essenziellen Arten von Agni:

**1.** Die Nahrung gelangt in den Magen und kommt dort mit *Jatharagni* (das zentrale Feuer des Verdauungsapparats) in Berührung.

**2.** Die aufgespaltenen Nahrungsstoffe gelangen gemäß Dr. Lad in die Leber (die fünf *Bhutagni*) und werden dort weiter in Moleküle zerlegt.

**3.** Die Mikronährstoffe gelangen weiter zu den sieben Geweben (*Saptadhatu*) und werden dort mittels der *Dhatvagni* in die Zellen eingebaut.

---
12 Textbook of Ayurveda, N.M., 2002

# Die Energetik der Nahrung

Im Detail heißt es gemäß **Caraka** sinngemäß weiter: Die Nahrung geht nach Einverleibung durch verschiedene komplizierte biochemische Umwandlungsprozesse, bis sie in alle **sieben Körpergewebe** eingeschleust und vollständig transformiert wurde.

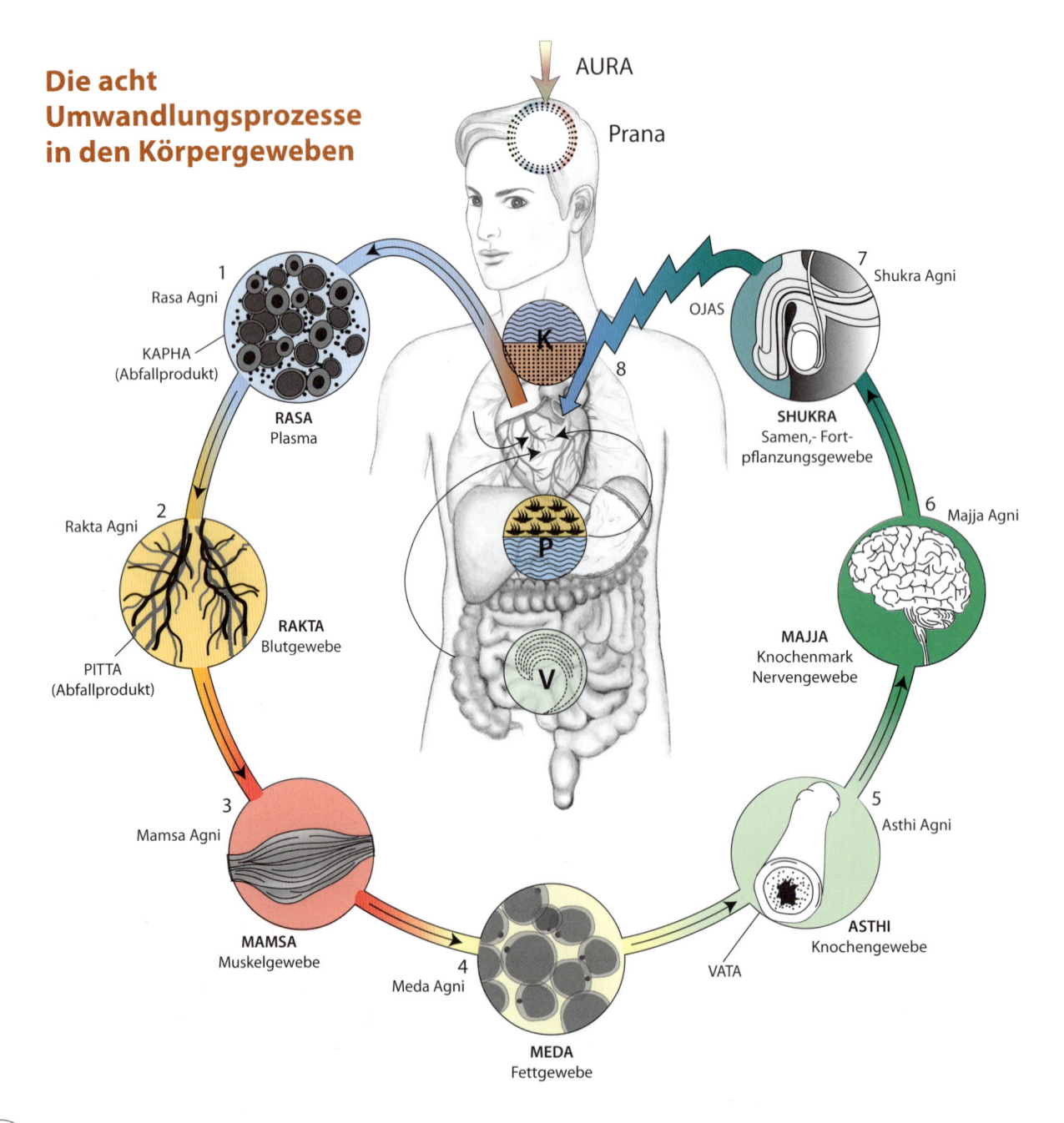

**Die acht Umwandlungsprozesse in den Körpergeweben**

AURA
Prana

1 Rasa Agni
KAPHA (Abfallprodukt)
**RASA** Plasma

2 Rakta Agni
PITTA (Abfallprodukt)
**RAKTA** Blutgewebe

3 Mamsa Agni
**MAMSA** Muskelgewebe

4 Meda Agni
**MEDA** Fettgewebe

5 Asthi Agni
**ASTHI** Knochengewebe
VATA

6 Majja Agni
**MAJJA** Knochenmark Nervengewebe

7 Shukra Agni
**SHUKRA** Samen,- Fortpflanzungsgewebe
OJAS

8

*From an original illustration from Ayurveda: The Science of Self-Healing by Dr. Vasant Lad. Copyright ©1984. All Rights Reserved.*

- Verzehrte Nahrung (*Ahara*) benötigt mindestens 24 Stunden, um energetisch über die einzelnen Stadien der Verdauung (*Rasa, Virya, Vipaka*) in *Ahara Rasa* (Darmlymphe) transformiert zu werden. Diese wird über die *Rasavahasrotas* (Lymphgefäße des Darms) im Darmtrakt aufgenommen, gelangt in den Kreislauf und von dort in alle tieferen Gewebe.
- Das 1. Gewebe (*Rasadhatu*) benötigt von der Nahrungsaufnahme an insgesamt zwei Tage, um mittels *Raktagni* in das 2. Gewebe (*Raktadhatu*) umgewandelt zu werden.
- *Raktadhatu* benötigt von der Nahrungsaufnahme an insgesamt drei Tage, um mittels *Mamsagni* in das 3. Gewebe (*Mamsadhatu*) umgewandelt zu werden.
- *Mamsadhatu* benötigt von der Nahrungsaufnahme an insgesamt vier Tage, um mittels *Medagni* in das 4. Gewebe (*Medadhatu*) umgewandelt zu werden.
- *Medadhatu* benötigt von der Nahrungsaufnahme an insgesamt fünf Tage, um mittels *Asthyia Agni* in das 5. Gewebe (*Asthidhatu*) umgewandelt zu werden.
- *Asthidhatu* benötigt von der Nahrungsaufnahme an insgesamt sechs Tage, um mittels *Majja Agni* in das 6. Gewebe (*Majjadhatu*) umgewandelt zu werden.
- *Majjadhatu* benötigt von der Nahrungsaufnahme an insgesamt sieben Tage, um mittels *Shukra Agni* in das 7. und tiefste Gewebe (*Shukradhatu*) umgewandelt zu werden.
- Das 8. Gewebe wird als *Ojas* bezeichnet. Es ist der Reinextrakt aus dem Stoffwechselkreislauf aller sieben Gewebe. Dieser subtile Kraftstoff hat im Menschen die Funktionen von Vitalität und Abwehrkraft. *Ojas* ist wie Honig. Die Biene sammelt feinste Moleküle vom Blütennektar Hunderter Blumen in den Waben. Ähnlich zirkuliert *Ojas* im Kreislaufsystem durch den Körper und erhält dort alle vitalen Lebensfunktionen aufrecht. *Ojas* stabilisiert gegen Alter, Verfall und Krankheit. Ein Mensch mit gutem *Ojas* wird selten krank. Gutes *Ojas* kann sich jedoch nur aus guter Nahrung in Verbindung mit einem starken *Agni* entwickeln.

**Agni ist das Zünglein an der Waage unseres Stoffwechsels.** Es allein entscheidet über Essenz und Abfallprodukte im Organismus. *Agni* bestimmt, welcher Anteil an aufgenommener Nahrung in *Ahara Rasa* (Darmlymphe) umgewandelt und welcher Anteil als Stuhl, Schweiß oder Urin ausgeschieden wird. Ein starkes *Agni* maximiert die Produktion von *Ahara Rasa*. Ein schwaches *Agni* führt z. B. zur ungenutzten Ausscheidung (Durchfall) mit nur geringer Absorption von Nährstoffen. Eine Folge ist die Bildung von *Ama*, das die Körperkanäle blockiert und Krankheiten begünstigt.

### Die drei Dosha und ihre feinstofflichen Urformen*

Tejas ist die feinstoffliche Urform des universalen Feuerprinzips, Pitta ist die grobstoffliche Form des Feuerprinzips im menschlichen Organismus, quasi ein Abfallprodukt desselben.

Ojas ist die feinstoffliche Urform des Wasserprinzips, Kapha ist die grobstoffliche Form des Wasserprinzips im menschlichen Organismus, quasi ein Abfallprodukt desselben.

Prana ist die feinstoffliche Urform des Luftprinzips, Vata ist die grobstoffliche Form des Luftprinzips im menschlichen Organismus, quasi ein Abfallprodukt desselben.

Die Dhatus sind essenziell für die Erhaltung des Organismus, jedoch schädlich im Überfluss oder wenn sie sehr geschwächt sind.

### Ayurveda lehrt,

dass das Begreifen der eigenen Konstitution der Schlüssel zu einer ausgeglichenen Lebensweise ist. *Agni* stellt im Verdauungstrakt die Kontrollpforte dar, die alle Nahrungsstoffe auf dem Weg in die Gewebe passieren müssen. Von dort gelangen sie in die spezifischen Zellverbände, wo sie die vitalen Lebensfunktionen aufrechterhalten.

Wenn die Qualitäten von Nahrungsstoffen identisch mit den Eigenschaften eines *Dosha* sind, kommt es zu einem Anstieg des *Dosha*.
**Beispiel:** Verzehrt ein *Vata*-Typ (trocken) Popcorn (trocken), potenzieren sich die gleich gerichteten Qualitäten zu einer *Vata*-Störung. Folge ist Verstopfung/Trockenheit im Darm. Entgegengesetzte Eigenschaften gleichen sich hingegen aus: Ein *Pitta*-Typ (heiß) trinkt einen Pfefferminztee (kühlend).

---

*Anm.: Diese Analogien entsprechen nicht den Klassikern, sondern den Erfahrungen von Dr. Lad.

# Die Energetik der Nahrung

Straßenimbiss in Bangalore. Zwei junge Männer bei der Herstellung der köstlichen Masala Dosas (siehe Rezept S. 255)

## Das Konzept von Ama – Resultat eines gestörten Stoffwechsels

*Ama* bezeichnet unvollständig verdaute, toxische Nahrungsstoffe. Sie entstehen aus einer Verdauungsstörung bei schwachem *Agni*. *Ama* kann an jedem Ort im Körper entstehen, wann immer der Stoffwechsel gestört ist. Als Substanz besitzt *Ama* Qualitäten von *Kapha*: schwer, kalt, zähflüssig, träge, schleimig und dicht. Diese Substanz wirkt toxisch im Organismus. Ihre Toxizität entsteht dadurch, dass die unvollständig verstoffwechselte Nahrung klebrig, trübe, faulig und stinkend ist. Ist *Jatharagni* (das Magenfeuer) unfähig, die Nahrung im Magen-Darm-Trakt vollständig in *Ahara Rasa* (angedauter Speisebrei) umzuwandeln, wird eine unreife Form von *Rasa* gebildet. Das Ergebnis ist die Bildung von Stoffwechselzwischenprodukten – *Ama*.

*Ama* verstopft die Verdauungskanäle, regt die *Doshas* an und führt an den Stagnationsorten zu diversen Symptomen. Werden diese Verdauungsstörungen ignoriert, vermischt sich das *Ama* aufgrund seiner „Klebrigkeit" mit den *Doshas* und den Ausscheidungsprodukten (*Mala*) Stuhl, Urin, Schweiß und blockiert die Kanäle (*Srotas*) in den Organen und Geweben. Spätfolgen sind Arteriosklerose, Gicht, Rheuma, Koronarsklerose, Lymphstau, Asthma, Gallensteine u.v.m. In einem gesunden Organismus ist *Agni* generell stark. Wo ein starkes *Agni* regiert, kann kaum *Ama* entstehen. Ein Organismus, der hingegen stark durch *Ama* belastet ist, wird immer ein schwaches *Agni* aufweisen. Die Vorherrschaft des einen oder anderen ist von vielen Faktoren, besonders von der genetischen Disposition, der Ernährungs- und der Lebensweise, abhängig.

**Ama wird auch als Mahadosha – als „Königsdosha" bezeichnet.** Es ist allein in der Lage, die *Dosha* zu „verunreinigen". *Ama* hat die spezielle Fähigkeit, sich mit den *Doshas*, den *Dhatu* und den *Mala*, zu vermischen. Im Stadium dieser Verunreinigung unterstützen und ermutigen die *Doshas* sogar noch die weitere *Ama*-Bildung.

## Die drei Stadien der Ama-Bildung und Beseitigung

Im **1. Stadium** von *Ama* ist keine Medizin vonnöten, nur Fasten.

Im **2. Stadium** von *Ama* wird *Dipana* eingesetzt, also Maßnahmen zur Entfachung von *Agni*, um *Ama* zu verbrennen – zusätzlich zum Fasten.

Im **3. Stadium** von *Ama* wird *Pachana*, also Maßnahmen zur Entfernung von *Ama*, eingesetzt – zusätzlich zum Fasten und *Dipana*. Anschließend kommen eines oder mehrere Ausleitungsverfahren der *Pancha-Karma*-Therapie zur Anwendung: therapeutisches Erbrechen, Abführtherapie, Einläufe, Intranasaltherapie, Aderlass/blutiges Schröpfen oder Blutegel.

**Verdauung und Stoffwechsel spielen sich auf drei Ebenen ab:** Auf der des *Jataragni* (im Magen), der *Bhutagni* (in der Leber) und der *Dhatvagni* (in den Geweben). Laufen die Umwandlungsprozesse auf nur einer Ebene nicht adäquat ab, sammeln sich unverdaute Nahrungsstoffe in den *Srotas* (hier: Verdauungskanäle/Blutgefäße) an. Sie erregen/„verderben" die *Doshas* und führen zu toxischen Gärungsprozessen in den genetischen Schwachpunkten:

**1. Im Bereich der drei Doshas:**

- Im Magen (Sitz von *Kapha*) verbindet sich *Ama* mit *Kapha* zu *Sama Kapha*. Das führt zu Gastroenteritis, Erbrechen, Bronchitis, Asthma, Ödeme und Diabetes.
- Im Dünndarm (Sitz von *Pitta*) verbindet sich *Ama* mit *Pitta* zu *Sama Pitta*. Das führt zu Durchfall, Fieber, Schwitzen, Durst, Übersäuerung, Entzündungsprozessen, (intrahepatische) Gallensteine, Gicht, Allergien und Polyarthritis.
- Im Dickdarm (Sitz von *Vata*) verbindet sich *Ama* mit *Vata* zu *Sama Vata*. Das führt zu Rheuma (Sanskrit: *Amavata*), Obstipation, Blähbauch, Kolik, Schwindel, Übelkeit, Mundtrockenheit, Kontraktion und einer Verhärtung der Blutgefäße.

# Die Energetik der Nahrung

**2.** Im Bereich der drei *Mala* (Ausscheidungsprodukte):

- *Sama Mutra*: *Ama* im Urin;
- *Sama Purisha*: *Ama* im Stuhl und schließlich;
- *Sama Sveda*: *Ama* im Schweiß.

**3.** Im Bereich der sieben *Dhatu* (Körpergewebe): *Sama Dhatu*, also *Ama* in einem der sieben Gewebe: Plasma, Blutgewebe, Muskelgewebe, Fettgewebe, Knochengewebe, Knochenmark/Nervengewebe und Samen- Fortpflanzungsgewebe.

### Unser Körper ist keine Müllverbrennungsanlage!

Die Verunreinigungen – *Ama* genannt – sind die Nahrungsgrundlage für viele Parasiten, Erreger und Krankheitsprozesse. Als potenziell pathogener Faktor ist *Ama* ein starker Herausforderer von *Agni*. Es gibt nur zwei Möglichkeiten:

- *Agni* ist stärker als *Ama*, stark genug, die Nahrung, bestehend aus den fünf Elementen, zu verbrennen und in den Geweben einzubauen und die nicht verwertbaren Stoffe über die *Mala* (Ausscheidungsprodukte) wieder auszuscheiden.
- *Ama* ist stärker als *Agni*, unfähig, Nahrung zum Aufbau der *Dhatu* umzuwandeln.

*Ama* bedeutet wörtlich so viel wie „ungekocht, unreif, unverdaut". Es entspricht der Asche im Herd unseres Verdauungsfeuers. Wenn wir sie nicht täglich entsorgen, wird das neue Feuer am nächsten Tag schlecht brennen oder die Flammen ersticken förmlich. Andererseits wird, im übertragenen Sinne, auch das stärkste *Agni* mit der Zeit ersticken, wenn wir ständig frisch geschlagenes Holz, grüne Blätter oder Zweige in das Feuer legen. Ein „Schwelbrand" entspräche dem Symptom einer Gärungsdyspepsie, also einem Mangel an *Agni* im Magen-Darm-Trakt. Das ist z. B. bei den Tabukombinationen (siehe S. 144 ff.), den falschen Essenszeiten (siehe S. 135 ff.) und einer falschen, typkonträren Lebensführung (siehe S. 62 ff.) der Fall.

### Wir sind das, was wir essen – das Endprodukt unseres Stoffwechsels.

Unsere primäre Stoffwechselaktivität (vgl. „*Jatharagni*") hängt von unserer genetischen Disposition ab. Deshalb ist es so wichtig, seine eigene Konstitution zu kennen. Bei Übergewicht hilft weder das Kalorienzählen noch die beste Illustriertendiät. Doch dazu später mehr. Das, was wir essen, beeinflusst unsere Emotionen. Hier liegt der Grund für viele psychosomatischen Störungen. Umgekehrt beeinflussen permanente negative Gefühlszustände unsere Verdauung und können diese langfristig ruinieren.

### Die sieben Hauptursachen für Verdauungsstörungen und die Bildung von Ama

Mit *Ama* sind toxische Substanzen gemeint, welche auf der Grundlage von *Mandagni*, eine durch *Kapha* verursachte Unterfunktion des *Jatharagni*, im Körper entstehen. Die Ernährungsfaktoren, die bei der Entstehung von *Ama* eine Schlüsselrolle spielen, sind in Anlehnung an *Caraka* (siehe *Caraka Samhita* Vi.2.8f. bzw. Ci.15.42.ff.) im Kasten aufgeführt.

### Folgende Faktoren schwächen Agni:

**1.** Übermäßiger Konsum von schwerer, kalter, fetter, trockener, rauer, verstopfender und reizender Nahrung und anschließend großen Mengen an Flüssigkeit und kühlenden Substanzen (Wasser löscht Feuer). Das erregt alle drei *Doshas*, die sich mit der Nahrung mischen und im Magen festsetzen. Das Resultat nennt man *Amadosha* – unverdaute Nahrung und führt besonders zu *Kapha*-Störungen.

**2.** Toxische Nahrungskombinationen: Blähende, unsaubere, kontaminierte Speisen (u. a. Konservierungsstoffe), tierische Eiweißkombinationen und zu viel Rohkost führen zu einem unverdaubaren Komplex im Magen-Darm-Trakt (siehe S.138 ff.).

**3.** Das Zurückhalten der natürlichen Körperreflexe, unterdrückte Emotionen beim Essen, zu langes Fasten (siehe Tab. S. 131, S. 331 ff.) oder intensive Emotionen (Gier, Hass, Wut, Ekel, Trauer etc.) bei der Nahrungsaufnahme.

**4. Schlafstörungen,** bedingt durch die Verschiebung der Schlaf- und Wachzeiten, zu langes Wachbleiben, Schichtdienst, Schlafen am Tag und direkt nach dem Essen.

**5. Unregelmäßige Essgewohnheiten:** Innerhalb von 2–3 Std. nach dem Frühstück oder 3–5 Std. nach der Mittagsmahlzeit zu essen, sowie zu viel, zu schwer oder spät abends zu essen.

**6. Übermäßige sexuelle Aktivität,** insbesondere direkt nach dem Essen oder am Tag.

**7. Mentale Faktoren:** Unterlassung bestimmter Handlungen zu bestimmten Zeiten (Ausscheidungen, jahreszeitliche Reinigung und Fasten); die Ausübung bestimmter Handlungen zur falschen Zeit, z. B. Sport, Baden, Sex, Stuhlgang direkt nach dem Essen; der Missbrauch der fünf motorischen Organe/Sinnesorgane (Mund, Hände, Füße, Genitalien, Anus) durch Über- oder Unterforderung oder durch einen pervertierten Umgang. Beispiel: Essen von Nahrung, bei der man Abneigung oder Ekel empfindet, Zwangsernährung etc. (s. auch S. 130 „Ursachen psychosomatischer Krankheiten…").

### Symptome von Ama-Zuständen:

- Verlust von Appetit und Geschmacksvermögen, Erbrechen;
- Dicker weißer oder gelblich-brauner Zungenbelag, Mundgeruch;
- Fieber, akute Erkältungen, Magen-Darm-Infekte, Brennen, Kopfschmerz;
- Verdauungsstörungen (Blähsucht, Durchfall/Verstopfung, Magendruck etc.);
- Auswurf von dickem, klebrigem Schleim/Speichel, starker Speichelfluss;
- Schweregefühl im Körper, chronische Müdigkeit, Benommenheit, Gähnen;
- Klebriger, übel riechender Stuhl, Stuhlstagnation, übel riechender Urin, Schweiß, unangenehmer Körpergeruch;
- Geistige Trägheit, Apathie, Abstumpfung, Depressionsneigung;
- Verminderte Ausscheidung von saurem Schweiß und/oder trübem Urin;
- Druckschmerz, Schweregefühl in den Gelenken, Gelenksteifigkeit, Zerschlagenheitsgefühl.

(Quelle: CS Ci.15.45, 73 und 94 ff.)

**Folgende Maßnahmen zur Reduktion von Ama stärken das Agni (Dipana), fördern die Ausscheidung von Ama (Pacana) und verhindern ernsthafte Erkrankungen:**

- Meiden der Ursache (*Nidana Parivarjanam*);
- Fasten (Nahrungs- und in bestimmten Fällen gezielter Flüssigkeitsentzug[13]) für 1–2 Tage, heißes Wasser oder Ingwertee maßvoll, also schluckweise trinken;
- Einnahme verdauungsfördernder Arzneien (z. B. starker Ingwertee mit Zitrone oder die Einnahme von *Trikatu*: Ingwer, Pippalpfeffer und schwarzer Pfeffer);
- Körperübungen, Sport bis zur Transpiration auf der Stirn;
- Regelmäßige Saunagänge, insbesondere trockene Hitze;
- Meditation und *Agni* fördernde Yogaübungen;
- Anschließende Ernährungsumstellung, z.B. für längere Zeit eine Monodiät (siehe Details S. 329 ff.).

### Einige Gedanken zur Schlackentheorie:

Der Gedanke, den Körper von externen Giftstoffen befreien zu wollen, ist nachvollziehbar – heute mehr denn je. Schließlich sind die Zeitungen voll von Berichten über Schadstoffe, die täglich auf uns einwirken – ob Pestizide im Gemüse, Antibiotika im Fleisch oder Geschmacksverstärker in Fertiggerichten.

Neu ist die Idee des *Ausleitens* von internen Giftstoffen, im Volksmund „Entschlacken" genannt, dabei nicht. Alle großen traditionellen Medizinsysteme – ob die TCM, die europäische Humoral-

---

13  *Anm.: Diese Maßnahme darf nur in Absprache mit einem Ayurvedaarzt durchgeführt werden!*

# Die Energetik der Nahrung

medizin oder Ayurveda – kennen das Prinzip. Dabei wurden seit Jahrhunderten unterschiedlichste Methoden angewendet, um krankmachende Stoffe aus dem Körper zu entfernen: Schröpfen, Aderlass, Massagen, Blutegel oder Schwitzkuren, aber auch Fastenkuren und Diäten.

In der leider etwas reißerischen Diskussion geht es um eine Kontroverse.

Die These der Naturheilkunde und Komplementärmedizin: Durch den Entschlackungsprozess sollen Schadstoffe und abgelagerte, neutralisierte Säuren (Schlacken), die sich durch die ungesunde moderne Lebensweise im Körper angesammelt haben, ausgeschwemmt werden. Angeblich lagern sich diese Schlacken im Organismus ab. Sie sollen die verschiedensten Krankheiten verursachen, mindestens jedoch zu Erschöpfung und Unwohlsein führen.

Eine Diplom-Biologin und Fastenleiterin meint, herausgefunden zu haben, dass sich pathogenes Eiweiß beispielsweise im Bindegewebe und in den Basalmembranen der Kapillaren ablagere. Für eine andere Ernährungsberaterin sind Schlacken durch Übersäuerung entstandene sauer reagierende Salze.

Die Antithese der Schulmedizin (zu den sogenannten „Schlackengegnern" zählen hochkarätige Ärzte, Professoren und Chirurgen): Der Glaube an die Entschlackung gilt hier als veraltetes Konzept. Der Leiter einer Klinik für Innere Medizin in München, spricht kategorisch von einem „absoluten Steinzeitkonzept". Schlacken, also Fremd- oder Giftstoffe, die sich im Körper ablagern, existieren demzufolge nicht. Eine weitere Aussage: „Die einzige Entschlackung, die medizinisch zu empfehlen ist, müsste im Kopf stattfinden – d. h. sich von dieser Vorstellung zu lösen."

Der Leiter einer Münchener Fachklinik hält eine Entschlackung des Körpers für nicht erforderlich. Für völlig unbegründet hält er die Angst vor einer schleichenden Vergiftung durch Ablagerungen. Diese sei, wissenschaftlich gesehen, nicht stichhaltig. Außerdem habe sich der menschliche Organismus über fünf Millionen Jahre so hoch entwickelt, dass daraus ein effektives System entstanden sei, um Stoffwechselendprodukte loszuwerden. Nach diesem Modell gewinnt der Körper seine Energie aus einer nahezu rückstandslosen Verbrennung. Die wenigen Rückstände werden vom Körper entgiftet und vollständig ausgeschieden. Dabei würden unerwünschte Substanzen vom Dünndarm in die Leber geschleust, dort unschädlich gemacht und schließlich über die Nieren und die Blase mit dem Urin ausgeschieden. Unverdauliche Ballaststoffe transportiere der Dickdarm aus dem Körper und beim Stoffwechsel anfallende Gase würden über Lunge und Haut ausgeatmet. Dieses System könne man nicht verbessern. Schlacken kenne man nur „aus dem Ofen" – aber nicht im menschlichen Körper, so der Facharzt.

Zu den Verfechtern der Schlackentheorie gehört u. a. die klassische Naturheilkunde. Ihre These: Die Ausscheidungsorgane sind überlastet. Viele Heilpraktiker und Naturheilärzte setzen heute die Tradition antiker Heil- und Ausleitungsverfahren fort. Sie gehen davon aus, dass die natürlichen Ausleitungssysteme des Körpers bei den ca. zehn Millionen heute registrierten Chemikalien zu überlastet seien, um alle Giftstoffe auszuscheiden. Nach ihren Aussagen lagern sich Umweltgifte wie Konservierungs- und Zusatzstoffe, Pestizid- und Düngerreste als Schlacken im Gewebe ab.

Im Ayurveda wird behauptet, dass es bei Menschen schon vor Tausenden von Jahren – nicht erst seit Beginn des Industriezeitalters – Stoffwechselendprodukte gab, die nicht ausgeschieden wurden. Der Organismus selbst produziert toxische Abbauprodukte, die bestimmte Organe und Organsysteme überfluten können. Sie dienen als Nährboden für pathogene Viren, Pilze, Bakterien und Keime oder für die Entstehung chronischer Erkrankungen.

Im Grunde besitzen Einzeller, Bakterien, Viren, Insekten und Säugetiere (und damit auch der Mensch) unbestritten einen sogenannten „Verbrennungsmotor" namens Zellstoffwechsel. Säugetiere, Insekten und Menschen haben zusätzlich einen Verdauungstrakt. Jede Zelle braucht Nahrung und verbrennt diese, um Energie zu gewinnen. Dabei entstehen Stoffwechselzwischenprodukte, die den Körper aufgrund ihrer Toxizität verlassen müssen. Diese Zellstoffwechselprozesse sind aber kompliziert. Ihr reibungsloses Funktionieren ist von unendlich vielen Faktoren abhängig und nicht immer garantiert. Viele Menschen gehen mit ihrem Körper um, als ob sie ein Kraftfahrzeug gekauft hätten und damit ohne Führerschein und Gebrauchsanleitung losführen. „Unfälle" sind in solchen Fällen vorprogrammiert.

### Resultate unvollständig ablaufender Stoffwechselprozesse sind u. a.:

- Cholesterinablagerungen in den Arterien;
- Stoffwechseltoxine in den Gelenken (Gicht, Rheuma);
- Gallensteine und intrahepatische Steine in der Leber aus überschüssigem Cholesterin und Gallensäuren;
- Kotsteine im Dickdarm (Divertikulose);
- Pilze im Dickdarm (z. B. Candidamykose);
- Verschleimung der Nasennebenhöhlen (Sinusitis) u. v. m.

Die Stoffwechselschlacken sind alle aufgrund nicht vollständig abgelaufener biochemischer Reaktionen im Organismus entstanden. Hier ist nicht von externen Nahrungsgiften oder toxischen Nahrungszusatzstoffen die Rede, die wir über die Nahrung zu uns nehmen. Die Schulmedizin hat gegen all diese Krankheiten natürlich teure Medikamente. In manchen Fällen hilft eine Operation. Der Ayurveda zeigt dagegen, dass all diese Krankheiten sich durch gezielte vorbeugende diätetische Maßnahmen und Lifestyle-Beratungen, durch Phytotherapie und gezielte, routinemäßige Ausleitungsverfahren vermeiden oder nicht-invasiv beheben lassen.
(Auf Basis von Internetrecherchen und einem Gespräch mit Prof. Dr. A. Michalsen von der Charité, Berlin)

### Bei Ama handelt es sich

um Autotoxine, also körpereigene Giftstoffe, die durch unvollständig ablaufende Stoffwechselprozesse verursacht werden. Autotoxine haben mit der Vorstellung von exogenen Toxinen (also Umweltgiften oder Nahrungszusätzen) nichts zu tun.

### Die vier wesentlichen Entstehungsquellen für Autotoxine (Ama) aus ayurvedischer Perspektive sind:

**1.** Die dem Organismus zur Verfügung gestellte „Nahrung" ist durch degenerierte Kohlenhydrate, Fette, Eiweiße, Mangel an Mineralstoffen, Vitamine und Spurenelemente minderwertig (z. B. Fast Food, Tiefkühlkost, Fertiggerichte, Mikrowelle etc.). Im Ayurveda würde man vom „Mangel an *Prana*-Energie" sprechen – also zu wenig „lebendige" Nahrung.

**2.** Der Organismus ist z. B. durch Stress (Essen unter Zeitdruck, emotionales Essen) oder durch toxische Nahrungskombinationen, Essen zu Unzeiten etc. nicht in der Lage, die Nahrung adäquat zu verbrennen.

**3.** Die genetisch festgelegte Grundkonstitution spielt eine zentrale Rolle hinsichtlich der Stärke der Verdauungssäfte und -enzyme. Die Fähigkeit, Nahrung zu verarbeiten, ist also Veranlagungssache. Paracelsus beschrieb das in dem tiefgründigen Satz: „Was des einen Nahrung, ist des anderen Gift".

**4.** Ebenso haben der Wandel der Jahreszeiten, der Stimmungen, der Tageszeitenqualitäten und der Lebensphasen einen Einfluss auf unser genetisches Verdauungsfeuer. Wir sind nun einmal keine Maschine, sondern nur eine hoch komplizierte Anhäufung von über zwei Billionen oszillierenden Energieteilchen mit integriertem Stoffwechsel!

# Die Energetik der Nahrung

## Das Triguna-Konzept

„Wie die Nahrung ist, sind unsere Gedanken.
Wie die Gedanken sind, sind unsere Taten.
Wie die Taten sind, werden die Gewohnheiten.
Diese Gewohnheiten begleiten uns mehrere Leben."
(Sanskar: Charakter)

### Nahrung ist Medizin, Medizin ist Nahrung

Bereits die Priesterärzte der Antike, die *Rishis*, fanden heraus, dass es in der Natur keine Substanz gibt, die nicht medizinische Qualitäten hätte. Entscheidend hierbei ist stets die verabreichte Dosis. Ausnahmen bestätigen auch hier die Regel. Es gibt grundsätzlich nur drei Möglichkeiten, wie eine Substanz aus der Natur auf den menschlichen Organismus wirken kann:

**1.** *Sattva* könnte man auf der Ebene der Nahrungsmittel mit „Nektar" übersetzen. *Sattva* ist das, was Körper, Geist und Bewusstsein nährt und hebt. Es ist all das, was wir, in Maßen genossen, mit unserem Verdauungsfeuer beherrschen können. Substanzen dieser Kategorie haben „sattvische" Eigenschaften. Aus moderner Sicht ist die Licht- oder Sonnennahrung reich an Biophotonen. Sie war schon immer die Nahrung der Yogis und der Heiligen Indiens und anderer Länder. Lichtnahrung wächst in einer Höhe von mehr als einem Meter über dem Boden, dazu gehören also Nüsse, Baumfrüchte und etwas Milch. Diese Nahrung hat einen belebenden und vitalisierenden Effekt auf Körper und Nervensystem. Sie baut die Körpergewebe auf, erhält Gesundheit und Langlebigkeit, fördert Glück und Erfüllung und besänftigt und befriedet das Gemüt. Da die Sonnennahrung leicht verdaulich ist, empfiehlt sie sich zu einem Großteil für *Kapha*-Typen, ältere Menschen und Schwerkranke. Sonnennahrung sollte im Sommer und in warmen Klimazonen bevorzugt werden. (siehe Tab.S. 52 ff., S. 114 ff.).

**2.** Medizin werden all jene Substanzen genannt, die unser *Agni* (Verdauungsfeuer) fördern und damit unseren Stoffwechsel und unser Wohlbefinden in Harmonie bringen. Substanzen dieser Kategorie haben *Rajas*-Eigenschaften. Diese sogenannte Bodennahrung wächst bis zu einer Höhe von einem Meter über der Erde. Zu diesen reinigenden Nahrungsmitteln gehören alle Kräuter und Gewürze, in Maßen Zwiebeln und Knoblauch, Beerenobst, die meisten Gemüse, Salate, Hülsenfrüchte, Getreide, Strauchnüsse, Samen und Reis. Sie sollten der Kern einer Gesundheit erhaltenden Ernährung sein. Viele der grundlegenden Reinigungs- und Monodiäten zählen zu dieser Kategorie (siehe Details, S. 329 ff.) Auch alle zu scharfen und zu starken Lebensmittel gehören in diese Kategorie, so z. B. Chili. Diese Nahrung unterstützt die Verdauungsaktivität. *Agni* fördert die Ausschüttung von Enzymen, Verdauungssäften, Hormonen und unterstützt die Ausscheidung von Giftstoffen.

**3.** „Gift" oder, besser gesagt, alle schwer verdaulichen Substanzen sind all jene, die die Verdauung behindern oder extrem herausfordern. Sie haben eine tamasische Natur, stören die Stoffwechselprozesse und fordern die Beherrschung durch *Agni* heraus. Diese Nahrung fördert im Übermaß oder regelmäßig verzehrt die Bildung von *Ama* und ist demnach schwer, klebrig, schleimig, macht geistig träge, müde und fördert Süchte. Hierzu zählen auch alle tamasisch wirkenden Nahrungsmittel, die durch Gewaltanwendung gewonnen werden, also Fleisch, Fisch und Eier.

Zur im Boden wachsenden Erdnahrung gehören alle Knollenfrüchte, Kartoffeln, Wurzelgemüse sowie Pilze und Flechten, aber auch Algen. Außerdem zählen Fast Food, Convenience-Food, Tiefkühl- und Fertigprodukte, Kantinenküche, chemisch veränderte Nahrung, künstliche Zusatzstoffe etc. dazu. Es handelt sich hier auch um Nahrung, die verschimmelt oder zu alt ist („abgelaufen"), die Krankheiten hervorruft und *Ama* (Schlackenstoffe) im Körper entstehen lässt. Weitere langfristig tamasisch wirkende Beispiele sind Kohl und Hülsenfrüchte für *Vata*-Typen, Joghurt und Eiscreme für *Kapha*-Typen sowie Chili, Tomaten und Frittiertes für *Pitta*-Typen. *Tamasika* wirken nur dann auf den Geist abstumpfend, wenn sie im Übermaß oder regelmäßig genossen werden. Sie verleihen allen Kraft, die schwer arbeiten oder weltlichen Geschäften nachgehen. Auch der an chronischem Energiemangel leidende *Vata*-Typ verträgt diese hochenergetische Nahrung in Verbindung mit Bodennahrung in Maßen gut, wenn die entsprechenden Antidots zum Einsatz kommen. Erdnahrung sollte auf die *Vata*-Jahreszeit beschränkt bleiben oder in kälteren Klimazo-

# Die Energetik der Nahrung

nen erhöht werden. Deutlich unter zehn Prozent sollte unsere Nahrung aus *Tamas* (Genussgiften) bestehen. Sie fördert Abhängigkeiten und Süchte und macht uns auf lange Sicht lebensüberdrüssig und depressiv.

Krankheit ist demnach ein Zustand, der oft auf eine unkorrekte, nicht dem Typ entsprechende Diät und Lebensführung zurückgeführt werden kann.

Heilung erlangen wir also nicht durch bessere Medikamente, bessere Drogen oder bessere Restaurants, sondern durch vernünftige Ernährung und adäquaten Lebensstil.

Gesundheit ist eine Sehnsucht des Menschen, die nur eigenverantwortlich gestillt werden kann. Es gibt keine Krankheit, die ohne Ernährungsumstellung zu heilen ist. Im Umkehrschluss ist Gesundheit als dauerhafter Zustand nur dann denkbar, wenn wir wissen, was für uns zu- bzw. abträglich ist.

**Essen - ein heiliger Akt**

Nach der ayurvedischen Lehre ist die Nahrung das Opfer, das wir täglich auf dem Altar des Körpers darbringen. Ein Blumenkohl beispielsweise gibt seine Identität auf, um ein Teil von uns zu werden. Die Nahrung dient als Gabe an den Feuergott *Agnideva*, als Versöhnung mit dem uns innewohnenden Geist in menschlicher Form.

Falsche Ernährung kann unsere Emotionen erregen
Folglich sollten wir mehr und mehr die spirituellen Qualitäten unserer Nahrung, die wir auswählen, in Betracht ziehen. Die Frage ist: Nährt sie unsere positiven Gedankenprozesse und den Frieden unseres Gemüts? In der Antwort liegt der Grund dafür, warum spirituelle, meditierende und friedliebende Menschen auf Fleisch verzichten – obwohl es aus medizinisch-rationaler Sicht nährend und kräftigend auf die Gewebe (*Dhatus*) wirkt.

Wem spirituelles Wachstum am Herzen liegt, der sollte die sattvischen Qualitäten unserer Nahrung in Betracht ziehen.
Das war in der vedischen Tradition das Ziel der Brahmanen und Yogis. Solche Speisen nähren unsere positiven Gedankenprozesse und den Frieden des Gemüts. Sie verfeinern die Sinne, die Wahrnehmung und machen mitfühlend. Fleisch enthält als Information den emotionalen Gewaltaspekt, durch den die Tiere zu Tode kamen: Angst, Wut, Ohnmacht, Hass und den Todeskampf.

Wer nach materiellem Wohlstand/gesellschaftlicher Position strebt, sollte die rajasischen Qualitäten unserer Nahrung bevorzugen
Das entsprach in der vedischen Gesellschaft der Kriegerkaste. Heute entspricht diese Gesellschaftsschicht den Unternehmern, Managern und Selbstständigen. Sie müssen sich durch Fleiß und harte Arbeit in der Gesellschaft/innerhalb eines Unternehmens behaupten und nach oben arbeiten. Sie brauchen starke Stimuli und viel tierisches Eiweiß als Energielieferant, um jederzeit ihre Leistungen erbringen zu können. Der Leidensaspekt kommt hier gewiss zum Tragen. Wer kämpfen muss, hat viele Gegner und wer wohlhabend ist, hat viele Neider.

Wer unbewusst, ohne Zielsetzung, vor sich hinlebt, wird durch den tamasischen Aspekt der Nahrung in den Sog von Depression, Sucht und Krankheit gezogen
In der vedischen Gesellschaft zählten dazu die Unberührbaren, Armen und Rechtlosen. Immer mehr Menschen kommen in unserer Kampf- und Stressgesellschaft „unters Rad". Auch, wenn sattvische Nahrung nicht teurer sein muss, fühlen sich viele von tamasischer Nahrung angezogen, denn „Gleiches verstärkt Gleiches". Diese *Tamasika* erhalten und bestätigen energetisch sozusagen ihre Bewusstseinsstufe.

**Der Anteil an sattvischer Nahrung**

in unserem Alltag sollte nach Möglichkeit 60–80% betragen. Der *Rajas*-Anteil, also das, was unser Verdauungsfeuer anregt und die Umwandlung der Nahrung ermöglicht, sollte maximal 30% betragen. Deutlich unter 10% sollte unsere Nahrung aus *Tamas*, den sogenannten Genussgiften, bestehen.

### Jeder Mensch gestaltet seine Zukunft

mit jedem Bissen selbst. Jeder kann entscheiden, welche Art Nahrung für die Erreichung seiner persönlichen Ziele am besten geeignet ist.

- **Sattvische Nahrung** ist perfekt für diejenigen, die ein ruhiges,, friedvolles und gesichertes Leben in Zurückgezogenheit und Kontemplation führen möchten.

- **Rajas-Nahrung** ist empfehlenswert für alljene, die mitten in der Gesellschaft – sozusagen auf dem Marktplatz – arbeiten und leben möchten, sich aber dennoch einen meditativen Geist bewahren möchten.

- **Tamas-Nahrung** sollte aus den bereits beschriebenen Gründen weitgehend vermieden werden. Eine Ausnahme stellt die schon erwähnte Erdnahrung dar, die in Maßen erdend und damit ausgleichend auf das Nervensystem wirkt.

## Nahrung und die Geistgesetze

In den Tabellen zu Nahrungsmitteln und Gewürzen bekommen Sie eine Übersicht über die entsprechende Energetik der jeweiligen Substanz in Bezug auf die elementare Wirkung in Körper und Geist. Wenn der Geist in der Lage ist, potenziell Materie zu beeinflussen, ist es umgekehrt ebenso. Das bedeutet, entsprechend der Geistgesetze, dass Nahrungsmittel einen Einfluss auf unser Geistleben haben, unser Geistleben aber auch die Wirkungsweise der Nahrung beeinflussen kann.

Um die gegenseitige Wechselwirkung zu verstehen, muss man sich Folgendes bewusst machen: Der Geist, der momentan Teil dieses Körpers ist, verfügt über das Potenzial, Materie zu beeinflussen, muss dafür aber erst geschult und trainiert werden. Von selbst ist niemand in der Lage, Materie dahingehend zu „verzaubern", dass sie gewünschte Eigenschaften annimmt. In umgekehrter Weise unterliegt der Mensch zunächst den Gesetzmäßigkeiten der Materie, die er zu sich nimmt – im grobstofflichen wie im feinstofflichen Bereich.

### Die ausgleichende Wirkung der Doshas ist ebenso wichtig wie ein ausgeglichenes Bewusstsein gegenüber der Ernährung

Die Energetiktabellen unterstützen Sie dabei, diesen Vorgang langsam auf allen Ebenen des Lebens zu manifestieren. Man sollte sich nicht kasteien und damit ein neues Ungleichgewicht heraufbeschwören. Es gilt vielmehr, zu verstehen, dass die einzelnen *Doshas* außer Kontrolle geraten können, wenn man maßlos ist. Auch maßloser Verzicht auf Lebensmittel, die unserem dominanten *Dosha* widersprechen, stellt keinen sinnvollen und ausgewogenen Lebenswandel dar.

Über Geschmack lässt sich bekanntlich nicht streiten. So verteidigt jeder seine Gaumenfreuden. Selbst unter den Gelehrten und besonders in den spirituellen Schulen gibt es Diskussionen darüber, ob z. B. der Knoblauch und die Zwiebel tamasisch oder rajasisch auf den menschlichen Geist wirken. Wie auch beim Fleisch kommt es auf Maß, Sinn und Zweck an. Letztlich entscheidet jeder Mensch, wenn er Essen zu sich nimmt, frei darüber, wie er sein zukünftiges Selbst gestalten will.

Die nachfolgende Tabelle gibt einen Überblick über die Wirkung der Nahrungsmittel auf unsere Gedanken und Emotionen.

# Die Energetik der Nahrung

## Wie wirkt Nahrung auf unser Bewusstsein und welchen Geist prägt sie?

| Neigungen des Kosmos | Sattva | Rajas | Tamas |
|---|---|---|---|
| Gottheit | Brahma | Vishnu | Shiva |
| Urprinzip | Schöpfer | Erhalter | Zerstörer |
| Zyklus | Geburt (Anfang) | Leben (Sein) | Tod (Ende) |
| Weltreiche | Aufstieg | Blüte | Zerfall |
| Geistebene | Bewusstsein | Energie (Handlung) | Kraft (Materie) |
| Wirkprinzip | Harmonie | Bewegung/Gleichgew. | Ruhe/Stabilität |
| Physisch | Pitta | Vata | Kapha |
| Sitz | fünf Sinne & Tatorgane, Denkorgan | - | fünf Sinnesobjekte, fünf Sinnesorgane |
| Tendenz | Manifestation | Kampf | Trägheit |
| Emotionen/ Neigungen | Mitgefühl, Hingabe, Vergebung, Liebe, Intelligenz, Güte | Leidenschaft, Neid, Angst, Unruhe, Wut, Streben, Eifersucht | Depression, Groll, Gier, Sucht, Anhaftung, Zorn, Verblendung |
| Wirkung auf den Geist | verleiht Frieden, Demut, Harmonie, Altruismus, Liebe | fördert Erregbarkeit, Schmerz, Leiden, Ehrgeiz, Arroganz | geistige Abstumpfung Materialismus, Trägheit Egoismus, Ignoranz |
| Lebensziel/ Schicksale | Spiritualität, Meditation, Erleuchtung, Wahrheit, Tugend | Veränderung, Entwicklung von Visionen/Träumen, irdische Freuden | Krankheit als Weg, Depression, Macht/Magie (Todessehn-)Sucht |
| Drang zu.. | innerer Befreiung | innerem Kampf | innerer Selbstaufgabe |
| Toxikologie | Nektar | Medizin | Gift |
| Nahrungswirkungen | stärkend, vital, schmackhaft, ölig angenehm; reinigt Körper & Geist, erhöht Langlebigkeit | schärft die Sinne, Durchsetzungsvermögen, Kreativität; erzeugt Emotionen Unruhe, Passion | verursacht Schmerz, Trägheit, Kummer; verunreinigt Körper & Geist, fördert Krankheit, Verfall |
| Energetik der Nahrung | Pranareich, süß, frisch, kühlend, ölig, erdend | überwürzt, heiß intensiv, streng, sinnesreizend | schwer, klebrig, verdorben, aufgewärmt denaturiert, tot |
| Wirkung auf Agni | in Maßen stärkt es alle Gewebe | sehr anregend, Ama beseitigend | extrem schwächend, Ama & Übergewicht |
| Wirkung auf Tridosha | VP, maßvoll K°, im Übermaß K+ | VP+K– maßvoll, im Übermaß VP++ | VP–K+ maßvoll, im Übermaß Ama/VPK+ |
| Vata-Mentalität | Klarheit, Leichtigkeit, Kreativität | Hyperaktivität, Unruhe, Ängstlichkeit Ungeerdet-Sein | Verwirrung, Traurigkeit, Kummer, Entschluss-/Ziellosigkeit |
| Pitta-Mentalität | Wissen, Erkenntnis, gute Auffassungsgabe, Esprit | Streitsucht, Machtstreben, Kampfgeist, Karrieresucht | Zorn, Hass, Neid, Eifersucht, Groll, Vergeltungssucht |
| Kapha-Mentalität | Mitgefühl, Warmherzigkeit, Nachgiebigkeit, Liebe | Anhaftung, Gier, Habsucht | tiefe Verwirrung, Depression, Ignoranz, Demenz, Unbewusstheit |

| Neigungen des Kosmos<br><br>Nahrungsmittel | Sattva<br><br>Bio-/Naturwaren:<br>Frisch geerntet, nahrhaft, biologisch naturbelassen, heimisch, leicht verdaulich, ölig, nährstoffreich, süß | Rajas<br><br>Alle Stimulantien:<br>Bitter, sauer, salzig scharf, trocken, sehr kalt/heiß, chemisch verarbeitet, konventioneller Anbau, fördert Azidose | Tamas<br><br>Schädl. Genussgifte:<br>Essensreste, Aufgewärmtes, Fastfood, Mikrowellenkost, Gegrilltes, Geräuchertes, zerkocht, verdorben, chem. Zusatzstoffe, Tiefkühlkost, Light-/Industrieprodukte |
|---|---|---|---|
| Tägl. Anteil | 60-80% | < 30% | < 10% |
| Getreide | Gerste, Dinkel, blauer Mais (mehl), Wild-, Reis, Hafer, Tapioca, Hirse, Quinoa, Amaranth | Roggen, Buchweizen, Mais | brauner Reis, Weizen** |
| Früchte | süß-reife Früchte, Rosine, Himbeere, Mango, Feige, Birne, Granatapfel, Pflaume, Melone, Pfirsich, Dattel, Kokosnuss, Weintraube, Apfel, Beerenobst, Kirsche, Mandarine, Nektarine, Orange, Banane(reif), Dörrobst (eingeweicht), Aprikose, Papaya, Trauben | unreifes, gespritztes Obst, Datteln (getr.), Rhabarber, Guave, Tamarinde, saure Früchte, Dosenobst, Limone Mango (unreif) Zitrone, Avocado | Pflaume, Erdbeere Wassermelone |
| Hülsenfrüchte | Mungbohnen, -dal, gelbe Linsen, fr. grüne Erbsen*, Pinto-, Kidney-, Limabohnen*, Sau-, Azukibohnen, Sojabohnen, Sojamilch | Toor Dal, br./rote, Linsen, schwarze, rosa u. gescheckte Bohnen*, Kidneybohnen, Kichererbsen, grüne Schälerbsen** | Urad Dal, häufig schwarze, rosa und gescheckte Bohnen |
| Gemüse | Süßkartoffel, Blattgrün, gelber Kürbis, Karotte, Zucchini, Spargel, Gurke, Artischocke, Spinat, Brokkoli, rote Beete, fr. Mais, Okra, Petersilie, essbare Blüten, grüne Bohnen u. Yamswurzel, Kohlrabi, Kopfsalat, Endivie, Topinambur, Mangold, Sellerie, Erbsen, Kartoffeln, Kohlrübe, Kastanie | Nachtschattengewächse, Kohlsorten, Spinat, Aubergine, Chili, scharfe/bittere Gemüse; Sprossen, Kartoffel*, Tamarinde, Avocado, Rettich, Dosengemüse, Zwiebel*, Oliven(alle), Pfeffer, Peperoni, Tomate, Radieschen, Paprika, Ingwer, Pickles | alle übrigen Kürbisarten, Pilze; Zwiebel**, Knoblauch**, Kartoffeln**, Lauch, Schalotten, Konserven- und Tiefkühlgemüse |

*In Maßen verträglich / ** Im Übermaß unzuträglich*

# Die Energetik der Nahrung

| Neigungen des Kosmos<br><br>Nahrungsmittel | Sattva<br><br>Bio-/Naturwaren:<br><br>Frisch geerntet, nahrhaft, biologisch naturbelassen, heimisch, leicht verdaulich, ölig, nährstoffreich, süß | Rajas<br><br>Alle Stimulantien:<br><br>Bitter, sauer, salzig scharf, trocken, sehr kalt/heiß, chemisch verarbeitet, konventioneller Anbau, fördert Azidose | Tamas<br><br>Schädl. Genussgifte:<br><br>Essensreste, Aufgewärmtes, Fastfood, Mikrowellenkost, Gegrilltes, Geräuchertes, zerkocht, verdorben, chem. Zusatzstoffe, Tiefkühlkost, Light-/Industrieprodukte |
|---|---|---|---|
| Milchprodukte | fr. Vorzugsmilch, Ghee, Frischkäse, fr. Naturjoghurt, Ziegenmilch, fr. Butter u. -milch, Kefir (fr.), Sahne, Paneer | Sauermilchprodukte, Eiscreme, Hüttenkäse, Quark, gesalzene Butter, Schmelzkäse, Joghurt (alt), Hartkäse, Kefir (alt) | alter bzw. Hartkäse, Schimmelkäse, behandelte Milch, Margarine, Milchpulver |
| Nüsse, Samen | Mandeln, weiße Sesamsaat, frische Cashewkerne, Bienenpollen, Walnuss, Sonnenblumen-, Pinienkerne, Haselnuss, Pekan-, Para-, Kokosnuss | alle übrigen Nüsse, braune Sesamsaat, gesalzene Nüsse, Kürbiskerne | Erdnüsse, schwarze Sesamsaat, ranzige Nüsse |
| Gewürze/ Zutaten | Safran, Curcuma, Kardamom, Cumin, Fenchel, Koriander, Dill, Basilikum u. a. frische Gartenkräuter | Curry, Chili, schw. Pfeffer, Cayenne, Ingwerpulver, Essig, Knoblauch*, Oliven, Brunnenkresse, alle Salzarten, Fermentiertes, Hefe | Jalapeno Pfeffer, Muskat, Asafötida, Knoblauch** |
| Fleisch/ Fisch/Ei | keine | Fisch*, Shrimps*, weißes Fleisch*, Geflügel, Ei*, Ziegenfleisch* | Ei, dunkler Fisch, Fisch (Meer-/Süßw.)**, Muscheln, Wurst, Wildbret, Meeresfrüchte, rotes Fleisch, Schwein |
| Süßstoffe/ Süßwaren | Honig, Rohr-/Palmzucker, Ahornsirup, Carob, Zuckerrohr | Melasse, Industriezucker, br. Reissirup, Malzsirup, Melasse, Palm-, Fruchtzucker | Stevia, Patisserie, Süßstoff, Schokolade |
| alkohol. Getränke | Wein, verdünnt in kleinen Mengen* | Most*, Sekt*, Wein*, Bier* | Alkohol ** sowie harte Getränke |
| Sonstige Getränke | Quellwasser, Grün-, Kräutertee, frischer Obstsaft, Sojamilch | Mate-, Schwarztee, Kaffee, Cola, Kakao, Fruchtsäfte (in Fl.), kohlensäurehaltige Getränke | Soft-/Powerdrinks, u.a. industriell produzierte Fertiggetränke |

*In Maßen verträglich / ** Im Übermaß unzuträglich*

Der Ayurveda-Arzt betrachtet Nahrung unter pathologischen Aspekten und dahingehend, wie bestimmte Krankheiten durch die Heilkraft der Nahrung ausgeglichen werden können.

### Alle drei Kategorien haben hier ihre Berechtigung

Ein spiritueller Mensch sieht sein größtes Ziel in der Vermeidung jeder nur möglichen Ursache von Leid, Schmerz und negativen Handlungen. Für ihn wird die *tamasische* Nahrung tabu sein. Die *rajasische* Nahrung beeinträchtigt seinen inneren Frieden und seine klare Wahrnehmung. Er wird auch sie weitgehend meiden. Ziel ist für ihn ein Leben in Harmonie mit dem Ganzen und die Umgehung des karmischen Gesetzes von Ursache und Wirkung.

Der weltliche Mensch geht in erster Linie nach dem Lustprinzip. Alles, was ihm gut tut, das wird er so oft wie möglich konsumieren – bis er an Grenzen stößt. Jeder wählt unbewusst und intuitiv die Nahrung aus, die für die Erreichung seiner (oft auch unbewussten) Ziele am hilfreichsten ist.

### Wie wird Nahrung zu Bewusstsein?

Auch das menschliche Bewusstsein braucht Nahrung. Bewusstsein ist das Substrat aus Verstand, den fünf Sinnen und deren Wahrnehmungsobjekten (*Tanmatra*: Klang, Berührung, Form, Geschmack und Geruch). Die fünf Sinnesorgane tragen dem Verstand die Eigenschaften der Nahrung zu. Dies geschieht auf feinstofflicher Ebene. Die „Zellnahrung" besitzt Grundqualitäten von Materie (*Guna*) welche einen Bezug haben zu den 20 essentiellen Aminosäuren.

Auf diese Weise wurde vor mehr als 2.500 Jahren der Weg beschrieben, auf dem die Nahrung Sinne und Geist nährt und beeinflusst und so selbst zu Bewusstsein wird.

Ayurveda unterteilt die Nahrung dementsprechend in *Sattva*, *Rajas* und *Tamas* – je nach der subtilen Wirkung auf das Bewusstsein. Der Esser ist selbst für sein „Bewusst-Sein" und damit für seine Gedanken und Taten verantwortlich.

## Die zirkadianen Rhythmen und deren Wirkung auf VPK

Eine richtige, dem Typ entsprechende Ernährung, ist der Kern der Krankheitsverhütung. Sie ist das Fundament für ein gesundes und glückliches Leben. Voraussetzung ist, dass sie angepasst wird an den Wandel der Tages- und Jahreszeiten sowie an die individuelle Konstitution und die Lebensphasen.

### Unser Leben ist ein schwingender Rhythmus mit vielen wiederkehrenden Zeitabläufen

Im antiken Indien umschrieb man mit dem, was wir heute „Rhythmus" nennen, ein „in Bewegung gehülltes Leben." Das bedeutet, dass jedes Individuum Kraft seiner Natur ein unverwechselbares Schwingungsmuster innehat. Die natürlichen Zeitzyklen und -programme des Universums sind Takt- und Impulsgeber für alle Lebensvorgänge. Zyklische Veränderungen wie die Tages- oder Jahreszeiten haben bereits das Leben unserer Ahnen geprägt. Das Rad symbolisiert die ewige Wiederkehr des Gleichen. Die Sonne nehmen wir als Scheibe wahr. Die Funktionskreise der Medizinräder, der chinesischen Organuhr, der Blumenuhr von Linné sowie der Vogeluhr zeigen die Bedeutung und die Allgemeingültigkeit solcher Rhythmen.

# Die Energetik der Nahrung

**Tridosha Mandala der Jahres- und Tageszeiten***

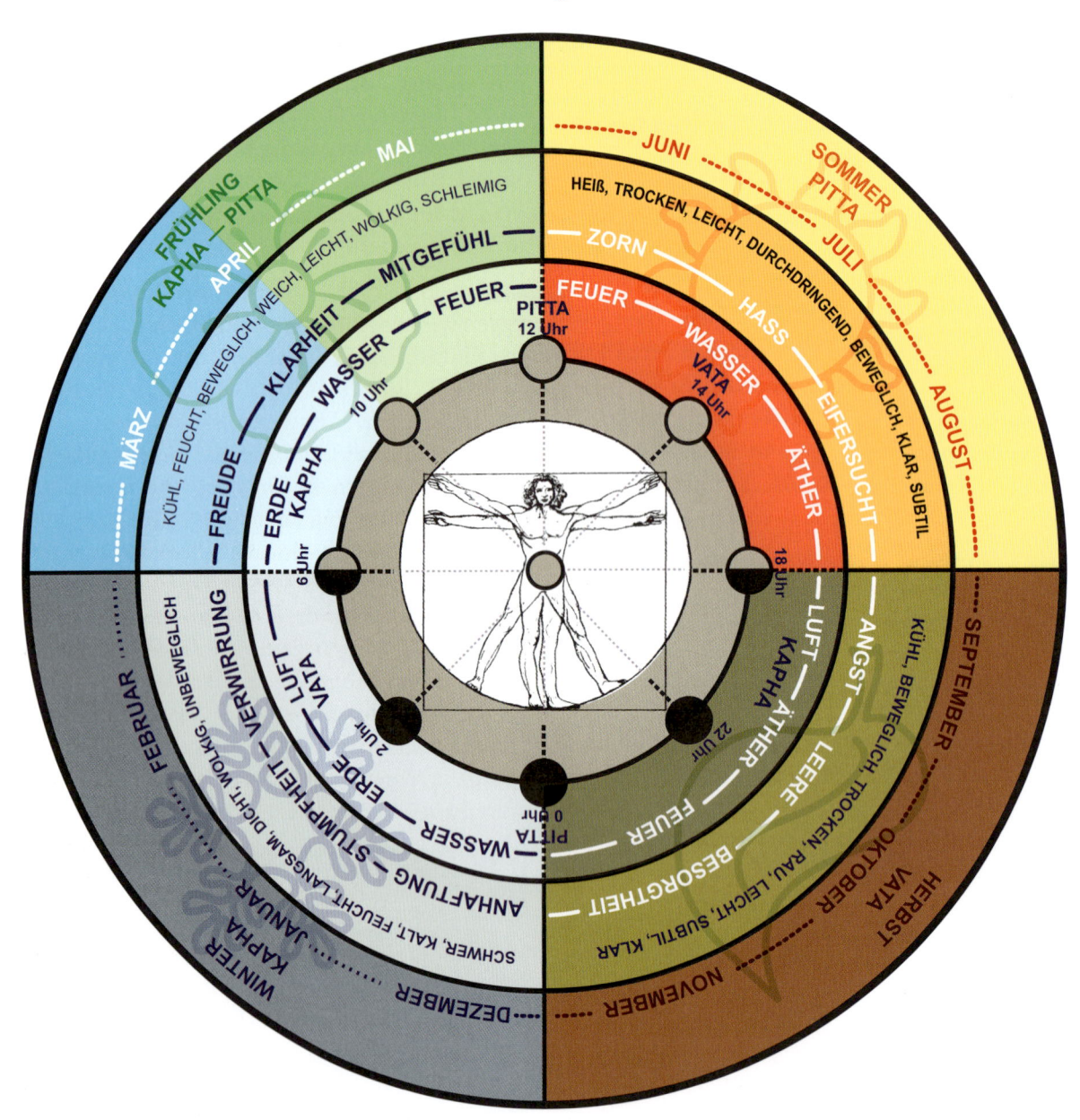

Als Erdbewohner befinden wir uns in einem dynamischen, sich ständig verändernden Raum-Zeit-Kontinuum. Wir sind eingebettet in den **Tagesrhythmus**, den **Mondzyklus**, den **hormonellen** und den **zellbildenden** **Zyklus**, die **Jahreszeiten** und die **Lebensphasen**.

*Anm.: Diese Analogien entsprechen nicht den Klassikern, sondern unseren eigenen Erfahrungen und denen von Dr. Lad.

Jeder Zeitpunkt in diesem Kontinuum beinhaltet eine lineare und vor allem qualitative Komponente. Jeder Zeitpunkt lässt bestimmte kosmische Qualitäten „reifen".

### Der biologisch-dynamische Aussaat-Kalender bildet kosmische Zeitzyklen und deren Manifestationen ab

Ich habe erlebt, wie Möhren bei der Ernte aussehen, deren Setzlinge an einem Wurzeltag, und wie jene, die z. B. an einem Blatttag in die Erde gebracht worden waren. Der Unterschied ist deutlich! Die ersteren sind groß, prall, saftig, aromatisch. Wurzelgemüse am Wurzeltag ausgebracht, lässt die kosmische Energie in die Wurzeln gehen. Die Möhrensetzlinge, die am Blatttag gesät wurden, „schossen ins Kraut" und waren nur als Viehfutter zu verwerten.

Ein weiteres Thema, an dem sich viele europäische Geister scheiden, ist der Umgang mit einer menstruierenden Frau in vielen asiatischen und anderen Kulturen. Auch in der ayurvedisch-brahmanischen Küche ist es der Frau während ihrer Blutungen untersagt, die Küche zu betreten. Eine Frau befindet sich während ihrer Tage in einer entgiftenden Phase. Energetisch/feinstofflich hat das sicht- und spürbare Auswirkungen. Eine Patientin erzählte mir, dass sie viele Jahre in Südamerika auf einem Biohof eine Ziegenkäserei geleitet hatte. Da sie allein und der Bauer nicht abkömmlich war, bestand er stets darauf, dass sie auch während ihrer Menstruation den Käseansatz für den Ziegenkäse herstellte. Jedes Mal, wenn es diese Koinzidenz gab, wurde der Ansatz so miserabel, dass der Käse misslang. Gerade Milch reagiert energetisch hochsensibel.

### Der Mensch ist eingebettet in und abhängig von Zeitzyklen

Jeder menschliche Körper hat seine eigene „innere Uhr". Sie beginnt, im Moment der Empfängnis zu ticken und läuft von da an in Richtung bis zu dem Moment des Todes. Die externe Zeit entspricht der Tages- und der Jahreszeit sowie der astrologischen Zeit der Planetenzyklen. Ein Wesenszug der Zeit ist, dass sie zyklisch ist. Jeder Zyklus durchläuft Phasen, in denen das kosmische Erd-, Luft-, Feuer- oder Wasserprinzip im Universum angeregt wird und dabei *Vata*, *Pitta* oder *Kapha* im menschlichen Organismus beeinflusst und verstärkt. Alle Zeitzyklen beeinflussen die Dominanz der *Dosha* in uns. Jeder externe Rhythmuswechsel hat eine unmittelbare Auswirkung auf unseren internen Stoffwechsel, unsere Verdauungsfunktion und letztendlich auf unser Körpergefühl, unsere Psyche sowie unsere Gedanken.

### Der Tageszyklus & seine Qualitäten

Über den Tag verteilt, haben die *Dosha* in 24 Std. zweimal „Dienst". Deshalb ist es so wichtig, die Qualitäten und Wirkmechanismen der *Dosha* zu kennen, denn sie machen uns zu ihren Zeiten „geneigt". Das genau ist die Definition von *Dosha*. *Dosha* ist die genetisch determinierte Triebkraft in uns, die uns geneigt macht, bestimmte Dinge zu tun oder zu unterlassen. Wenn wir ihre Zeiten einhalten, sind wir wie Surfer auf den Wellen der Zeitzyklen. Wir schwingen in Harmonie mit der kosmischen Ordnung. Tun wir das nicht, brechen die Zeitwellen über uns zusammen und wir schwimmen im Chaos. Es erklärt, warum bestimmte Typen zu bestimmten Tageszeiten munter, gereizt, müde oder unkonzentriert sind.

Moderne „Chronomediziner" (welch hochtrabender Begriff für eine Selbstverständlichkeit in der Antike!) haben Langzeitexperimente mit Schichtarbeitern durchgeführt. Man wollte wissen, ob es bei langjährigen Schichtarbeitern aufgrund ihrer Gewöhnung an den Wechsel von der Nacht- zur Tagschicht eine Adaption der Hirnwellen in der Tiefschlafphase gibt. Im Vergleich mit Probanden ohne Schichterfahrung war erstaunlich, dass die Schichtarbeiter nahezu genauso lange brauchten, um wieder in die erholsame Tiefschlafphase zu kommen. Wir können also weder die äußere, noch unsere innere Natur vergewaltigen. Wir dürfen uns vielmehr ehrfürchtig unterordnen, wollen wir gesund bleiben.

# Die Energetik der Nahrung

### Vata-Zeit 2–6 Uhr

Die ambrosischen Stunden liegen morgens vor Sonnenaufgang, wenn Raum- und Luftelement am klarsten und reinsten im Äther schwingen. Unser Bewusstsein ist zu dieser Zeit sehr aufnahmefähig. Deshalb ist es für Yogis und Meditierende die Zeit der inneren Einkehr, der spirituellen Praktiken. Lymphsystem, Haut, Darm, Nieren und Blase sind zu dieser morgendlichen Reinigungszeit sehr aktiv. Damit der Körper sich von allen Abfallstoffen des Vortages vollständig befreien kann, empfiehlt der Ayurveda, vor Sonnenaufgang aufzustehen!
Die günstigste Aufstehzeit sollte daher besonders für *Vata*-Typen vor 6 Uhr liegen, weil ein späteres Aufstehen ihnen durch schlechte Träume Energie raubt. Wem das für den Anfang zu früh ist, der sollte bis spätestens 7 Uhr aufstehen, um die morgendliche Dynamik der frischen *Vata*-Energie mit in den Tag hineinzunehmen.

### Kapha-Zeit 6–10 Uhr

Die *Kapha*-Zeit beginnt mit dem Sonnenaufgang. Die Körperfunktionen sind noch etwas langsam. Dies erlaubt dem Körper, Energie und Ausdauer zu tanken. Um 6 Uhr stoßen die Nebennieren die Stresshormone Corisol und Adrenalin aus. Das bringt den Körper auf die Beine. Das Hormon Serotonin sorgt in dieser Zeit für gute Laune und Begeisterung. Gerade *Kapha*-Typen haben nach einem schweren Frühstück Mühe, in Fahrt zu kommen. Sie sollten deshalb alle *Kapha* erhöhenden Nahrungsmittel sowie Schlafen zu dieser Zeit meiden. *Kapha*-Typen, die nach 8 Uhr aufstehen, werden noch müder und träger, nehmen leichter zu und neigen eher zu Depressionen. Sie verpassen buchstäblich den Zug, der sie energetisch auf das richtige „Zeitgleis" zur Bewältigung ihres Tagespensums führt.
Es ist die beste Zeit für körperliche Aktivitäten. Wer in dieser Zeit Sport oder Yoga macht, joggt, kalt duscht und mäßig isst, wird sein Nervensystem nicht künstlich mit Genussgiften und Aufputschmitteln wie Kaffee und Schwarztee hochpeitschen müssen, um in Fahrt zu kommen.

Die beste Frühstückszeit liegt zwischen 7-8 Uhr – je nach Typ. Morgens ist das *Agni* in der Regel so schwach wie die Strahlen der aufgehenden Sonne. Deshalb sollte man keine schweren Geschütze wie Frischkornbreis, Käse, Eier, Quark, Wurst usw. zu sich nehmen (siehe Details unter den Frühstücksempfehlungen, S. 298 ff.).

### Pitta-Zeit 10–14 Uhr

Um den Sonnenhöchststand am Tage, gegen Mittag, ist unser *Agni* am stärksten ausgeprägt, sofern wir es nicht durch ein schweres Frühstück erstickt haben. Normalerweise ist die Mittagszeit die beste Zeit für die Hauptmahlzeit des Tages – ein kräftiges eiweißreiches Gericht. Es sollte alle sechs Geschmacksrichtungen enthalten. Hier können auch – je nach Typ – Rohkost, Fleisch, Fisch und Hülsenfrüchte Verwendung finden. Ein gutes Mittagessen zwischen 11–13 Uhr verleiht uns viel Kraft für den Tag und wird durch die Aktivitäten der 2. Tageshälfte in der Regel gut verstoffwechselt. Bleierne Müdigkeit kommt nach dem Mittagessen nur bei Missachtung der „Goldenen Essregeln" (siehe S. 132 ff.) oder der Tabukombinationen (siehe S. 144 ff.) auf, wenn man sich überisst oder *Ama* im Verdauungskanal vorhanden ist.

### Vata-Zeit 14–18 Uhr

Der Stoffwechsel ist in der zweiten *Vata*-Zeit sehr labil. Durch die gesteigerte Nervenaktivität ist die nachmittägliche *Vata*-Zeit hingegen ideal für geistige Leistungen, Aufnahmefähigkeit und Studien. Diese Phase ist eine Unzeit für die Einnahme von Mahlzeiten, was zu Malabsorption und Verdauungsstörungen führt. Süße Gewürztees wie Yogitee und Chai mit Milch und Rohrzucker, notfalls ein paar Trockenfrüchte oder Nüsse, geben bis zur rettenden Abendmahlzeit Energie zum Durchhalten.
Meiden Sie als *Vata*-Typ zu diesen Stunden nach Möglichkeit Stress, Hektik und Zeitdruck.

### Kapha-Zeit 18–22 Uhr

Zu dieser Tageszeit geht in der Regel die Sonne unter. Auch unser *Agni* beginnt dann, schwächer zu werden. Nach 20 Uhr werden die wichtigsten Verdauungsenzyme nicht mehr hergestellt. Die Folge sind Verdauungsstörungen und Gewichtszunahme. Außerdem raubt es unserem Organismus vitale Energie. Der Körper braucht unnötigerweise mehr Schlaf. Die beste Zeit zum Abendessen liegt zwischen 17:30–19:30 Uhr. Entsprechend den Qualitäten von *Kapha* sind alle leichten wärmenden Speisen vorzuziehen. Dazu gehören Suppen, Eintöpfe, gedünstete Gemüse, Ofengemüse, Getreide, Tofu oder rote Linsen. Fleisch, Fisch, Salate, Rohkost oder Milchprodukte können in der trägen *Kapha*-Zeit nicht vollständig verstoffwechselt werden. Sie führen zu Leber- und Darmstörungen und damit zu gestörtem Schlaf nach Mitternacht. Die *Kapha*-Zeit ist die ideale Zeit für kleine Spaziergänge und gesellige Runden. Um das Abendessen besser zu verdauen, sind besonders *Kapha*-Typen gut beraten, sich nach der Mahlzeit an frischer Luft zu bewegen. *Vata*- und *Pitta*-Typen lieben es, nach dem Essen ihre während des Tages aufgestaute Energie bei Gesprächen, Gesellschaftsspielen und Ausgelassenheit loszuwerden. Allerdings sollten *Kapha*-Typen nach 22 Uhr schlafengehen, *Vata*- und *Pitta*-Typen vor 22 Uhr. Ab ca. 21 Uhr sinkt das Immunitätsniveau durch einen plötzlichen Abfall der Endorphine und Corticosteroide.

### Pitta-Zeit 22–02 Uhr

Zu dieser Zeit ist das *Pitta*-Organ Leber mit mehr als 500 Funktionsüberprüfungen beschäftigt: Blutreinigung, Gallenproduktion (für den nächsten Tag), Proteinsynthese (für die Zellregeneration), Absorption und Assimilation (von untertags aufgenommener Nahrung), Bildung von Immunglobulinen. Isst man zu dieser Zeit, kommt es zu gravierenden Stoffwechselentgleisungen, intrahepatischen Steinen, zu Immunstörungen und Nahrungsunverträglichkeiten. Es ist die ungünstigste Zeit, um Nahrung aufzunehmen – es ist Schlafenszeit!

Besonders *Pitta*-Typen neigen zu Essattacken und Heißhunger um Mitternacht, wenn sie lange aufbleiben. Es ist eine teuflische Versuchung, der man am besten widersteht, indem man vorher ins Bett geht. Man sollte mindestens drei Std. vor dem Schlafengehen die letzte Mahlzeit zu sich genommen haben. Wer so lange wie möglich während dieser Zeit schläft, wird tief schlafen, mehr Energie haben und weniger Schlaf brauchen, um ausgeruht zu sein.

Vor unkontrolliertem Essen zu nächtlicher Stunde helfen auch alle entspannenden und emotional ausgleichenden Maßnahmen wie ein schönes Ölbad mit wohligen Düften, eine Fußmassage oder einige entspannende *Yogasana* und Atemtechniken. Genauso dienen schöne Musik und entspannende Literatur dazu, den Spannungsbogen des Tages zu einem harmonischen Abschluss zu bringen.

### Unser Körper ist ein Gewohnheitstier – der Geist mitnichten!

In den ayurvedischen Klassikern liest man: Je routinierter, regelmäßiger und pünktlicher wir zu immer den gleichen Tages- und Nachtzeiten bestimmte Tätigkeiten verrichten, desto reibungsloser und ökonomischer arbeitet unser Organismus. Wenn wir – von Ausnahmen abgesehen – immer zu den gleichen Zeiten essen, unseren Körper reinigen, Übungen machen und ruhen, setzen wir in unserem Unterbewusstsein „Ankerpunkte". Wenn wir nach der ayurvedischen Gesundheitspflege (*Dinacharya*) positive, also gesundheitsfördernde Ankerpunkte setzen, wird unser Körper automatisch danach verlangen.

Das fördert auch die geistige Klarheit und unsere intuitiven Fähigkeiten zu spüren, was gut und was nicht gut für uns ist. Wenn wir gelegentlich über die Stränge schlagen, kann unser Körper das eher tolerieren, als wenn wir ständig energetisch über unsere Verhältnisse leben.

Für unseren Geist ist Routine tödlich. Er braucht ständig neue Nahrung, neue Reize und Herausforderungen, Sport, Spiel und Spannung. Wenn wir unserem Körper, in diese Zeitzyklen eingebettet, einen festen Rahmen geben, wird auch unser rastloser Geist zur Ruhe kommen. Nach der ayurvedischen Definition von Gesundheit wird er dann immer öfter in der Gegenwart und damit „im Zustand ewigen Glücks verharren".

# Die Energetik der Nahrung

## Der Dosha-spezifische Einfluss der Jahreszeiten und ausgleichende Maßnahmen (Rtucharya)

| Dominantes Dosha | KAPHA |
|---|---|
| Kosmisches Prinzip | Strukturgebung |
| Funktion | Kontrolle über alle Flüssigkeiten |
| Naturbezüge | Gletscher, Gezeiten, Niederschlag |
| Jahreszeit (W-Europa) | 1. Febr. - 1. Juni (Winter/Frühling) |
| Witterungseinflüsse | Mond (Wolken/Regen/Schnee/Gezeiten) |
| Klimatische Störungen | Überschwemmungen, Erdbeben |
| Dominante Qualitäten (Gunas) | kalt **schwer** / zähflüssig träge / stabil fest |
| Dominante Elemente | **Wasser** + Erde |
| Physisches Leitsymptom | Eiter-/Schleimbildung |
| Stammsitz | Magen |
| Einfluss auf Dhatus | Gewebe aufbauend |
| Saisonale Störungen & Krankheitstendenzen | Gewichtszunahme, Kongestionen der Atemwege, Husten, Erkältungen, Heuschnupfen, Depression, Müdigkeit |
| Ausgleichende Rasas | bitter, herb und scharf |
| Ausgleichende Qualitäten (Gunas) | heiß trocken scharf / leicht veränderlich mobil |
| Ernährung generell | leichte, bekömmliche, gut gewürzte Speisen, scharfe Suppen & Soßen, Bohnen-/Gemüsepfannen, Dals |
| Gemüse | gedämpfte Blattgemüse, grün-bitteres Gemüse, Rohkost, Salate & Sprossen |
| Getreide | Hirse, Gerste, Buchweizen, Reis, Mais |
| Hülsenfrüchte | Tofu, Kichererbsen, Erbsen, Linsen |
| Obst | herbe & saure Früchte: Äpfel, Kiwi u.a. |
| Gewürze & Kräuter | Löwenzahn, Brennnessel, Sauerampfer, Bockshornklee, Chili, Ingwer, Curcuma |
| Getränke | Gewürztees, grüner Tee, trockene Weine |
| Milchprodukte | Eher meiden! Ziegenkäse/-milch, Lassi |
| Fleisch/Fisch | Eher meiden! Wild, Geflügel, Süßwasserfisch |
| Einschränken | tierisches Eiweiß, fette, süße Speisen, Kohlenhydrate |

## Der Dosha-spezifische Einfluss der Jahreszeiten und ausgleichende Maßnahmen (Rtucharya)

| Dominantes Dosha | PITTA |
|---|---|
| Kosmisches Prinzip | Umwandlung |
| Funktion | Kontrolle aller Transformationsprozesse |
| Naturbezüge | Fotosynthese, Wärmehaushalt, Thermik |
| Jahreszeit (W-Europa) | 1. Juni - 1. Okt. (Sommer/Frühherbst) |
| Witterungseinflüsse | Sonne (Hitze/Schwüle/Gewitter) |
| Klimatische Störungen | Waldbrände, Vulkanausbrüche |
| Dominante Qualitäten (Gunas) | **heiß**   leicht<br>scharf   penetrant<br>ölig   flüssig |
| Dominante Elemente | **Feuer** + Wasser |
| Physisches Leitsymptom | Entzündung |
| Stammsitz | Dünndarm |
| Einfluss auf Dhatus | Gewebe erhaltend |
| Saisonale Störungen & Krankheitstendenzen | Gastritis, Durchfall, Allergien, Hautprobleme, Fieber, Entzündungen, Geschwüre, Magen-Darm-Infekte, Azidose, Cholerik |
| Ausgleichende Rasas | süß, bitter und herb |
| Ausgleichende Qualitäten (Gunas) | kalt   trocken   schwer<br>träge   fest   rau |
| Ernährung generell | leichte, kühlende, erfrischende Speisen & Getränke, Rohkost, Kaltschalen, Tofugerichte, Eiscreme, Süßspeisen |
| Gemüse | bittere, süße, grüne Gemüse, Rohkost, Salate |
| Getreide | Weizen, Dinkel, Reis, Couscous, Hafer |
| Hülsenfrüchte | Bohnen, Linsen(rot/braun), Mungdal, Tofu |
| Obst | süß-herbe Früchte: Granatapfel, Melone u.a. |
| Gewürze & Kräuter | frische Gartenkräuter, Koriander, Anis, Curcuma, Bockshornklee, Minze, Cumin |
| Getränke | Fruchtsäfte, (Butter-)Milch, Obstbowle, Kräutertees |
| Milchprodukte | Frischkäse, Süßrahmprod., Quark, Joghurt |
| Fleisch/Fisch | Weißes Fleisch, Wild, Süßwasserfisch, Eiweiß |
| Einschränken | scharfe, heiße, frittierte Speisen, Alkohol |

# Die Energetik der Nahrung

## Der Dosha-spezifische Einfluss der Jahreszeiten und ausgleichende Maßnahmen (Rtucharya)

| Dominantes Dosha | VATA |
|---|---|
| Kosmisches Prinzip | Dynamik |
| Funktion | Kontrolle über alle Bewegungsabläufe |
| Naturbezüge | Golfströme, Erdrotation, Gravitation |
| Jahreszeit (W-Europa) | 1. Okt. - 1. Febr. (Herbst/Frühwinter) |
| Witterungseinflüsse | Wind (Herbststürme/Klimawechsel) |
| Klimatische Störungen | Orkane, Dürren, Klimaschwankungen |
| Dominante Qualitäten (Gunas) | leicht   kalt<br>**trocken**   rau<br>veränderlich   mobil |
| Dominante Elemente | **Luft** + Äther |
| Physisches Leitsymptom | Schmerz |
| Stammsitz | Dickdarm |
| Einfluss auf Dhatus | Gewebe abbauend |
| Saisonale Störungen & Krankheitstendenzen | Obstipation, Blähungen, Unterkühlung, Gelenkschmerzen, Husten, Schnupfen, Nervosität, Schlafstörungen, Ängste |
| Ausgleichende Rasas | süß, sauer und salzig |
| Ausgleichende Qualitäten (Gunas) | schwer   heiß   ölig<br>träge   stabil   schleimig |
| Ernährung generell | nahrhafte, gekochte, warme, ölige, gut gewürzte Vollwertkost / Getränke, Suppen, Eintöpfe, Bohnen-, Reisgerichte, Gratins |
| Gemüse | Wurzelgemüse, gekocht; gelbe, rote, orange Gemüsepfannen, Aufläufe |
| Getreide | Dinkel, Weizen, Hafer, Quinoa, Reis |
| Hülsenfrüchte | Mungdal, rote Linsen, Toor Dal, Tofu |
| Obst | süße & saure Früchte, gedämpft |
| Gewürze & Kräuter | Kreuzkümmel, Ingwer, Muskat, Pfeffer, Ajwan, Fenchel, Hing, Kardamom, Zimt |
| Getränke | Gewürztees/-milch, Yogitee, milde Weine |
| Milchprodukte | in Maßen, Sauermilchprodukte, Milch, Ghee |
| Fleisch/Fisch | Geflügel, Fisch, Rind, Ziege, Hammel, Eier |
| Einschränken | Rohkost, Hefeprodukte, trockene Speisen |

### Essen & Leben im Einklang mit den Jahreszeiten

Wenn jede Tageszeit ihre spezifischen Qualitäten birgt, gilt das einmal mehr für die Jahreszeiten. Den Wandel und den massiven Einfluss einer Jahreszeit spürt jeder am eigenen Leib. Nach dem Gesetz „Gleiches verstärkt Gleiches" leiden die kälteempfindlichen *Vata*-Typen besonders im Spätherbst oder Frühwinter – dem Höhepunkt des kosmischen Vata-Einflusses auf die Erdatmosphäre.

### Später Winter/Frühling (1.2.–1.6.): Kapha-Zeit – Entgiftungszeit

Das Wasser- und Erdelement bewirken in dieser Jahreszeit eine feuchte Kälte, Regen, Graupel, Schnee(schmelze), bewölkten Himmel und trübes, nass-kaltes Wetter. Im Januar/Februar sitzt der angesammelte Schleim noch sehr fest. Es ist die Zeit von Erkältung, Schnupfen und Nebenhöhlenkatarrh. Wer dazu neigt und zudem eine *Kapha*-Natur besitzt, sollte Milchprodukte bereits ab Mitte Januar stark einschränken, weniger Fleisch essen und seinen Süßigkeitsvorrat verschenken. Starten Sie mit einer *Kapha* reduzierenden Diät. In der christlichen Tradition fastet man genau in dieser Zeit.

Die Monate März bis Mai entsprechen der „inneren Schlackenschmelze" des Körpers. Es ist die beste Zeit für Fastenkuren oder mildere Monodiäten zur Entlastung des Organismus (siehe S. 329 ff.). Auch Fitness-Programme und Schlafreduktion wirken *Kapha* reduzierend und vorbeugend gegen die Frühjahrsmüdigkeit. Das *Agni* ist in dieser Periode relativ schwach. Die Schleimhäute – Sitz von *Kapha* – beginnen sich zu erneuern. Sie stoßen dabei viel überschüssigen Schleim ab. In dieser Phase sollte man folglich keine verschleimenden, also *Kapha* vermehrende, Nahrungsmittel wie Milchprodukte, Süßigkeiten oder zu viel tierisches Eiweiß, Weizenprodukte und Brot zu sich nehmen. Unterstützend wirken alle austrocknenden *Vata*-Nahrungsmittel und alle wärmenden, *Pitta* anregenden Gewürze. Alle grünen Gemüse sind chlorophyllhaltig und enthalten damit Bitterstoffe, die reinigend und dynamisierend auf Leber, Darm, Blut und Lymphsystem wirken.

Ideale Speisen im Frühling (Kapha reduzierend): Erbsen, rote Linsen, Bohnen, Sojaprodukte, Gemüsesuppen, Rohkost, Staudensellerie, Rettich, alle Kohlsorten, alle grünen Blattgemüse, Salate und besonders die drei goldenen Wurzeln Ingwer, Zwiebel, Knoblauch (Details siehe Nahrungstabelle).

Ideale Gewürze: Bockshornkleeblätter und -samen, Ingwer(-pulver), Kardamom, Gewürznelke, Galgantwurzel, Knoblauch, Cumin, Safran, rote Senfsaat, grüne und rote Chilischoten, schwarzer Pfeffer, Zimt.

Meiden: süße, saure und salzige Speisen, schwere, frittierte, fette Nahrungsmittel, Milchprodukte, tierisches Eiweiß, Weizen-, Dinkel- oder Weißmehlprodukte und Süßigkeiten.

### Sommer/Frühherbst (1.6.–1.10.): Pitta-Zeit – aktive Zeit

Wenn das Feuerelement dominiert, gibt es sehr heiße, schwüle, tropische Sommer mit Wärmegewittern und Wetterleuchten. Herrscht das Wasserelement vor, wird der Sommer verregnet bis hin zu Überschwemmungen. Mit dem Einfluss von *Pitta* im Sommer werden die natürlichen Kalorien- und Energiedepots des Körpers automatisch verbrannt. Dadurch entsteht im Körper Hitze, zusätzlich zur äußeren Wärme. Das *Agni* wird deshalb zum Ausgleich zurückgefahren, weil der Körper nur wenig Wärmekalorien über die Nahrung erzeugen muss. Essen Sie deshalb weniger und achten Sie auf Ihr Sättigungsgefühl. Sorgen Sie jetzt für Kühlung und Entspannung. Schränken Sie auf jeden Fall Salz, Frittiertes, Gewürze und Alkohol ein. An heißen Tagen sollte genügend Wasser getrunken und körperliche Anstrengung gemieden werden – insbesondere mittags zur *Pitta*-Tageszeit.

Halten Sie sich öfter an schattigen luftigen Plätzen, im und am Wasser sowie in Blumengärten auf. Das besänftigt erhitzte Gemüter, besonders die der *Pitta*-Typen!

# Die Energetik der Nahrung

Ideale Speisen im Sommer (Pitta reduzierend) Frisches regionales Obst, alle wässrigen Gemüse wie Gurken, Zucchini, grüne Blattgemüse, Salate (Details siehe Nahrungstabelle).

Ideale Gewürze: Anis, Fenchel, Koriander, Petersilie, Minze u. a. frische Gartenkräuter.

Meiden: saure, salzige und scharfe Speisen, Nachtschattengewächse, Frittiertes, rotes Fleisch, Sauermilchprodukte, konzentrierte alkoholische Getränke.

## Spätherbst/Frühwinter (1.10.–1.2.): Vata-Zeit – turbulente Zeit

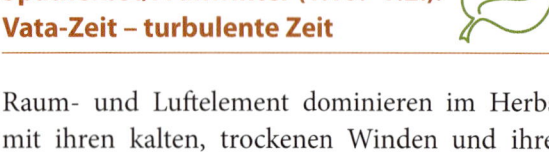

Raum- und Luftelement dominieren im Herbst mit ihren kalten, trockenen Winden und ihrer Wechselhaftigkeit. Der Frühherbst ist noch *Pitta*-Jahreszeit, in der die Galle verstärkt arbeitet. Mit der zunehmenden Kühle und dem Einsetzen der Herbststürme gewinnt *Vata* langsam die Oberhand. Der Oktober ist oft noch recht warm. Ist die Sonne weg, spürt man, wie der Boden die Wärme schluckt und wie sich die Kälte mit dem Wind ausbreitet. Viele Sonnenanbeter sind in dieser Zeit oft leichtsinnig und zu leicht bekleidet, besonders die wärmebedürftigen *Vata*-Naturen.

Mit den ersten Nachtfrösten steigt das *Vata* in der Natur drastisch an. Verspannungen, Gelenk- und Knochenschmerzen, unregelmäßige Verdauung und Schlafstörungen können sich einstellen. Ein bis maximal zwei Fastentage mit Ingwertee und anschließend gut gewürzten Mungbohnen-Gemüse-Eintöpfen oder *Kichari* können erfolgreich über diese Umstellungsphase hinweg helfen (siehe S. 342). Besonders wichtig ist jetzt ein regelmäßiger Tagesablauf, was die Mahlzeiten und die Ruhe-/Aktivitätsphasen anbelangt. Der Körper braucht Unterstützung durch warme, würzige Speisen und Getränke und vor allem nahrhafte, kalorienreiche Kost. Nur so kann *Agni* genügend innere Wärme produzieren. Im Lauf des Novembers entwickelt sich das Verdauungssystem zu einem Hochofen mit erhöhtem Kalorienbedarf. Es ist keine Zeit für Fastenkuren oder nachlässige Mahlzeiten, will man nicht wie ein Hungerhaken aussehen.

Ideale Speisen in der kalten Jahreszeit (Vata reduzierend): Warme Quinoa-, Dinkel- und Reisgerichte, Nüsse, Kürbis, Auberginen, Knollengemüse, Kartoffeln, Eintöpfe und Suppen, warme Milchprodukte in Maßen, Mungbohnen, Fleisch, Fisch (Details siehe Nahrungstabelle).

Ideale Gewürze: Ingwer, Muskat, Galgantwurzel, Zimt, Kreuzkümmel, Ajwan, Nelke, Asant, Lorbeerblätter, Herbes de Provence.

Meiden: Bittere, herbe und scharfe Speisen, zu viel Rohkost, Kohlsorten, rohes Obst, zu schwere Speisen wie Weizengerichte, kalte Speisen und Getränke, Aufgewärmtes, Fast Food, Fasten.

## Alle konstitutionellen Schwächen werden stark durch den Faktor Zeit beeinflusst

*Vata* verursachte Krankheiten werden meist durch Wetter-, Luftdruck– oder Temperaturstürze, Föhn oder Bewölkung ausgelöst. So spüren beispielsweise Rheumatiker (Rheuma heißt *Amavata*) kurz vor einem Sturmtief eine Verschlimmerung ihrer Symptomatik.

Achten Sie von nun an auf die natürlichen Rhythmen der *Doshas* in Ihrem Körper und in Ihrer Umgebung. Stellen Sie bei Wetterwechsel Ihre Ernährung um. Passen Sie sie entgegengesetzt den Qualitäten der Witterung an. Herrscht beispielsweise feucht-kalt-schweres Wetter vor, essen Sie trockene, heiße, leichte Speisen. Essen Sie auch stets das, was momentan zu wenig in Ihrem Körper vorherrscht oder was einen *Dosha*-Überschuss ausgleicht.

### Harmonie ist nur möglich durch Rhythmus

Rhythmus bedeutet Routine. Routine ist Regelmäßigkeit – die ewige Wiederkehr des Gleichen. Dem menschlichen Geist widerstrebt Routine zutiefst. Der Körper hingegen reagiert äußerst empfindlich auf permanente Änderungen. Er liebt Ankerpunkte – feste Zeiten und Rhythmen, auf die er sich einstellen kann. Der Körper hat ein inneres Uhrwerk. Wenn wir wie ein Surfer auf diesen Zeitwellen reiten, wird der Körper störungsfrei wie ein regelmäßig gewartetes Auto funktionieren. Gewöhnen Sie sich deshalb eine tägliche Gesundheitspflege an (*Dinacharya*), um Ihre drei *Doshas* in Harmonie zu halten. Der Körper liebt regelmäßige Dinge wie Gewohnheiten und Routine – also auch feste Schlafzeiten, Essenszeiten und regelmäßige Aktivitäts- und Ruhephasen.

### WICHTIG!

**Reduzieren Sie Vata durch eine Vata ausgleichende Diät (V–), wenn**

- Ihr *Vata*-Anteil erhöht ist oder Sie ein dominanter *Vata*-Typ sind.
- Sie sich in der *Vata*-Lebensphase (ab 50 Jahren aufwärts) befinden.
- die Witterung gerade kalt, trocken, wechselhaft oder windig ist.
- Sie sich in einer Steppen-, Küsten- oder Hochgebirgsregion aufhalten.

**Reduzieren Sie Pitta durch eine Pitta ausgleichende Diät (P–), wenn**

- Ihr *Pitta*-Anteil erhöht ist oder Sie ein dominanter *Pitta*-Typ sind.
- Sie sich in der *Pitta*-Lebensphase (zwischen 18-55 Jahren) befinden.
- die Witterung gerade heiß, schwül, feuchtwarm oder drückend ist.
- Sie sich in einer Tropenwald-, Wüsten- oder Südseeregion aufhalten.

**Reduzieren Sie Kapha durch eine Kapha ausgleichende Diät (K–), wenn**

- Ihr *Kapha*-Anteil erhöht ist oder Sie ein dominanter *Kapha*-Typ sind.
- Sie sich in der *Kapha*-Lebensphase (Kindheit oder Jugend) befinden.
- die Witterung gerade nass, kalt, bewölkt oder regnerisch ist.
- Sie sich in einer regenreichen Region, im ewigen Eis, in Seengebieten oder in den Wäldern des Nordens aufhalten.

# Die Energetik der Nahrung

**Das Essritual**

„Trinken vor der Mahlzeit wirkt wie Medizin,
während des Essens wie Nektar, nach dem Essen wie Gift."
(Upanishaden)

### Der Geschmackssinn gilt als Hüter der Schwelle zu unserem Verdauungssystem

Essen ist – wie das Kochen selbst – eine Kunst. Über die Nahrung empfangen wir das Bewusstsein des Kochs und die Schwingungsebene der Nahrung (siehe S. 110 ff. „Das Triguna-Konzept"). Beispiel: Die Angst und die Ohnmacht des Tieres, das getötet wird, oder die Wut des Kochs registriert der Esser unterschwellig und nimmt diese Schwingungen in sich auf. Da die Nahrung gleichermaßen Körper, Geist und Bewusstsein nährt, sollten wir Speisen und Koch mit Bedacht auswählen und mehr Liebe in unsere täglichen Verrichtungen bringen. Die *Rishis* sahen in Nahrung eine Offenbarung Gottes. Ein kleines Gebet vor dem Verzehr, in Stille gesprochen, macht aus bloßer Nahrung eine „gesegnete" Mahlzeit. Sie neutralisiert das Bewusstsein anderer Menschen, die mit der Nahrung in Verbindung standen. So wird aus dem elementaren „Töten des Hungers" mittels Füllmaterial ein Nektar, der für uns wie geschaffen ist und Geist, Seele und Sinne nährt.

### Der Ayurveda lehrt uns, dass Nahrung Prana ist – der Kraftstoff aller Lebewesen

Leben ist folglich eine permanente Suche nach Nahrung. Das Sanskrit-Sprichwort „Leben lebt von Leben" sagt im Grunde alles. Wir erhalten unser Leben, indem wir das Leben anderer konsumieren. Aus Sicht der Natur haben alle Wesen ein gleiches Anrecht auf Leben. Wenn wir in Harmonie mit der Natur zu leben wünschen, sollten wir sie und „ihre Kinder" nicht achtlos zerstören oder töten. Sir J. Chandra Bose[14], Indiens berühmter Physiker, fand vor mehr als einem halben Jahrhundert heraus, dass Pflanzen Sinnesorgane haben. Sie leben selbst nach der Ernte noch. Bereits die *Rishis* stimmen dem zu, dass die Karotte, die wir versaften, oder der Kohl, den wir für den Kochtopf klein schneiden, wie ein Tier Schmerz und Schrecken empfinden. Pflanzen können uns ihre Empfindungen nicht mitteilen. Deshalb glauben wir, sie hätten keine. Aber auch Gemüse und Früchte haben sie. Essen ist ein geheiligter Akt. Es ist eine Opfergabe an unser inneres Verdauungsfeuer, ähnlich den Opferungen bei Feuerritualen.

### Jeder Bissen Nahrung muss seine eigene individuelle Existenz aufgeben

Er wird durch die Kraft von *Agni* verwandelt, um in einem größeren Kosmos in Menschenform weiterzuleben. Etwas, das „nicht ich" ist, wird durch den Ich-Macher (*Ahamkara*) zu einem Teil von mir selbst umgewandelt. Jede Substanz fungiert entweder als „Nahrung", „Medizin" oder „Gift". Da jede Nahrung neben *Prana* Träger von Bewusstsein ist, liegt die Entscheidung bei uns, welches Bewusstsein am ehesten unserem Lebensziel und Lebensgefühl entspricht.

Nahrung (Sattva) ist das, was unseren Körper, unsere Sinne und unser Bewusstsein aufbaut und nährt. Es ist das, was unser Körper beherrscht und verarbeiten kann.

Als Medizin (Rajas) bezeichnen wir in der Ayurveda-Heilküche die Gewürze und die achtsame Auswahl und Zubereitungsweise der Nahrung. All das verbessert die Assimilation, die Absorption sowie die Ausscheidung von Unverdaulichem. Medizin ist all das, was uns bei der Verdauung (Beherrschung) der Nahrungsmittel unterstützt.

Gift (Tamas), also toxisch wirkende Nahrungsmittel, blockieren die Verdauung. Sie stören den Aufbau unserer Gewebe und Organe und stumpfen Sinne und Bewusstsein ab. Als „Gift" wird all das bezeichnet, was die Verdauungskraft und damit die „Beherrschung" durch unseren Körper herausfordert (Details s. S. 138 ff.).

Ein Grund, weshalb in Indien der Akt des Essens ritualisiert wurde, ist sein Opferungsaspekt. Diese Art der Demutsbezeugung verhindert, dass wir den Essensakt als Ersatzbefriedigung oder demonstrative Unterwerfung der Tier- und Pflanzenwelt missbrauchen. Das Essritual reduziert auch die negativen Qualitäten von Nahrung und verstärkt seine positiven Wirkungen.

---

14 www.famousscientists.org/jagadish-chandra-bose

# Die Energetik der Nahrung

## Pfade zur Gesundheit – Pfade zur Krankheit

Laut *Caraka* gibt es verhaltenspsychologische und mentale Ursachen für die Zerstörung der Harmonie der *Doshas*. Alle Gründe haben mehr oder weniger mit dem Thema Ernährung zu tun.

### Gesundheitsgefährdende Nahrung (Viruddhahara)

**1.** Toxische Nahrungskombinationen;

**2.** Falsche Essenszeiten;

**3.** Falsches Essverhalten;

**4.** VPK störende, d. h., erhöhende Nahrungsmittel und Geschmacksrichtungen (*Rasa*).

### Gesundheitsgefährdendes Verhalten (Viruddhacesta)

**5.** *Dosha*-spezifische Anleitungen zum Krankwerden;

**6.** Falsche Zeiten, Schlaf, Sex in Verbindung mit Nahrungsaufnahme etc.

## Die Unterdrückung der 13 körperlichen Triebe (Vegasamdharana)

Der *Rishi* Atreya Muni beschreibt in der *Caraka Samhita* die körperlichen Triebe oder Reflexe, die man nicht unterdrücken sollte. *Adharaniya Vegas* sind natürliche Bedürfnisse, die von *Vayu* oder *Vata* kontrolliert werden. Jede regelmäßige Unterdrückung eines *Vegas* (Drang oder Trieb) oder eines Körperreflexes hat eine Störung der *Vata*-Funktion und somit langfristig eine ernste Erkrankung zur Folge. Die *Vegas* spielen eine zentrale Rolle bei der Erhaltung der Gesundheit sowie der Verhütung von Krankheiten.

Benannt werden im Folgenden die Störungen, die durch die Unterdrückung dieser Reflexe hervorgerufen werden. Zuletzt werden Anweisungen gegeben, wie man diese Störungen beseitigt. Die *Vegas* sind in das vorliegende Kochbuch integriert worden, weil sie teilweise auch die Verdauungsorgane betreffen. Außerdem stellen sie – neben falscher Ernährung – eine der Hauptursachen für die Entstehung von Krankheiten dar.

## Die Ursachen psychosomatischer Krankheiten gemäß Caraka

Die folgenden Ursachen werden als unheilvolle, ungesunde Verbindung der Sinne mit den Sinnesobjekten angesehen. Der richtige und maßvolle Gebrauch wird als gesund erachtet. Dies lässt sich auf das Thema „Ernährung" übertragen. (Weitere Ursachen gemäß *Caraka* siehe unter „Toxische Nahrungskombinationen"). Das Fehlverhalten bezieht sich auf den Faktor Zeit, die Sinnesorgane und -objekte sowie die geistigen Fähigkeiten (*Asatmendriyata Samyoga*). Diese sind dreifach unterteilt:

### Exzessive Stimulation der Sinne (Atiyoga):
Zu grell, zu laut, zu scharf, zu sauer, zu flüssig, zu trocken, zu schwer, zu laut, zu rau etc.

### Mangelnde Stimulation der Sinne (Ayoga):
Zu wenig Berührung, zu wenig Geschmack, zu wenig Sonne, zu wenig Flüssigkeit etc.

### Fehlerhafte Stimulation der Sinne (Mithyayoga):
Pervertierter Gebrauch der Sinnesorgane, die starke Emotionen auslösen wie Angst, Panik, Phobien, Hass, Ekel, Aversion, Psychotrauma. Beispiel: Folterung, Furcht einflößende beleidigende Worte, Völlerei, Zwangsernährung, Hungerstreik etc.

## Tabelle: Die Unterdrückung der 13 körperlichen Reflexe (Vegasamdharana) und ihre Behandlung

| Die Unterdrückung von... | Störung als Folge | Beseitigung der Störung |
|---|---|---|
| 1) Tränen des Kummers (*Asru*) | Augen-, Herzkrankheiten, Anorexie, Schwindel, laufende Nase | guter Schlaf, Wein, angenehme Gespräche, Anhören angenehmer Geschichten |
| 2) Niesreiz (*Kshavadhu*) | Nackensteifheit, Kopfschmerzen, Migräne, Gesichtslähmung, Schwächung der Sinnesorgane | Nackenmassage, Dampfbäder, Nasentropfen, Inhalieren v. Kräuterrauch, Vata besänftigende Diät |
| 3) Brechreiz (*Vamadhu*) | Schwellungen, Fieber, Schwindel, Übelkeit, Hautkrankheiten, Juckreiz, Anämie | Erbrechen Auslösen nach dem Essen, Inhalieren von Kräuterrauch, Fasten oder leichte Diät; Körperübungen, Abführen |
| 4) Harndrang (*Moothra*) | schmerzhafter Harndrang, Kopf-/Blasen-/Genitalschmerz, Steifheit in den Leisten, Dysurie, aufgetriebenes Abdomen | Vollbäder, Massagen, Nasentropfen mit Ghee, Einlauf auf Kräuter- und Ölbasis, Kathetereinlauf mit abführender Wirkung |
| 5) Stuhldrang (*Sakrit*) | Kopfschmerzen, Kolik, Kotstau, Blähsucht, Wadenkrämpfe, aufgetriebenes Abdomen | Zäpfchen, abführende Speisen & Getränke, Massagen, Dampfbäder, Vollbäder, Einläufe |
| 6) Samendrang/Coitus interruptus / Sexualtrieb generell (*Shukla*) | Schwellung/Schmerzen in den Genitalien, Körperschmerzen, Harnstau, Impotenz, Fieber, Herzschmerzen, Hernien, Urinsteine | Massagen, Bäder, Wein, Reis, Milch, Hühnchen; Kräutereinläufe, Sitzbad, Geschlechtsverkehr |
| 7) Windabgang (*Adhovata*) | Kot-, Harnstau, Blähsucht, Bauchkrämpfe, Schmerzen, Erschöpfung, Verlust der Sehkraft, Verdauungsstörungen, Herzleiden | Ölmassage (*Snehana*), Schwitzbad (*Svedana*), Zäpfchen, Einläufe; warme Nahrung und Getränke mit karminativer Wirkung |
| 8) Aufstoßen (*Udgara*) | Blockade in Brust & Herz, Zittern, Verlust des Geschmacksinns, Dyspnö, Husten, Anorexie, Blähungen, Tremor, Schluckauf | langsamer essen, nicht sprechen beim Essen, Tabukombinationen meiden |
| 9) Gähnen/Husten (*Kasa*) | Zittern, Krämpfe, Taubheitsgefühl, gekrümmter Körper, Verspannungen | Vata beseitigende Maßnahmen, Schlaf |
| 10) Hungergefühl (*Kshudha*) | Schwäche, Appetitlosigkeit, Abmagerung, Körperschmerzen, Schwindel, Verlust von Ausstrahlung und Farbe | fettige, leicht ölige, warme & leichte Kost |
| 11) Durstgefühl (*Thrit*) | Trockenheit in Kehle & Mund, Depression, Taubheit, Müdigkeit, Herzschmerzen, Erschöpfung, allgemeine Schwäche | kühle und Durst lindernde Getränke |
| 12) Schlafdrang (*Nidra*) | schwere Augen, Körperschmerzen, Gähnen, Schwindel, Kopfschmerz, Schläfrigkeit | Ruhe, Ausschlafen, vor 0 Uhr zu Bett gehen |
| 13) Keuchen (bei körperlicher Anstrengung) (*Srama Swasa*) | Ohnmacht, Herzkrankheiten | Ruhe, Vata besänftigende Mittel |

# Die Energetik der Nahrung

**Die zehn goldenen Essregeln**

Im Folgenden finden Sie die **allgemeinen Ernährungsregeln**. Sie gelten für Menschen der nördlichen Hemisphäre. Trotzdem sollte sie jeder kritisch und am eigenen Körper **auf Richtigkeit überprüfen**. Sie wurden bereits sinngemäß in den alten Veden erwähnt und sind auf unsere heutige Lebenssituation in Westeuropa abgestimmt. Selbst hier gilt das Motto:
„Rules are made to be broken" (Regeln sind dazu da, um gebrochen zu werden).
Wenn Sie die **Wirkprinzipien**, denen Ihr Körper permanent ausgesetzt ist, am eigenen Leib erfahren und durchdrungen haben, können Sie sich von der **natürlichen Intelligenz** Ihrer **Körper-Seele** leiten lassen.

## 1) WIEVIEL? (Die rechte Nahrungsmenge)

**Wichtigste Ernährungsregel: Überesse dich nicht**
In den USA sterben jährlich eine Million Menschen an den Spätfolgen von Überessen! Die Nahrung sollte warm und in der richtigen Menge aufgenommen werden. Füllen Sie den Magen während des Essens höchstens zur Hälfte mit fester Nahrung und zu einem Viertel (ca. zwei Tassen) mit flüssiger Nahrung oder Wasser. Das restliche Viertel benötigt das Raumelement, um alles gut zu durchmischen, um so die Aufnahme des Speisebreis in den Darm vorzubereiten. Außerdem fördert die Befolgung dieser Regel geistige Klarheit.
Essen Sie nur, wenn der Magen leer ist, andernfalls beeinträchtigt es die Freude am Essen. Wenn der Magen voll ist oder verdaut, sind die Geschmacksknospen desensibilisiert. Das hindert normalerweise Menschen daran zu essen.
Ein natürliches Hungergefühl entsteht nur, wenn der Magen leer ist. Andererseits entstehen Essgelüste nur, wenn Sie Geschmacksverstärker verwenden oder die goldenen Essregeln für lange Zeit verletzt haben. Auf diese Weise kann ein emotionales Ungleichgewicht entstanden sein. All diese Faktoren unterdrücken die normalen Sättigungssignale, die vom Magen und den Geschmacksknospen herrühren. Der Drang nach Nahrungsaufnahme, während der Magen noch verdaut, ist oft mit dem Vorhandensein von Gallensteinen in der Leber verbunden. Nach einer Serie von Leberreinigungen verschwindet er meist.

**Anzeichen angemessener Nahrungsmenge sind:**
- Kein Druck/Schmerz in Flanken-/Herzgegend;
- Kein Hunger-/Durstgefühl mehr;
- Kein Schweregefühl/keine Müdigkeit;
- Sinne und Geist sind entspannt, gestärkt und zufrieden;
- Leichtes angenehmes Sättigungsgefühl.

Achten Sie beim Essen und auch beim Kochen darauf, keine Nahrung zu verschwenden. In den vedischen Schriften erfahren wir, dass die gleiche Menge an verschwendeter Nahrung zu Zeiten des Überflusses später in Notzeiten fehlt.

## 2) WAS für Nahrung ist (un)geeignet?

- **Meiden Sie minderwertige, Prana-arme Nahrung,** d. h., denaturierte, nährstoffarme, aufgewärmte Speisen, Tiefkühlkost, Mikrowellen- und Konservenkost, Fast Food und Convenience-Food, außerdem Nahrung mit vielen chemischen Zusatzstoffen, raffinierte Produkte wie Zucker oder Mehl, jodiertes Salz, zu viel tierisches Eiweiß, Süßigkeiten, Soft Drinks, Weißmehl, fettarme Produkte (Light-Produkte) und regelmäßigen Kaffeekonsum. Gesundheitsfördernd ist Nahrung mit folgenden Qualitäten: Ölig, heiße, frisch zubereitete und leicht verdauliche Nahrungsqualitäten.

- **Bevorzugen Sie Nahrungsmittel überwiegend aus biologisch(-dynamischem) Anbau.**
Sie sollten möglichst aus der eigenen Region stammen (ca. 50 km Umkreis). Vor allem Getreide, Milch und alles, was unter der Erde wächst, sollte biologischer Herkunft sein. Unterstützen Sie kleine regionale Bauern und Genossenschaftsbetriebe und bauen Sie selbst etwas im Garten an. Benutzen Sie viel frische Gartenkräuter und Gewürze. Bereiten Sie die Speisen immer aus frischen Zutaten frisch zu. Aufwärmen reduziert die *Prana*-Energie und entzieht Ihrem Körper zusätzlich Energie, die für das Verdauen benötigt wird.

- **Die Nahrung sollte dem Konstitutionstyp, seinem Agni und seinen Vorlieben angepasst sein**
Jeder Mensch ist ein anderer Stoffwechseltyp. Seine Aufnahmekapazität variiert je nach Appetit, Jahreszeit, Stimmung, Intuition und Lebensalter.

## 3) WO? Der rechte Ort

- **Essen Sie stets an einem Ort mit ruhiger, sauberer und friedvoller Atmosphäre ohne Ablenkung.** Sitzen Sie, wenn möglich, gen Osten – die Erdenquelle von Hitze und Feuer. Konzentrieren Sie sich auf die Mahlzeit. Vermeiden Sie während des Essens Ablenkung durch Musik, TV, Zeitung oder Autofahren und unterhalten Sie sich wenig. Die üblichen Arbeitsessen kann man sich sparen. Meiden Sie den Besuch großer Kantinen und Restaurants. Die goldene Regel Nummer drei besagt:

# Die Energetik der Nahrung

Alles, was du mit Freude und Achtsamkeit tust, ist wohltuend. Alles, was wir mit Widerwillen und Unachtsamkeit tun, verursacht Probleme. Der Grund für das Vorhandensein unserer Geschmacksknospen ist aus moderner Sicht folgender: Unser Gehirn kann Signale bezüglich der Art und Menge aufgenommener Nahrung wahrnehmen. Dementsprechend wird eine bestimmte Anzahl unterschiedlicher Verdauungsenzyme freigesetzt. Essen wir unbewusst, sind unsere Geschmacksrezeptoren nicht in Kontakt mit der Nahrung. Die Folge: weniger Ausschüttung von Enzymen, weniger Verdauungsaktivität, kein adäquates Sättigungsgefühl. Das führt zu Essgelüsten, einer wachsenden Menge an unverdautem Nahrungsabfall (*Ama*) und einer mangelnden Ausschüttung an Glückshormonen – und das alles nur, weil wir einen Moment während der Nahrungsaufnahme nicht geistig anwesend waren?

- **Essen Sie möglichst in Gesellschaft Vertrauter, Ihnen wohlgesonnener Menschen**

Restaurantköche interessiert der Umsatz, nicht die Verdauung ihre Gäste. Folglich sollten nur Menschen für Sie kochen, die Ihnen wohlwollend und in Liebe zugetan sind. Ein kleines mit Liebe und Achtsamkeit zubereitetes Mahl wird Ihre Seele befriedigen. Hingegen vermögen große Portionen im Fast-Food-Restaurant oder vom Büffet nur kurzzeitig Ihren Magen zu füllen. Ihre Sinne und Ihr Geist werden unbefriedigt bleiben und leer ausgehen.

## 4) WAS ist vor dem Essen wichtig?

- **Nehmen Sie ein Bad oder waschen Sie vor dem Essen zumindest Hände, Füße und Gesicht**
- **Essen Sie nur, wenn Sie hungrig sind**

Achten Sie darauf, dass Ihr rechtes Nasenloch frei ist. Das zeigt an, wie stark Ihr *Agni* ist. Falls es blockiert ist, atmen Sie für eine Minute tief durch das rechte Nasenloch. *Agni* unterstützend ist vor dem ersten Bissen auch das Kauen einer Ingwerscheibe mit einer Prise Steinsalz und etwas Zitronensaft darauf.

- **Trinken vor dem Essen** ist im Allgemeinen gut bei *Kapha*-Störungen, weil es ein Überessen verhindert und zu einer schnelleren Sättigung führt. Maßvolles Trinken zum Essen unterstützt generell das *Agni* und bereitet den Speisebrei auf die Assimilation im Dünndarm vor. Verwenden Sie aber nur warme/temperierte Getränke. Das Trinken bis 45 Minuten nach einer Mahlzeit hingegen verdünnt den Nahrungsbrei, verzögert die Absorption und schwächt *Agni*.

- **Sprechen Sie ein kurzes Gebet oder einen Dankesspruch**

Danken Sie der Natur/Gott, dass Sie mit Nahrung versorgt sind. Nahrung befriedigt nicht nur unsere Sinne oder stärkt unseren Körper. Sattvische Nahrung reinigt unseren Verstand und unser Bewusstsein. Wenn wir die Speisen der Schöpfung weihen, ebnet sie uns den Weg zu spirituellem Wachstum.

- **In Indien füttert man vor dem Essen Kinder, Tiere, Bettler und Gottheiten.** Dieses kleine Opfer soll den Dank gegenüber der Natur und ihren Kindern bezeugen. Es lockert auch die Bande zwischen dem Ego des Essers und dem Essen als Besitzobjekt.

## 5) WAS ist wichtig nach dem Essen?

- Schlafen oder studieren Sie bis zu zwei Std. nach dem Essen nicht. Vermeiden Sie Sex, ein Vollbad, Sport oder Körperarbeit innerhalb einer Stunde nach dem Essen. All diese Tätigkeiten führen zur Bildung von *Ama* (unverdaute Nahrungsstoffe) und verkürzen Ihr wertvolles Leben.
- Sprechen Sie nach dem Essen im Geiste einen kurzen Dankesspruch.
- Reinigen Sie Mund (nicht Zähneputzen!), Nase und Augen.
- Es empfiehlt sich, nach dem Essen zu urinieren. Stuhlgang sollte nicht provoziert werden.
- *Vata*- und *Pitta*-Typen sollten eher „ruhen", *Kapha*-Typen dagegen „1.000 Schritte" tun. Das bekommt ihrem trägen Darm.

*„Sage mir, was du isst,
und ich sage dir, wer du bist."*

(Jean A. Brillat-Savarin, franz. Schriftsteller und Gastronom, Lehrbuch der Gastronomie und Tafelfreuden)

## 6) WIE sollte das Essen eingenommen werden?

Energiereiche Mahlzeiten sind ein Fest für die Sinne.
- **Halten Sie zubereitetes Essen höchstens drei bis vier Std. warm,** das ist besser als Aufwärmen.
- **Jede Mahlzeit sollte alle Sinne anregen** und angenehm schmecken und riechen. Essen Sie häufig mit den Händen, um den Tastsinn mit einzubeziehen. Das befriedigt und sättigt die Sinne schneller. Man isst langsamer und weniger.
- **Wenn der Geist gestört wird,** angestrengt oder angespannt ist, wird auch der Appetit und damit das *Agni* beeinträchtigt. Kauen Sie jeden Bissen bewusst und so oft wie möglich. Trinken Sie kleine Schlucke warmes Wasser dazu.
- **Setzen Sie sich zum Essen stets hin** – wann immer Sie essen oder trinken. Essen Sie weder zu hastig noch zu sehr in die Länge gezogen. Nur dann kann Nahrung richtig verdaut werden. Essen im Liegen stört den Blut- und den Lymphfluss im Verlauf des Verdauungskanals. Essen im Stehen oder Gehen verursacht chronische Verdauungsstörungen.

## 7) WARUM sind bestimmte Nahrungskombinationen zu meiden?

Siehe ausführliche Beschreibung der ayurvedischen „Trennkost" unter „Toxische Nahrungskombinationen" (siehe S.138 ff.).

## 8) WANN am Tag sollte man essen?

### Die rechten Tageszeiten und die Anzahl der Mahlzeiten

Essen Sie möglichst zu festgelegten Zeiten. Das Verdauungssystem wird dann wie ein Uhrwerk funktionieren. Der Hunger und die Verdauungssäfte werden sich stets zur rechten Zeit melden. Andererseits sollte man nie innerhalb der ersten 4–5 Std. nach der letzten Nahrungsaufnahme erneut essen. Zu lange Pausen sind ebenfalls Stress für die Verdauungsorgane. Legen Sie deshalb keine größeren Pausen als 6 Std. zwischen den Mahlzeiten ein. Beides, zu lange und zu kurze Pausen, ruinieren das Verdauungssystem und führt zu Indigestion, also Verdauungs- oder Absorptionsstörungen. Wann man im Laufe des Jahres was essen sollte, hängt in großem Maße ab von der Kenntnis der Qualitäten der Jahreszeiten, deren Wandel und deren Wirkung auf die *Doshas*/die Konstitution (siehe Details S. 117 ff.).

**Merke:**

Verzehren Sie nur zuträgliche Speisen, maßvoll und zu festen Zeiten. Kontrollieren Sie Ihre Sinnesorgane und halten Sie sie rein!

- **Frühstücken Sie morgens nach Sonnenaufgang** und möglichst nach der ersten Darmentleerung, d. h. zwischen 7 Uhr und 8.30 Uhr. Halten Sie immer Pausen zwischen den Mahlzeiten ein.
  Vata: 3-4 Std., 3-4 Mahlzeiten/Snacks
  Pitta: 4-5 Std., 3 Mahlzeiten/1 Snack
  Kapha: 5-6 Std., 2-3 Mahlzeiten/kein Snack
- **Nehmen Sie die Hauptmahlzeit mittags (11–14 Uhr) ein**
  Das ist die Zeit der „Säureflut" im Verdauungstrakt. Der Lauf der Sonne entspricht der Stärke unseres *Agni*. Sonnenhöchststand um die Mittagszeit bedeutet, dass *Agni* jetzt am stärksten ist. Der Körper ist bereit, größere Mengen an Nahrung aufzunehmen und zu verstoffwechseln. Auf keinen Fall die Mittagsmahlzeit auslassen. Dies ruiniert langfristig Ihre Gesundheit. Wenn Rohkost und tierisches Eiweiß (Fleisch, Fisch, Ei, Milchprodukte) auf dem Essensplan stehen, dann zu dieser Zeit und nicht abends!
- **Essen Sie abends möglichst vor Sonnenuntergang (18–19.30 Uhr)**
  Bevorzugte Nahrungsmittel: Gedünstete Gemüse, Suppen, Eintöpfe, Getreide, Linsen, Reis, Pasta, Kartoffeln (keine *Kapha* erhöhende Nahrung). Sie erhalten *Agni* und damit die Gesundheit/Langlebigkeit. Nachts zu essen belastet Leber, Blut und Darm und beeinträchtigt den Schlaf. Deshalb sollten Sie auch drei Std. vor dem Schlafengehen nichts mehr essen, also möglichst vor 20 Uhr die letzte Mahlzeit einnehmen.

# Die Energetik der Nahrung

- **Essen Sie generell nicht, bevor die vorangegangene Mahlzeit verdaut ist**
  Unterdrücken Sie andererseits nicht Hunger und Durst. Genauso wenig sollten Mahlzeiten, insbesondere das Mittagessen, ausgelassen werden. Ausnahmen sind bei Voll- und Neumond sowie bei Krankheit.

### 9) WIE sollten die Mahlzeiten zubereitet sein?

Die sechs Geschmacksrichtungen steuern unsere Psyche. Eine ausreichende Menge Öl stärkt die Sinnesorgane und regt die Gallensekretion an. Wenn alle sechs Geschmacksrichtungen in einer Mahlzeit befriedigt werden, kommt es seltener zu Essstörungen und Heißhungerattacken. Die Nahrung sollte ausgewogen und naturbelassen sein. Gleichen Sie einseitige Wirkungen von Nahrungsmitteln durch Gewürze aus. Dadurch veredeln Sie die Nahrung. Sie wird mit *Prana* aufgeladen (siehe Antidots, S. 214). Verschiedene Kochprozesse können die Eigenschaften von Nahrungsmitteln verändern. Durch Kochen, Dünsten im Gewürzsud, trocken Grillen oder Frittieren in Ghee im pikanten Teigmantel aus Bohnenmehl werden trockene Substanzen ölig, leichte etwas schwerer oder kühle zu erwärmenden ausbalanciert. Spezielle Empfehlungen in der Ernährungsberatung richten sich nach Konstitutionstyp, Alter und Jahreszeit (siehe S. 46 ff.).

### 10) WER isst wie? Die Achtsamkeit des Essers

#### Der Esser ist wichtiger als das Essen
Erkennen Sie Ihre innere Natur, Ihre Konstitution, dann wissen Sie auch, was Ihnen gut tut und was nicht. Bringen Sie Ihre Intuition ins Spiel! Essen Sie nur das, was Sie wirklich mögen und vertragen.

- **Essen Sie nie, wenn Sie emotional sind oder keinen Hunger haben**
  In diesem sympathikotonen Zustand ist Ihr Körper seit Jahrtausenden auf Kampf oder Flucht programmiert, nicht aber auf Nahrungsaufnahme. Nehmen Sie nie feste Nahrung zu sich, wenn Sie wütend, frustriert, depressiv, traurig, aufgeregt oder gelangweilt sind, oder um aufgestaute Emotionen „herunterzuschlucken". Selbst die besten Speisen werden – unter emotionaler Anspannung verzehrt – in Schlacken (*Ama*) umgewandelt.

- **Essen Sie bewusst und mit Respekt** vor dem, was Ihnen die Natur schenkt. Andererseits kann eine schlecht zubereitete Mahlzeit bekömmlich werden, wenn der Esser alle anderen Regeln beachtet.

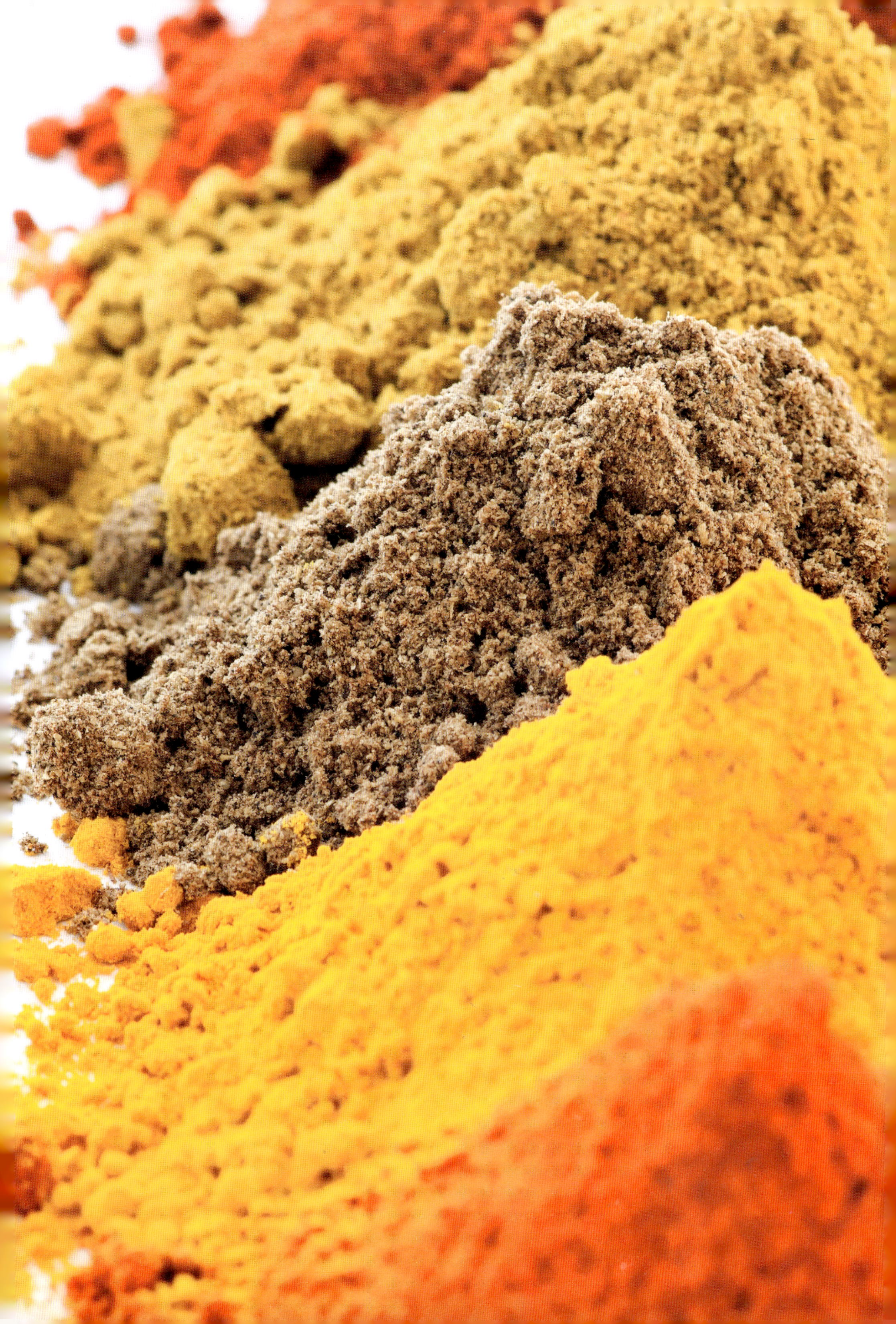

# Die Energetik der Nahrung

## Die toxischen Nahrungskombinationen

*„Wer nicht jeden Tag etwas für seine Gesundheit aufbringt,
muss eines Tages sehr viel Zeit für die Krankheit opfern."*
(Pfarrer Sebastian Kneipp)

**Auf dem Gebiet der ganzheitlichen Medizin und Diätetik gibt es große Kontroversen bezüglich der Nahrungszusammenstellung**
Wenn man bestimmte Nahrungsmittel in falscher Weise miteinander kombiniert, können im Lauf der Zeit ernsthafte Störungen die Folge sein – nicht immer gleich Krankheit. In diesem Fall wäre jedem sofort klar, was er zu meiden hätte. Es gibt tatsächlich bei Caraka beschriebene „tödliche Kombinationen[15]" wie z. B. Pippalpfeffer und Fisch. Dieses antike Beispiel zeigt auf, wie heftig Lebensmittel miteinander im menschlichen Organismus reagieren können. Leider enthalten unsere traditionellen Küchenrezepte und alltäglichen Essgewohnheiten viele Tabukombinationen. Es kommt folglich nicht von ungefähr, dass wir in der westlichen Welt zu den Spitzenreitern bei Herz-Kreislauf- und Darmerkrankungen gehören.

---
15  CS, 7.9.1. Sutrasthanam

**Die ayurvedische Diätetik bietet einen einfachen, erfahrungswissenschaftlichen Ansatz für die richtige Zusammenstellung unseres Ernährungsplans**

Da hier auch die Regeln der Nahrungsenergetik (siehe S. 80 ff.) berücksichtigt werden, sind die Rezepte ohne Ausnahme im Einklang mit der jeweiligen individuellen Konstitution, dem Einfluss der Jahreszeit und der entsprechenden Lebensphase.

*Vata*, *Pitta* und *Kapha*, die *Tridosha*, sind die Elemente der individuellen Konstitution. Dieser Ansatz unterscheidet sich wesentlich von der herkömmlichen Vorstellung von einer ausgeglichenen Diät. Viele moderne Ernährungskonzepte sind von isolierten Auswahlkriterien wie Kalorien, Kohlenhydrat-, Eiweiß- und Fettgehalt sowie der Aufsplitterung in fünf Nahrungsgruppen bestimmt. Solch ein Diätfahrplan kann uns erfahrungsgemäß und aus ayurvedischem Verständnis nicht den Weg zu wahrer, lang anhaltender Gesundheit weisen.

**Konträre Stoffwechselreaktionen im Verdauungssystem wurden im Ayurveda bereits vor 3.000 Jahren beschrieben**

In der Wissenschaft des Ayurveda hat jede Nahrung ihre Geschmacksrichtung (*Rasa*), eine erhitzende oder kühlende Energie (*Virya*) und eine „Nach-Verdauungswirkung" (*Vipaka*). Wenn nun zwei oder drei verschiedene Nahrungssubstanzen verschiedener Geschmacksrichtungen, Energien sowie Nachverdauungswirkungen aufeinandertreffen, wird *Agni*, das Verdauungsfeuer, überlastet. Die Nahrung wird unzureichend verdaut. Es entstehen Toxine/Nahrungsmetaboliten (*Ama*), die die Körperkanäle (*Srotas*) verstopfen. Zu ihnen zählen Blut- und Lymphbahnen, Harnwege, der Darm und andere. Überall dort kann es zu Ablagerungen kommen.

**Neben der Stärke von Agni, Nahrung zu verstoffwechseln, sind Nahrungskombinationen von großer Bedeutung**

Falsche Nahrungskombinationen führen langfristig zu Verdauungsstörungen, Müdigkeit, Schweregefühl, Gärungsprozessen, Blutstörungen, Fäulnisbildung und Gasen. Krankheit wird hier stets die Spätfolge sein. Bananen und Milch (Shake) zusammen gegessen, blockieren z. B. *Agni*, verändern die Darmflora, produzieren *Ama* und verursachen u. a. eine Neigung zu Nebenhöhlenverschleimung, Erkältungen, Husten und diversen Allergien.

### Fünf Typen von Ernährungsstörungen

**1.** Der quantitative Ernährungsmangel – Unterernährung durch unzureichende Nahrungszufuhr oder gar Hungern/Fasten.

**2.** Der qualitative Ernährungsmangel – Fehlernährung, toxische Krankheitszustände und Mangel an Mineralstoffen und Spurenelementen. Einseitige Essgewohnheiten verursachen hier Störungen des Verdauungsfeuers (*Agni*) und des Gleichgewichts der *Tridosha*.

**3.** Qualitative und quantitative Überernährung – einschließlich der psychischen Essstörungen/des Überessens. Folgen sind Übergewicht und/oder erhöhter Cholesterinspiegel, erhöhte Triglyzeride, Bluthochdruck, Herzinfarkt und Gehirnschlagrisiko.

**4.** Eine Zufuhr von Nahrungsgiften – Rückstände, Nahrungszusätze sowie Pestizide, synthetische Hormone etc., die toxische Zustände und chronische Stoffwechselstörungen hervorrufen können.

**5.** Lebensmittel, die der eigenen Konstitution nicht zuträglich sind. Sie stören das *Dosha*-Gleichgewicht, schaden dem Immunsystem und verursachen zahlreiche chronische Krankheiten.

# Die Energetik der Nahrung

## Antagonistischer Gebrauch von Nahrungsmitteln

In ländlichen Gegenden Südindiens stellen die Frauen auch heute noch hauseigene Gewürz-Masalas her.

Caraka führt in seinem Werk **verschiedene Gruppen** von **unzuträglichen**, weil **toxisch wirkenden, Nahrungskombinationen** an. Im Grunde sollten alle verantwortungsbewussten Köche und Hausfrauen dieses Basiswissen über die **Toxikologie** rund um den Kochtopf haben.

Caraka unterscheidet den gegensätzlichen oder falschen Gebrauch von Nahrungsmitteln in Bezug auf die folgenden Aspekte[16].

---

16  CS, 7.9., Sutrasthanam

## 1. Ort/Klimazone

Zwei Beispiele für ungeeignete Kombinationen von Nahrungsmitteln im Bezug auf die Klimazone: Raue (Müsli, Popcorn) und scharfe (Chili, Cayenne) Substanzen in einer trockenen Gegend (Wüste, Steppe); kalte (Obst, Gurke, Salat, Eis) und ölige, fette oder befeuchtende Nahrungsmittel (Fisch, Sesammus, Öle, Milchprodukte) in einer feuchten Klimazone (sumpf- und seen- oder niederschlagsreiche Gebiete).

## 2. Zeit/Jahreszeit

Die tageszeitlichen Wechsel der *Dosha*-Einflüsse sind die *Vata*-Tageszeit von 2–6 Uhr und 14–18 Uhr; die *Kapha*-Tageszeit von 6–10 Uhr und 18–22 Uhr; die *Pitta*-Tageszeit von 10–14 Uhr und 22–2 Uhr.

**Beispiele für ungeeignete Kombinationen von Nahrungsmitteln und Tageszeiten:**

- Die Einnahme schleimiger, kalter Substanzen zu den *Kapha*-Tageszeiten bei bestehender *Kapha*-Konstitution oder -Störung.
- Das Auslassen der Mittagsmahlzeit oder das späte Essen zur Nacht generell aber insbesondere bei bestehender *Pitta*-Konstitution oder -Störung.
- Das Essen zu den *Vata*-Tageszeiten tötet den Appetit, bevor er „geboren" wurde.
- Die saisonale Einnahme rauer und kalter Substanzen im Spätherbst, anstatt öliger und warmer Speisen und Getränke.
- Die Einnahme schleimiger und kalter Substanzen im Winter anstatt trockener, scharfer und heißer.
- Der Verzehr scharfer und heißer Nahrungsmittel im Sommer anstatt kühlender, wässriger und süßer.

## 3. Verdauungskraft

**Beispiele für ungeeignete Kombinationen von Nahrungsmitteln und Zuständen des Agni:**

- Unregelmäßige Essenszeiten und wechselnde Nahrungsmengen bei *Vishamagni* (unregelmäßiges *Agni* des *Vata*-Typs).
- Verzehr zu scharfer, saurer und salziger Nahrung oder Fasten bei *Tikshnagni* (scharfes *Agni* des *Pitta*-Typs).
- Verzehr zu schwerer, süßer, saurer oder salziger Nahrung bei *Mandagni* (träges, langsames *Agni* des *Kapha*-Typs).
- Regelmäßiger Verzehr zu leichter oder zu schwerer Nahrung oder der Genuss toxischer Nahrungskombinationen bei *Samagni* (ausgeglichenes *Agni*).

## 4. Dosis

Beispiel: Honig und Ghee zu gleichen Teilen gilt als ungeeignet.

## 5. Dominante Dosha in der Konstitution

Die Ernährungsweise und die Zutaten sollten ausgleichend auf die Konstitution wirken, folglich entgegengesetzte Qualitäten haben. Ein *Vata*-Typ sollte demgemäß weder fasten noch kalte, trockene oder blähende Substanzen verzehren.

## 6. Essgewohnheiten

Ein Esser sollte nur dann seine Essgewohnheiten ändern, wenn er permanent gesundheitliche Probleme hat. Der Verzehr z. B. von süßen, kalten Nahrungsmitteln von einer Person, die es gewöhnt ist, scharfe und heiße Dinge zu sich zu nehmen, ist nicht ratsam.

## 7. Zubereitungsart

An sich bekömmliche Nahrungsmittel können durch falsche Zubereitung schädliche Wirkungen haben, z. B. in Sahne gegarter Fisch oder in rohem Olivenöl (Olio vergine!) gedünstete Zutaten.

## 8. Gegensätzliche Wirkungen (Virya)

Die Kombination von kaltem *Virya* (Mango) und heißem *Virya* (Joghurt) am Beispiel von Mangolassi oder Milch mit Salz (z.B. Kartoffelpüree, Béchamelsoße) gelten als ungeeignet.

## 9. Zustand der Därme

Wenn z. B. *Vata* anregende, trockene Substanzen von einem Menschen mit chronischer Verstopfung regelmäßig eingenommen werden, wäre dies im Hinblick auf die Ernährung und den Zustand des Darms ungeeignet.

# Die Energetik der Nahrung

**10. Gesundheitszustand**

*Vata* verstärkende Nahrungsmittel sollten nicht regelmäßig von einem *Vata*-Typen verzehrt werden, insbesondere bei Erschöpfung oder nach körperlicher Anstrengung.

**11. Abfolge**

Essen ohne Hunger oder Appetit oder ohne vorherige Darmentleerung sowie Sport, ein Vollbad, Körperarbeit oder Sex direkt nach dem Essen wären im Hinblick auf die Abfolge ungeeignet.

**12. Mangelhafte Qualität**

Schädlich ist z. B. der Genuss unreifer Früchte, schimmeliger, fauler, konservierter oder auf Nährlösungen mit Kunstlicht gezüchteter Nahrungsmittel. Trotz gutem Aussehen sind diese Artikel von geringem Nährwert und enthalten wenig *Prana*.

**13. Indikation/Kontraindikation**

Das Essen von heißen Nahrungsmitteln nach dem Verzehr von Schweinefleisch (heißer *Virya*) erzeugt zu viel Hitze im Körper und ist folglich kontraindiziert. Besser sind raue Substanzen wie grüne Gemüse oder kühle Getränke wie Bier. Kalte Getränke nach Ghee oder Milch (kalter *Virya*) erzeugt zu viel Kälte im Körper. Es ist kontraindiziert, da hierdurch die Verdauung blockiert würde. Empfehlenswert wäre hier ein heißes Getränk.

**14. Kochweise**

Halb gegartes oder zerkochtes Gemüse, Aufgewärmtes generell oder halb gekochte, harte Linsen, Bohnen oder Getreidesorten sind zu vermeiden. Mikrowellen zerstören die Lebensenergie (*Prana*) der Nahrung.

**15. Tabukombinationen**

Saures Obst mit Milch oder ähnliche Kombinationen gelten als tabu (siehe weiter unten).

**16. Wohlgeschmack**

Der Verzehr ungeliebter, unappetitlicher oder unangenehm riechender Speisen gegen den Willen, z. B. Kinder, die gezwungen werden, gilt im Ayurveda als ungeeignet.

**17. Essregeln**

Essen in der Öffentlichkeit, Essen beim Fernsehen oder wenn man traurig ist etc. (siehe unter „Die 10 Goldenen Essregeln" S. 132 ff.), ist zu vermeiden.

### Gesundheitliche Folgen antagonistischer Ernährung

Gemäß Caraka ist der langfristige Genuss antagonistischer Nahrung durch seine Toxizität Ursache vieler Krankheiten: Impotenz, Sehstörungen, Hautpilz, Anämie, Pigmentstörung, Lepra, Ödeme, Infekte, Pickel, Pusteln, Sprue (Fettstoffwechselstörung), endogene Psychose, Allergie, Mittelohrentzündung, Gastritis, genetische Defekte, Autoimmunerkrankungen und sogar Krebs zählen dazu. Die Folge des hier zugrunde liegenden fatalen Essverhaltens kann man als *Amavisha* (endogene Toxikose) bezeichnen. Sie beschreibt einen Zustand systematischer innerer Selbstvergiftung durch eine Art Stoffwechselentgleisung. Dafür gibt es drei Ursachen:

**1.** Gewohnheitsmäßiger Verzehr antagonistischer Nahrung (Tabukombinationen)

**2.** Nahrungsaufnahme während der Verdauung der vorhergehenden Mahlzeit

**3.** Häufiger Verzehr ungekochter Nahrung

Die Symptome von *Amavisha* und der einer Vergiftung sind sich sehr ähnlich. *Amavisha* ist aufgrund der widersprüchlichen Natur seiner Entstehungsfaktoren unheilbar.

### Therapie antagonistisch verursachter Störungen

Anzuraten ist hier die traditionelle *Pancha-Karma*-Therapie mit den Ausleitungsverfahren von therapeutischem Erbrechen (*Vamana*), Abführtherapie (*Virecana*) etc. oder der Einsatz von Gegenmitteln (Antidots) zur Beruhigung der erregten *Doshas* (siehe S. 214).

**Faktoren, die einen Antagonismus neutralisieren**

**1.** Geringe Zufuhr an antagonistischen Nahrungsmitteln;

**2.** Gewöhnung (*Asatmya*): Japaner essen z. B. häufig rohen Fisch, Brasilianer Bohnen, Franzosen trinken täglich Wein etc.;

**3.** Eine starke Verdauungskraft (*Agni*);

**4.** Wenn ein Mensch jung ist, sich körperlich betätigt oder sehr widerstandsfähig ist.

In all diesen Fällen können toxische Nahrungskombinationen unter Umständen folgenlos bleiben.

### Gängige Speisen mit stark blockierender Wirkung auf die Srotas (Abhishyandi)

Soßen mit Sahne und/oder Käse, Mayonnaise, Ketchup, Saucee hollandaise o. Ä., Mehlsoßen (z. B. mit Mondamin oder Béchamel), Joghurt-Dressings und fette Dips, Fertiggerichte, Torten mit Quark, Sahne oder Schokocreme, Industrietorten und Eiscremes o. Ä. Auch die ganze Palette der französischen, sogenannten „höfischen Küche" zählt dazu: Confit, Soufflé, Fondue, Raclette, Gratin und große gemischte Buffets.

Somit gehören zu den *Srota* verstopfenden Lebensmitteln alle Speisen, die zu schwer oder zu raffiniert oder mit zu vielen verschiedenen Zutaten kombiniert werden – ganz zu schweigen von künstlichen Aromen, Geschmacksverstärkern, Bindemitteln, naturidentischen Aromastoffen, Konservierungs- oder Farbstoffen (siehe Liste der E-Nummern S. 358 ff.)... Die Liste ließe sich beliebig fortsetzen.

Prinzipiell führen diese Substanzen langfristig bei *Vata*-Typen zu Blähbauch, Verstopfung und Darmpilzen, bei *Pitta*-Typen zu Übersäuerung, Durchfall und Allergien und bei *Kapha*-Typen zu Verschleimung der Atemwege, Gewichtszunahme und erhöhten Cholesterin- oder Blutzuckerwerten.

# Die Energetik der Nahrung

**Meiden Sie folgende Tabukombinationen von Nahrungsmitteln in einer Mahlzeit**

Gemeint sind stets Kombinationen aus dem ersten Nahrungsmittel mit einem der folgenden (das gilt auch für Mahlzeiten mit mehreren Gängen):

**1.** Früchte mit Kartoffeln, Tapioca und anderen stärkehaltigen Stoffen.

**2.** Melonen mit allem, insbesondere Getreide, Stärke, Gebratenem, Eier, Käse, Honig, Joghurt oder Wasser.

**3.** Fleischprotein und Milchprotein (Beispiel: Cheeseburger); die Kombination zweier tierischer Eiweiße ist generell zu meiden, da sie die Körperkanäle (*Srotas*) blockieren und *Ama* verursacht. Milch hat eine kühlende Potenz, Fleisch eine erhitzende. Deshalb gilt diese Kombination auch bei den Juden als „nicht kosher".

**4.** Fleisch mit Milchprodukten (generell), Rettich, Honig, Sirup, Sesamsaat, schwarzen Bohnen (Masha), gekeimtem Getreide, Käse (Cordon Bleu, Käsewürstchen, Burger, Salamipizza) oder mit Essig (Marinade oder Fleisch mit Salat à la Vinaigrette). Folgen gemäß Caraka: Taubheit, Blindheit, Zittern, Beeinträchtigung der Stimme und Tod als Spätfolge.

**5.** In Senföl gebratenes Gemüse mit Honig oder Milch (als Beilage mit Béchamel-Sauce oder Kartoffelpüree).

**6.** Essig mit Sesamsamen (Salat), Reis (Reissalat/Sushi).

**7.** Rettich mit Honig, Milch, Bananen, Rosinen.

**8.** Honigmelone mit Honig, Joghurt oder Wasser.

**9.** Gurke mit Wasser.

**10.** Mango mit Joghurt (Mango-Lassi!), Käse, Gurke.

**11.** Mais mit Datteln (arabische Spezialität), Rosinen, Bananen.

**12.** Zitrone(nsaft) mit Joghurt, Gurke, Tomate, Milch (Ausnahme: *Panir*).

**13.** Nachtschattengewächse (Kartoffeln, Tomaten, Paprika, Auberginen) mit Joghurt (Türkei, Griechenland, Bulgarien), Milch (Kartoffelpüree), Melone, Gurke (Salat).

**14.** Honig – roh ist er ein wahrer Nektar – über 40 °C erhitzt ein schwer verdaulicher Cocktail (Lebkuchen oder heiße Milch/Tees mit Honig).

**15.** Joghurt mit Milch (Joghurtherstellung), Bananen (Shake), sauren Früchten (Müsli), Melonen (Fruchtsalat), Fleisch (Döner), heißen Getränken (zu Tee, Kaffee), Mango (Lassi), Käse, Fisch (Meeresfrüchtesalat und Dressing), stärkehaltigen Nahrungsstoffen (Kartoffel, Brot, Pasta).

**16.** Milch mit/nach Essig, saurem Obst, Pflaumen, Bananen, Gurken, Öl, Kürbis (grün), Rettich, Melonen, Salz, Joghurt, Käse, Ei (Omelett), saurer Sahne, Fisch, Fleisch, Knoblauch, *Kichari*, Hefebrot, Kandiszucker, Sesamsaat, salziger Nahrung, mit Reis gekocht (steigert *Kapha*). Milch und Joghurt oder saure Früchte führen zu Sodbrennen/Azidose. Milch gilt nach Caraka als vollkommenes Nahrungsmittel. Sie sollte deshalb besser allein konsumiert werden. Folgen gemäß Caraka: Besonders Rettich und Knoblauch in Zusammenhang mit Milch fördern langfristig das Risiko, an Lepra zu erkranken.

**17.** Eier mit Milch (Kuchen, Omelett), Joghurt, Melonen, Käse (Käseomelett, Käsespätzle etc.), Früchte (Obstkuchen), Kartoffeln (Spiegelei mit Bratkartoffeln)

**18.** Buttermilch mit Bananen (Müsli, Shake)

**19.** Zu meiden sind krasse Temperaturunterschiede: Heiße mit kalten Speisen und Getränken, während einer Mahlzeit, sowie kalte Getränke nach Tee, Gurke, Honigmelone, Melone.

**20.** Rohes mit Gekochtem mischen: Rohes stets zuerst verzehren, also den Salat immer vorweg essen, nicht mit Gekochtem mischen.

**21.** Honig mit gleichen Teilen Ghee, Rettich, Getreide.

**22.** Milch/Joghurt mit Früchten (Laktose und Fructose führt zu Gerinnung von Eiweiß), Shakes, Fruchtjoghurt, (Bircher) Müsli.

**23.** Süße und saure Früchte: Fruchtsalat, Früchtecocktail.

**24.** Weitere Substanzen mit heißem und kaltem Virya: Honig und Weißwein, Ghee und Honig (in gleicher Menge), Milch und Fisch, Stärkehaltiges und Ei (Kuchen, Kartoffeln und Spiegelei).

**25.** Stärkehaltiges Getreide/Kartoffeln mit Ei, Milch, Bananen, Datteln.

**26.** Alkohol mit *Kichari*.

**27.** Fisch mit *Pippali* gebraten verursacht laut Caraka den Tod.

Die Hay'sche Trennkost wurde bereits Ende der 20er Jahre widerlegt[17]. Man fand heraus, dass es Enzyme gibt, die Kohlenhydrate und Fette gleichzeitig aufspalten können. Die ayurvedische Trennkost hingegen ist zeitlos aktuell. Sie kann von jedem überall am eigenen Leib bestätigt werden. Es sind hier neben Nahrungsmitteln mit gegensätzlichem *Virya* auch solche mit unterschiedlichen Verdauungs- oder Darmpassagezeiten angeführt.

Erschrecken Sie nicht über die vielen Tabukombinationen, die Sie bisher unwissentlich selbst zubereitet haben mögen. Achten Sie mit diesem Hintergrundwissen darauf, wie Ihr Körper reagiert. Wenn Sie spüren, dass Sie sich nach einem solchen Essen müde, gereizt, gebläht oder auf sonstige Weise unwohl fühlen, wissen Sie, dass Ihr Körper mit dem Essen nichts anfangen kann. Reduzieren Sie langsam die Kombinationen, die Sie selbst als unzuträglich empfinden. Omelett oder Kartoffelpüree mag schon über so viele Generationen Brauch bei uns sein, dass wir uns daran gewöhnt haben (versuchen Sie einmal, es mit Soja- oder Reismilch zuzubereiten). Einem Afrikaner oder Inder in Deutschland kann es da anders ergehen. Haben Sie Spaß beim Experimentieren und bringen Sie immer mehr Ihre Intuition ins Spiel.

---

17 Siehe z. Bsp. Website der Deutschen Gesellschaft für Ernährung.

*Tomatenrasam, Rezept S. 248*

# 4 Die Ayurveda-Küche

Die sattvische Küche     148

Grundausstattung
der ayurvedischen Küche     156

# Die sattvische Küche

*„Das, was wir unserem Körper an Verdauungsarbeit abnehmen können, sollten wir in der Küche erledigen."*

Die **Zubereitung von Nahrung** hat sich über die Jahrhunderte nicht geändert. Der **Eisentopf** über dem Feuer ist einem **Stahlkochtopf** auf einem **Ceranfeld** oder „**Zauberschränken**" (sogenannten Konvektomaten) gewichen. Natürlich gibt es Fertiggerichte in der Mikrowelle und Fast Food an jeder Ecke. Aber man kocht in den meisten Haushalten noch immer. Auch der **menschliche Organismus** hat sich über die Jahrhunderte nicht geändert. Wir **atmen, essen, verdauen, scheiden aus** usw. Unser Körper muss nur viel mehr **Umweltbelastung** aushalten als der unserer Ahnen.

Die Nahrung hingegen hat sich über die Jahrhunderte durchaus geändert. Das gilt vor allem in Bezug auf die Herstellung, die Zusätze, die Veredelung oder besser „Verelendung". Hinzu kommen die Umweltverschmutzung und chemische Zusätze während des Anbaus und der Lagerung. Und auch der Mensch selbst hat sich geändert: seine Psyche, seine soziale Struktur, seine Bedürfnisse, die Schnelllebigkeit – nicht aber seine Natur.

Das Essen hat in den sogenannten westlichen Zivilisationsländern heute einen anderen Stellenwert. Essen ist im Alltag Ersatzbefriedigung und im Berufsalltag eine lästige Zeitverschwendung, die zur Notversorgung des Körpers verkommen ist. An Wochenenden und an Fest- und Feiertagen wird Essen wie am Hof des Sonnenkönigs zelebriert: ungesunde Völlerei und unglaubliche Verschwendungssucht.

## Grundregeln der sattvischen Küche

In vollkommenster Form ist der Verhaltenskodex der sattvischen Küche vor allem noch in Klöstern zu beobachten. Wie viel man davon übernehmen möchte/kann, sollte jeder für sich selbst entscheiden. Ich werde hier die mir im Klosterleben angelernten Kodizes erwähnen, ohne sie zu bewerten. In meiner Laufbahn als ayurvedischer Koch habe ich allerdings festgestellt, dass die gesamte Qualität unseres Essens stark von diesen Regeln abhängt. Je mehr man davon einhält, umso besser ist der Gesamteffekt auf den zu ernährenden/therapierenden Menschen.

In den *Veden*, den Jahrtausende alten Sanskritschriften Indiens, werden neben spiritueller Philosophie alle praktischen Aspekte des Lebens beschrieben. Zu den bedeutendsten dieser Aspekte gehören die Bereiche Wohnen und Bauen. *Vastu* (auch *Vasati*) ist die Wissenschaft der Architektur. Sie lehrt, wie man nach dem kosmischen Bauplan lebendige Räume schafft, die den Menschen in seinem materiellen und spirituellen Streben unterstützen. Dementsprechend ist die Platzierung jedes funktionalen Raums durch die Qualitäten der Himmelsrichtungen und der Planetenenergien vorbestimmt.

**Die Küche sollte im Südosten eines Hauses errichtet werden** Er wird von *Agni Deva*, dem Gott des Feuers beherrscht. Jedes Feuer, das im Südosten eines Hauses entzündet wird, trägt dazu bei, die Ausstrahlung des gesamten Energiefelds eines Gebäudes zu verbessern. Als Ort des Feuers beeinflusst die Qualität des Südostens auch den Zustand des Verdauungsfeuers (*Agni*) und damit die Gesundheit seiner Bewohner. In der vedischen Kultur wird das Feuer als die „Zunge Gottes" angesehen und als reinstes Element verehrt. Regelmäßige Feueropfer (*Pujas*) im Südosten eines Hauses gewähren folglich den Bewohnern Schutz und Unterstützung. Das Feuerelement verbunden mit seinem Ort, dem Südosten, ist auch verbunden mit der Sonne, dem Sonnengott und dem Himmel. Diese komplexen Zusammenhänge vermitteln die Bedeutung des Südostens für die Gesundheit und ein langes Leben in Harmonie (siehe auch S. 94 ff.).

### Die Feuerstelle

Es ist von großem Vorteil, wenn man über eine offene Feuerquelle verfügt. Da die wenigsten Haushalte einen Kaminanschluss für einen alten Küchenofen besitzen, ist die einzige Alternative der Gasherd. Auch ohne Haushaltsgasanschluss kann man leicht einen Gasherd auf Flaschenbetrieb umrüsten. In meinem Haushalt ist diese Variante auch die kostengünstigste. Mit einer 11-kg-Flasche Propangas koche ich für vier Personen etwa zwei bis zweieinhalb Monate. Das hängt aber von der Brennleistung des Herds ab. Die Füllung der Flasche kostet zwischen 16 € und 18 €. Die Vorteile von Feuer sind eine genauere Regulierung der Hitzezufuhr sowie Geschwindigkeit und die Möglichkeit, direkt auf der Flamme rösten zu können. Die Feuerstelle sollte in Richtung der aufgehenden Sonne angelegt sein, also im Südosten der Küche. Der Ein- oder Ausgang befindet sich auf der gegenüberliegenden Seite, das Wasser links vom Herd und die Arbeitsfläche dort, wo dann noch Platz ist. Gewürze und Kochzutaten sollten immer in der Nähe, aber nie direkt über dem Herd sein, weil Gewürze dort schneller austrocknen und an Kraft verlieren.

Ein wichtiger Punkt ist das Trennen von Waschbecken. In einem sollte man die Lebensmittel

# Die sattvische Küche

waschen, in einem anderen seine Hände und das Kochgeschirr. Es gibt so etwas wie eine „energetische Hygiene."

In vielen Küchen in Indien findet man keine Fenster vor, hat oft dunkle, kellerartige Räume. Das dient zum Schutz vor der heißen Jahreszeit und schützt Lebensmittel vor schnellem Verderben. Generell ist es für uns in Europa von Vorteil, helle Räume zu bevorzugen. Sollten wir direkte Sonneneinstrahlung in der Küche haben, müssen wir unsere Gewürzbehälter vor Licht schützen – also entweder dunkles Glas oder gut verschließbare Keramikgefäße benutzen.

**Das Kochen wurde von unseren Vorfahren erfunden**, um beim Kauen und Verdauen/beim Sattwerden Zeit zu sparen. Ferner, um rohe, also unverdauliche oder schwer verdaubare Nahrungsmittel (Beispiel: Hülsenfrüchte, Pilze, Kartoffeln) durch den Kochprozess zu entgiften, zu sterilisieren und sie damit für unseren Organismus genießbar zu machen. Der dritte Grund ist, durch die Aufschlüsselung bestimmter Kohlenhydrate mehr Energie für unser Gehirn bereitzustellen. Das menschliche Gehirn erfuhr entwicklungsgeschichtlich nach der Bezähmung und Nutzbarmachung des Feuers für die Zubereitung von Speisen einen Wachstumsschub.

**In der Küche sollten wir uns nicht in Straßenkleidung bewegen**, sondern Kleidungsstücke tragen, die ausschließlich zum Kochen verwendet werden. Das dient der Hygiene in der Küche und stimmt uns, wenn wir uns umziehen, auf diese Tätigkeit ein. Die strengste Hygiene sollten wir beim Kochen in unserem Geist ausüben. Mit Trauer, Zorn, Angst oder Neid zu kochen, bedeutet genau diese Gefühle ins Essen zu projizieren und sie beim Essen noch einmal aufzunehmen. Wir kochen alle nur mit Wasser und Wasser ist bekanntlich ein energetisches Speichermedium. Es nimmt die Energie auf, der es ausgesetzt ist.

Während des Kochens fernzusehen, Rockmusik oder Horrorgeschichten zu hören, ist auch zu vermeiden. Wir sollten uns beim Kochen der Verantwortung dieser Tätigkeit bewusst werden. Um uns herum sollten wir nur Dinge haben, die diesen Prozess unterstützen – z. B. entspannende Musik hören oder einer guten Lektüre lauschen, die uns auf geistiger Ebene voranbringt.

**Während des Kochens sollten wir niemals aus den Töpfen naschen, mit Essbesteck in die Töpfe gehen oder Kochbesteck ablecken**

All das gibt persönliche Informationen ins Essen oder nimmt gute Kraft vorweg heraus.

Der erste Geschmack sollte immer jemand anderem als dem Koch überlassen werden. In einer guten Küche befindet sich eine Art Altar oder „Herrgottswinkel", in den man das fertige Essen stellt, um es dem zurückzugeben, der es gegeben hat. Wer das ist, ist eine persönliche Entscheidung. Tatsache ist, dass wir durch diesen Vorgang, *Sadhana* (Weihung) genannt, unsere Seele ernähren und ein feines Bewusstsein für das Leben und das Essen an sich entwickeln. Diese kleinen Rituale machen das Kochen zu einem persönlichen Erlebnis, aus dem wir täglich Kraft und Freude schöpfen können. Wir beschäftigen uns dabei mit uns und lassen die hektische Alltagswelt vor der Tür.

Einen Einwand, den ich häufig höre, ist der, dass das Kochen so sehr zeitaufwendig sei. Die Zeit, die Sie vermeintlich beim täglichen Kochen und Ernähren einsparen wollen, ist die gleiche, die Sie hinterher im Krankenhaus verbringen dürfen. Wenn sie eine Porzellanvase zu Boden werfen, haben Sie sie im Bruchteil einer Sekunde zerstört. Die einzelnen Scherben wieder zusammenzufügen wird wahrscheinlich Stunden dauern. Wenn Sie sich über Jahre hinweg so falsch ernährt haben, dass Sie krank geworden sind, brauchen Sie lange, um diesen Schaden zu beheben.

**Beim Kochen ist es wichtig, bei sich zu sein und Ruhe zu haben**

Selbstverständlich höre ich mitunter dabei Musik oder ein nettes Hörbuch, wenn die Zeit zum Lesen fehlt. Allerdings sollten die Inhalte positiven Charakter haben. Wenn im Hintergrund das Radio mit meist weniger erhebenden Nachrichten läuft, kann es sein, dass das Essen nicht schmeckt oder man sogar noch nach dem Essen gedanklich in den negativen Informationen steckt. Bedenken Sie, dass die geistigen Inhalte während des Kochprozesses auch ins Essen gelangen. Unser Geist steht für das Element Feuer und ist daher mit dem Kochfeuer und dem Verdauungsfeuer verbunden. Unverdaute Sorgen schlagen sich gern auf den Magen.

Mit einiger Übung entwickelt man in kürzester Zeit eine Sensibilität für Essen, das mit guter oder schlechter Laune zubereitet wurde. Jeder kennt das Essen der Großmutter, das „mit Liebe" gekocht war. Leider sind wir durch das alltägliche Massenverhalten in Bezug auf Essen diesbezüglich eher abgestumpft, sodass wir uns diese Sensibilität oft erst wieder antrainieren müssen.

**Kochen als meditative Tätigkeit ist eine gute Übung, um geistig im Hier und Jetzt zu sein**

Wir vermeiden Gedanken, die sich mit der Vergangenheit, der Zukunft oder mit gegenwärtigen Sorgen befassen. Wir konzentrieren uns vielmehr auf das, was wir gegenwärtig tun und was es für unser Leben bedeutet, gut und gesund zu essen.

In der vedischen Tradition der Klöster, in denen ich gelernt habe, wurden während der Küchenarbeit ständig Gebete oder Mantras gesungen. Das Lobpreisen unseres Schöpfers fließt so in den Prozess ein, sodass Kochen und Essen zu einem spirituellen Ritual wird.

Der Gedanke beim Kochprozess war immer, Gottes Zunge zufriedenzustellen. Diesem Geist gebührt der erste Genuss. Wenn wir die Zunge Gottes zufriedenstellen, wird unsere eigene auch zufrieden sein. Auf diese Weise bekommen wir auch ein gutes Gefühl im Umgang mit Gewürzen etc. In den *Upanishaden*[18] und der *Bhagavadgita*[19] wird der Geist als das unsteteste aller Elemente bezeichnet. Er ist immer in der Vergangenheit oder in der Zukunft unterwegs. Was war damals, was wird sein, wie wird es sein ...? Die Gegenwart wird als der Punkt bezeichnet, an dem wir der Erfahrung der Ewigkeit unserer spirituellen Existenz am nächsten sind.

Diese Erfahrung ist für viele so befremdlich und erschreckend, dass sich „Langeweile" einstellt, wenn wir plötzlich mit uns allein sind. Das tägliche Kochen ist eine wunderbare Übung, um mit diesem Zustand „gut Freund" zu werden.

---

18, 19   Alte vedische Texte

# Die sattvische Küche

**Es ist erstaunlich, welch tief greifende Folgen bereits mit dem Kochen verbunden sind**

In allen geistigen Traditionen überall auf der Welt wird dem Kochen eine hohe Bedeutung zugemessen – und das nicht umsonst. Wer wann was kochen darf oder soll, folgt in allen Traditionen der Eingeweihten einer gewissen Hierarchie gemessen an den geistigen Fähigkeiten des betreffenden Küchenchefs. Diese ungeschriebenen Küchenregeln sind keineswegs nur in der vedischen Tradition zu finden. Sie entspringen einem Erfahrungswert, der in vielen Kulturen eine große Bedeutung hat. In einer Gesellschaft wie der unseren, in der reiche Traditionen immer mehr aussterben, werden vedische Traditionen neu oder wiedererweckt. Sie werden auf unsere Gesundung bereichernd wirken, denn sie sind zeitloses Gut.

**Die ayurvedische Ernährungsweise ist eingebettet in ein praktisches philosophisches Lebenskonzept, in dem körperliches, geistiges und seelisches Wohlbefinden berücksichtigt werden**

Die verschiedenen Ebenen unseres Bewusstseins nähren sich von den ihnen entsprechenden Elementen und Wesenszellen. Unsere Gedanken nähren sich dadurch, dass wir sie denken, die Gefühle durch unser Fühlen, unsere Seele durch unseren Antrieb und die seelischen Erregungen. Unser Ich nährt sich von Bewusstsein. Solange unser Bewusstsein (alle feinstofflichen Glieder) an den grobstofflichen Leib gebunden ist, wird es auch über ihn ernährt. Das bedeutet, dass wir über die Qualität unseres Empfindens, Denkens und Wollens gleichermaßen zwei Körper bilden: den grob- und den feinstofflichen.

Über Extreme wird das sichtbar: Jemand, der immer nur an eines denkt, z. B. Alkoholsucht, wird seinen Geist zerstören und sich seiner Willenskraft berauben. Gleichzeitig wird an seinem Körper durch körperlichen Verfall der einseitige Energieverbrauch sichtbar. Über unsere Nahrung nehmen wir durch einen wunderbaren alchemistischen Prozess so viele Informationen auf, dass alle zu uns gehörenden Ebenen mit Vitalität versorgt werden. Unter diesem Gesichtspunkt wird deutlich, warum geistige Hygiene so wichtig ist, wenn es um unsere alltäglichen Bedürfnisse wie das Essen geht. Das Vergeistigen unserer Ernährung wirkt sich also auf vielerlei Ebenen aus. Es formt unseren geistigen und grobstofflichen Leib entsprechend unserer Bewusstseinsqualität.

**Das menschliche Gehirn ist nichts weiter als eine Ansammlung von Chemikalien**

Gedanken und Bewusstsein sind nichts anderes als biochemische Phänomene. Jede einverleibte Substanz übt über hoch komplexe Kettenreaktionen während der Verdauung einen Einfluss auf unseren Geist aus. Diese Kettenreaktionen haben eine anregende (katalytische) oder unterbindende (inhibitorische) Wirkung auf das endokrine System und damit auf das Gehirn selbst.

Beispiel: Fast Food wie Pommes frites oder Chips enthalten hochkonzentrierte Kohlenhydrate, Geschmacksverstärker und Salz. Diese Kombination führt zu einer massiven Insulinproduktion, stärker als Süßigkeiten sie auslösen, und Insulin ist das einzige Hormon, das Fett produziert – speziell im Bauchbereich. Das Fatale ist, dass unser Gehirn Kohlenhydrate (Zucker) braucht. Ein erhöhter Östrogenspiegel wirkt katalytisch auf die Insulinproduktion. Eine Steigerung des Progesteronspiegels hingegen wirkt inhibitorisch.

Die Wirkung von Nahrung auf unseren Geist hängt vom Verhältnis der drei universalen Tendenzen (Sattva, Rajas und Tamas) in den Mahlzeiten ab

- Sattvische Nahrung wirkt beruhigend und ausgleichend.
- Rajasische Nahrung anregend.
- Tamasische Nahrung wirkt abstumpfend auf den Geist.

Es liegt also in unserer Hand, welchen Geisteszustand wir – bewusst oder unbewusst – wählen (mehr zu den *Triguna* im Kap. 3, S. 110 ff.).

Die Kontrolle über die Nahrung ist der einfachste Weg der Kontrolle über den Geist. Leider sind die Nahrungs- und Saatgutkonzerne auch bereits auf diese Idee gekommen. Noch haben wir die Freiheit, selbst zu entscheiden, wer wen kontrolliert. Tatsache ist, dass Toxine, die durch die Verdauung von Fleisch entstehen, weitaus schädlicher für den menschlichen Geist sind als die Verdauung von Pflanzenmaterial. Evolutionsgeschichtlich, karmisch und bewusstseinsmäßig gesehen, ist es in der Tat ein Unterschied, ob wir uns an den Anfang oder an das Ende der Nahrungskette stellen.

### Die rein sattvische Küche ist eine „spirituelle Diät"

Ob Yogis, Sufis oder Hare-Krishna-Mönche – alle erzeugen durch ihre täglichen körperlichen und geistigen Übungen und Atemtechniken ein starkes inneres Feuer. Das verlangt nach bis zu 50 % rohem Gemüse und Obst, Getreideprodukten, Nüssen, Samen und ausgewählten Hülsenfrüchten für die Eiweißversorgung. In unserer westlichen Welt ist eine solche Lebensweise schwer vorstellbar und noch weniger umsetzbar. Wenn Sie sich die Tabelle über die *Trigunas* (siehe S. 114) betrachten, sehen Sie genau, wie die Nahrungsmittel unser Bewusstsein und damit unsere Emotionen und inneren Haltungen stärken oder schwächen. Sie haben die Wahl, mehr sattvisches Bewusstsein in Ihr Leben einfließen zu lassen. Es wird unsere Welt in jedem Fall menschlicher werden lassen und den inneren Frieden verstärken.

In unseren traditionsreichen Rezepten verwenden wir *Prana*-reiche Zutaten. Das ist das Geheimnis ihrer hohen Bekömmlichkeit und heilenden Wirkung auf Geist, Körper und Bewusstsein. Ayurveda-Köche legen großen Wert darauf, die

# Die sattvische Küche

Funktionsprinzipien des Körpers ihrer Gäste zu berücksichtigen. Nur so kann die in der Nahrung enthaltene Lebensenergie – *Prana* – freigesetzt werden. Sie baut die Zellen auf und vitalisiert den gesamten Organismus. Viel *Prana*, also viel Lebensenergie, enthalten z. B. Kräutersamen, Getreidekörner, frische, unbehandelte Gemüse und Gartenkräuter. Sie wirken harmonisierend auf das Gemüt und dynamisierend auf Blut, Herz und Nervensystem.

### Die Gewürze sind die Juwelen der Verdauung

(siehe auch S.214 „Antidots") Ausgewählte und teilweise seltene Gewürze sprechen alle sechs Geschmacksrichtungen an. Die einseitige Wirkung von Nahrungsmitteln wird dabei ausgeglichen. Die süße, klebrig-schleimige und kalte Wirkung von Milch wird beispielsweise bei Desserts stets durch das aromatische Gewürz Kardamom neutralisiert. So lassen sich zahlreiche Nahrungsmittel im Ayurveda „veredeln", die man sonst wegen ihrer Nebenwirkungen nicht wirklich genießen könnte. Eine andere positive Nebenwirkung von täglich benutzten Gewürzen wie Chili, Ingwer, Safran, Gewürznelke und Kreuzkümmel: Sie schütten Glückshormone aus und wirken auf natürliche Weise aphrodisierend. Nebenbei verringern sie das Verlangen nach ungesunden Süßigkeiten und Fertigprodukten, die süchtig machen.

### In der sattvischen Küche zählen Frische, Natürlichkeit, Reinheit und Ursprünglichkeit

Die Lebensmittelindustrie meint, dass das, was die Natur uns schenkt, durch Zusatzstoffe wie z. B. Geschmacksverstärker, die Glückshormone ausschütten, perfektioniert werden müsse. Vor allem fördern sie eine von der Industrie gewünschte Abhängigkeit, ein Suchtverhalten. Ziel ist, dass der Kunde nur noch dieses Produkt kauft. Das Problem bei dieser Art von Konsum ist vor allem der Verlust unserer emotionalen Mitte. Wenn wir nicht mehr in Kontakt mit unseren Gefühlen und unserer Intuition sind, verlangen wir nach mehr Nahrung auf der körperlichen Ebene. Es ist aber der Hunger der Seele, den wir dabei überhören. So bleibt die jedem Menschen innewohnende Sehnsucht nach Liebe, Lebendigkeit und spiritueller Erfahrung unerfüllt.

Die Food-Designer sind sozusagen die Schneider, die des Kaisers neue Kleider (unsere Nahrung) „fertigen", in der Hoffnung, dass das Volk darauf hereinfällt. Nur die unverbrauchten Kinder durchschauen diesen Trug. Geben Sie einem Kind zum ersten Mal ein solches Produkt zum Verzehr, wird es dies sofort ausspucken. Aber auch bei Kindern wird der Gaumen rasch korrumpiert.

### Neben der Zubereitung ist die qualitative Auswahl entscheidend

Wir verzichten in unserer Küche weitgehend auf konservierte, tiefgekühlte oder mit Mikrowellen behandelte Nahrungsmittel. Wild, Geflügel, Süßwasserfisch, Schaf- und Ziegenfleisch müssen für Sie in der täglichen Ayurveda-Küche kein Tabu sein. Auch hier sorgen Gewürze, Küchenkräuter und ayurvedisch komponierte Zutaten für einen ungewöhnlichen Gaumengenuss. Im Gegensatz zu den meisten Restaurants liegt uns am Herzen, dass Ihre Verdauung am nächsten Tag bestens funktioniert. Deshalb bieten wir für Sie im vorliegenden Buch eine leichte, vollwertige, vegetarische Küche an, gewürzt mit einigen exotischen Akzenten. In der ayurvedischen Heil- und Kurküche sind tierische Eiweiße deshalb fehl am Platz, weil sie den Entgiftungsprozess und die feinen Nahrungskanäle (*Srotas*) blockieren.

Wir möchten Sie davon überzeugen, dass man im Grunde alle europäischen Gerichte nach ayurvedischer Art zubereiten kann: typ- und altersgerecht, jahreszeitengemäß, lustbetont und auf die jeweilige Lebensphase und den aktuellen Gesundheitszustand abgestimmt. Die Folge davon ist mehr Genuss durch mehr Geschmacksintensität, keine Gewichtszunahme, kein Verzicht und mehr Lebensfreude und der Herd Zuhause wird zum Opferaltar: Rohkost-, Diät- und Hungerküchen sind genauso „out" wie die unverdaubaren Geschütze der klassischen Gourmet-Küche.

### Aus ayurvedischer Sicht entstehen 80 % der Krankheiten aus Ernährungsfehlern

Nahrung dient als Energie- und Kraftspender für Körper, Sinne und Bewusstsein. Sie wird individuell auf die persönlichen Bedürfnisse und täglichen Lebensbelastungen abgestimmt.

## Sattvische Ernährung - was ist zu beachten

**1.** Achten Sie auf die Reinheit Ihrer Nahrung. Sie hat eine positive Auswirkung auf Ihre Gedanken.

**2.** Reduzieren Sie immer mehr die *tamasischen* Nahrungsmittel und damit Ihre Genusssucht und Gier.

**3.** Sorgen Sie für eine friedliche, angenehme Gesellschaft und Atmosphäre beim Essen.

**4.** Meiden Sie zu scharfe Gewürze und anregende Speisen und Getränke (siehe *Rajas*-Nahrungsmittel und Gewürze).

**5.** Meiden Sie chemische Zusätze, Fertiggerichte, Convenience Food, Fast Food, Mikrowellen- und Tiefkühlkost sowie Aufgewärmtes (siehe *Tamas*-Nahrungsmittel).

**6.** Reduzieren Sie immer mehr „tote Nahrung" wie Fleisch, Fisch, Eier und Wurst (siehe *Tamas*-Nahrungsmittel).

**7.** Reduzieren Sie allmählich alle anregenden, Sucht erzeugenden Stimulantien wie Kaffee, schwarzen Tee, Nikotin, Alkohol und synthetische Pharmaka.

*„Essen kann mit Fug und Recht als Wissenschaft bezeichnet werden."* (Prentice Mulford)

# Grundausstattung der ayurvedischen Küche

Um eine **Küche** nach ayurvedischen Gesichtspunkten sinnvoll einzurichten, benötigt man in erster Linie einen **Grundvorrat an Gewürzen**. Was das Kochgeschirr anbetrifft, unterscheidet es sich nicht wesentlich von dem einer „gewöhnlichen" Küche. Es gilt nur zu beachten, dass man **auf keinen Fall Kochgeschirr aus Aluminium** benutzt. Dieses Metall kommt in unserem Körper auch als Spurenelement nicht vor und stellt daher einen bedeutsamen Störfaktor dar. Ebenso sollte **Aluminiumfolie keine Verwendung** finden. Der Einfluss dieser Substanz auf Lebensmittel ist **stark tamasisch**. Manche Wissenschaftler vermuten einen **Zusammenhang** zwischen **Aluminiumintoxikation und Alzheimer**.

Es ist von großem Vorteil, eine direkte Feuerquelle als Kochstelle zu haben. Üblicherweise ist es ein Gasherd, in älteren Häusern findet man mitunter sogar noch Herde, die mit Holz befeuert werden können. Feuer hat zum einen den Vorteil, dass man die Hitzezufuhr genauer regulieren kann, zum anderen hat man mehr Möglichkeiten, um gewisse Sachen herzustellen, z. B. Brot direkt auf der Flamme gebacken. Im Ayurveda wird dem Feuer auch eine Qualität zugeschrieben, die sich nicht imitieren lässt. Flammen sind also allgemein zu bevorzugen.

Was gebrauchsfertige Gewürzmischungen angeht, bin ich skeptisch. Man kennt die Mischungsverhältnisse nicht und gerade hier liegt der bedeutende Unterschied in der Wirkung auf die *Doshas*. Wenn man sich mit der Materie ausreichend befasst und die Grundprinzipien verstanden hat, sollte man eigene Gewürzmischungen herstellen. Diese sollten die eigene Konstitution und die der im Haushalt lebenden Personen ausgleichen. Da im Kapitel „Lebensmittelkunde" näher auf die Gewürze eingegangen wird, sind nachfolgend nur die wichtigsten und gebräuchlichsten aufgelistet.

## Liste der in der sattvischen Küche gebräuchlichsten Lebensmittel und Gewürze

**Gewürze**

- Ajwan-Samen
- Anissamen
- Asant
- Basilikum, getrocknet oder frisch
- Bockshornklee, Samen und Blätter
- Cayennepfeffer
- Cuminsamen, braun und schwarz
- Curryblätter
- Dillsamen
- Fenchelsamen
- Galgantwurzel, getrocknet
- Ingwer, frisch und getrocknet
- Kardamom, grün und schwarz
- Koriandersamen
- Kurkuma
- Lorbeerblätter
- Muskatblüte (Macisblüte)
- Muskatnuss
- Nelken
- Pfeffer, schwarz
- Safranfäden
- Salz (Meersalz/Steinsalz ohne Zusätze)
- Senfsaat, schwarz oder dunkelbraun
- Zimtpulver und Zimtstangen

   Selbstverständlich können Sie auch die mediterranen Gartenkräuter in diese Küche integrieren, z. B. Rosmarin, Thymian, Salbei, Kerbel, Estragon u. a.

Nachfolgend sind weitere Nahrungsmittel aufgelistet, die in der ayurvedischen Küche vorrätig sein sollten

**Öle**

- in erster Linie Ghee, das „flüssige Gold",
- Sonnenblumenöl.

(Weitere Öle sollten Ihrem Konstitutionstyp entsprechen und der Liste entnommen werden)

# Grundausstattung der ayurvedischen Küche

**Reis und Hülsenfrüchte**

- Basmatireis, weiß
- Reisflocken (Poha)
- Azukibohnen
- Mungdal, gelb, halbiert
- Mungbohnen, ganz
- Toor Dal
- Urad Dal
- Rote Linsen
- Getrocknete grüne Erbsen
- Kidneybohnen
- Kichererbsen
- Pintobohnen
- Punkterbsen
- Sojagranulat

**Trockenfrüchte**

- Datteln
- Tamarinde
- Rosinen

**Süßungsmittel**

- Sucanat/Rohrohrzucker
- Honig
- Weitere entsprechend dem Konstitutionstyp

**Getreide und Mehle**

- Dinkelgrieß/-mehl
- Weizengrieß/-vollkornmehl
- Weizenfeinmehl
- Couscous
- Bulgur
- Hirse
- Reisgrieß/-mehl
- Tapioca/Sago
- Maismehl
- Kichererbsenmehl
- Buchweizenmehl

## Nüsse und Samen

- Cashewnüsse
- Erdnüsse
- Mandeln, ganz und gesplittert
- Sesamsamen
- Poppyseeds
  (Mohnblumensamen, schwarz und weiß)
- Kokosraspeln

## Sonstige Nahrungsmittel

- Sojasahne
- Tomatenpassata
- Kokosmilch
- Rosenwasser (Rosenhydrolat)
- Hefefreie Bio-Gewürzbrühe

## Kochgeschirr und Küchenutensilien

Jeder weiß selbst am besten, mit welchen Töpfen er gern kocht. Stahlgeschirr ist die preisgünstigste und unbedenklichste Lösung. Um Ghee zuzubereiten, ist ein höherer Topf mit dickem Boden ratsam. Auf dünnbödigen Töpfen brennt der Satz leichter an. Zum Backen von Chapatis eignen sich besonders Eisenpfannen – sofern keine Chapatiplatte zur Verfügung steht. Zum Herstellen von eigenem Käse benötigt man ein Baumwolltuch von der Art einer Baumwollwindel. Auch eine Gewürzmühle und/oder ein Mörser sollte in einer Küche nicht fehlen. Ich rate generell vom Kauf fertig gemahlener Gewürze ab, da sie oft gestreckt oder mit alten Gewürzen gemischt sind. Frisch gemahlene Gewürze haben ein besseres Aroma und eine kräftigere Wirkung.

*Spinatrasam, Rezept S. 248*

# 5 Lebensmittelkunde

| | |
|---|---|
| Nahrung im Industriezeitalter | 164 |
| Einteilung/Bewertung der Nahrungsmittel nach Caraka | 168 |
| VPK–Nahrungsmittelliste | 174 |
| Küchenheilmittel | 186 |
| Weitere Küchenheilmittel | 210 |
| Antidots | 214 |
| Erste Hilfe aus der Küche | 215 |
| Vitamine und Mineralien | 216 |

Alle Gewürze, Kräuter und Samen sowie der Kochprozess verbessern die **Verdauungskraft (Agni)**.

Sie steigern die **Aufnahme von Nährstoffen (Samana)**, mindern die Schlackenbildung (Nirama) und verleihen mehr **Vitalkraft (Prana)** und **Ausstrahlung (Ojas)**.

Biologische Nahrungsmittel sind deutlich pranareicher. Obst und Gemüse, aber vor allem Wurzelgemüse und Getreide aus biologisch-organischem oder besser biologisch-dynamischem Anbau enthalten deutlich mehr *Prana*-Energie als Nahrung aus herkömmlichem Anbau. Das zeigen Mineralstoffanalysen und die sogenannten „Kristall-Steigbilder" aus der biodynamischen Landwirtschaft. Dazu hat man aus anorganischen Salzen (z.B. Kupfersulfat) und dem Saft ausgepresster Obst- oder Gemüsesorten gesättigte Lösungen hergestellt. Hier hinein wurde ein Löschblatt getaucht und an einer Wäscheleine aufgehängt. Ähnlich wie in Emotos Kristallfotos[20] ist das Kupfersulfat, je nach Qualität der zu untersuchenden Frucht, in organischen Gebilden auskristallisiert oder amorph geblieben. Das erlaubt Rückschlüsse auf die energetische Qualität der zu untersuchenden Substanz.

Grundsätzlich gilt es zu verstehen, dass man bestimmte Nahrungsmittel mit bestimmten Gewürzen zubereitet, um sie verdaulich zu machen. Der zweite Grundsatz ist, bestimmte Kombinationen von Nahrungsmitteln zu vermeiden, da sie im Körper verderben. Für einige gebräuchliche Nahrungsmittel finden sie auf einer Liste sogenannte Antidots (siehe S. 214). Das sind Gewürze, die zu einer oder mehreren bestimmten Eigenschaften den Ausgleich bilden. Es ist von großem Vorteil, seine und die Konstitution der im Haushalt lebenden Personen zu kennen, um entsprechend zu kochen, sodass niemand unter zu starker *Dosha*-Belastung leiden muss.

Was die Lebensmittelkunde betrifft, können Sie die Energetik den Listen entnehmen. Hier werde ich hingegen auf die geistigen Eigenschaften der Nahrungsmittel eingehen, die *Gunas*. „Wenn das Lebewesen in der materiellen Welt verkörpert ist, wird es durch die drei Erscheinungsweisen der Natur bedingt und denkt fälschlicherweise, es sei selbst der Handelnde" (*Bhagavad Gita*[21], 3.21.). Die Erscheinungsweisen der Natur – Unwissenheit (*Tamas*), Leidenschaft (*Rajas*) und Tugend (*Sattva*) – bestimmen die Bewusstseinsebenen. Sie stehen mit Lebensmitteln, Tätigkeiten, Gedankengängen und Gewohnheiten in dircktem Bezug. Das bedeutet, dass jedes Nahrungsmittel auch unser Bewusstsein beeinflusst.

Nach Möglichkeit sollte die Nahrung, die wir zu uns nehmen, sattvisch sein, also der Ebene der Tugend entsprechen. Zu den tamasischen Lebensmitteln gehört alles, was unter der Erde wächst, sowie Pilze, Flechten und Algen. *Rajasika* sind alle Nahrungsmittel, die durch Gewaltanwendung gewonnen werden, also Fleisch, Fisch und Eier, aber auch alle zu scharfen und zu starken Lebensmittel wie z.B. Chili. *Sattvika* sind alle anderen Lebensmittel, die oberirdisch wachsen und moderate Geschmäcker und Eigenschaften besitzen.
(Mehr dazu in Kap. 3, S. 111 ff.)

---

20  Masuru Emoto:" Die Botschaft des Wassers", KOHA-Verlag, 2002
21  Eine der zentralen Schriften des Hinduismus.

# Nahrung im Industriezeitalter

Im vergangenen Jahrhundert haben wir eine so schnelle Veränderung der Anbau- und Produktionsmethoden von **Lebensmitteln** erlebt, wie sie in dieser Form historisch einmalig ist. Dass das **weitgreifende Folgen** für unser Konsumverhalten und unsere **Essgewohnheiten** hat, ist selbstverständlich.

*„Wer alles schlucken will, wird schlecht verdauen."* (aus Frankreich)

Befürworter der Industrialisierung sprechen immer von der Notwendigkeit derselben. Sie sei wegen der ständig zunehmenden Zahl an Menschen, Mangel an Anbauflächen und Bedrohung durch Naturkatastrophen erforderlich und der extreme Schädlingsbefall rechtfertige den Einsatz genmanipulierter resistenter Pflanzen. Umso erstaunlicher ist, dass uns die Biobauern zeigen, dass man auch einen natürlichen Weg gehen kann und der Großteil der Menschheit nicht an den Produktionskreislauf angeschlossen ist. Zudem überzeugt die Entwicklung ernährungsbedingter Zivilisationskrankheiten nicht gerade von der Industrialisierung.

Die Agrarwirtschaftslobby ist weltweit die größte und stärkste und hat entsprechend viel Einfluss auf Regierungsebene. Diese Macht wird so schnell nicht gebrochen werden. Für uns ist nur noch von Bedeutung, welche Konsequenzen wir Endverbraucher daraus ziehen müssen.

Bei der Betrachtung der durchschnittlichen industriell gefertigten Nahrungsmittel werden wir permanent mit Inhaltsstoffen konfrontiert, die kein normaler Mensch im Haushalt hat. Neben den ominösen „E-Nummern" (siehe Kap. 10, S. 358 ff.) gibt es eine Unmenge an Zusatzstoffen: Geschmacksverstärker, Konservierungsmittel, Farbstoffe, Aromen, Emulgatoren, Trennmittel, Antioxidationsmittel, Säuerungsmittel, Bindemittel etc. Wir finden mittlerweile auf jedem Etikett eine Flut von Angaben über Substanzen. Die meisten kennen wir nicht, geschweige denn, wissen wir Genaueres über sie.

Die Frage ist, ob die Zusätze wirklich so notwendig sind, wie behauptet wird. Oder käme man auch ohne sie aus? Was die einzelnen Stoffe an Überraschungen bereithalten, kann an dieser Stelle nicht behandelt werden, weil es den Rahmen des Buchs sprengen würde. Fakt ist, dass viele der Nahrungszusätze nicht nur auf ausgesprochen unappetitliche Weise hergestellt werden, sondern obendrein oft auch fatale Nebenwirkungen haben, vor denen auf dem Etikett nicht gewarnt wird. Es ist wissenschaftlich nachgewiesen, dass diätetische Süßungsmittel wie Aspartam bei Mäusen hochgradig karzinogen sind. Dennoch sind sie überall zu finden. Die meisten Aromen und Geschmacksverstärker stören die natürlichen Regulierungsmechanismen im Gehirn wie z. B. die Gewichtsregulierung. Besonders in der konventionellen Ferkelmast wird dem Futter Erdbeeraroma (aus Sägespänen gewonnen) und Aprikosenaroma zugefügt, weil die Tiere um 50 % schneller Gewicht zulegen.

Zurzeit ist *Nano-Food* in Mode. In ihm befinden sich Mikroteilchen, die bestimmte Eigenschaften haben sollen. Es gibt bisher keinerlei Studien zur Verträglichkeit dieser synthetischen Substanzen, die so klein sind, dass sie von unserem Organismus nicht erkannt werden. Nanoteilchen befinden sich hauptsächlich in Kosmetika und Haushaltsmitteln. Sie stehen seit einiger Zeit im Verdacht, vom Organismus nicht erkannt, demnach nicht verwertet und somit abgelagert zu werden. Eventuelle Spätfolgen sind bisher nicht absehbar. Man kann also keineswegs behaupten, die Anwendung dieser Chemikalien sei zwingend notwendig.

Im *Bhagavat Purana*, einer der ältesten vedischen Abhandlungen über die Seele und ihre Beziehung zu ihrem Ursprung, steht im 12. Kanto sinngemäß, dass es im *Kaliyuga*, dem gegenwärtigen „dunklen Zeitalter", keine saubere Nahrung mehr gebe. Man könne sich nur im Bewusstsein über diese Tatsachen erheben, indem man selektiv, nach bestmöglichen Kriterien entsprechend den Faktoren Zeit, Ort und äußeren Umständen, einkaufe. Man müsse sich durch den Vergeistigungsprozess mit unserer Nahrung so auseinandersetzen, dass man nur noch die Essenz, also die Lebendigkeit, in den Vordergrund stelle. Die Essenz, *Prana*, sei das, was uns ernährt – nicht nur die einzelnen Bausteine wie Vitamine, Mineralien etc.

Noch leben wir mehr von der Lebensessenz, die in natürlich erzeugten Produkten steckt, als von chemischen Bausteinen. Wenn wir nur von chemischen Elementen abhängig wären, könnten wir uns auch aus dem Reagenzglas mit Nahrung versorgen und müssten einheitlich gesund bleiben. Mit unseren technologischen Möglichkeiten könnten wir dann komplett auf Ackerbau verzichten. Dass dies nicht möglich ist, beweist die Tatsache, dass trotz aller Innovation und Kenntnis der chemischen Elemente immer noch Landwirtschaft betrieben wird. Auch die Astronautennahrung hat gezeigt, dass im Weltraum nach mehreren Monaten gravierende Gesundheitsprobleme auftreten, wenn beispielsweise auf Ballaststoffe verzichtet wird.

In Bezug auf die Werbung lässt sich ein recht einfaches Grundprinzip anwenden: „Ware, die beworben wird, benötigen Sie im Grunde nicht." Es mag ja sein, dass der zunehmende Konkurrenzkampf Werbung erforderlich macht – aber für den Hersteller, nicht für den Konsumenten. Bestimmen Sie einfach selbst, was sie nutzen oder konsumieren möchten, und was nicht. Lassen Sie sich nicht vorschreiben, was Sie benötigen. Als Kunde sind Sie immer noch König. Sie werden merken, dass sich nach einiger Zeit Ihr Konsumverhalten und der ganze Alltagsverlauf von selbst ändern. Gesundheit ist eine Frage des Informiert-Seins.

# Nahrung im Industriezeitalter

### Auswahlkriterien für Nahrungsmittel

Angesichts der Tatsache, dass immer mehr industriell produzierte oder nachbehandelte Lebensmittel unsere Marktregale füllen, wird es für viele immer schwieriger, an einigermaßen unbelastete Ware zu kommen. Natürlich kann es sich nicht jeder leisten, nur noch im Bioladen einzukaufen, geschweige denn, sein Gemüse selbst zu produzieren. Wer aber einen Garten besitzt, dem kann ich nur dringend dazu raten, sich authentisches Saatgut (keine Hybriden) zu besorgen und so viel wie möglich selbst anzubauen.

Es ist sinnvoller, von regionalen Erzeugern zu kaufen (auch wenn diese nicht immer die strengsten Etiketten im Bioanbau einhalten), als importierte Ware aus dem Bioladen. So manche der z. B. aus Italien stammenden Ware mag zwar biologisch angebaut sein, wurde aber trotzdem aufgrund von Einfuhrbestimmungen nachbehandelt, z. B. mit Gas oder durch Bestrahlung. Außerdem widerspricht der Lebensmitteltransport über Tausende von Kilometern grundsätzlich dem Öko-Gedanken. Da Biolebensmittel sich großer Nachfrage erfreuen, hat sich auch in diesem Marktbereich längst ein bekanntes Übel eingeschlichen: Wo Geld zu verdienen ist, sind schnell die „Großen" zur Stelle, um mitzuverdienen.

So erschien z. B. im Lauf der letzten Jahre eine sogenannte Öko-Kontrollstelle auf der Bildfläche. Sie hat EU-weit Richtlinien dazu erlassen, was als ökologisch produzierte Ware verkauft werden darf. Die einst strengen Bioverordnungen wurden so nach und nach mit konventionellen Richtlinien auf einen Nenner gebracht, damit der Umstieg von konventionellem auf Ökolandbau nicht so schwierig ist. So werden in diesem EU-konformen Ökolandbau auch schädlingsresistente Hybridwaren angebaut, die zwar weniger gespritzt werden dürfen, aber zum Teil dennoch massenhaft in Monokulturen produziert werden. Außerdem wird Bioanbau, wenn er großflächig betrieben wird, seinen Kriterien nicht mehr gerecht – ebenso wenig die Tierhaltung. Der Massenanbau im Biobereich ist nicht frei von Spritzmitteln wie Kupferhydroxid. Es ist aufgrund der heutigen Schädlingssituation in dicht besiedelten Gebieten gar nicht mehr möglich, große Felder ohne Prophylaxe zu bebauen. Daher ist auch Bioware immer zu einem gewissen Teil mit einem ökologischen Nachteil (z. B. der Grundwasserbelastung etc.) verbunden. Kupfer ist nach Biomaßstäben ein natürliches Spritzmittel. Nach dem Bundesamt für Gesundheit hingegen ist Kupfer ein giftiges Schwermetall und müsste verboten werden, weil es den Boden vehement schädigt.

Je größer ein Biobetrieb ist, umso größer ist die Belastung. Nachgewiesenermaßen enthalten biologisch angebaute Nahrungsmittel mehr Vitamine und Nährstoffe als auf Monokultur konventionell erzeugte. Allerdings ist damit von wissenschaftlicher Seite noch nicht nachgewiesen, dass Menschen, die viel Biogemüse essen, auch gesünder sind als andere. Hier mangelt es bisher an Langzeitstudien.

In Deutschland gibt es einige geschützte Biolabels, die sich selbst streng regulieren, keiner Kontrolle einer Regierungsorganisation unterstehen und damit einen hohen Selbstanspruch stellen: Demeter, Naturland, Bioland (der größte Verband mit der am höchsten zugelassenen Zahl für Tierhaltung), Gäa (ostdeutscher Verband) und BioPark (das nordöstliche Äquivalent). Es handelt sich hier um zusammengeschlossene aber unabhängige Einzelbetriebe, die – je nach Label – bestimmte Anforderungen erfüllen müssen. Diese Labels haben fol-

gende Richtlinien gemeinsam: keine Gentechnik, keine synthetischen Dünger und Pflanzenschutzmittel (das Kupferproblem!), keine Antibiotika und artgerechte Tierhaltung mit Tageslicht.
Was die unterschiedlichen Philosophien betrifft, lässt sich streiten. Für Viele ist der Demeteranbau in Bezug auf Fruchtfolge und nachhaltige Umgebungspflege der am strengsten regulierte.

*„Wer Gemüse isst, wird stark.
Wer Fleisch isst, wird tapfer.
Wer Reis isst, wird weise.
Wer Luft isst, wird heilig."*
(Chinesisches Sprichwort)

Natürlich ist es jedem anzuraten, so viel Bioware wie möglich zu konsumieren. Dennoch ist es für mich sinnvoller, bei regionalen konventionellen Erzeugern direkt zu kaufen, als auf importierte Bioware aus dem Ausland zurückzugreifen.
Man unterstützt damit die regionale Wirtschaft. Außerdem behandelt ein konventioneller Gemüsebauer seine regional angebaute Ware aller Wahrscheinlichkeit nach nicht so, wie es an großen Verlade- und Umschlagplätzen mit EU-Kontrolleuren der Fall ist.
Auch Bioware ist mit einem gewissen Mindestmaß an Umweltgiften belastet. Das ist der Geist der Zeit, dem wir uns nur mit einem sauberen Bewusstsein entgegenstellen können. Kaufen Sie also von den Erzeugern in Ihrer Umgebung – Bio oder nicht – und Sie werden automatisch eine saisonal orientierte Ernährungsweise entwickeln. Gleichzeitig bleibt Ihr Geld in der Region und verschwindet nicht nach Holland, Spanien oder in Marokko, wo damit noch mehr nährstoffarme Massenware in Hydrokultur produziert wird.

### Örtliche Gegebenheiten entscheiden über den Prana-Gehalt

Wer schon einmal in den mediterranen Ländern oder außerhalb von Europa war, wird festgestellt haben, dass an Orten, wo die Sonne mehr als in Nordeuropa scheint, völlig andere Essgewohnheiten herrschen. Auch der Geschmack der Früchte ist wesentlich intensiver. Bei uns war ich noch nie von nur einer Banane satt – im Himalaja hingegen war mir fast eine einzige zu viel. Das lag sicher auch an den Stimmungen und Gefühlen, die ich in der fremden Umgebung hatte. Allerdings war dieses Phänomen bei mir und vielen Begleitern von langer Dauer. In anderen Hochlagen ging es mir ähnlich. Einige vedische Quellen erwähnen, dass die Aktivität von *Prana* vom Abstand zur Sonne und von den ekliptischen Gezeiten abhängt.

Wir alle sind in die herrschenden Marktstrukturen eingebunden. Aber wir können auf verschiedene Art damit umgehen.

*Leichte Gemüsesuppe, Rezept S. 243*

# Nahrungsmittel nach Caraka

**Atreya** schreibt in der **Caraka Samhita** ausführlich über die verschiedenen **Eigenschaften der Nahrungsmittel**. Wer sich damit näher auseinandersetzen will, sollte das Werk studieren. Die Wiedergabe des gesamten Inhalts dieses Kapitels würde den Rahmen dieses Buchs sprengen. Daher werden nachfolgend nur die wichtigsten Kriterien angeschnitten.

### Die Katalogisierung nach Caraka:

Getreide, Leguminosen, Fleisch, Gemüse und Salate, Früchte, fermentierte Getränke, Wasser, Milch und Milchprodukte, Zucker und Honig, Öle und Gewürze.

## Getreide

**Reis** hat insgesamt eher eine feuchte und kühle Qualität und wird als nahrhaft eingestuft. In der CS (*Caraka Samhita*) werden vor allem 14 Sorten einer Reisart erwähnt, die als *Sali*-Reis bezeichnet wird. Bei uns gibt es diese Vielfalt von Reissorten nicht.

**Gerste** findet mit dem Hinweis Erwähnung, dass sie aufgrund ihrer rauen, leichten, leicht adstringierenden und stärkenden Wirkung *Kapha*-Störungen beseitigt.

**Weizen** ist süß, kalt, feucht, aphrodisierend, muskelfördernd, vitalisierend, schwer und stabilisierend. Es werden unzählige Getreide und Pseudogetreide erwähnt, die uns im Westen unbekannt sind. Allgemein wird darauf hingewiesen, dass Getreide mindestens ein Jahr gelagert werden sollte, weil es dann rauer, leichter und bekömmlicher ist.

## Leguminosen/Hülsenfrüchte

**Leguminosen** erwähnt *Atreya* vor allem im Zusammenhang mit ihrem therapeutischen Nutzen.

**Mungbohnen** sind herb-süß, rau, kalt, verursachen scharfen *Vipaka*, sind leicht, trocken und Schleim reduzierend. Sie wirken deshalb *Pitta* und *Kapha* entgegen und eignen sich daher für vielerlei Diäten bei entzündlichen Krankheiten. Sie gelten als die besten aller Hülsenfrüchte.

**Schwarze Bohnen** gelten als aphrodisierend, *Vata* reduzierend, feucht, heiß, stärkend und viel Kot erzeugend. Sie erhöhen und stärken *Ojas* und damit auch die sexuelle Kraft.

**Pferdebohnen** gelten als wohltuend bei Husten, Schluckauf, Dyspnoe und Hämorrhoiden, weil sie heiß, adstringierend, stopfend und *Vata* und *Kapha* vermindernd sind.

# Nahrungsmittel nach Caraka

## Fleisch – Fisch – Eier

In der CS ist die Unterteilung der Fleischsorten komplex geordnet – je nach Lebensraum der Tiere, aber auch nach ihrer Fortbewegungsart und ihrer eigenen Ernährungsweise. Manche Sorten sind besonders problematisch für die Gesundheit, andere eignen sich sogar zum Beseitigen von Störungen.

In der vedischen Kultur wurde Fleisch von den Arbeitern der niederen Gesellschaftsschichten sowie dem Militäradel konsumiert, der Jagd als Ritual und Zeitvertreib betrieb. Die heutige Masttierhaltung zu Schlachtzwecken sowie das tägliche Töten von Abertausenden von Tieren war in der vedischen Gesellschaft jenseits aller Vorstellungen. Der Konsum von Fleisch unterlag großen Einschränkungen, Ritualen und Regelungen bezüglich Herkunft und Erwerb und war somit von vornherein nicht verbreitet. Die medizinische Verwendung bestimmter Fleischsorten war aber bekannt und ist in einem anderen Zusammenhang zu sehen, als die Verwendung zu Genusszwecken. Fleisch vermehrt die Eigenschaften von *Tamas* und *Rajas* im Körper und Geist des Menschen. Es ist jedem selbst überlassen, wie er sich ernähren und damit geistig ausrichten möchte.

**Ziegenfleisch** wird als das fettärmste Fleisch betrachtet. Es ist *tridoshic* (VPK–), vermehrt alle Gewebeschichten und wirkt nicht blockierend auf die *Srotas*.

**Hühnerfleisch** gilt als aphrodisierend, stimmbildend, muskelbildend, diaphoretisch und *Vata* reduzierend.

**Taubenfleisch** wird im Zusammenhang mit entzündlichen Blutkrankheiten als wirksam genannt.

**Hasenfleisch** gilt als nützlich zur Beseitigung von *Vata*-Störungen.

**Schweinefleisch** ist schwer, fett, muskelbildend, aphrodisierend und schweißtreibend.

**Fischfleisch** aus dem Süßwasser ist süß, heiß, schwer, aphrodisierend, fett, muskelbildend und *Vata* reduzierend, verstopft die *Srotas*.

**Eier**, die dem Fleisch zugeordnet sind, sind nützlich bei vermindertem Fortpflanzungsgewebe, Husten, Verletzungen und in gewisser Weise angewendet auch bei Herzkrankheiten. Sie sind süß und stärkend.

## Gemüse und Salate

Von *Agnivesha* werden über 50 verschiedene Gemüsearten und Blätter von Heilpflanzen mit ihren Eigenschaften beschrieben. Auch hier beschränke ich mich auf einige bei uns häufig gebrauchte. Die Einteilung seitens CS bezieht sich auch auf die verwendeten Teile einer Pflanze, z. B. Samen, Wurzel, Blätter oder Frucht, da diese oft sehr unterschiedlich in ihrem energetischen Verhalten sind. In den meisten Fällen gilt: Unterirdische Pflanzenteile sind schwer, überirdische Pflanzenteile sind leicht, bittere Pflanzen regen *Vata* an und süße Pflanzen beruhigen *Vata* und *Pitta* und vermehren *Kapha*.

**Junger Rettich** vermindert, älterer provoziert alle *Doshas*. In Fett gedünstet beseitigt er *Vata*, getrocknet *Kapha* und *Vata*.

**Zwiebeln** vermindern *Vata*, provozieren *Kapha* und sind schwer, stärkend und aphrodisierend.

**Knoblauch** enthält fünf *Rasa*, ist in erster Linie scharf, schwer, heiß und befeuchtend. Er hat wurmtötende Eigenschaften.

**Pilze** sind süß, kalt, schwer und verursachen Rhinitis.

**Gemüse**, das von Insekten befallen, zu alt und trocken ist und nicht der Jahreszeit entspricht, sollte nicht gegessen werden – ebensowenig Gemüse, das ohne Fett gegart wurde.

## Früchte

Die in den alten Texten beschriebenen Obstsorten gehen weit über das hinaus, was wir im Handel bekommen. Klare Hinweise gibt es auch hier auf die entsprechenden saisonalen Umstände, unter denen man Obst essen sollte.

**Weintrauben** beseitigen Durst, Fieber, Brennen, Mundtrockenheit und Heiserkeit. Sie sind süß/herb, kalt, befeuchtend, Gewebe bildend und aphrodisierend.

**Orangen** sind süß-sauer, schwer, schwer verdaulich, *Vata* reduzierend und das Herz stärkend.

**Feigen** sind süß-herb, schwer und *Vata* vermehrend.

**Granatäpfel** sind im Reifezustand sauer-herb und süß, *Vata* reduzierend, antidiaphoretisch, befeuchtend, appetitanregend und herzstärkend. Sauerherbe Granatäpfel sind *Vata* und *Pitta* provozierend, süße hingegen vermindern *Pitta*.

**Reife Mangos** sind *Vata* reduzierend, Gewebe bildend und stärkend. Unreife Mangos sind stark *Pitta* erregend.

## Fermentierte Getränke

*Atreya* beschreibt eine große Anzahl fermentierter, also alkoholischer Getränke und ihre Zubereitungsarten, hauptsächlich zu medizinischen Zwecken. Ich beschränke mich hier auf einige bei uns gebräuchliche Genussmittel und gebe die Beschreibung *Atreyas* dazu wieder.

**Frischer Wein** ist schwer, anregend auf die *Doshas*, nährend, fördert Kühnheit, Imaginationskraft, Korpulenz, Zufriedenheit und Stärke. Er vertreibt Kummer und Müdigkeit. Wenn Wein von sattvisch lebenden Personen auf richtige Art und Weise eingenommen wird, wirkt er wie Nektar.

**Alter Wein** ist leicht, appetitanregend und reinigt die Körperkanäle.

Im selben Kapitel wird Essig als Mittel zur Beseitigung von Fieber und Brennen bei äußerlicher Anwendung und zur Beseitigung von *Kapha* und *Vata* bei innerer Anwendung erwähnt. Er befreit von Verstopfung und ist stark appetitanregend.

**Met (Honigwein)** ist leicht, nicht antagonistisch für *Pitta*, wohltuend für das Herz, appetitanregend und leicht *Vata* erhöhend. Er beseitigt *Kapha*.

# Nahrungsmittel nach Caraka

## Wasser

*Atreyas* Beschreibung von den verschiedenen Qualitäten des Wassers beziehen sich vor allem auf die Herkunft des Wassers. Er beschreibt Regenwasser als das Beste, was zur damaligen Zeit noch gestimmt haben mag. Die anderen Einteilungen beziehen sich auf stehende und fließende Gewässer, die Herkunft aus dem Gebirge oder der Ebene. Ein weiteres Qualitätsmerkmal ist die Himmelsrichtung, in der die Quelle liegt. Zur Qualität des Wassers gibt es bei uns unzählige Meinungen und entsprechend viel Literatur.

## Milch und Milchprodukte

*Sandesh, Rezept S. 307*

Auch hier werde ich nur die bei uns gebräuchlichen Produkte erwähnen. *Atreya* beschreibt die Milch von einigen Tieren, die wir aus dem Zoo kennen.

**Kuhmilch** ist süß und kalt, fettig, weich, glatt, schleimig und schwer. Sie vermehrt *Ojas* und gilt als das Beste unter den *Rasayana* und *Tonika*.

**Büffelmilch** ist noch schwerer und kälter. Sie enthält mehr Fett und eignet sich zur Behandlung von Schlaflosigkeit. Sie ist derzeit in Deutschland nicht erhältlich.

**Ziegenmilch** ist herb-süß, kalt, stopfend, leicht und beseitigt Diarrhö, Husten und Fieber.

**Schafsmilch** ist heiß, *Pitta* und *Kapha* provozierend und verursacht Dyspnoe und Schluckauf. Sie gilt als die minderwertigste Milch.

**Milch** von einhufigen Tieren wie Eseln oder Stuten ist leicht sauer, salzig, heiß, rau und gilt als stärkend und stabilisierend und beseitigt *Vata* in den Extremitäten.

**Joghurt** ist heiß, befeuchtend, appetitanregend, aphrodisierend und muskelbildend. Medizinisch wird er bei Diarrhö, Rhinitis, Fieber, Zittern, Anorexie und Magersucht angewendet. Als schädlich gilt er bei *Pitta*- und *Kapha*-Störungen sowie bei Blutkrankheiten. Im Sommer und bei Hitze allgemein sollte er nicht genommen werden.

**Buttermilch** wird bei Appetitlosigkeit, Schwellungen, Hämorrhoiden, Harnretention und bei Vergiftungen gegeben.

**Frische Butter** ist stopfend, herzstärkend, appetitanregend und beseitigt Gesichtsparalyse und Anorexie.

**Ghee** (aus Kuhmilch) ist das beste Fett. Es fördert Intelligenz, Gedächtnis und *Agni*.

# VPK–Nahrungsmittelliste

## Ayurveda ist eine Wissenschaft der Eigenschaften.

Wer seine Natur kennt und über Wissen der toxischen oder heilenden Wirkung einer Substanz verfügt, kann sie als Medizin nutzen oder als Gift meiden. Die Grundlage dafür ist die Unterteilung der verschiedenen Nahrungsmittelgruppen gemäß den drei *Doshas*.

\* Nachverdauungswirkung von Nahrung

| Nahrungsmittel | V | P | K | Guna (Eigenschaften) | Rasa (Geschmack) | Virya (Energie) | Vipak (*) | Karma (med. Wirkung) |
|---|---|---|---|---|---|---|---|---|
| **Fleisch & Fisch** | | | | | | | | |
| Büffel | V– | P+ | K+ | schwer, ölig | süß | kühlend | süß | |
| Ei, Eigelb | *V– | P+ | K+ | | süß | erhitzend | süß | Cholesterin erhöhend |
| Eier, generell | *V– | P– | K–° | schwer, ölig | süß | erhitzend | süß | |
| Ei, Eiweiß | *V– | P– | K° | | süß | erhitzend | süß | |
| Ente | V– | P+ | K+ | erhitzend, schwer | süß, scharf | erhitzend | süß | |
| Huhn, dunkles Fleisch | V– | P+ | K+ | erhitzend, schwer | süß | erhitzend | süß | |
| Huhn, weißes Fleisch* | V+ | P– | K° | leicht, ölig | herb, süß | erhitzend | süß | |
| Kaninchen | V+ | P– | K– | trocken, rau, herb | süß | kühlend | scharf | |
| Lachs | V– | P+ | K+ | ölig, erhitzend | süß | erhitzend | süß | |
| Lamm | V+ | P+ | K+ | schwer, kräftigend | süß | erhitzend | süß | kräftigend |
| Meeresfrüchte | V– | P+ | K+ | leicht, ölig | süß | erhitzend | scharf | |
| Rind | V– | P+ | K+ | schwer, dick | süß | erhitzend | süß | |
| Sardinen | V– | P+ | K+ | | salzig | erhitzend | süß | |
| Schwein | V+ | P+ | K+ | schwer, ölig | süß | erhitzend | süß | |
| Seefisch | V– | P+ | K+ | | salzig | erhitzend | süß | |
| Shrimps* | V– | P° | K– | leicht, ölig | süß | erhitzend | scharf | |
| Süßwasserfisch | V– | P° | K° | leicht, ölig, weich | süß, herb | erhitzend | süß | |
| Thunfisch | V– | P+ | K+ | erhitzend | süß, salzig, herb | erhitzend | scharf | |
| Truthahn, dunkles Fleisch | V– | P+ | K+ | | süß, herb | kühlend | scharf | |
| Truthahn, weißes Fleisch | V+ | P– | K– | | süß., herb | kühlend | scharf | |
| Wildbret | V+ | P– | K– | leicht, trocken, rau | herb | kühlend | scharf | |

| Nahrungsmittel | V | P | K | Guna (Eigenschaften) | Rasa (Geschmack) | Virya (Energie) | Vipak (*) | Karma (med. Wirkung) |
|---|---|---|---|---|---|---|---|---|
| **Gemüse** | | | | | | | | |
| Artischocken | V+ | P– | K– | | herb, bitter | erhitzend | süß | harn-, galletreib. |
| Aubergine* | V+ | P+ | K– | schwer verdaulich | herb, bitter | erhitzend | scharf | |
| Blumenkohl* | V+ | P– | K– | trocken, rau | herb | kühlend | scharf | |
| Bohnen, grüne | V– | P– | K– | leicht | süß, herb | kühlend | scharf | |
| Broccoli | V+ | P– | K– | trocken, rau | herb | kühlend | scharf | |
| Chilischoten, grün | V– | P+ | K– | scharf, heiß | scharf | erhitzend | scharf | |
| Erbsen | V+ | P– | K– | hart, langsam schwer | herb | kühlend | scharf | |
| Feigenkaktus | V+ | P– | K– | trocken, rau, schwer | süß, herb | kühlend | scharf | |
| Fenchel | V– | P– | K– | | süß, sauer | kühlend | süß | laxativ, diuretisch |
| Grünkohl | V+ | P– | K– | trocken, rau | bitter, herb | kühlend | süß | |
| Gurken | V– | P– | K+ | sanft, schmierend | süß | kühlend | süß | |
| Karotten | V+ | P+ | K– | hart, rau, schwer | herb | erhitzend | scharf | |
| Karotten, gekochte | V– | P° | K– | leicht, sanft | süß | erhitzend | scharf | |
| Kartoffeln, süße | V– | P– | K+ | sanft, schwer | süß | kühlend | süß | |
| Kartoffeln, weiße | V+ | P– | K– | trocken, leicht, rau | herb | kühlend | süß | |
| Keimlinge, roh | V+ | P– | K– | leicht, saftig | herb | kühlend | scharf | |
| Keimlinge, gedünstet | V– | P– | K– | | | | | |
| Knoblauch | *V– | *P+ | K– | ölig, schwer | alle außer salzig | erhitzend | scharf | |
| Kohlrabi | V+ | P+ | K– | trocken, rau | scharf, herb | erhitzend | scharf | |
| Kohlrübe, gelbe | *V– | P– | K– | ölig, schwer | süß, herb | kühlend | süß | |
| Kopfsalat | *V+ | P– | K– | leicht, flüssig, rau | herb | kühlend | scharf | |
| Kresse* | V– | P– | K– | | | | | |
| Kürbis, Sommer | V– | P– | K+ | flüssig, schwer | süß, herb | kühlend | scharf | |
| Kürbis, Winter | V+ | P– | K– | trocken, scharf, schwer | süß, herb | erhitzend | | |
| Lauch, gekocht | V– | P– | K– | | scharf, süß, | erhitzend | süß | stimulierend |
| Lauch, roh | V+ | P+ | K– | schwer, rauh | scharf, süß, bitter, herb | kühlend | scharf | |
| Löwenzahnsalat | V+ | P+ | K– | trocken, leicht | bitter | erhitzend | scharf | |

# VPK–Nahrungsmittelliste

| Nahrungsmittel | V | P | K | Guna (Eigenschaften) | Rasa (Geschmack) | Virya (Energie) | Vipak (*) | Karma (med. Wirkung) |
|---|---|---|---|---|---|---|---|---|
| **Gemüse (Fortsetz.)** | | | | | | | | |
| Mais | V+ | P+ | K– | trocken, leicht | süß | erhitzend | süß | |
| Mangold | V+ | P– | K– | trocken, rau | herb, bitter | erhitzend | süß | |
| Meerrettich | V– | P+ | K– | | scharf, herb | erhitzend | scharf | stimuliert Agni |
| Okra | V– | P– | K– | trocken, rau, schleimend | süß, herb | kühlend | süß | besänftigt Agni |
| Oliven, grüne | V+ | P+ | K+ | schwer, ölig | herb | kühlend | | trocken, rau, schleimend |
| Oliven, schwarze | V– | P+ | K+ | schwer, ölig | süß | erhitzend | süß | |
| Pastinaken | V– | P– | K+ | schwer, ölig | süß, herb | kühlend | süß | |
| Peperoni, scharf | V+ | P+ | K– | trocken, leicht | scharf, süß, herb | erhitzend | süß | |
| Petersilie | V– | P° | K– | | scharf, herb | erhitzend | scharf | eventuell Pitta stimulierend |
| Pfefferschoten, süße | V+ | P– | K–* | trocken, leicht | süß, herb | erhitzend | süß | kann Pitta erhöhen |
| Pilze | V+ | P– | K– | trocken, langsam, schwer | herb, süß | erhitzend | scharf | stimulierend |
| Radieschen | V+ | P+ | K– | hart, flüssig, rau | scharf | erhitzend | scharf | |
| Rettich | V+ | P+ | K– | hart, flüssig, rau | scharf | erhitzend | scharf | |
| Rettich, gekocht | V– | P– | K– | rau | süß, herb | erhitzend | süß | |
| Riesenkürbis | V– | P– | K+ | flüssig, schwer | süß, herb | kühlend | scharf | harntreibend |
| Rosenkohl | V+ | P– | K– | leicht | herb | erhitzend | scharf | |
| Rote Bete, gekocht | V– | P+ | K– | schwer | süß | kühlend | scharf | diuretisch |
| Rote Bete, roh | V+ | P+ | K– | schwer | süß, herb | kühlend | scharf | |
| Rüben, weiße | V+ | P– | K– | rau, trocken | scharf, herb | erhitzend | scharf | |
| Sellerieknolle | V+ | P– | K– | trocken, rau, leicht | herb | kühlend | scharf | |
| Sellerie, Staude | V+ | P– | K– | trocken, rau | herb, süß | kühlend | scharf | |
| Spargel | *V+ | P– | K– | trocken, rau | süß, herb | kühlend | süß | |
| Spinat, gekocht | V– | P+ | K– | schwer | herb, sauer | erhitzend | süß | schmerzlindernd, entwässernd |
| Taro-Wurzel | V– | P– | K+ | | | | | laxativ |
| Tomaten, generell | V+ | P+ | K+ | | sauer, süß | erhitzend | scharf | säuernd, Blut verunreinigend |
| Tomaten, gekocht | *V– | *P– | K– | | süß, sauer | erhitzend | scharf | stört alle Doshas |
| Tomaten, roh | V+ | P+ | K+ | | süß, sauer | erhitzend | scharf | |

| Nahrungsmittel | V | P | K | Guna (Eigenschaften) | Rasa (Geschmack) | Virya (Energie) | Vipak (*) | Karma (med. Wirkung) |
|---|---|---|---|---|---|---|---|---|
| weiße Rübe | V+ | P+ | K– | trocken, rau | scharf, herb | erhitzend | scharf | |
| Weißkohl, gekocht | *V– | P– | K– | trocken, rau | herb | kühlend | scharf | |
| Weißkohl, roh | V+ | P– | K– | trocken, rau | herb | kühlend | scharf | |
| Weizenkeimlinge | V+ | P+ | K– | | | | | |
| Zucchini | V– | P– | K+ | schwer, flüssig | herb | kühlend | scharf | |
| Zwiebel, rohe | V+ | P+ | K– | schwer | scharf | erhitzend | scharf | appetitanregend |
| Zwiebeln, gekocht | V– | P° | K– | | süß, scharf | erhitzend | süß | digestiv, karminativ |
| **Getränke** | | | | | | | | |
| Alkohol, Bier | *V– | *P– | K+ | | herb, bitter, süß | kühlend | süß | blähend, hemmt Verdauung |
| Alkohol, hochprozentig | V+ | P+ | K– | | scharf | erhitzend | scharf | reizt Schleimhäute |
| Alkohol, Wein, rot | V+ | P+ | K–* | | herb, scharf, evtl. süß | erhitzend | scharf | |
| Alkohol, Wein, weiß | V+ | P+ | K–* | | herb, scharf, evtl. süß | erhitzend | scharf | |
| **Getreide** | | | | | | | | |
| Amaranth | *V– | P– | K–* | leicht | süß, herb | kühlend | scharf | |
| Brot mit Hefe | V+ | P+ | K– | | | | | |
| Buchweizen | V° | P+ | K– | schwer | herb, süß, scharf | erhitzend | süß | |
| Couscous | V+ | P– | K– | trocken | süß | kühlend | süß | |
| Dinkel | V– | P– | K+ | schwer, ölig | süß | kühlend | süß | laxativ |
| Gerste | V+ | P– | K– | leicht | süß | kühlend | süß | diuretisch, laxativ |
| Getreideflocken, getrocknet | V+ | P– | K– | trocken | süß | kühlend | süß | |
| Hafer, gekocht | V– | P– | K+ | schwer | süß | kühlend | süß | |
| Hafer, getrocknet | V+ | P– | K– | trocken, rau | süß | kühlend | süß | |
| Haferkleie | V+ | P– | K– | trocken, rau | süß, herb | kühlend | süß | |
| Hirse | V+ | P+ | K– | trocken, leicht | süß | erhitzend | süß | |
| Mais | V+ | P+ | K– | trocken, leicht | süß | erhitzend | süß | |
| Maisgrieß (Polenta) | V+ | P+ | K– | trocken, leicht | süß | erhitzend | süß | |
| Nudeln | V+ | P– | K+ | schwer, weich | herb | kühlend | süß | |
| Popcorn | V+ | P+ | K– | trocken, rau | süß, herb | erhitzend | süß | |

# VPK–Nahrungsmittelliste

| Nahrungsmittel | V | P | K | Guna (Eigenschaften) | Rasa (Geschmack) | Virya (Energie) | Vipak (*) | Karma (med. Wirkung) |
|---|---|---|---|---|---|---|---|---|
| **Getreide (Fortsetz.)** | | | | | | | | |
| Quinoa | V– | P– | K° | erdend | süß, herb | kühlend | süß | |
| Reis, alle Sorten | V– | P– | K+ | | süß | kühlend | süß | |
| Reis, Basmati, weißer | V– | P– | *K+ | weich | süß | kühlend | süß | Wasser bindend |
| Reis, braun** | V– | P+ | K+ | schwer | süß | erhitzend | süß | |
| Reiskuchen | V+ | P– | K– | trocken, leicht | herb, süß | kühlend | süß | |
| Roggen | V+ | P+ | K– | trocken, leicht | herb | erhitzend | scharf | |
| Sago | V+ | P– | K– | trocken, leicht | herb, süß | kühlend | süß | |
| Tapioka | V+ | P– | K– | trocken, leicht | herb, süß | kühlend | süß | |
| Weizen | V– | P– | K+ | schwer, ölig | süß | kühlend | süß | laxativ |
| **Gewürze** | | | | | | | | |
| Ajwain | V– | P+ | K– | scharf, leicht | scharf | erhitzend | scharf | karminativ |
| Anissamen | V– | *P+ | K–* | leicht | scharf | erhitzend | scharf | entgiftend |
| Basilikum, frisch | *V– | P+ | K– | | süß, scharf, herb | erhitzend | scharf | diaphoretisch |
| Basilikum, getrocknet | V– | P+ | K– | | | | | |
| Bockshornkleeblätter | *V– | P– | K– | | scharf, bitter | erhitzend | scharf | |
| Bockshornkleesamen | V– | P+ | K– | | scharf, bitter | erhitzend | scharf | stimuliert Agni |
| Bohnenkraut | V– | *P+ | K– | | | | | |
| Cayenne-Pfeffer | V– | P+ | K– | heiß, trocken | scharf | erhitzend | scharf | |
| Dill | V– | P° | K– | leicht | bitter, herb | erhitzend | scharf | antispasmodisch |
| Estragon | V– | *P– | K– | | | | | |
| Fenchelsamen | V– | P– | K– | | süß, herb | kühlend | süß | laxativ |
| Gewürznelke | V– | P+ | K– | leicht, ölig | scharf | erhitzend | süß | |
| grüne Minze | V– | P– | K– | | süß | kühlend | scharf | beruhigt Pitta |
| Ingwer, frisch | V– | P° | K– | leicht, saftig | scharf | erhitzend | süß | karminativ |
| Ingwer, getrocknet | V+ | P+ | K– | | scharf | erhitzend | scharf | karminativ, expektorierend |
| Kardamom | V– | P° | K– | leicht, ölig | süß, scharf | erhitzend | süß | karminativ |
| Knoblauch | V– | P+ | K– | ölig, schwer | alle außer salzig | erhitzend | scharf | wurmtötend |

| Nahrungsmittel | V | P | K | Guna (Eigenschaften) | Rasa (Geschmack) | Virya (Energie) | Vipak (*) | Karma (med. Wirkung) |
|---|---|---|---|---|---|---|---|---|
| Koriandersamen | V− | P− | K− | leicht, ölig, sanft | süß, herb | kühlend | süß | |
| Kreuzkümmel | V− | P− | K− | | scharf, bitter | erhitzend | scharf | karminativ |
| Kümmel | V− | P+ | K− | | süß, herb | kühlend | scharf | stimuliert Agni |
| Kurkuma | V− | P− | K− | trocken | bitter, scharf, herb | erhitzend | scharf | karminativ |
| Lorbeerblatt | V− | P+ | K− | | süß, scharf, herb | erhitzend | scharf | diaphoretisch |
| Majoran | V− | P− | K− | | scharf, herb | erhitzend | scharf | besänftigt Agni |
| Minze | V− | P− | K− | | herb, süß, scharf | kühlend | süß | beruhigt Pitta |
| Mohnsamen | V− | P+ | K− | | scharf, süß | erhitzend | scharf | schlaffördernd, Stuhl bindend |
| Muskatblüte | V− | *P− | K− | | süß, herb, scharf | erhitzend | scharf | karminativ |
| Muskatnuss | V− | P+ | K− | | süß, herb, scharf | erhitzend | scharf | karminativ, narkotisierend |
| Nelken | V− | P+ | K− | leicht, ölig | scharf | erhitzend | süß | schmerzlindernd |
| Orangenschale | *V− | P− | K− | | | | | |
| Oregano | V− | P+ | K− | | herb, scharf | erhitzend | scharf | karminativ |
| Paprika | V− | P+ | K− | | scharf | erhitzend | scharf | stimuliert Agni |
| Petersilie | V− | P° | K− | | scharf, herb | erhitzend | scharf | kann Pitta anregen |
| Pfeffer, schwarz | V− | P+ | K− | trocken, scharf | scharf | erhitzend | scharf | karminativ |
| Piment | V− | P+ | K− | | | | | |
| Rosmarin | V− | P+ | K− | trocken | herb, süß | erhitzend | scharf | |
| Safran | V− | P− | K− | trocken, leicht | süß, herb, bitter | erhitzend | süß | aphrodisierend |
| Salbei | V+ | P− | K− | trocken, rau | herb, bitter, scharf | erhitzend | süß | |
| Salz (Himalaya-/Meer-) | V− | P+ | K+ | schwer | salzig | erhitzend | scharf | Wasser bindend |
| Salz, schwarz | V− | P+ | K+ | schwer | salzig, scharf | erhitzend | scharf | |
| Senfkörner | V− | P+ | K− | scharf, ölig, leicht | scharf | erhitzend | scharf | |
| Sternanis | V− | P+ | K− | leicht | scharf | erhitzend | scharf | entgiftend |
| Thymian | V− | P+ | K− | | scharf, herb | erhitzend | scharf | Husten stillend |
| Vanille | V− | P− | K− | | süß, herb | kühlend | scharf | |
| Zimt | V− | P° | K− | trocken, leicht, ölig | süß, scharf | erhitzend | scharf |

# VPK–Nahrungsmittelliste

| Nahrungsmittel | V | P | K | Guna (Eigenschaften) | Rasa (Geschmack) | Virya (Energie) | Vipak (*) | Karma (med. Wirkung) |
|---|---|---|---|---|---|---|---|---|
| **Hülsenfrüchte** | | | | | | | | |
| Aduki-Bohnen | V+ | P– | K– | hart, schwer | herb | kühlend | scharf | |
| Bohnen, weiße, schwarze | V+ | P– | K– | | herb | kühlend | scharf | schwer verdaulich |
| Erbsen, gekochte | V+ | P– | K– | leicht, ölig | süß, herb | kühlend | scharf | |
| Erbsen, getrocknete | V+ | P– | K– | hart, schwer | süß, herb | kühlend | scharf | |
| Erdnüsse | V– | P+ | K+ | schwer, ölig, | süß | erhitzend | süß | stärkend |
| Kidney-Bohnen | V– | P– | K+ | hart, rau, schwer | herb | erhitzend | scharf | |
| Lima-Bohnen | V+ | P– | K– | | | | | |
| Linsen, braune | V+ | P° | K– | rau, schwer | herb | erhitzend | scharf | |
| Linsen, rote | V+ | P– | K– | leicht, sanft | süß, herb | kühlend | süß | |
| Miso | V– | P+ | K+ | | herb, sauer (salzig) | erhitzend | scharf | |
| Mung-Bohnen, ungeschält | V+ | P– | K– | | | | | blähend |
| Mungbohnen, geschält (Mungdal) | V– | P– | K° | leicht, trocken | süß, herb | kühlend | süß | |
| Pinto-Bohnen | V+ | P– | K– | | herb | kühlend | scharf | schwer verdaulich |
| Schlälerbsen | V+ | P– | K– | trocken, leicht | süß, herb | kühlend | süß | |
| Soja-Bohnen | V+ | P– | K+ | schwer, ölig | herb, süß | kühlend | scharf | |
| Sojakäse | V° | P– | K° | | süß, herb | kühlend | scharf | |
| Sojamehl | V+ | P– | K+ | | herb, sauer | kühlend | scharf | |
| Sojamilch | V– | P+ | K+ | schwer, ölig | herb, süß | kühlend | scharf | |
| Sojapaste | *V– | P– | K+ | | | | | |
| Sojasauce | V– | P+ | K+ | | herb, sauer | erhitzend | scharf | blähend |
| Sojawurst | V– | P+ | K+ | | herb, sauer | erhitzend | scharf | |
| Tempeh | V+ | P– | K– | leicht | herb | erhitzend | scharf | |
| Tofu | V+ | P– | K– | schwer | süß, herb | kühlend | süß | |
| Urad Dal | V– | P+ | K+ | schwer, weich, ölig | süß | erhitzend | süß | |
| **Kräutertees** | | | | | | | | |
| Alfalfa | V+ | P– | K+ | leicht, saftig | herb | kühlend | scharf | |
| Basilikumblätter | V– | P+ | K– | | süß, scharf, herb | erhitzend | scharf | diaphoretisch |

180

| Nahrungsmittel | V | P | K | Guna (Eigenschaften) | Rasa (Geschmack) | Virya (Energie) | Vipak (*) | Karma (med. Wirkung) |
|---|---|---|---|---|---|---|---|---|
| Bockshornkleeblätter | V– | P° | K– | | herb, süß, bitter | erhitzend | | |
| Borretsch | V+ | P– | K+ | | herb | kühlend | | |
| Brennesselblätter | V+ | P+ | K– | | scharf, herb | erhitzend | | |
| Eukalyptus | V– | P+ | K– | | scharf, süß | erhitzend | | |
| Fenchel | V– | P– | K– | | süß, herb | kühlend | süß | laxativ |
| Gewürznelke | V– | P+ | K– | | scharf | erhitzend | süß | |
| Ginseng | V+ | P+ | K– | | scharf, herb | erhitzend | | |
| Hagebutte | V– | P+ | K– | | sauer, herb, süß | erhitzend | | |
| Hibiskus | V+ | P– | K– | | süß, herb | kühlend | | |
| Himbeere | V– | P+ | K+ | | süß, sauer | erhitzend | | |
| Holunderblüte | V– | P– | K– | | süß, herb | kühlend | | |
| Hopfen | V+ | P– | K– | | herb, bitter | kühlend | | |
| Ingwer, getrocknet | V+ | P+ | K– | | scharf, herb | erhitzend | süß | |
| Ingwer, frisch | V– | P° | K– | | süß, scharf, herb | erhitzend | süß | |
| Jasmin | V+ | P– | K– | | süß, herb | kühlend | süß | |
| Johannisbeerblätter | V+ | P+ | K– | | sauer, süß, herb | erhitzend | | |
| Kamille | V– | P– | K– | | herb, bitter, süß | kühlend | süß | |
| Lavendel | V– | P– | K– | | süß, herb | kühlend | | |
| Löwenzahn | V+ | P– | K– | | bitter, herb | kühlend | | |
| Mate | V+ | P+ | K– | | bitter, herb | erhitzend | | |
| Minze | V– | P– | K– | | süß, herb, scharf | kühlend | | |
| Pfefferminze | V– | P– | K– | | süß, herb, scharf | kühlend | | |
| Safran | V– | P– | K– | | süß, bitter | kühlend | | |
| Salbei | V+ | P– | K– | | herb, bitter | kühlend | | |
| Süßholz | V– | P– | K+ | | süß, herb | kühlend | | |
| Veilchen | V+ | P– | K– | | süß, herb | kühlend | | |
| Wacholder | V– | P+ | K– | | bitter, scharf, herb | erhitzend | | |
| Zimt | V– | P+ | K– | | süß, scharf | erhitzend | scharf | |

# VPK–Nahrungsmittelliste

| Nahrungsmittel | V | P | K | Guna (Eigenschaften) | Rasa (Geschmack) | Virya (Energie) | Vipak (*) | Karma (med. Wirkung) |
|---|---|---|---|---|---|---|---|---|
| **Kräutertees (Fortsetz.)** | | | | | | | | |
| Zitronengras | V– | P– | K– | | scharf, sauer | erhitzend | | |
| Zitronenmelisse | V+ | P– | K– | | süß, herb | kühlend | | |
| **Milchprodukte** | | | | | | | | |
| Butter | V– | P– | K+ | leicht | sauer | erhitzend | scharf | Stuhl bindend |
| Buttermilch, allgemein | V– | P° | K+ | schwer, ölig | süß, sauer, herb | kühlend | süß | bindend |
| Eiscreme | V– | P– | K+ | schwer, ölig, | süß | kühlend | süß | |
| Ghee | V– | P– | K–* | leicht, ölig | süß | kühlend | süß | beruhigt Agni, karminativ |
| Hartkäse | V° | P+ | K+ | schwer, ölig | sauer | erhitzend | sauer | verschleimend |
| Hüttenkäse | V– | P– | K– | leicht, gering erhitzend | sauer, salzig | erhitzend | scharf | |
| Joghurt, verdünnt (Lassi) | V– | *P– | K– | leicht | süß, sauer | kühlend | süß | laxativ, karminativ |
| Joghurt, frisch | V– | P– | K+ | schwer | süß, sauer | kühlend | süß | verschleimend |
| Käse, weich, frisch, ungesalzen | V– | P– | K+ | schwer, ölig | sauer | erhitzend | süß | verschleimend |
| Kuhmilch, aufgekocht | V– | P– | *K+ | schwer | süß | kühlend | süß | laxativ, verschleimend |
| Kuhmilch, kalt | V+ | P+ | K+ | schwer, ölig, schleimig | süß | kühlend | süß | verschleimend, blockiert Srotas |
| Sauerrahm | V– | P+ | K+ | schwer, ölig | sauer | erhitzend | scharf | |
| Schafsmilch | | | K+ | | | | | |
| Weichkäse | V– | P– | K+ | schwer, ölig | sauer | erhitzend | sauer | schwer, ölig |
| Ziegenkäse | V– | P– | *K+ | schwer, ölig | süß, sauer | erhitzend | sauer | schwer, ölig |
| Ziegenmilch** | V– | P– | K– | leicht | süß | kühlend | scharf | stärkend, verschleimend |
| **Nüsse** | | | | | | | | |
| Cashewnuss | V– | P+ | K+ | schwer, ölig | süß | erhitzend | süß | anregend |
| Erdnuss** | V– | P+ | K+ | schwer, ölig | süß | erhitzend | süß | stärkend |
| Haselnuss | V– | P+ | K+ | | herb, süß | erhitzend | süß | anregend |
| Kokosnuss | V– | P– | K+ | | süß | kühlend | süß | expektorierend |
| Macadamnuss | V– | P+ | K+ | | herb, süß | erhitzend | süß | anregend |
| Mandeln, eingeweicht, geschält | V– | P– | K+ | ölig, schwer | süß | kühlend | süß | anregend |
| Mandeln, mit Haut | V– | P+ | K+ | ölig, schwer | süß | erhitzend | süß | anregend |

| Nahrungsmittel | V | P | K | Guna (Eigenschaften) | Rasa (Geschmack) | Virya (Energie) | Vipak (*) | Karma (med. Wirkung) |
|---|---|---|---|---|---|---|---|---|
| Paranuss | V– | P+ | K+ | ölig, schwer | süß | kühlend | süß | |
| Pekannuss | V– | P+ | K+ | ölig, schwer | herb, süß | erhitzend | süß | |
| Pistazien | V– | P+ | K+ | ölig | süß | erhitzend | süß | anregend |
| Walnuss | V– | P+ | K+ | ölig, schwer | süß, herb | erhitzend | süß | anregend |
| **Obst** | | | | | | | | |
| Ananas | V– | P+ | K° | schwer, scharf | süß, sauer | erhitzend | süß | |
| Äpfel, reif | V+ | P– | K– | rau, leicht | herb, süß, sauer | kühlend | süß | |
| Äpfel, unreif | V+ | P+ | K– | rau, leicht | herb, sauer | kühlend | scharf | |
| Aprikosen, süß | V– | P+ | K– | flüssig, schwer, sauer | süß | erhitzend | süß | |
| Avocado | V– | P– | K+ | schwer, ölig, weich | herb | kühlend | süß | |
| Bananen | V– | P+ | K+ | schwer, sanft | süß | erhitzend | sauer | |
| Beeren, saure | V– | P+ | K– | leicht, scharf | sauer | erhitzend | scharf | |
| Beeren, süße | V– | P– | K– | ölig, flüssig | süß | erhitzend | süß | |
| Birnen, roh | V+ | P– | K– | trocken, rau, schwer | süß, herb | kühlend | scharf | |
| Datteln, frisch | V– | P– | K+ | schwer | süß | kühlend | süß | anregend |
| Datteln, getrocknet | V+ | P– | K+ | leicht | süß | kühlend | süß | |
| Dattelpflaumen (Tamarinde) | V– | P+ | K+ | erhitzend | sauer | erhitzend | sauer | Appetit anregend |
| Erdbeeren | V+ | P° | K° | | sauer, süß, herb | kühlend | scharf | basisch, laxativ |
| Feigen, frisch | V– | P– | K+ | schwer | süß | kühlend | süß | anregend |
| Feigen, getrocknet | V+ | P– | K+ | trocken, leicht | süß | kühlend | süß | verstopfend |
| Granatapfel | V+ | P– | K– | ölig, sanft | süß, sauer, herb | kühlend | süß | |
| Grapefruit | V– | P+ | K+ | wässrig | sauer | erhitzend | sauer | säuernd |
| Kirschen | V– | P+ | K– | leicht, flüssig | süß, herb, sauer | erhitzend | scharf | |
| Kiwi | V– | P+ | K+ | schwer, wässrig | süß, herb | erhitzend | scharf | |
| Kokosnuss | V– | P– | K+ | ölig, hart | süß | kühlend | süß | |
| Limetten* | V– | P° | K– | leicht | sauer | kühlend | süß | erfrischend, karmintiv |
| Mangos, reife | V– | P° | K° | saftig, nährend, wässrig | süß | erhitzend | süß | anregend, stärkend |
| Melonen, süß | V– | P– | K+ | schwer, wässrig | süß | kühlend | süß | |

# VPK–Nahrungsmittelliste

| Nahrungsmittel | V | P | K | Guna (Eigenschaften) | Rasa (Geschmack) | Virya (Energie) | Vipak (*) | Karma (med. Wirkung) |
|---|---|---|---|---|---|---|---|---|
| **Obst (Fortsetzung)** | | | | | | | | |
| Orangen | V– | P° | K° | schwer | süß, sauer | erhitzend | scharf | |
| Papaya | V– | P+ | K° | schwer, ölig | süß, sauer | erhitzend | süß | |
| Pfirsiche | V– | P+ | K– | schwer, flüssig | süß, sauer, herb | erhitzend | süß | |
| Pflaumen, roh | V– | P+ | K+ | schwer, wässrig | süß, sauer, herb | erhitzend | süß | |
| Preiselbeeren | V+ | P– | K– | leicht | süß, sauer, herb | erhitzend | scharf | |
| Quitten | V+ | P° | K– | trocken | sauer, herb | kühlend | süß | |
| Rhabarber | V– | P+ | K+ | schwer | süß, sauer, herb | erhitzend | süß | laxativ |
| Rosinen | V+ | P– | K– | leicht | süß, sauer | kühlend | süß | leicht |
| Rosinen, eingeweicht | V– | P– | K– | leicht | süß, sauer | kühlend | süß | laxativ, besänftigend |
| Sauerkirschen | V+ | P+ | K+ | leicht, flüssig | herb, sauer | erhitzend | scharf | |
| Süßkirschen | V– | P+ | K+ | leicht, flüssig | süß, sauer, herb | erhitzend | scharf | |
| Tamarinde | V– | P+ | K+ | stark wärmend | sauer | erhitzend | sauer | |
| Trauben, grüne | V– | P+ | K+ | flüssig | sauer, süß | erhitzend | süß | stärkend |
| Trauben, rote | V– | P– | K° | sanft | süß, sauer, herb | kühlend | süß | anregend |
| Trockenobst | V+ | P– | K– | leicht, trocken | | | | verstopfend |
| Wassermelone | V+ | P– | K+ | schwer | süß | kühlend | süß | diuretisch |
| Zitronen | V– | P– | K+ | saftig | sauer | erhitzend | sauer | digestiv, Speichelfluss anregend |
| **Speiseöle** | | | | | | | | |
| Avocadoöl | V– | P– | K+ | ölig | süß | kühlend | süß | |
| Distelöl | V– | P+ | K+ | leicht, scharf, ölig | süß, herb | erhitzend | scharf | |
| Erdnussöl | V– | P+ | K+ | | süß | erhitzend | süß | stärkend |
| Ghee | V– | P– | K° | schwer | süß | kühlend | süß | beruhigt Agni |
| Kokosnussöl | V– | P– | K+ | ölig, schwer | süß | kühlend | süß | |
| Kürbiskernöl | V– | P– | K+ | ölig, schwer | süß, herb | kühlend | süß | |
| Leinöl | V+ | P– | K–* | | | | | |
| Maiskeimöl | V+ | P+ | K– | trocken, rau, erhitzend | süß, herb | erhitzend | scharf | |
| Mandelöl | V– | P+ | K+ | schwer | süß | erhitzend | süß | schwer |

| Nahrungsmittel | V | P | K | Guna (Eigenschaften) | Rasa (Geschmack) | Virya (Energie) | Vipak (*) | Karma (med. Wirkung) |
|---|---|---|---|---|---|---|---|---|
| Olivenöl | V– | P– | K+ | schwer | süß | kühlend | süß | verursacht Cellulite |
| Rapsöl | V+ | P– | K– | trocken, rau, leicht | herb | kühlend | scharf | |
| Rhizinusöl | V– | P– | K+ | schwer | süß, bitter | erhitzend | süß | kühlt extern, erhitzt intern |
| Senföl | V– | P+ | K– | scharf, penetrant | scharf | erhitzend | scharf | |
| Sesamöl | V– | P+ | K+ | schwer | süß, bitter | erhitzend | süß | stärkend, schmierend |
| Sojaöl | V+ | P– | K+ | trocken, rau, schwer | herb | kühlend | scharf | |
| Sonnenblumenöl | V– | P– | K–* | ölig, leicht, weich | süß, herb | kühlend | süß | besänftigend, schmierend |
| Walnussöl | V– | P– | K+ | | | | | |
| **Süßmittel** | | | | | | | | |
| Ahornsirup | V– | P– | K– | leicht | süß | kühlend | süß | stärkend |
| Fruchtsäfte, konzentriert | V– | P+ | K+ | | süß | kühlend | süß | |
| Fruchtzucker | V– | P– | K+ | ölig, flüssig | süß | kühlend | süß | |
| Honig | V– | P+ | K– | | süß, herb | erhitzend | süß | verbrennt Fett |
| Jaggery | V– | P+ | K+ | schwer, stärkend | süß | erhitzend | süß | stärkend |
| Kandiszucker | V– | P– | K+ | schwer | süß | kühlend | süß | stärkend |
| Malz | V– | P– | K+ | ölig, flüssig | süß | kühlend | süß | nährend, beruhigend |
| Melasse | V– | P+ | K+ | schwer | süß | erhitzend | süß | fördert Blutungen |
| Reissirup | V– | P– | K+ | ölig, flüssig | süß | kühlend | süß | |
| Rohrohrzucker (Succanat) | V– | P– | K+ | ölig, schwer | süß | kühlend | süß | |
| Zucker, weißer | V+ | *P– | K+ | schwer, ölig | süß | kühlend | süß | anregend |

* V–: In Maßen senkend

* V+: In Maßen in Ordnung, sonst erhöhend

* P–: In Maßen senkend

* P+: In Maßen in Ordnung, sonst erhöhend

* K–: in Maßen senkend

* K+: In Maßen in Ordnung, sonst erhöhend

# Küchenheilmittel

Die Gewürze sind die **Juwelen der Verdauung**. Ausgewählte und teilweise **seltene Gewürze** sprechen alle sechs Geschmacksrichtungen an. So lassen sich **zahlreiche Nahrungsmittel** im Ayurveda **veredeln**, die man sonst wegen ihrer Nebenwirkungen nicht genießen könnte.

**Fasten, Diätetik und Verzicht sollten zielgerichtet sein** und einen Effekt auf der physischen Ebene verfolgen. Man sollte sich also nicht sinnlos kasteien und damit ein Ungleichgewicht heraufbeschwören. Es gilt vielmehr zu verstehen, dass die einzelnen *Doshas* außer Kontrolle geraten können und dass irgendein *Dosha* immer dominant oder subdominant ist. Diesbezüglich streng sollte man nur sein, wenn sich erhebliche Krankheitssymptome eingestellt haben. Hier ist eine Möglichkeit gegeben, auf einfache und alltagstaugliche Art entgegenzuwirken. Natürlich haben solche Praktiken auf den Geist einen positiven Nebeneffekt.

**Gewürze gleichen einseitige Wirkungen von Nahrungsmitteln aus.** Sie geben uns eine Möglichkeit, den benutzten Lebensmitteln ihrer Energetik entsprechend entgegenzuwirken und diese harmonisch auszugleichen. Es ist jedem anzuraten, sich auf die Idee der *Tridosha* einzustellen, anstatt dass ein *Vata*-Typ nur noch *Vata* reduzierende Speisen zu sich nimmt – sofern er keine Krankheitssymptome aufweist. Dadurch wird er gezwungenermaßen früher oder später ein anderes *Dosha* aus dem Gleichgewicht bringen und neue Probleme bekommen. Wenn man von der ausgleichenden Wirkung von *Doshas* spricht, ist auch ein ausgeglichenes Bewusstsein gegenüber der Ernährung von großer Bedeutung. Die Energetiktabellen sind Empfehlungen, diesen Vorgang des Ausgleichens langsam auf allen Ebenen des Lebens zu manifestieren.

Die Art, die *Doshas* zu beeinflussen, hängt auch sehr von den Alltagsanforderungen ab. Die Energetik der Nahrung kann man sich für viele Bereiche zunutze machen. Natürlich erfordert es sehr viel Übung und Erfahrung, bis man die Wechselwirkungen in diesem System wirklich versteht und gezielt anwenden kann. Aber je länger man es praktiziert, umso eher wird man damit Fortschritte erzielen. Es ist bezüglich der *Doshas* hilfreich, sich die Urqualitäten zu vergegenwärtigen, in denen die *Doshas* sich ausdrücken. Das ist wesent-

*„Ein zu wenig gewürztes Essen ist kein gutes Essen."*

(Indisches Sprichwort)

lich verständlicher, als sich die Elemente Luft, Feuer, Wasser und Erde vorzustellen. Begriffe wie warm-kalt, trocken-feucht oder schwer-leicht sind besser zu verstehen.

**Das richtige Würzen ist ist wie Jonglieren.** Stark erwärmenden Produkten gibt man ein kühlendes Gewürz hinzu, zu stark trockenen etwas Befeuchtendes und Säften Anregendes. Eine Ausnahme sind die sogenannten „toxischen Nahrungskombinationen". Hier liegen so starke gegensätzliche thermische Potenzen vor, dass die Verdauung abschaltet oder resigniert. Eine Folge davon ist, dass davon, dass die Nahrung unverdaut bleibt. Unverdaute Nahrung im Körper kann keinen Gewebeaufbau betreiben, sondern blockiert all diese Vorgänge und die dazu nötigen Enzymsysteme, wobei *Ama* entsteht.

In meinen Rezepten werden solche Mischungen mit wenigen Ausnahmen (z. B. Garamasala) nicht verwendet, stattdessen die Gewürze einzeln. Auch hier rege ich Sie an zu experimentieren und Mischverhältnisse zu Ihrem *Dosha*-Typ hin zu ändern, sobald Sie die Energetik kennen. Auch in Bezug auf Besänftigung körperlicher Beschwerden werden Sie mithilfe der heilenden Wirkung, die jede einzelne Zutat aufweist, Ihre eigenen Schlüssel entwerfen können. Des Weiteren gilt der Grundsatz, von keinem zu viel und von keinem zu wenig zu verwenden, damit sowohl geschmacklich als auch energetisch ein Gleichgewicht gegeben ist.

**Die erste in Europa bekannte Energetiklehre über Nahrungsmittel** stammt aus der Feder von Hildegard von Bingen. Sie stimmt in vielerlei Hinsicht mit der ayurvedischen überein. Man kann

Interessant zu beobachten ist, dass die Anwendung gleicher Gewürze verschiedene Geschmacksergebnisse liefert, wenn man die Mischverhältnisse ändert. Alle oder die meisten der hier aufgelisteten Gewürze sind Bestandteile der Currypulver. Wenn Sie eigene Currypulver herstellen, können Sie experimentieren und herausfinden, dass die verschiedenen Mischverhältnisse völlig unterschiedliche Gesamtnoten liefern. Auch hier ist die persönliche Konstitution ausschlaggebend für die Menge der einzelnen Bestandteile.

sich auch auf die Suche nach hier beheimateten Kräutern und Gewürzen machen und ihre Energetik untersuchen. Auf diese Weise kann man den entsprechenden Ausgleich in der zubereiteten Nahrung schaffen, wenn man sich mit den orientalischen Gewürzen nicht anfreunden kann. Die wichtigsten Küchenkräuter haben wir in unsere nachfolgende Liste aufgenommen. Sie erhalten hier einen kleinen Einblick in die medizinischen „Fähigkeiten" einiger Gewürze, die in Indien und Europa seit Menschengedenken als Hausmittel verwendet werden.

# Küchenheilmittel
## Ajwan – Königskümmel

Die Ajwan-Pflanze ist unter dem Namen „wilder Sellerie" bekannt. Verwendet werden in der Küche die Samen, die hierzulande auch unter dem Namen „Königskümmel" im Handel zu finden sind. Im Sanskrit wegen des starken Geruchs der ganzen Pflanze als *Ugragandha* (stark riechend) bekannt, werden in der Medizin sowohl die Samen als auch das daraus gewonnene Öl und auch die Blüten verwendet. Ajwan ist auch bekannt als *Krimighna* – „Wurmkiller".

### Medizinische Wirkungen

- Effektiv bei innerem Wurmbefall und bei bakteriellen Infektionen. Deshalb wird es in Indien gegen Cholera angewendet.
- Wirkt auch als Insektizid bei Madenbefall in offenen Wunden.
- Als Konservierungsmittel für Lebensmittel geeignet, weil es Fermentation und Fäulnis unterbindet.
- Inhalieren von Ajwanrauch ist Bronchien erweiternd und erleichtert das Atmen.
- Bei extremer Hitze an Sommertagen sollte es nicht nachmittags eingenommen werden, weil es den Körper stark austrocknet.
- Bei vermehrtem Harndrang, häufig auftretend im Zusammenhang mit Diabetes, verschafft 1 TL Ajwan mit 4 TL Bael-Blattsaft 2-3 mal täglich eingenommen Linderung.
- Reduziert die Libido, wird daher bei exzessiver Triebhaftigkeit verabreicht.
- Bei Magersucht und Verdauungsschwäche sollte zum Essen immer 1 TL Ajwan dazugegeben werden.
- Bei chronischer oder immer wiederkehrender Erkältung sollten über einen Zeitraum von 21 Tagen zweimal täglich 2 g frittierte Ajwan-Samen eingenommen werden.
- Der alte indische Brauch, nach dem Essen trocken geröstete Fenchel- und Ajwan-Samen zu kauen, dient als Atemerfrischer und Verdauungshilfe.
- Ajwan hat leicht alkoholische Qualitäten in milder Form. Deshalb wird in ländlichen Gegenden Ajwan-Likör gegen allerlei Magenbeschwerden eingenommen.
- Um Alkoholsucht oder den Wunsch, Alkohol zu trinken, abzugewöhnen, sollten über den Zeitraum von mindestens 40 Tagen 30 ml einer Abkochung von Ajwan abends vor dem Schlafengehen getrunken werden.

### Achtung:

Wegen der stark erhitzenden und somit *Pitta* provozierenden Wirkung sollte Ajwan bei menstruierenden Frauen oder bei Patienten mit Geschwüren im Rachenraum, Übersäuerung, Sodbrennen nur mit Vorsicht angewendet werden.

# Asant – Hing

Asant bzw. Asafötida ist eine der wichtigsten Substanzen in der ayurvedischen Küche mit dem stärksten Geruch. Eine Prise genügt, um ein Essen stark schmackhaft zu machen. Es gibt heute auf dem Markt verschiedenste Formen von Asant. Mit Turmerik und Reismehl gebunden, als gelbliches Pulver ist die in asiatischen Geschäften am meisten verbreitete Variante.

Reiner Asant ist nur über den ayurvedischen Versandhandel oder in wenigen indischen Geschäften erhältlich. Der weiße Diamant-Asant, das ausschließlich medizinischen Zwecken dient, ist bei uns gänzlich unbekannt. Reines Asant verbrennt rückstandsfrei, denn es ist ein reines Harz einer Wurzel des Asant-Baums (Farula Asafoetida). Die küchengebräuchliche Variante enthält 25-60 % Harz und ist ein bräunlicher Klumpen, der aus dem sonnengetrockneten Milchsaft des Wurzelstocks besteht. Auch in Europa war Asant-Extrakt bis ins frühe 20. Jahrhundert als Medizin für vielerlei Beschwerden bekannt – in erster Linie bei Verdauungsstörungen und Nervenleiden.

Um Asant zu reinigen und zu konzentrieren, löst man es in Wasser und kocht es in einer eisernen Pfanne, bis das Wasser komplett verdampft ist, oder frittiert es in reinem Ghee.

## Medizinische Wirkungen

- Bei Störungen des Magens jeglicher Art verwendet man frittierten Asant.
- Zur lokalen Anwendung bei Verdauungsstörungen oder Lungenkrankheiten wird es roh verwendet.
- Auch bei Hautstörungen wie Ringwurmbefall wird es lokal angewendet. Ebenso bei allen Arten von Insektenstichen oder -bissen, weil es schmerzstillend und entzündungshemmend wirkt.
- Bei akuten Zahnschmerzen, z.B. durch Karies, wird eine Mischung aus Nelkenpulver und Asant-Pulver lokal aufgetragen. Es lindert den Schmerz sofort.
- Die ayurvedische Medizin *Hingvashtak churna*, die für alle Arten von Verdauungsbeschwerden benutzt wird, besteht aus Asant als Hauptanteil, Ingwer, schwarzem Pfeffer, Pippal-Pfeffer, Ajwan-Samen, Cumin, schwarzem Kreuzkümmel und Steinsalz. Sie wirkt digestiv, hilft gegen ungelöste Blähungen und regt den Appetit an.
- Bei Appetitlosigkeit, Mundgeruch, übermäßigem Speichelfluss und extremer Süße des Mundes hilft Asant, zusammen mit Ingwer eingenommen.

### Achtung:

Bei extrem hohem *Pitta*, Sodbrennen oder Magengeschwüren, als Alkoholiker, bei extremer Schwäche und als Kind sollte man Asant nicht einnehmen.

# Küchenheilmittel

## Bockshornklee – Methi

Es gibt zweierlei Bestandteile von Bockshornklee: zum einen die leicht bitteren Samen und zum anderen die grünen Blätter. Die Pflanze wächst innerhalb von 8-10 Tagen auf sandigem Boden und wird gern als Suppenwürzer oder Brotbeigabe verwendet. Die Samen hingegen finden in der Küche und als Medizin vielerlei Verwendungsmöglichkeiten. *Ashwabala* („was den Pferden Kraft verleiht") ist ein Sanskritbegriff für die Samen, die, solange sie frisch sind, grün sind und nach dem Trocknen bräunlich werden.

### Medizinische Wirkungen

- Den Uterus reinigend, die Eierstöcke stärkend und den Milchfluss anregend, deshalb am häufigsten bei Frauen kurz nach der Geburt verwendet.
- Linderung bei Rückenschmerzen und Menstruationsbeschwerden.
- Vorbeugende und stärkende Wirkung bei Rückenbeschwerden und Verspannungen. Deshalb werden Süßigkeiten mit Methi vor allem im Winter gern verzehrt.
- Hilft beim Abnehmen und verleiht der Haut einen guten Teint. Daher ist in ayurvedischen Peelings und Gesichtsmasken immer der zerriebene Samen enthalten.
- In der Dosis von 1-2 g in Ghee gebraten, lindert er, regelmäßig genommen, Gelenkbeschwerden.
- Bei Polyurie gibt man den Saft von frischen Methi-Blättern zusammen mit Zucker und Pulver von der Rinde der Gerberakazie.
- Bei Bauchkrämpfen und Verdauungslähmung gibt man Methi-Pulver mit Joghurt.
- Eine Paste aus Senföl und Methi-Pulver ist sehr effektiv bei lokalen Ödemen und Schmerzen.
- Frischer Saft von Bockshornkleeblättern ist, in einer Dosis von 30 ml zweimal täglich eingenommen, hilfreich bei einer Reihe von Beschwerden wie z.B. Erkältungen, Husten, Brechreiz, Gliederschmerzen, Niedergeschlagenheit, Appetitlosigkeit.
- Bei Bronchialasthma sollte 1 g Methi-Pulver täglich nach den Mahlzeiten eingenommen werden.
- Bei Leukorrhö (Weißfluss, s. unter „Leukorrhö) kann das Pulver in Baumwolle eingewickelt vaginal für mehrere Stunden angewendet werden, um Linderung zu verschaffen.
- Bei Diabetes mellitus sollte der Saft der Blätter in einer Dosis von 30 ml morgens eingenommen werden. Auch ein abgekühlter Tee der Samen in derselben Dosis ist, dreimal täglich getrunken, wirksam.

### Achtung:

Bockshornklee sollte nicht in zu großen Mengen eingenommen werden. Er ist kontraindiziert bei Übersäuerung und Magengeschwüren oder Gastritis. Auch kann Diabetes nicht einfach durch die Einnahme von Bockshornklee geheilt oder behandelt werden. Der Medikation des Arztes ist in jeder Hinsicht bei allen aufgezählten Beschwerden Folge zu leisten.

# Chili – Mirch

Der Chili gehört zu den Capsicum-Gewächsen, zu denen auch Paprika zählt. Es gibt weltweit Hunderte von Sorten in allen Farben und Formen. Die Urform ist vermutlich der Birdpepper aus den südamerikanischen Cordilleren. Nach Indien kam der Chili erst mit den portugiesischen Kolonialherren im 17. Jh. Daher wird sie in den alten Sanskrit-Texten nicht erwähnt. Durch ihre antiseptische und verdauungsfördernde Wirkung hatte sie sich bald in ganz Asien beliebt gemacht. In Indien sieht man oft, wie die Leute rohe Chilis einfach so zum Essen knabbern.

## Medizinische Wirkungen

- Chilipaste mit Turmerik (Kurkuma) und Salz wird anstelle von Pickels als Appetitanreger und Antianorektikum gegen Abmagerung benutzt. (Solche Zubereitungen sollten nur in kleinen Mengen verzehrt werden.)
- Bei Taubheit, Glieder- und Gelenkschmerzen oder starken Verspannungen sollte man mit Chili versetztes Senföl oder Rapsöl auf die betroffenen Stellen auftragen.

### Achtung:

Mit *Pitta*-Charakter sowie bei Übersäuerung, Gastritis oder Magengeschwüren sollte man keinen Chili essen. Übermäßiger Konsum von Chili führt zu Übersäuerung, Sodbrennen, Hitzewallungen, Schluckauf, Schwindel und Brennen der Ausscheidungsöffnungen.

# Küchenheilmittel

## Curryblätter – Kadhi Patta, Mitha Neem

Der bis zu fünf Meter hohe Currystrauch wächst über ganz Indien verteilt und strömt einen starken Geruch aus. Bauern pflanzen ihn auf den Farmen an, um die Atmosphäre sauber zu halten und weil er Schädlinge fernhält. In Karnataka gibt es ganze Wälder aus Currybäumen, die einen unvorstellbaren Duft verströmen. Im Norden wird das Holz des Currystrauchs als Kauholz und natürliche „Zahnbürste" benutzt, weil es unter anderem Fluorid enthält und den Atem erfrischt. Sowohl in Nord- als auch in Südindien findet man Curryblätter in fast jedem Rezept.

### Medizinische Wirkungen

- Die Blätter sind süß und adstringierend; daher wird empfohlen, vor jeder Mahlzeit 3-4 Blätter zu kauen, um das Zahnfleisch zu stärken und den Mund zu reinigen. Sie helfen auch gegen Zahnfleischschwund.
- Der Saft der frischen Blätter mit Turmerik (Kurkuma) und Ghee hilft, lokal angewendet, bei Insektenstichen oder brennenden Hautreizungen.
- Eine Mischung aus heißen Curryblättern, Turmerik und Salz in Baumwolle eingeschlagen, hilft, lokal aufgelegt, gegen jegliche Art von Schmerzen durch Verletzungen, Verspannungen etc.
- Eine Paste aus Curryblättern und *Jaggary* (Rohrzucker) hilft gegen Bandwurminfektionen. Unterstützend sollte der Anus mit einer Abkochung von Curryblättern gewaschen werden.
- Bei Ringwurminfektionen oder Pilzbefall der Haut sollte eine Paste aus Curryblättern regelmäßig aufgetragen werden.

## Fenchel – Badi Shep

Wegen seiner schirmförmigen Blüte heißt Fenchel im Sanskrit *Shatapushpa*. Die Samen werden nicht nur in der Medizin häufig eingesetzt, sondern auch oft als Munderfrischer nach dem Essen gekaut. Weltweit gibt es unzählige Varianten. Alle sind bitter, scharf, herb und süßlich im Nachgeschmack. Sie sind appetitanregend, verdauungsfördernd und fördern die Absonderung der Verdauungsenzyme.

### Medizinische Wirkungen

- Fenchelsamen besänftigen erhöhtes *Vata-Dosha*. Deshalb werden sie bei starken Blähungen zur Linderung verwendet.
- Sie helfen auch bei Durchfall und Hämorrhoiden. Bei Amöbenruhr sollte nach Einnahme der Mahlzeit 15-20 g Fenchel zerkaut und dann für 1/2 Std. nichts getrunken werden.
- Bei Durchfall sollte Fenchel- und Ingwerpulver in einer Dosis von 5 g 3-4-mal täglich eingenommen werden.
- Säuglingen sollte man vor dem Stillen immer 5-8 Tropfen kalten Fencheltee geben, um Blähungen und Spannungen im Bauch vorzubeugen.
- Fenchelabkochung mit 5 ml Rapsöl zweimal täglich über längere Zeit eingenommen, hilft gegen Gelenkschmerzen.
- Bei extremem Durst, Sodbrennen, Trockenheit und Reizung der Kehle sollte man in regelmäßigen Abständen eine Paste aus Fenchelsamen, Emblica officinalis (*Amla*) und Zucker einnehmen. Abkochung aus Fenchel und Koriander hat eine ähnliche Wirkung.
- Bei Körperschmerzen heiße Wickel mit Fenchelsamen, Ajwan und Salz auflegen.
- Bei brennenden Augen eine Paste aus Fenchelpulver und Quecke[22] auf das Lid auftragen.

---

[22] Unkraut auf jeder Wiese.

- Paste aus Fenchel und Turmerik (Kurkuma) ist hilfreich bei Hitzebläschen.
- Bei Rückenschmerzen, Gelenkschmerzen und Schwellungen eine Paste aus Asant, Steinsalz und Fenchelsamen auftragen.
- Bei Erkältung und Husten nimmt man Fenchelpulver und Ingwerpulver zusammen mit Honig ein. Heiße Wickel mit Ajwan und Turmerik können auch auf die Brust oder die nasalen Regionen aufgelegt werden.

### Achtung:

Fenchel sollte nicht bei Verstopfung und bei Geschwüren im Mund angewendet werden.

## Grüne Mungbohnen – Moong

Die Hülsenfrüchte sind in ganz Asien und auch in Afrika weit verbreitet und kultiviert. Die geschälte und halbierte Form, Mung-Dal, erhält man auch bei uns in fast jedem ausländischen Lebensmittelladen. In der ayurvedischen Tradition spielt Mung-Dal eine besondere Rolle als Heilkost, weil es die bekömmlichste Hülsenfrucht mit zahllosen Heileffekten auf den Körper ist. Sie kann sowohl von Gesunden als auch von Kranken bedenkenlos gegessen werden.

### Medizinische Wirkungen

- Hilft hauptsächlich bei Leber- und Milzvergrößerung, hohem Fieber, Durchfall, Nierenfunktionsstörungen, gynäkologischen Krankheiten, Darmfunktionsstörungen etc.
- Bei Augenbrennen und Gliederschmerzen kann äußerlich eine heiße Packung mit Mung aufgelegt und zusätzlich eine Abkochung davon getrunken werden.
- Diese Packung hilft auch bei angestautem Milchfluss und damit verbundenen Schwellungen und Schmerzen.
- Als Peeling mit tiefenreinigender und Juckreiz stillender Wirkung macht man eine Paste aus Mungbohnenmehl und Buttermilch oder Wasser und trägt diese 1/2 Std. vor dem Baden auf. Das Bad sollte dann ohne Seife erfolgen.
- Eine Abkochung von Mungbohnen stellt man her, indem man sie in Wasser einweicht und zusammen mit Salz kocht. Das ist die verträglichste Diät für alle Arten von Krankheit und wird bei Halsschmerzen, Fieber, Gliederschmerzen, Augenbrennen, Übersäuerung und auch bei Durchfall gegeben.
- Bei urologischen Beschwerden wie Schmerzen beim Harnlassen, infektiösem Urin und übermäßigem Harndrang sollte viel Mung-Dal mit Kardamom und Salz gegessen werden.
- Menstruierenden Frauen mit starken Blutungen wird empfohlen, Mung-Dal mit Chapatis und viel Ghee zu essen. Das gilt auch, um den Heilungsprozess von schweren Verletzungen zu unterstützen.
- Bei milden Fälle von intradermalen und subkutanen Blutungen wird empfohlen, in Ghee frittierte Mungbohnen mit Zucker (*Laddu*) zu essen.
- Menschen mit Augenproblemen aller Art durch Überanstrengung am Bildschirm, beim Schreiben o.Ä. sollten Mung-Dal auf ihren täglichen Speiseplan setzen.
- Bei starkem Durchfall helfen gekochte grüne Mungbohnen mit Korianderblättern und Fenchel, um eine Dehydrierung zu vermeiden.
- Die ideale Diät für alle Arten von Leberleiden ist Kitchari aus grünen Mungbohnen mit Reis über einen Zeitraum von mindestens drei Wochen.
- Mung-Dal mit Chapati über zwei bis drei Wochen wirkt als Schlankheitsdiät.

### Achtung:

Mungbohnen im Übermaß verursachen Verstopfung und sollten nie mit Milch oder mit Honig eingenommen werden.

# Küchenheilmittel

## Honig – Madhu

Über Honig sind in den Veden jede Menge Informationen zu finden. Nicht nur im rituellen und religiösen Bereich der vedischen Kultur findet er permanent Verwendung. Auch die medizinischen Eigenschaften sind bestechend. Hier sei ein Auszug der Fähigkeiten des Produkts gegeben, das uns die fleißigen und friedfertigen Bienen liefern. Übrigens müssen diese ca. 750.000 Blüten anfliegen, um 3 kg Honig zu produzieren.

Nach den Texten der *Caraka Samhita* wird Honig in acht verschiedene Arten unterteilt/nach Farbe, Jahreszeit und Herkunft kategorisiert. Mit Herkunft ist die Pflanzenart gemeint, die den höchsten Anteil liefert. Generell wird junger frischer Honig als weniger wertvoll angesehen, als abgelagerter reifer Honig. Nach Caraka ist der beste Honig *Makshika*, der Goldfarbene. In modernen Texten wird der einjährige als der beste bezeichnet.

Es gibt eine Empfehlung, Honig mit jedem Sinnesorgan zu prüfen.

**Äußere Erscheinung:** Reiner Honig hat eine gelbliche Farbe, etwa wie Ghee aus Kuhmilch. Diese variiert aber je nach Region und Jahreszeit.

**Geschmack:** Der Geschmack des Honigs wird von den Pflanzen bestimmt, von denen er gewonnen wird. Daher bietet sich eine Vielzahl von Möglichkeiten. Die Haupt*rasa* sind süß und herb.

**Geruch:** Reiner Honig hinterlässt nach dem Verbrennen keine Rückstände. Er hat einen eigenen unvergleichbaren Geruch und die Eigenschaft, stark riechende Öle wie z.B. Rapsöl oder Lebertran zu überdecken, wenn man ihnen diesen beimischt.

**Gefühl:** Honig wird je nach Temperatur weich. Wenn man etwas Honig zwischen den Fingern zerreibt, wird er immer flüssiger. Gelöster Zucker hingegen wird beim Reiben immer fester.

**Gehör:** Honig enthält einen Wasseranteil von 10 %, der nahezu lautlos verbrennt, ähnlich dem Ghee. Wenn man also ein Baumwolltuch in etwas Honig taucht und anzündet, sollte es ohne Knistern verbrennen.

### Medizinische Wirkungen

- Honig enthält viel Vitamin A und B-Komplex.
- Bei Insektenstichen trägt man eine Paste aus Honig, Ghee und Steinsalz auf.
- Geschwüre und Wunden sollte man mit Honigwasser reinigen und danach eine mit Ghee getränkte Kompresse anbringen, um Wundentzündung zu vermeiden und die Wundheilung zu beschleunigen.
- Im Fall von Schmerzen durch Verletzung oder akuter Verbrennung sollte eine Mischung aus Ghee und Honig 1:2 auf die entsprechenden Stellen aufgetragen werden.
- Regelmäßiges Auftragen von Honig auf Wunden beschleunigt die Wundheilung.
- Wenn man Honig längerfristig aufträgt, können innerhalb von 20-25 Tagen Hautverfärbungen beseitigt werden.
- Bei Zahnschmerzen durch Karies kann der Schmerz gelindert werden, indem man ein mit Honig getränktes Stück Baumwolle auf den Zahn drückt.
- Bei Ohrenschmerzen kann man Honig als Ohrentropfen anwenden.
- Bei Bindehautentzündung wird Honig auf die Lider aufgetragen. Die Heilung erfolgt überraschend schnell.
- Juckreiz kann mit Honig gelindert werden.
- Bei Halsreizung und Heiserkeit sollte man konstant Honig schlecken, idealerweise zusammen mit Pippalpulver.
- Bei Vergrößerungen von Drüsen ist die äußere Anwendung von Honig empfohlen.
- Bei Mundgeschwüren aufgetragen, heilen diese innerhalb von zwei Tagen ab.
- Da Honig ein Lebensmittel ist, kann man ihn in großen Mengen zu sich nehmen. Es kommt dann aber vereinzelt zu Durchfall, der angeblich nur schwer zu heilen ist.
- Honig wird gern als medizinische Trägersubstanz (*Anupanam*) benutzt, speziell um bittere Medizin an Kinder zu verabreichen.
- Bei extremem Speichelfluss, Asthmaanfällen und dauerhaftem Schluckauf sollte man eine Paste aus Honig und Ingwerpulver einnehmen.

- Bei Mundfäule (Stomatitis) sollte man mit einer Lösung aus Wasser, Salz und Honig mehrmals täglich spülen.
- Bei Schluckauf hilft Honig mit Zitronensaft und Salz.
- Bei Übersäuerung und Sodbrennen hilft Honig in Flüssigkeit eingenommen.
- Eine Paste aus Honig und schwarzem Pfeffer ist hilfreich bei Husten.
- Bei Asthma kann Honig mit Pippalpulver (Langpfeffer) eingenommen werden.
- Gegen Erbrechen kann Honig mit Chebulic Myrobalan (*Haritaki*) angewendet werden.
- Bei Anorexie und Verstopfung helfen zweimal täglich 2 TL Honig mit 2 TL Ghee.
- Bei Fettleibigkeit hilft Honigwasser morgens auf nüchternen Magen über mindestens einen Monat getrunken.
- Bei starken Verdauungsstörungen wie chronischem Durchfall helfen Einläufe mit Honigwasser. Besonders bei Kindern wird es häufig angewendet.
- Bei inneren Entzündungen und Schwellungen nimmt man 1 TL Honig mit 1/2 TL Ghee ein.

**Achtung:**

Honig darf nicht erhitzt werden und sollte nicht im Sommer oder in starker Hitze verzehrt werden. *Pitta*-Charaktere sollten regelmäßigen Verzehr meiden. Man sollte nie mehr als 3 TL Honig auf einmal zu sich nehmen. Honig sollte nie über 40 °C erhitzt werden.

# Küchenheilmittel

## Ingwer – Adrak

Die Liliengewächse Ingwer und Kurkuma benötigen die gleichen klimatischen Bedingungen, um zu gedeihen. Ingwerblätter sind lang, hellgrün und gepunktet. Pflanze und Wurzel brauchen etwa acht bis neun Monate bis zur Erntereife. Die größten Erträge werden in feucht-heißen Gebieten erzielt. Durch die starke sekretanregende Wirkung ist Ingwer im Sanskrit als *Adraka* (wörtl. „untrocken", also befeuchtend) bekannt. Ingwer findet bereits in den ältesten medizinischen Schriften des alten Chinas und Indiens Erwähnung. Die getrockneten Wurzeln der Ingwerpflanze stellen in jeder Küche einen vielfältigen Schatz dar. Im Sanskrit ist Ingwer als *Vishwa* (universale Medizin) bekannt.

### Medizinische Wirkungen

- Bei Halsreizungen, Verdauungsschwäche und Appetitlosigkeit kann man Ingwer vor den Mahlzeiten zusammen mit Salz und etwas Zitronensaft einnehmen.
- Bei Übelkeit, Erbrechen, Gastritis oder Sodbrennen eine Mischung aus Ingwer, Asant, Zitrone und Salz einnehmen. Dies fördert auch die Verdauungstätigkeit.
- Bei hoher Cholesterinbelastung kann man Ingwer zusammen mit Knoblauch morgens auf nüchternen Magen einnehmen.
- Bei Gliederschmerzen oder Taubheitsgefühl kann man frischen Ingwersaft auf die betroffenen Stellen auftragen.
- Bei dauerhaftem Schluckauf eine Mischung aus Ingwersaft, Zucker und Honig ständig nippen und diese Mischung auf den Bauch auftragen.
- Dieselbe Mischung zusammen mit Kurkuma hilft bei trockenem Reizhusten. Dazu heiße Wickel auf die Brust auflegen, um den Auswurf zu fördern.
- Bei Verstopfung kann man geriebenen Ingwer zusammen mit *Jaggary* oder Roh-Rohrzucker einnehmen.
- Ingwer, für 24 Std. eingeweicht, ergibt eine Lösung, die Kindern mit Milchunverträglichkeit bei der Verdauung hilft.
- Bei akuten Magenschmerzen helfen ca. 2 g Ingwerpulver mit Zucker gemischt. Es wird mit warmem Wasser eingenommen.
- Bei Verstopfung helfen etwa 2-3 g *Ghritam* (Ghee mit Ingwer versetzt) zusammen mit Limonensaft.
- Ingwerabkochungen werden gegen innere Parasiten angewendet.
- Ingwerpulver wird sowohl bei Verstopfung als auch bei Durchfall angewendet, dreimal täglich und mit reichlich Wasser unterstützt, um eine Dehydrierung zu vermeiden.
- Regt stark den Appetit an.
- Regt das Verdauungsfeuer an und hilft bei verletzungsbedingten Schwellungen, bei Blähungen, gewöhnlichen Erkältungen, Asthma und Anorexie.
- Regt die Blutbildung an.
- Fördert das Schwitzen (was im Sommer kühlend wirkt).
- Ingwerabkochungen wirken vorbeugend gegen Infektionskrankheiten, speziell gegen Erreger, die sich über Wasser verbreiten.
- Ingwer mit Honig eingenommen hilft gegen Entzündungen und Reizungen des Hals- und Rachenraums. Man wendet den Saft auch als „Reinigungsmittel" und Schleimlöser für Nase und Nasennebenhöhlen an.
- Bei Auftreten von akutem Fieber hilft Wasser mit Ingwer und Koriandersamen abgekocht, dauerhaft genippt, weil es den Körper stark abkühlt.
- Bei Bewusstlosigkeit einige Tropfen Ingwersaft zur Wiedererlangung des Bewusstseins nasal verabreichen.
- Ingwer hilft auch beim Abnehmen, wenn man jeweils 1-2 g nach dem Essen einnimmt.

### Achtung:

Bei Stomatitis, Mundfäule oder Abszessen im Mundraum ist Ingwer nur mit großer Vorsicht anzuwenden. Wer unter Schlafstörungen/unter Bluthochdruck leidet, sollte den Genuss von Ingwer in der 2. Tageshälfte meiden!

# Kardamom – Elaichi

Kardamom ist in vielen Rezepten der Schlüssel zum richtigen Aroma. Es gab eine Zeit, in der 90 % allen Kardamoms aus Indien kamen. Zweierlei Kardamombäume sind in Indien bekannt: der „große" und der „kleine". Der kleine Kardamom muss vor der direkten Sonne geschützt werden, wird meist mit Betelsträuchern zusammen angepflanzt und etwa 5 m hoch. Er lebt nur etwa 8-10 Jahre lang und treibt in der gesamten Zeit Früchte. Der große Kardamom aus Sri Lanka wird wesentlich größer und muss nicht vor der direkten Sonne geschützt werden, um ertragreich zu sein. Er treibt ab dem 3. Lebensjahr Früchte und bringt diese über einen Zeitraum von bis zu 60 Jahren hervor.

### Medizinische Wirkungen

- Bei Halitose (Mundgeruch) sollte man mit kaltem Kardamomtee aus dem Pulver gurgeln.
- Bei Juckreiz und auch bei Kopfschmerzen hilft eine lokal aufgetragene Paste aus Kardamompulver.
- Bei Gliederschmerzen hilft die Einnahme von 2 g Kardamom mit schwarzem Pfeffer und Honig.
- Bei krampfhaften Blähungen bei Kindern hilft eine Paste aus Kardamom und Milch (oder Wasser), auf den Bauch aufgetragen.
- Bei starkem und chronischem Juckreiz oder bei Hautirritationen sollte man eine Paste aus Kardamomschalen und Seifennuss für zehn Minuten auftragen und anschließend baden.
- Bei Insektenstichen hilft Kardamompulver direkt aufgetragen.
- Bei Erbrechen hilft Kardamompulver mit Joghurt eingenommen.
- Bei chronischem Schluckauf nimmt man 1 TL Kardamomasche zusammen mit 1 TL Honig.
- Bei Schwindel, Übelkeit und Kopfschmerzen nimmt man Kardamomsamen mit Cuminpulver und Zitronensaft ein.
- Kardamom dem Tee oder Kaffee beigegeben, wirkt energetisierend, leicht aphrodisierend und hypnotisch.
- Bei trockenem Husten sollte man 500 mg Kardamompulver mit 1 TL Butter langsam im Mund zergehen lassen oder Kardamompulver zusammen mit Ingwerpulver und Honig einnehmen.
- Bei exzessivem Husten sollte man 2 Kardamomkapseln mit etwas Zimtrinde kauen, um den Auswurf zu fördern.
- Bei starkem Sodbrennen, Brennen beim Urinieren bis hin zu hohem Fieber sollte man Kardamompulver mit einer Abkochung von Cumin- und Koriandersamen zusammen mit Wassermelonensaft oder Kokoswasser einnehmen.

### Achtung:

Der große oder auch schwarze Kardamom ist stark erhitzend und sollte daher nicht so häufig und regelmäßig gegessen werden – vor allem nicht bei ernsthaften Verdauungsstörungen.

# Küchenheilmittel

## Knoblauch – Lahasun

Knoblauch gilt im Ayurveda als die irdische Essenz des „Nektars" (*Amrut*). Er enthält alle Geschmacksrichtungen außer salzig und versorgt uns mit vielen wertvollen Elementen. Der Knoblauch wird jedoch aufgrund seiner stimulierenden Wirkung auf Geschlechtsdrüsen und Nervensystem in der brahmanischen Küche abgelehnt. Bestenfalls wird er hier zu medizinischen Zwecken eingesetzt. Er ist weltweit bekannt und erhältlich und enthält u.a. Zucker, Schwefel und Alanin.

### Medizinische Wirkungen

- Äußerst wirksam bei allen Arten von Schwellungen an Körper und Gelenken bei äußerlicher Anwendung für 10-15 Minuten.
- Bei Ohrenschmerzen oder Infektionen der Speicheldrüsen Knoblauchpaste oder Knoblauchöl anwenden. Bei Ohrenschmerzen kann einfach eine Knoblauchzehe in das entzündete Ohr gesteckt werden (groß genug, damit man sie leicht wieder entfernen kann).
- Eine Paste bei entzündeten Wunden örtlich anwenden, um Beschwerden abklingen zu lassen. Die Paste hat einen wunderbaren Effekt bei jeder Art von Gelenkbeschwerden.
- Innerlich angewendet hilft Knoblauch gegen Wurmbefall (auch bei Haustieren).
- Bei starkem Husten oder Atemnot Knoblauchsaft mit warmem Wasser und Zucker einnehmen.
- Wirkt als keimtötendes Mittel.
- Bei übermäßigem Speichelfluss zerstoßenen Knoblauch zusammen mit Ingwer und Salz kauen.
- Bei Blähsucht mit Schmerzen hilft ein halber TL Knoblauchsaft mit der gleichen Menge Ingwersaft. Über einen Monat angewendet, hilft die Rezeptur beim Abnehmen.
- Guter Appetitanreger, Digestivum, Aphrodisiakum und „Verjüngungsmittel" (*Rasayana*).
- Bei Symptomen wie Konzentrationsschwäche, Reizbarkeit oder Gedächtnisschwund eine Mischung aus vier Knoblauchzehen, zehn Samen von Embelia Ribes (falscher Pfeffer), 200 ml Milch und 200 ml Wasser aufkochen, auf die Hälfte reduzieren (einkochen), filtern und vor dem Schlafen für sechs Wochen einnehmen.

### Achtung:

Knoblauchpaste verursacht Hautreizungen, wenn sie zu lange auf der Haut verbleibt. Knoblauch im Übermaß gegessen, kann zu Übersäuerung, Brennen beim Ausscheiden sowie Brennen der Extremitäten verursachen. In solchen Fällen kann man mit kaltem Tee von Koriandersamen entgegenwirken. Knoblauch sollte nicht bei Gastritis, Übersäuerung oder von schwangeren Frauen gegessen werden.

## Kokosnuss – Naral

Die Kokosnuss ist überall dort, wo sie wächst, geschätzt und wird vielseitig genutzt. Alle Teile der Kokospalme können auf die eine oder andere Art gebraucht werden. Im Sanskrit hat sie viele Bezeichnungen wie *Niratas*, *Shreephal* oder *Skandhaphala*. Die Regionen in der Welt, wo Kokospalmen kultiviert werden, profitieren von der Pflanze wirtschaftlich aufgrund der vielfältigen Nutzungsmöglichkeiten. Sie ist süß, kühlend mit süßem *Vipaka*. Das Fleisch ist hart, schwer und ölig, das Innere weich und flüssig. Es besänftigt *Vata* und *Pitta* und bei großen Mengen verstärkt es *Kapha*. Kokosöl ist gut geeignet zur äußerlichen Anwendung, insbesondere für *Pitta*-Typen oder bei starker *Pitta*-Symptomatik. Bitte beachten: Kokos*wasser* ist der Saft im Inneren der Nuss, Kokos*milch* dagegen wird aus dem Fruchtfleisch gewonnen. Zur eigenen Herstellung von Kokosmilch nehmen Sie gehacktes Kokosfruchtfleisch (oder die entsprechende Menge Kokosraspel). Weichen Sie diese in einer Tasse Wasser ein und pressen Sie die Mischung durch ein Tuch aus, nachdem Sie es etwa eine Viertelstunde eingeweicht haben.

### Medizinische Wirkungen

- Der frische Saft der Wurzel wirkt stark diuretisch. Er reinigt die Harnwege und ist extrem kühlend. Trinken Sie 1–2 Tassen Kokoswasser täglich bei Brennen beim Wasserlassen/bei akuter Blasenentzündung.
- Kokosnussasche gemischt mit Kokosöl ist ein wirksames Mittel bei Nesselvergiftungen der Haut.
- Gegen Sodbrennen und Übersäuerung helfen 1–2 Gläser Kokoswasser aus der frischen Nuss.
- Bei Juckreiz oder Nesselfieber hilft Kokosmilch zur lokalen Anwendung. Bei juckenden Ekzemen röstet man Kokosfleisch stark an und pulverisiert es zu einer Paste, die auf die entsprechenden Stellen aufgetragen wird. Bei Hautbrennen oder Sonnenbrand dient Kokosöl der Linderung.
- Bei Kopfhautjucken, starken Schuppen hilft Kokosmilch oder -öl. Bei Haarausfall und -ausdünnung Kokosöl in die Kopfhaut einmassieren. Das erfordert aber längere Anwendung.
- Kokosöl und -milch sind in Indien weit als Haartonikum zur Vorbeugung von vorzeitigem Ergrauen und Haarausfall verbreitet.
- Bei starkem Kopfhautjucken, Schuppen oder Pigmentstörungen (Vitiligo) Kokosmilch lokal anwenden.
- Bei Schwäche und Gewichtsverlust sollte man täglich 30 ml Kokosmilch einnehmen. Größere Mengen können Durchfall verursachen.
- Bei sommerlicher Hitze sowie bei viralen Infekten wie Masern oder Windpocken kann man Kokoswasser zur Besänftigung eingenehmen.
- Bei starken Blutungen oder Nasenbluten gibt man Kokoswasser mit Kardamom.
- Kokoswasser besänftigt erhöhtes *Pittadosha*, wirkt blasenreinigend, appetitanregend, durstlöschend.
- Wegen seines hohen Vitamin A- und D-Gehaltes wird Kokosöl bei Kindern gern als Ersatz für Lebertran gegeben.
- 30 ml Kokosmilch täglich werden schwangeren Frauen zur allgemeinen Stärkung der inneren Versorgung des Babys empfohlen.
- Frische Kokosnuss ist das effektivste Mittel gegen Übersäuerung. Sie unterstützt die Muskelbildung, kühlt den Körper, reguliert den Menstruationsfluss, wirkt aphrodisierend und diuretisch.
- Kokosschalenöl ist effektiv bei Hautleiden wie Ringwurminfektionen, Ekzemen und Hautreizungen als äußerliche Anwendung.
- Kokosmilch mit schwarzem Cuminpulver hilft, örtlich angewandt, bei Pilzinfektionen der Haut.
- Bei Nagelpilzerkrankungen Kokosöl über einen längeren Zeitraum anwenden.
- Bei Parodontose und Zahnfleischbluten heilt Zahnpasta aus fein geriebener Kokosschale mit einer Prise Kampherpulver erstaunlich gut.
- Gegen Pickel hilft das Pulver von Kokosschale, gemischt mit Ingwer.

### Achtung:

Bei Verdauungsstörungen durch übermäßigen Genuss von Kokosnuss hilft die Einnahme von Zucker.

# Küchenheilmittel

## Koriander – Dhania

Das ganze Jahr über gibt es frischen Koriander auf dem Markt. In der asiatischen Küche wird er besonders gern zum Garnieren von Speisen benutzt. Das einjährige Kraut, das etwa einen ½–1 m hoch wird, wächst in Indien vor allem in der Regenzeit. Bis zur Samenreife benötigt er recht lang und in der weißen Blüte befindet sich das ovale Korn, das auch in der Küche viel Verwendung findet. Korianderblätter werden auch als „indische Petersilie" bezeichnet. Sowohl Blätter als auch Samen sind süß (*madhu*) und kühlend (*sheeta*), was sie besonders zum Besänftigen von übermäßigem *Pitta* geeignet machen.

### Medizinische Wirkungen

- Bei Bläschen oder Geschwüren im Mund den Saft von frischen Korianderblättern auf die betroffenen Stellen auftragen.
- Bei akutem Rachenkatarrh hilft das Gurgeln mit dem Saft frischer Blätter.
- Bei starkem Nasenbluten helfen 3-4 Tropfen des Safts in jedes Nasenloch.
- Bei allergischen Reaktionen auf verschiedene Nüsse kann die gleichzeitige Einnahme von Korianderblättern die Reaktion unterbinden oder lindern.
- Bei starken Kopfschmerzattacken durch Migräne kann eine Paste aus Koriandersamen auf die Stirn aufgetragen, Linderung des Schmerzes verschaffen.
- Manche leiden beim geringsten Temperaturanstieg unter Brennen beim Harnlassen. In diesem Fall hilft eine über Nacht eingeweichte Lösung aus Koriander- und Cuminsamen, abgesiebt und am Morgen eingenommen. Das lindert die Beschwerden und regt den Harndrang an.
- Zur Prophylaxe von Infektionskrankheiten, speziell im Wechsel der Jahreszeiten, wenn z.B. der Schnupfen umgeht, hilft eine Abkochung von: 1 TL gemahlenem Koriander, 1 g Ingwerpulver, 1 g schwarzem Pfeffer, 1 g Chirata-Pulver, ein paar Grünteeblättern und ein paar Tulsiblättern zweimal täglich eingenommen.
- Bei chronischen Blähungen 2 g Korianderpulver, 1 g Cumin, eine Messerspitze Ingwer und Salz zusammen mit warmem Wasser einnehmen, das lindert die Beschwerden rasch.
- Bei Übersäuerung und saurem Aufstoßen ½ TL Koriandersamen langsam kauen.

### Achtung:

Durch seine stark kühlende Wirkung hat Koriander bei Männern eine Spermien abtötende Wirkung und sollte daher moderat eingenommen werden.

# Kreuzkümmel/Cuminsamen – Jeera

In der westlichen Welt ist es gebräuchlich, vor dem Hauptgang pikante oder scharfe Suppen zu servieren, um den Appetit anzuregen. In Indien, besonders in Uttar Pradesh, wird vor dem Essen *Jaljira* serviert, ein Getränk aus Cuminsamen, das stark appetitanregend wirkt. Während der Hochzeitsfeierlichkeiten ist das servierte Essen immer sehr würzig und ölig. Bei solchen Begebenheiten wird nach dem Essen Buttermilch serviert, die mit Cumin und etwas Öl gekocht wurde. Der Grund dafür ist die verdauungsfördernde und aromatische Wirkung des Kreuzkümmels. Aus demselben Grund wird Kreuzkümmel in fast allen ayurvedischen Gerichten verwendet. Es gibt drei Arten von einjährigem Kreuzkümmel, der zu den Zwiebelblumen gehört: der schwarze Kreuzkümmel, der stärker und schärfer schmeckt, der weiße Kreuzkümmel, der allgemein zum Kochen verwendet wird und der bittere Cumin, der mehr für medizinische Zwecke äußerlich zur Anwendung kommt.

## Medizinische Wirkungen

- Als Verdauungshilfe in Form von Tee mit 1-2 TL in heißem Wasser 15-20 Minuten vor dem Essen getrunken. Besonders geeignet bei Durchfall und heftigen Verdauungsstörungen.
- Bei Übersäuerung, Leiden wie Magenbrennen oder Schmerzen im Brustraum, Appetitlosigkeit, Blähungen oder Völlegefühl kann man 2 g Cuminpulver mit Koriandersaft, Kardamom und Salz einnehmen.
- Bei schlechtem Geschmack im Mund kaut man 1 g Cuminsamen vor dem Essen.
- Bei Wurmbefall, Magenverstimmung, Verstopfung oder Fiebergefühl 1 TL Cumin mit warmem Wasser drei- bis viermal täglich einnehmen. Das hilft, die angeregten *Doshas* auszugleichen und unterstützt die Gesundheit.
- Für chronische Magenleiden oder Verdauungsstörungen, durch die Anspannungen im Bauch, Lethargie oder Gereiztheit verursacht werden können, 2 g Cumin, je 500 mg Pfeffer und Ingwer zusammen mit Limonensaft einnehmen.
- Bei Insektenbissen eine Paste aus Cumin und Ghee auftragen, um Entzündung und Schmerz zu lindern.
- Bittercumin ist ein starkes wurmlähmendes, antihelmintisches Mittel, im Sanskrit als *Krimipatak* oder *Krimivighatak* bekannt. Auch als prophylaktisches Mittel gegen Wurmbefall ist er wirksam. Schwarzer Cumin in einer Dosis von 2 g mit Honig über 14 Tage eingenommen, schützt vor Rückfall nach einer Wurmbehandlung.
- Bei Mundgeruch mit einer Lösung von schwarzem Kümmel gurgeln. Innerlich angewendet, hilft diese Lösung gegen Verstopfung und aufgeblähten Bauch.
- In der Zeit nach der Geburt sollten Frauen viel Kümmel essen, um den Uterus zu stärken und den Milchfluss anzuregen.

### Achtung:

Cumin sollte nie in einer höheren Dosis als 6 g auf einmal eingenommen werden, weil er sonst aufgrund des stark angeregten *Pitta-Doshas* zu Übersäuerung führt.

# Küchenheilmittel

## Minze – Pudina

Minze ist in Hunderten von Sorten auf der ganzen Welt verbreitet. Die im Orient am meisten gebräuchliche Sorte ist uns als Nana-Minze bekannt. Sie spielt in der gesamten orientalischen Küche eine wesentliche Rolle und ist für ländliche Bauern von großer Bedeutung, weil sie aufgrund ihres starken Geruchs von Weidevieh verschmäht wird. Sie ist daher oft um andere Pflanzungen herum zu finden, um die Ernte vor ungewolltem Viehschaden zu bewahren.

### Medizinische Wirkungen

- Die Paste aus frischen Blättern hilft gegen Appetitlosigkeit, z.B. bei Fieber und Lebensmittelvergiftungen. Auch bei anhaltendem Schluckauf wird sie verabreicht.
- Sie wirkt als Antidot für eine ganze Reihe von Toxinen.
- Bei Appetitlosigkeit gibt man Saft aus frischen Blättern in einer Dosis von 30 ml zweimal täglich. Er wirkt digestiv und blutreinigend.
- Bei einigen gynäkologischen Problemen wie Amenorrhö, Dysmenorrhö, postnatalem Fieber und Infektionen kann Minze nach Rücksprache mit dem Arzt verwendet werden.
- Gegen Bauchschmerzen gibt man Minzsaft und frischen Ingwersaft jeweils 1 TL mit Zucker und Salz.
- Auf Wunden und Geschwüre aufgetragen, wirkt Minzsaft desinfizierend und wundheilend. Der Effekt entspricht dem von blauem Enzian und Acriflavin.
- Bei Ohrenschmerzen hilft Minzsaft mit Honig, in das betroffene Ohr geträufelt.
- Die Paste hilft, örtlich angewendet, bei allen Arten von Muskelschmerzen.
- Das Öl wirkt, örtlich angewendet, gegen Zahnschmerzen, Taubheit der Glieder und Herpes.
- Bei Skorpionstichen Paste aus frischen Blättern auf die betroffene Stelle geben und mit der Einnahme von 30 ml frischem Minzsaft mit Zucker oder Honig unterstützen.
- Bei Fieber durch Infektionen eine Mischung aus frischem Minzsaft, Zitronengras, Cuminsamen, Koriandersamen und *Jaggary* in einer Dosis von 15-20 ml dreimal täglich geben.

# Muskatnuss – Jaiphala

Der Muskatnussbaum wird hauptsächlich in Indonesien, auf Java, Sumatra und in Sri Lanka und einigen südindischen Staaten angebaut – vorwiegend professionell, weil der Ertrag dieser Bäume immens ist. Die ersten Seefahrer brachten die Nüsse mit nach Europa. Deshalb sind sie bei uns schon lange bekannt und geschätzt.

## Medizinische Wirkungen

### Äußerliche Anwendung

- Muskatnusspaste mit Milch angerührt bei Gelenkschmerzen, Kopfschmerzen, Erkältung und Blähbauch.
- Muskatnusssalbe bei infektiösen Wunden wirkt analgetisch und wundheilend.
- Bei übermäßigem Schwitzen Pferdebohnenmehl zusammen mit Muskatpulver am ganzen Körper aufgetragen und für 30 Minuten belassen, anschließend ein Bad nehmen. Diese Behandlung ist, auch für die Muskulatur, ungemein stärkend.
- Bei Zahnschmerzen und Zahnfäule trägt man Muskatpulver auf den betroffenen Zahn auf.
- Muskatpaste mit Milch hilft gegen Pickel und diverse Hautausschläge. Das Öl heilt aufgesprungene Fersen.

### Innere Anwendung

- Als starkes Antidiuretikum angewendet bei starken Durchfällen wie bei Amöbenruhr. Dann 500 mg Muskatpulver mit 5 ml Zwiebelsaft und etwas Kokoswasser geben; wirkt auch appetitanregend.
- Bei extremem Speichelfluss, Mundgeruch und Appetitmangel lässt man 1 TL Honig gemischt mit 500 mg Muskatnuss für 10 Minuten im Mund und spült dann mit klarem Wasser aus.
- Bei Verdauungsstörungen, Übelkeit und Erbrechen hilft Muskat zusammen mit Zitronensaft oder Buttermilch und Zucker.
- Muskatnuss zusammen mit Ingwerpulver bei chronischer Ruhr und Appetitverlust.
- Muskatpulver wird Diabetikern zur täglichen Einnahme empfohlen.
- Muskatnusspulver in Milch gekocht, hilft bei Bluthochdruck und durch seine betäubende und Schlaf fördernde Wirkung in starken Dosen beim Drogenentzug.

### Achtung:

Muskatnuss ist ein Hypnotikum, verursacht Übersäuerung, Schwindelgefühl und ein beengendes Gefühl im Brustraum. Es sollte von *Pitta*-Charakteren vermieden werden. Bei einem täglichen Genuss von ½–1 Muskatnuss kann es zu Impotenz kommen.

# Küchenheilmittel

## Safran – Keshara

Die Hauptgeschmacksnote bei vielen milchhaltigen Süßspeisen wie Kheer (Milchreis), Reispudding o.Ä. ist Safran, das teuerste aller Gewürze. (Safran = persisch: za fa´ran = „sei gelb"). Von alters her wird debilen und altersschwachen Menschen empfohlen, über einen längeren Zeitraum etwas Safran in heißer Milch täglich einzunehmen, weil es sehr stärkend wirkt. Safran ist ein Herztonikum, ähnlich dem Enzian und in größerer Menge sehr giftig! Die Einnahme von 10 g Safran auf einmal führt zum sofortigen Herzstillstand. Glücklicherweise ist der Geschmack so stark und in größerer Menge so unangenehm, dass man nicht in die Versuchung kommt.

Safranfäden sind die Blütenstempel des Crocus sativus, einer Krokusart, die früher nur an wenigen Stellen der Erde wild vorkam – ursprünglich auf Kreta. Aufgrund eines dreifachen Chromosomensatzes unfruchtbar, ist der Safran nur durch Knollenteilung künstlich zu vermehren. Die Blütenstempel werden in reiner Handarbeit während der zweiwöchigen Blüte im Herbst gesammelt. Pro Blüte kann man drei Fäden ernten. Für ein Kilogramm Safran benötigt man 150.000 bis 200.000 Blüten aus einer Anbaufläche von 1.000 m². So erklärt sich ein Handelspreis von 3-15 € pro Gramm. Safran wird im Iran, in Kaschmir, in Spanien, Italien, Südfrankreich und Marokko kommerziell angebaut. Das nördlichste Anbaugebiet der Welt ist das Schweizer Dorf Mund mit einer Anbaufläche von 2.500 m². Den höchsten Marktanteil mit 91 % hat der Iran.

### Medizinische Wirkungen

- Bei Schwäche- und Erschöpfungszuständen täglich morgens eine Mischung aus frischen Datteln und Safran, idealerweise in heißer Milch, einnehmen.
- Bei Husten und Erkältung von Kleinkindern 3-4 mal täglich 3-4 Safranfäden in warmer Milch trinken.
- Bei Wurmbefall von Kindern sollte vor dem Essen Safran mit einer Messerspitze Kampfer gegeben werden.
- Bei durch Durchfall verursachtem Blähbauch und bei Bauchschmerzen eine Paste aus Safran, Muskatnuss und Zitronensaft stündlich teelöffelweise einnehmen, bis Besserung eintritt.
- Mediziniertes Ghee mit Safran wird als Nasentropfen bei Migräneanfällen eingesetzt.
- Bei Anämie zweimal täglich eine Abkochung aus Safran, Süßholzwurzel, Pippalpfeffer und Operculina turpethum in einer Dosis von 10 ml trinken.
- Bei gehemmtem Milchfluss in der Stillzeit Safranpaste mit Milch auf die Brust aufgetragen. Dann auch Süßigkeiten mit Bockshornklee, Milch, Ghee und Datteln regelmäßig essen. Physische und mentale Entspannung sind sehr wichtig für geregelten Milchfluss.
- Bei Schmerzen der Schenkelinnenseiten und des Bauchs und Schwäche während der Menstruation oder Störungen des Menstruationsflusses eine Mischung aus zehn Safranfäden und 3 g Cuminsamen täglich vor dem Mittagessen für drei Monate einnehmen. In Indien gibt man Betelblätter mit Safran am 11. Tag nach der Entbindung, um gynäkologischen Komplikationen vorzubeugen und den Milchfluss anzuregen.
- Bei Schmerzen beim Urinieren gibt man Safran mit Milch. Das wirkt auch als Aphrodisiakum.
- Bei allen Arten von chronischen Krankheiten Safran mit Milch, Ghee und Honig für einen Monat einnehmen (gilt als verjüngendes und kräftigendes Mittel).

### Achtung:

In großen Mengen wirkt Safran toxisch! Safran wird oft mit Färberdistelstempeln gestreckt. Echter Safran schmilzt im Mund und färbt stärker.

# Schwarzer Pfeffer – Kali Mirch

Ayurvedische Gelehrte haben die verschiedensten Synonyme für Pflanzen entsprechend ihrer medizinischen Eigenschaften gewählt, *Dhanvantari* wird der schwarze Pfeffer genannt, weil er viele kleine Geheimnisse offenbart. Weltweit in jeder Küche anzutreffen, vermag er, auch eine ganze Reihe von Beschwerden zu lindern. Die Triebe von Pfeffer und Betelstrauch sind in ihrer äußeren Beschaffenheit recht ähnlich. Die Früchte wachsen nahe am Schaft des Stamms. Die jungen frischen Früchte sind grün und sehr herb. Die Farbe wechselt während der Reifung von purpur bis hin zu schwarz, wenn sie reif und runzelig sind. Werden die getrockneten Früchte in Wasser eingeweicht und geschält, entsteht der weiße Pfeffer. Ganz getrocknet, bleibt er schwarz. Pfeffer ist heiß, trocken und sehr stark. Er reduziert *Kapha* und, im Übermaß gegessen, provoziert er das *Pittadosha*.

## Medizinische Wirkungen

- Bei allen Atembeschwerden, Asthma und allen Arten von Husten gemahlenen schwarzen Pfeffer in einer Dosis von 500 mg (1/4 TL) zusammen mit Honig, Zucker oder Ghee einnehmen.
- Gurgeln mit gemahlenem, schwarzem Pfeffer mit Salz in warmem Wasser hilft gegen Heiserkeit, Erkrankungen der oberen Atemwege, Mandelentzündung, Mundgeschwüren, Rachenkatarrh und Karies.
- Schwarzer Pfeffer sollte regelmäßig vor allem von Nicht-Vegetariern eingenommen werden, um schwere fleischhaltige Kost besser zu verdauen. Das hilft im Allgemeinen gegen Verdauungsstörungen und starke, ungelöste Blähungen.
- Schwarzer Pfeffer wird bei Schließmuskelschwäche, im Besonderen bei Hämorrhoiden angewendet.
- Gemahlener schwarzer Pfeffer in Milch gekocht, als Nasentropfen gegeben, hilft bei starken Kopfschmerzen und Migräne. Manche Präparationen können auch als Paste auf der Stirn aufgetragen werden.
- Bei chronischem Durchfall gemahlenen Pfeffer dreimal täglich in einer Dosis von 500 mg zusammen mit Öl oder Ghee einnehmen.
- Pfeffer wirkt als Antidot bei Verdauungsstörungen durch zu viel Fett wie Butter oder Ghee.
- Auch in der Veterinärmedizin hat schwarzer Pfeffer seine Bedeutung. Abkochung von schwarzem Pfeffer wird bei Madenbefall der Ohren von Vieh benutzt, um die Maden zu töten, nachdem sie mit Wasserstoffperoxid-Lösung an die Oberfläche gebracht wurden.

### Achtung:

Schwarzer Pfeffer ist eine sehr starke Medizin, die *Pitta* beeinträchtigt, Trockenheit hervorruft, überschüssiges *Kapha* zerstört und überflüssiges Fett verbrennt. Daher sollte er nicht bei Babys oder schwächlichen Kindern angewendet werden. Ebenso sollte man ihn nicht im Sommer oder in starker Hitze verwenden. Menschen mit Sodbrennen und/oder Magengeschwüren sollten von der Einnahme solcher Präparate absehen.

# Küchenheilmittel

## Tamarinde oder Sauerdattel – Chinch

Der bis zu 10 m hohe Tamarindenbaum findet sich auf dem gesamten indischen Subkontinent. Er blüht von Juni bis Juli. In den folgenden zwei Monaten entwickelt er die länglichen, leicht abgeflachten und gedrehten Sauerdatteln, die im reifen Zustand bis April/Mai am Baum verbleiben. Wegen ihrem extrem sauren Geschmack heißt die Tamarinde im Sanskrit *Amlika*. Die reifen Früchte haben neben der extremen Säure etwas Süße. Aus der Sauerdattel werden unzählige medizinische Präparate hergestellt. Der Verzehr der rohen Früchte kann Übersäuerung verursachen, aber die reifen Früchte wirken beruhigend auf erhöhtes *Vata*. Die getrockneten, reifen Früchte sind erhitzend und eignen sich zur Besänftigung von *Vata* und *Pitta*.

### Medizinische Wirkungen

- Tamarinden lösen Verstopfung und verbessern die Blutqualität.
- Der süße Sirup aus Tamarinde und Zucker ist ein hervorragender Durstlöscher und hilft gegen Sodbrennen.
- Eine Mixtur aus Tamarinde, *Jaggary*, Salz und grünen Chilis ist appetitanregend und verdauungsfördernd, speziell nach schwerem Fleischverzehr.
- Bei Durchfall und Erbrechen hilft Sirup aus reifer Tamarinde, Zwiebelsaft und Ingwersaft in einer Dosis von 30 ml. Er lindert auch Bauchschmerzen und krampfhafte Blähungen.
- Das starke Alkali, das entsteht, wenn man Tamarindenschale verbrennt und die Rückstände mit Wasser aufgießt, hilft gegen Verstopfung, Appetitlosigkeit und Bauchkrämpfe.
- Die Samen helfen gegen Weißfluss und Verstopfung.
- Eine Paste aus Blüten oder Blättern ist schmerzlindernd bei Verletzungen.

**Achtung:**

Übermäßiger Verzehr verursacht Übersäuerung und erhöht *Pitta*.

## Turmerik/Gelbwurz – Kurkuma

In Ländern wie Indien, in denen sich unzählige kulturelle Unterschiede präsentieren, gibt es in den unterschiedlichsten Bevölkerungsgruppen doch viele Gemeinsamkeiten in Bezug auf Rituale. Das Auftragen von Turmerikpaste auf den ganzen Körper von Braut und Bräutigam am Tag vor der Hochzeit ist eines davon. Die Idee hinter diesem Ritual ist die Qualität von Turmerik: den Teint aufzubessern. Es gibt im Sanskrit viele Namen für Kurkuma, entsprechend seiner Qualitäten, wie *Haridra* (verbessert das Aussehen), *Kanchani* (glättet die Haut) oder *Nisha* (so schön wie die sternenklare Nacht). Es gibt drei Hauptarten von Turmerik: den gewöhnlichen, den küchengebräuchlichen, den wilden Turmerik und den Mangoingwer. Alle haben ähnliche Eigenschaften.

Nachfolgend wird der gewöhnliche Turmerik behandelt, der in jeder Küche benutzt wird. Er wird auch zur Gottesverehrung gebraucht. Es ist die knollige Wurzel einer einjährigen Pflanze, die in ganz Asien zu finden ist. Vor allem im indischen Staat Maharashtra wird er kommerziell angebaut. Dort werden spezielle unterirdische Räume angelegt, um die Wurzel zu lagern und lange frisch zu halten.

### Medizinische Wirkungen

- Turmerik wirkt antiseptisch, wundheilend und schorfbildend sowie blutstillend.
- Turmerikpaste zur örtlichen Anwendung wird gegen Schwellungen, zur Schmerzlinderung und zur Unterstützung von Wundheilung angewendet.
- Die Paste wird entweder allein oder zusammen mit Kalmuswurzelpulver oder dem Pulver der Margosablätter bei allergischen Hautreizungen und Nesselfieber angewendet – für gute Resultate drei- bis viermal täglich.
- Bei Pickeln und Akne eine Paste aus Limonensaft und Turmerik oder aus Turmerik und Sandelholzpaste anwenden.
- Gegen Schuppen und extremen Haarausfall kann eine Paste aus Turmerik, der Frucht des Seifennussbaumes und Shikekai auf Haare und Kopfhaut aufgetragen werden.
- Bei verschiedenen Wurminfektionen hilft eine Paste aus Wasser und Turmerik über längeren Zeitraum eingenommen. Bei schmerzenden Fersen und Füßen hilft eine Paste aus Ghee und Turmerik, bei aufgesprungenen Fersen eine Paste aus Rapsöl und Turmerik.
- Bei extremer Müdigkeit oder der Notwendigkeit, lange wach zu bleiben, hilft eine Mischung aus 1 TL Turmerik, ¼ TL schwarzem Pfeffer und ¼ TL Zimtpulver in Orangen- und Limonensaft eingenommen.
- Bei anhaltendem Schluckauf wird das Inhalieren von medizinischem Rauch des Turmerik empfohlen.
- Die Mischung aus Turmerik, Linsenmehl und Kampfer statt Seife angewendet, reinigt und strafft die Haut und gilt als altes Mittel zur Bewahrung jugendlicher Schönheit.
- Diese Paste hat sich auch bei verschiedenen Hautausschlägen, bei Skorpionstichen, um Juckreiz und Schmerz zu lindern und, innerlich angewendet, gegen Ringwurminfektionen als wirksam erwiesen.
- Bei allen Arten von Verwundungen wie Schnittverletzungen hat sich Turmerik als ein hervorragendes Erste-Hilfe-Mittel zur Blutungsstillung bewährt – einfach trocken auf die Wunde aufgetragen.
- Bei Verletzungen mit subkutanen Blutungen Turmerik innerlich zusammen mit Rohrohrzucker in der Dosis von 1 g geben. Das hilft als Schmerzstiller und löst verklumptes Blut innerhalb der Wunde.
- Da Turmerik als starker Blutreiniger gilt, hilft es bei Blutarmut, hämorrhagischen Störungen und einigen Blutkrankheiten. Nach Entbindungen wird es innerlich zusammen mit *Jaggary* (Vollrohrzucker) gegeben, um den Uterus zu stärken und den Milchfluss anzuregen.
- Bei Fettsucht oder Fettleibigkeit sollte man einmal täglich 2 g Turmerik zusammen mit 2 g Ingwerpulver und 1 TL Honig in warmem Wasser einnehmen.
- Bei chronischem Husten und Erkältungen sollte Turmerik mit *Jaggary* eingenommen werden, weil es hustenstillend wirkt.
- Bei Arthrose, insbesondere Kniegelenksarthrose, hat sich die Einnahme von Kurkumamilch bewährt. Man nimmt einen gehäuften TL Kurkuma auf ½ l Milch und kocht die Milch für ca. ¼ Std. ein. Man kann sie etwas süßen. Es empfiehlt sich die morgendliche Einnahme über 4-6 Wochen.

### Achtung:

Bei äußerer Anwendung ist darauf zu achten, dass Gelbwurz äußerst stark färbt und Flecken aus weißer Wäsche schwer zu entfernen sind.

# Küchenheilmittel

## Zimt – Dalchini

Der in der Küche verwendete Zimt ist nichts anderes als die Rinde vom Zimtbaum, die ab einem Alter von drei Jahren vom Baum genommen wird. Je dunkler und dicker die Zimtstangen, desto älter der Baum. Der junge Zimt ist aromatischer und etwas schärfer, der ältere zunehmend herb und weniger duftend. Insgesamt ist Zimt scharf, herb und süß. Der Hindiname *Dalchini* weist darauf hin, dass man ihn zum Süßen von Dal-Gerichten verwendet. Er ist ein gutes und natürliches Antidot für alle Hülsenfrüchte.

### Medizinische Wirkungen

- Bei Mandelentzündungen und Rachenkatarrh lässt man Zimt-Honig-Paste für 10-15 Minuten im Mund einwirken und schluckt sie dann.
- Bei starkem Mundgeruch oder auch bei Zahnschmerzen wirkt Gurgeln mit Zimtabkochung lindernd.
- Bei Übelkeit und Erbrechen behält man längere Zeit Zimtrinde im Mund und kaut darauf.
- Zur äußerlichen Anwendung bei Schmerzen oder Schwellungen hilft Zimtpaste.
- Bei Kopfschmerzen ist eine Paste aus Zimt und schwarzem Pfeffer auf der Stirn aufgetragen äußerst wirksam.
- Bei äußeren Hämorrhoiden wirkt die gleiche Paste heilsam.
- Die Paste aus Zimt und Zitronensaft wird bei Blässe und Pigmentstörungen angewendet.
- Massage mit Zimtöl hilft bei Gelenkschmerzen, Schwellungen und Gliederschmerzen.
- Bei Erkältungen und Kopfschmerz wird eine Inhalation von Eukalyptus- mit Zimtöl empfohlen.
- Bei Erkältungen und Husten sollte 30 ml einer Abkochung von Zimt, Ingwersaft und Zucker zweimal täglich eingenommen oder mit einer Abkochung aus einer Zimtstange und Oregano gegurgelt werden.
- Bei Verdauungsstörungen, Blähbauch, Appetitverlust, Bauchschmerzen und Durchfall nimmt man 500 mg Zimtpulver, 5 g vom Mark der bengalischen Quitte (Aegle marmelos) oder unserer Quitte mit Joghurt und *Jaggary* ein.
- Bei Blaseninkontinenz sollten zweimal täglich 2 g Zimtpulver in heißem Wasser getrunken werden.
- Bei exzessiver Menstruationsblutung sollten 2 g Zimtpulver mit etwas Kalkstein eingenommen werden.

### Achtung:

Zimt sollte nicht auf leeren Magen eingenommen werden. Exzessiv benutzt, kann er schwächend wirken. Kontraindiziert ist er bei Personen mit Geschwüren im Mundraum und Übersäuerung.

## Zitronengras – Pati Chaha

Obwohl es keine Ähnlichkeit zwischen Zitronengras und Tee gibt, wird Zitronengras in Indien „Gartentee" genannt. Es hat lediglich einen ähnlichen Geruch wie Tee. Es wird dem Tee gern beigemischt und auch als Heißgetränk mit Zucker, Ingwer und Milch ist es dort geschätzt, wo kein Schwarztee getrunken wird, z.B. bei manchen Mönchen. Es gibt zwei Typen: indisches und „fremdes" Zitronengras, wie es in Indien genannt wird. Bis zu einem Meter hoch blüht das indische Zitronengras aus und produziert Samen, während das „fremde" aus anderen Ländern sich über die Wurzel vermehrt. Es benötigt viel Wasser und ist in trockenen Regionen nicht zu finden. In Vangni/Maharashtra wird es großflächig zur Ölextraktion angebaut. Das Öl ist rötlich gelb, dickflüssig, stark im Aroma und enthält sehr viel Citol.

### Medizinische Wirkungen

- In der Medizin wird Zitronengras oft als Aromastoff verwendet, aber auch für die Herstellung von Vitamin-A-Präparaten, Seifen und Zitronenbonbons.
- Bei Husten, Erkältung, Gliederschmerzen und Fieber hilft eine Abkochung aus Zitronengras, Tulsiblüten, Zimtrinde, Koriandersamen, Ingwer, schwarzem Pfeffer und *Jaggary*. Sie wirkt vor allem antipyretisch und expektorierend. Eine Dampfinhalation dieser Abkochung hilft vor allem bei Gliederschmerzen.
- Bei urologischen Problemen hilft die Einnahme einer Abkochung von Zitronengras und Kaliumkarbonat.
- Das Öl hilft, äußerlich angewendet, bei Arthritis und innerlich (2 Tropfen) bei Bauchschmerzen.
- Bei Influenzainfektion wird eine Abkochung aus Zitronengras, Zimt, Tulsiblättern, Ingwer und Nelken in einer Dosis von 15 ml dreimal täglich gegeben. Die gleiche Abkochung hilft auch bei Herzproblemen aller Art.
- Bei Lethargie, Schwäche und Gliederschmerzen kocht man fünf Blätter Zitronengras, 5-10 Tulsiblätter und ein Stück Ingwer für 10 Minuten und trinkt diese Zubereitung mit Zucker.

## Zwiebel – Kannda

Wer regelmäßig Zwiebeln isst, erhält sich eine gute Gesundheit. Zwiebeln enthalten in geringer Menge Schwefel und andere wichtige Elemente wie Vitamin A, B-Komplex und C sowie Eisen und Kalzium. Die Zwiebel gilt im Ayurveda als das Aphrodisiakum schlechthin, das für Menschen aus allen Klassen leicht verfügbar ist. Daher wird den Brahmanen und Mönchen im Zölibat auch von deren Verzehr abgeraten. Man unterscheidet zwischen roten und weißen Zwiebeln.

### Medizinische Wirkungen

- Eine Paste von unreifen Zwiebeln dient als Desinfektion zur örtlichen Anwendung bei Insektenstichen und Hautreizungen.
- Zwiebelumschläge mit Senföl helfen bei Geschwüren, Wunden und Gelenkbeschwerden.
- In heißen Gegenden wird Zwiebelpaste im Sommer an heißen Tagen auf der Stirn aufgetragen.
- Bei Kopfschmerzen wird Zwiebelpaste auf der Fußsohlen aufgetragen.
- Das Inhalieren der starken Zwiebeldämpfe hilft, wegen des Ammoniakgehaltes, bei Schwindelanfällen, epileptischen Anfällen, Hysterie und starken Kopfschmerzen.
- Der starke Saft von Zwiebeln ist gut geeignet, um die Augen zu reinigen. Hierfür wird eine Augentinktur mit Honig hergestellt, die als Tropfen (2-4 Tropfen) täglich angewendet werden, um grauem Star vorzubeugen. Die stark reizende Wirkung ist natürlich zu beachten, sie wird aber durch die Beigabe des Honigs abgemildert.
- Inhalieren von Zwiebeldämpfen hilft auch bei gewöhnlichen Erkältungen und Nasenbluten.
- Auch bei Zahnfleischreizungen und entzündlichen Zahnproblemen kann die rohe Zwiebel hilfreich sein.
- Der frische Saft von Zwiebeln kann bei Ohrenschmerzen ins Ohr geträufelt werden.
- Bei Heiserkeit warmen Zwiebelsaft trinken und damit gurgeln.
- Bei Bauchschmerzen den Saft zusammen mit Ingwerpulver und Salz einnehmen.
- Pickles aus Zwiebeln, schwarzem Cumin, schwarzem Pfeffer und Salz täglich zum Essen als Appetitanreger servieren und um Beschwerden wie Bauchschmerzen oder Völlegefühl vorzubeugen.
- Bei Amöbenruhr und bei Hepatosplenomegalie (Leber- und Milzvergrößerung) Zwiebelpaste mit Ingwerpulver und Essig einnehmen.

**Achtung:**

Bei exzessivem Konsum kann die Zwiebel Magenirritationen hervorrufen.

# Weitere Küchenheilmittel

## Äpfel

Man unterscheidet zwischen süßen und sauren Äpfeln. Süße Äpfel haben einen leicht herben Geschmack, kühlen und haben süßen *Vipaka*. Saure haben einen herberen Geschmack, kühlen, haben aber scharfen *Vipaka*. Sie sind gut für *Pitta* und *Kapha*, aber zu trocknend für *Vata*. Daher sollten sie hier gekocht sein und mit entsprechenden Antidots gewürzt werden (Zimt). Die Schale ist schwer verdaulich und kann Blähungen verursachen. Apfelkerne können stark *Vata* provozieren.

### Medizinische Wirkungen

- Wirkt krampflösend.
- Reinigen Zunge und Zähne.
- Lindern Magenschleimhautentzündungen und Zahnfleischbluten.
- Apfelsaft hilft bei entzündlichen Erkrankungen (P++) wie Gallenblasenentzündungen, Gastritis und Koliken.
- Bei Durchfall und Darmbeschwerden eine Tasse geschälte und fein gewürfelte Äpfel weich dünsten, eine Msp. Muskatnuss, eine Msp. Safran und 1 TL Ghee, langsam essen
- Wirkt herzmuskelstärkend.
- Wirkt arteriell entspannend.
- Gegen Fußschwellungen, Arthritis, Impotenz und Schlaflosigkeit hilft: Fünf Äpfel schälen und entkernen, 1/8 TL Kardamompulver und je eine Msp. Safran und Muskatnuss mit Honig im Mixer pürieren, jeweils vier Std. vor oder nach dem Essen einnehmen. Nicht mit Milch einnehmen!

## Bananen

Reife Bananen sind süß, erhitzend mit saurem *Vipaka*, senken *Vata* und erhöhen *Pitta* und *Kapha*, unreife hingegen sind herb und kühlend mit scharfem *Vipaka*.

### Medizinische Wirkungen

- Wirken aphrodisierend.
- Stärken Muskel-, Nerven- und Fettgewebe sowie Reproduktionsgewebe.
- Bei emotionalen Essstörungen, Muskelkrämpfen, Hypoglykämie: Fein geschnittene reife Banane mit einem TL Ghee, einer Msp Kardamom.
- Bei Schmerzen beim Urinieren, Übersäuerung und Schlafstörungen: ein oder zwei Bananen mit einer Prise Cumin zwischen den Mahlzeiten essen.
- Bei trockenem Husten oder Husten mit wenig Schleim und mit Brustschmerzen: Ein bis zwei Bananen mit einem TL Honig und 1/2 TL schwarzem Pfeffer 2-3 mal täglich.
- Bei Muskelschwäche und Muskelschwund: Zwei Bananen, fünf frische Feigen und fünf frische Datteln zusammengemixt mit einem TL Honig und 1/2 TL Ingwerpulver.
- Bei chronischem Bronchialasthma: Sieben gan-

ze Nelken in eine geschälte Banane stecken, über Nacht einwirken lassen und am nächsten Morgen mitsamt den Nelken essen. Eine Std. später ein Glas heißes Honigwasser trinken. Das stärkt die Lungen und löst die Krämpfe der Bronchien.
- Bei Durchfall: Ein bis zwei grüne (!) Bananen mit einem TL Ghee und 1/2 TL Ingwerpulver einnehmen, nach einer Stunde ein Glas heißes Wasser trinken.
- Bei übermäßigem Harndrang, der mit Diabetes einhergehen kann: Eine unreife Banane zusammen mit 1/3 Tasse Bittermelonensaft einmal täglich.
- Bei starkem Schluckauf: Zwei geschnittene Bananen mit einem TL Ghee, 1/2 Tl Honig und zwei Prisen Ingwerpulver essen.

**Achtung:**

Bananen sollten grundsätzlich alleine und im Abstand von mindestens einer Std. zu anderen Mahlzeiten eingenommen werden. Nicht essen solle man sie nachts, mit Milch, mit Joghurt, bei Fieber, Husten, Erbrechen, Ödemen und Schnupfen.

## Kirschen

Kirschen sind im Geschmack süß, sauer und herb, erhitzend mit scharfem *Vipaka*. Befrieden *Vata* und *Kapha*, können bei großer Menge *Pitta* stark provozieren.

### Medizinische Wirkungen

- Helfen bei mentaler Niedergeschlagenheit, Stress und Schlaflosigkeit. 10-20 Kirschen täglich können diese Symptome lindern.
- Bei prämenstruellem Syndrom (PMS) mit starken Schmerzen und Ausfluss: Zehn Kirschen morgens auf nüchternen Magen eine Woche vor Beginn der Regel täglich einnehmen.
- Bei Reisemüdigkeit oder Reiseübelkeit mit Kopfschmerzen: Sieben Kirschen essen.
- Bei Sehschwäche, geplatzten Äderchen im Auge und auf der Nasenspitze: 15 Kirschen täglich auf nüchternen Magen essen.
- Bei stark trockener Haut: Eine Maske aus Kirschpüree abends vor dem Zubettgehen für 15 Minuten auf der Haut lassen.
- Eine Masse aus getrocknetem Kirschkernmehl regelmäßig bei Psoriasis und anderen Ekzemen für 15 Minuten auf die Haut bringen.

# Weitere Küchenheilmittel

## Datteln

Datteln sind süß, kühlend mit süßem *Vipaka*, reduzieren *Vata*, *Pitta* und *Kapha*, sind aber bei *Kapha*-Typen moderat zu verwenden. Sie sind generell sehr gesund und energetisieren und stärken das Gewebe auf allen Ebenen. Dattelzucker ist eine gesunde Alternative zu weißem Zucker. Außerdem ist er eine hervorragende Eisenquelle.

### Medizinische Wirkungen

- Gegen Verdauungsschlacken, zur Muskel- und Knochenstärkung: Fünf frische, geschnittene Datteln mit einem TL Ghee und zwei Prisen schwarzem Pfeffer mixen. Diese Mischung um 5 Uhr morgens essen und dann für zwei Std. nichts mehr zu sich nehmen.
- Bei Anämie, Impotenz und Niedergeschlagenheit, morgendlicher Übelkeit in der Schwangerschaft: Zehn frische Datteln in einer halben Tasse Ghee einweichen, 1/8 TL Kardamom, eine Prise Safran und einem TL Ingwerpulver. Die Mischung eine Woche an einem geschlossenen warmen Ort aufbewahren und über eine Woche täglich eine Dattel morgens essen.
- Atemnot und Brustschmerzen: Zwei Datteln mit zwei TL Honig mischen.
- Zahnende Säuglinge: getrocknete Datteln zum Kauen geben.
- Durchfälle beim Zahnen: 1/2 TL Dattelzucker mit einem TL Honig, 2-3 mal täglich.
- Stärkender Datteltrunk: Fünf Datteln über Nacht in einem Glas Wasser einweichen. Am nächsten Morgen mit einem Schuss Sahne mixen und trinken.

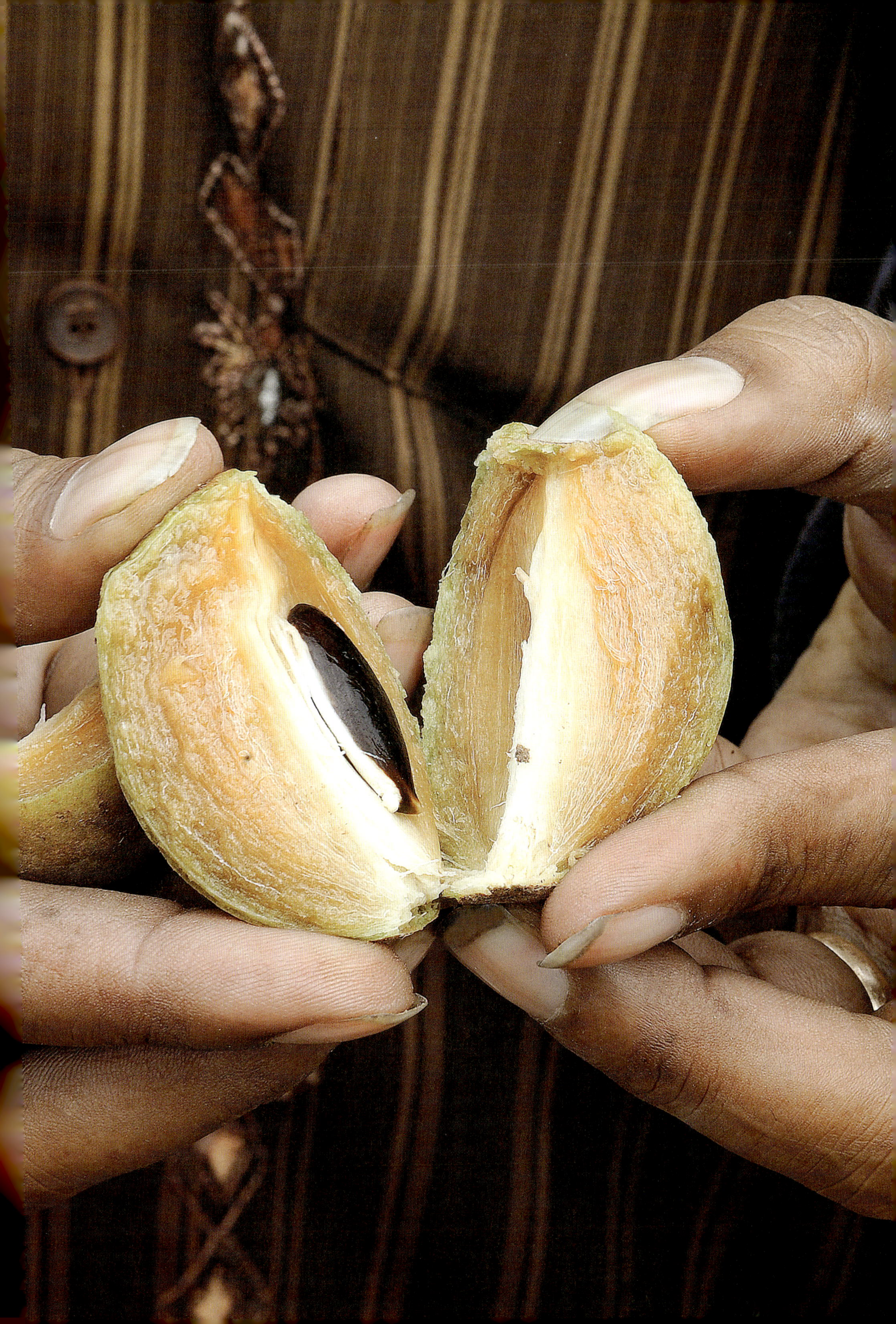

# Antidots

| DOT | ANTIDOT |
|---|---|
| Alkohol: | Kardamom und Cuminsamen kauen |
| Äpfel: | Zimt |
| Avocado: | Kurkuma, Zitrone, schwarzer Pfeffer |
| Bananen: | getrockneter Ingwer, Honig, Kardamom |
| Butter: | Honig, Rohrzucker, |
| Eier: | Petersilie, Korianderblätter, Kurkuma, Zwiebeln |
| Eiscreme: | Kardamom, Nelken, Ingwerpulver |
| Essig: | Süßspeisen |
| Fisch: | Limone, Zitrone, Kokosnuss, Fenchelsamen |
| Fleisch, rot: | Cayennepfeffer, Nelken, Chili |
| Ghee: | Kokosraspeln, Zitrone |
| grüne Bohnen: | Ajwan, Salz |
| grüner Salat: | Olivenöl mit Zitronensaft |
| Gurke: | Ajwan, Salz |
| Haferflocken: | Kurkuma, Senfsaat, Cumin |
| Joghurt: | Cumin, Ingwer |
| Kartoffeln: | Warmes Wasser mit Ajwan, Cumin |
| Käse: | Schwarzer Pfeffer, Cayennepfeffer, Chili |
| Kichererbsen: | Ajwan, Cumin, Asafötida |
| Kidneybohnen: | Cumin, Steinsalz |
| Knoblauch: | Olivenöl, Zitronensaft, Salz |
| Koffein: | Muskatnuss, Kardamom |
| Kohl: | In Sonnenblumenöl garen, Kurkuma, Senfsaat, Cumin |
| Lassi: | Schwarzer Pfeffer, Cumin, Salz, Wasser |
| Leguminosen: | Schwarzer Pfeffer, Cumin, Salz, Asafötida |
| Mandeln: | Über Nacht einweichen, schälen, mit Rohrzucker einnehmen |
| Marijuana: | Kalmuswurzel, Milch, Ghee |
| Milch: | Rohrzucker, Kardamom, Ingwer, Zimt |
| Mungbohnen: | Zitrone, Kumin, Zimt |
| Nüsse: | Einweichen über Nacht oder trocken rösten |
| Öl: | Zitronensaft, frischer Ingwer |
| Paprika: | Ghee |
| Popcorn: | Ghee |
| Reis: | Salz, schwarzer Pfeffer |
| Rettich: | Salz |
| Schokolade: | Kardamom, Kumin, Chili |
| Tabak: | Brahmi, Kalmuswurzel, Ajwan |
| Tomaten: | Limette, Kumin, Zucker, Tomaten kochen, Haut abziehen |
| Weizen: | Ingwer |
| Zucker: | Zitronensaft |
| Zwiebeln: | Gut kochen, mit Knoblauch und Ingwer kochen |

# Erste Hilfe aus der Küche

- Bei Schnittwunden, wie man sie sich beim Gemüseschneiden gern zuzieht, hilft in erster Linie, die Wunde für 10-15 Minuten unter kaltes fließendes Wasser zu halten. Das Gleiche gilt für leichte Verbrennungen, z.B. durch heiße Fettspritzer.
- Auftragen von Zuckerlösung bei kleinen Verbrennungen lindert den Schmerz und kühlt.
- Bei durch Staub oder Schmutz verunreinigten und brennenden Augen hilft das Auftragen von Zuckerlösung.
- Um starken Husten- und Brechreiz zu unterbinden, behalten sie einen Salzkristall auf der Zunge.
- Gegen inneres Brennen, Hitzeattacken und Sodbrennen hilft die Einnahme einer kleinen Menge Joghurt mit Zucker.
- Ingwerpulver mit Zucker hilft gegen Bauchschmerzen.
- Bei Blutungen der Zunge oder des Zahnfleisches behalten Sie einen TL Zucker im Mund. Das stillt die Blutung umgehend.
- Bei Symptomen wie Husten, Erkältung, Gliederschmerzen und Fieber hilft eine Abkochung aus Zitronengras, Zimt, schwarzem Pfeffer, Koriandersamen, Tulsi oder Basilikum und Ingwer mit Vollrohrzucker.
- Wasser in Kupfergefäßen aufbewahrt, wird keimfrei und rein. Bewahren Sie aber keine anderen Flüssigkeiten in Kupfergefäßen auf.
- Bei chronischem Husten und verschleppten Erkältungen essen Sie täglich geröstete Erbsen und getrocknete Linsen über einen Zeitraum von zwei Monaten und trinken Sie 1/2 Stunde danach nichts!
- Frischer Granatapfelsaft hilft gegen Appetitlosigkeit und Gliederschwäche.
- Eingeweichte Datteln helfen gegen Kater und Übersäuerung.
- Einen fauligen, schmerzenden Zahn behandelt man mit einer in Asant gedippten Nelke und beißt mit diesem Zahn darauf.
- Bei Übergewicht hilft es, dauerhaft heißes Wasser in großen Mengen zu trinken.
- Bei Taubheit oder Kribbeln der Glieder hilft, äußerlich angewendet, Senfpulver oder Senföl.
- Das Reiben von Gegenständen aus Gold auf Insektenstichen lindert den Juckreiz und Schmerz.
- Zwiebelsaft im Haus verteilt auf den Boden getropft hält Ungeziefer und Reptilien fern (für die Leser in heißen Ländern).
- Um Lebensmittel haltbar zu machen, geben Sie ein Prozent Ajwan-Extrakt hinzu.

# Vitamine und Mineralien

Die bei uns vertretene Theorie, der Mensch ernährt sich neben Protein und Kohlenhydraten ausschließlich von Vitaminen und Mineralstoffen weist Mängel auf. Es wird gesagt, dass Vitamine zerfallen, wenn man sie zu lange kocht oder Luft und Lichteinflüssen aussetzt.

Dies würde bedeuten, dass die Inder beispielsweise, die alles lange und gut durchkochen, allesamt an Vitaminmangel und Unterernährung leiden. Oder, dass Lufttrocknen und Einkochen die Lebensmittel wertlos macht. Ausgerechnet die Methoden, mit denen sich seit Jahrtausenden die Völker über den Winter oder über Trockenzeiten bringen. Wie viel Jagd man auf Vitamine machen sollte, muss jeder selbst wissen (siehe Tabelle nachstehend über die Vitaminressourcen). Dazu muss gesagt sein, dass sich die Quellen je nach ihrer Herkunft teilweise stark widersprechen. Besonders im Bezug auf $B_{12}$, welches nach europäischen Quellen nur in tierischen Produkten vorkommt. In indischen und amerikanischen Quellen werden auch einige Pflanzen als Quelle genannt. Dies mag daher kommen, dass es in tierischen Produkten als $B_{12}$-Folsäurekomplex auftaucht, in Pflanzen aber isoliert. Nach heutigem Stand der Wissenschaft ist $B_{12}$ nur im Komplex mit Folsäure aufschließbar, daher mag das in Pflanzen enthaltene somit wertlos sein.

Für diese Tabelle wurden sowohl asiatische als auch amerikanische und deutsche Quellen herangezogen, die sich zum Teil grundlegend unterscheiden. Daher kann für die 100-prozentige Zuverlässigkeit der Angaben keine Gewähr gegeben werden.

| Vitamine | Nahrungsmittelbeispiele |
|---|---|
| A | dunkelgrüne und gelbe Gemüse, Mais, Soja, Linsen, Kichererbsen, Vollmilch |
| $B_1$ | Vollkornreis, Vollkörner, Molasse, grüne Gemüse, Bohnen, Sojamehl, Nüsse |
| $B_2$ | Gerste, Mais, Vollweizen, Roggen, Keime, Bohnen, Milch, Avokado, dunkelgrünes Gemüse |
| $B_3$ | Weizen, Buchweizen, Gerste, Wildreis, schwarze Bohnen, Sesamsamen, Nüsse, dunkelgrüne Gemüse und Blätter, Milch |
| $B_5$ | Vollkörner, Mais, Bohnen, Broccoli, Kohl, Blumenkohl |
| $B_6$ | Karotten, brauner Reis, Bohnen, Buchweizen |
| $B_9$ | Vollkörner, Salat, grünes Gemüse, Weizenkleie, Kleie, Sprossen, Sojaprodukte, Joghurt |
| $B_{12}$ | Alfalfasprossen, Spargel, Kohlsorten, Senfblätter, Kartoffeln, Erbsen, Okra, grüne Paprika, Mungbohnen, Milchprodukte, Tomaten, Beeren, Zitrusfrüchte, Mangos, Melonen, Ananas, Papaya, Amalaki |
| C | Milch, Ingwer, Zitrusfrüchte, schwarzer Pfeffer, Beeren, Feldsalat, Obst allgemein, Chili, Amlafrucht, Tamarinde |
| D | Flachsöl, Sonnenlicht, Vollgetreide, dunkelgrüne Blätter und Gemüse, Butter |
| E | Weizenkeime, Vollgetreide, Nüsse, dunkelgrüne Gemüse und Blätter, Samen, Butter, Milch, Melasse |
| F | Gemüseöle, Leinsamenöl, Flachssamenöl, Olivenöl, Sojaöl, Distelöl, Samen |
| K | Milch, Eier, Joghurt, Melasse |

| Mineralien | Nahrungsmittelbeispiele |
|---|---|
| Biotin | Leguminosen, Blumenkohl, Nüsse, Vollgetreide |
| Bioflavoinoide | dieselben Kräuter, die auch Vitamin C liefern |
| Inositol | Melasse, Gerste, brauner Reis, Leguminosen, Haferflocken, Samenkörner |
| Kalzium | dunkelgrüne Gemüse und Blätter, Seetang, Samen, Milch, Nüsse, Trockenobst, Carob, Joghurt, Spargel, Broccoli, Tofu, Hafer |
| Chrom | Vollgetreide, Maisöl, Kartoffeln |
| Chlorid | Meersalz, Steinsalz, Kräutersalz, Gemüsebrühe, gegarter Fisch |
| Kupfer | Körner, Nüsse, Rosinen, Avocado, Leguminosen, Algen, Seetang, Hafer |
| Jod | Karotten, Bohnen, Tomaten, Ananas, Algen, Ananas, Seetang |
| Eisen | Blattgrün, Petersilie, Früchte, Kartoffeln, Nüsse, Milch, Rosinen, Vollgetreide, Samenkörner, Rotalgen |
| Magnesium | Vollgetreide, gelber Mais, Soja, Nüsse, Linsen, Trockenfrüchte, Blattgrün, Seetang, Apfel, Sellerie, Zitrusfrüchte, Reis, Milchprodukte, Maisgries, Aprikosen, Hafer |
| Mangan | Blattgrün, Seetang, Vollgetreide, Blaubeeren, Nüsse, Samen, Avocados |
| Molybdän | Vollgetreide, Linsen, Blattgrün |
| Phosphor | Vollgetreide, Nüsse, Bohnen, Milchprodukte, Senf-, Sesamsaat, Sonnenblumen- und Kürbiskerne, alle Gemüse, Backpulver, Bierhefe, getrocknete Pilze |
| Pottasche | Bananen, Brunnenkresse, alle Gemüse, Körner, Trockenfrüchte, Orangen, Milchprodukte, Linsen, Sonnenblumenkerne |
| Selen | Tomaten, Broccoli, Vollgetreide, Bohnen |
| Silizium | Zinnkraut |
| Sulfur | Nüsse, Familie der Kohlgewächse, Sojamehl |
| Zink | Kürbis- und Sonnenblumenkerne, Gemüse, Soja, Vollgetreide |

Eine Liste zu den E-Nummern finden Sie im Anhang ab der Seite 358.
Sie ist zu umfangreich, um hier aufgeführt zu werden.

*Rasammasala, Rezept S. 229*

# 6 Basisrezepturen

| | |
|---|---:|
| Basisrezepte | 222 |
| Gewürzmischungen | 228 |

Es gehört nicht zu meinen Stärken, nach festen Rezepturen zu kochen – mit Ausnahme einiger medizinischer Rezepturen.

Bei der **Anwendung von Kochbüchern** fällt auf, dass **Mengenangaben** z.B. von Wasser und Mehl in Bezug auf die Konsistenz des Ergebnisses stark variieren können. Das liegt u.a. an der unterschiedlichen Qualität der Zutaten.

Auch die Mengenangaben in meinen Rezepten sind Richtwerte – mit Ausnahme der **Gewürzmengen** im Verhältnis zu **Gemüsemengen**. Alle Rezeptangaben entsprechen einer Menge von **vier Portionen**.

Den im Kapitel 5, ab Seite 174, befindlichen Energetiktabellen können Sie entnehmen, welche Nahrungsmittel Ihrem Konstitutionstyp zuträglich sind und was Sie vermeiden sollten. Ihrem Typ gemäß können Sie die Rezepte dann abwandeln.

Probieren Sie eigene Variationen aus und betrachten Sie meine Rezepte nur als richtungsweisend. So werden Sie in Bezug auf Mengen sicher und können in der Küche eigene Kreativität entwickeln. Achten Sie lediglich darauf, dass Sie mit bestimmten Gewürzen (z.B. Asant) nicht überwürzen. Manche Speisen werden dadurch regelrecht ungenießbar.

Generell kann jeder alles essen, sofern er keine *Dosha*-Störungen feststellen kann oder gar ein chronisches Leiden hat. Man sollte lediglich beachten, dass eine Ernährungsweise, die ein bestimmtes *Dosha* permanent anregt, zu einem Ungleichgewicht in diesem Bereich führen wird. Daher ist der Mittelweg/die Mäßigung zu suchen. Ein *Vata*-Typ kann ruhig im Herbst (*Vata*-Zeit) gelegentlich etwas essen, was *Vata* erhöht. Er sollte es jedoch maßvoll tun, um sein *Vata* nicht übermäßig zu provozieren. Kochen Sie ausgewogen, sodass die Nahrung dem eigenen Typ gerecht wird.

Verzichten sollte man, wenn man krank ist oder entsprechende Störungen eines *Doshas* bemerkt. Oftmals kann man sie bereits durch Verzicht auf die ursächlichen Nahrungsmittel sowie das Einhalten einer *Dosha*-ausgleichenden Diät beseitigen.

## Zeichenerklärung/Legende

### Jahreszeiten

- Frühling
- Sommer
- Herbst
- Winter

### Wirkung auf die Doshas

- **V°**   *Vata* neutral
- **V⁺**   *Vata* erhöhend
- **V⁻**   *Vata* senkend

- **P°**   *Pitta* neutral
- **P⁺**   *Pitta* erhöhend
- **P⁻**   *Pitta* senkend

- **K°**   *Kapha* neutral
- **K⁺**   *Kapha* erhöhend
- **K⁻**   *Kapha* senkend

# Basisrezepte

## Ghee, V°P°K°

*Zutat:*
*1 kg Süßrahmbutter*

*1-3 Std.*

*(je nach Menge der Butter)*

*Aus 1 kg Butter erhält man etwa 700-750 g Ghee.*

**Man benötigt einen Topf mit schwerem Boden.**

**Zubereitung:**

**1.** Die Butter schmelzen und auf mittlerer Flamme langsam zum Sieden bringen.
Wenn die Butter siedet, auf kleine Flamme zurückdrehen und weitersieden, bis sich Schaum auf der Oberfläche bildet, der dann langsam gerinnt und sich absetzt. Das Ghee ist fertig, wenn auf der Oberfläche kein Schaum mehr zu sehen ist und man transparentes, goldgelbes Butterfett im Topf hat.

**2.** Wenn der auf dem Boden des Topfes befindliche Satz dunkel zu werden beginnt, ist darauf zu achten, dass nichts anbrennt. In diesem Fall kann man das Ghee absieben, wenn noch etwas Eiweiß an der Oberfläche ist.

In jedem Fall sollte man das fertige Ghee durch ein Tuch oder feines Sieb abseihen, damit keine Rückstände darin verbleiben.

Dieser Frischkäse ist eine **wunderbare Grundlage** für viele ayurvedische Köstlichkeiten.
Er lässt sich frittieren, ohne zu schmelzen, pressen oder weichkneten und als Aufstrich oder Dessert weiterverarbeiten.
Aus einem Liter frischer Vollmilch erhält man etwa 80 g Paneer. Je nach Gerinnungsmittel erhält der Käse unterschiedlichen Geschmack.
Ich persönlich bevorzuge Zitronensaft, da er dem Paneer eine frische Note verleiht.

## Paneer – selbst gemachter Frischkäse, V°P°K⁺

*Zutaten:*
*1 l frische Vollmilch, nicht homogenisiert!*
*als Gerinnungsmittel*
*3-5 El Zitronensaft oder*
*3-5 El frischen Joghurt oder*
*0,1 l Sauermolke*

🕒 *ca. 30 min*

*(ohne Pressen)*

*Man benötigt einen Kochtopf, ein Käsetuch (Stoffwindel oder ähnlich feines Gewebe) und ein Sieb.*

**Zubereitung:**

**1.** Die Milch langsam und vorsichtig zum Kochen bringen. Wenn sie nach oben steigt, von der Flamme nehmen. Jetzt das Gerinnungsmittel dazugeben. Der Käse trennt sich innerhalb weniger Sekunden von der Molke. Die Molke sollte goldgelb und klar sein. Wenn die Gerinnung nicht vollständig ist, nochmals kurz aufkochen und etwas mehr Gerinnungsmittel dazugeben.

**2.** Den Käse jetzt durch das Tuch abseihen. Die Molke sollte nicht weggegossen werden. Sie ist eine vorzügliche Soßengrundlage und kann zwei Tage angesäuert werden, wozu sie sich wieder als Gerinnungsmittel für die nächste Herstellung von Käse verwenden lässt.
Je nach Rezept kann der Paneer jetzt entweder im Tuch mit einem Gewicht beschwert gepresst oder anderweitig verwendet werden.

223

# Basisrezepte

## Chapatiteig/Rotiteig, V⁺P°K⁺

*Zutaten:*
*400 g Chapatiatta oder Weizenvollkornmehl*
*2 EL Ghee*
*½ TL Salz*
*250 - 400 ml Wasser*

⏲ *ca. 75 min*

*(15 min kneten, 30 min Stehzeit, 30 min Backzeit)*

**Zubereitung:**

**1.** Das Ghee zerlassen und mit den Fingerspitzen ins Mehl reiben, bis ein flockiger Brotteig entsteht.

Das Salz dazugeben und mit lauwarmem Wasser vermengen, bis ein knetbarer Teig entsteht. Der Teig muss so lange geknetet werden, bis er aufhört zu kleben. Wenn ein elastischer, geschmeidiger Teig entstanden ist, diesen befeuchten und mit einem feuchten Tuch abdecken, ca. ½ Std. gehen lassen.

Vor dem Verarbeiten nochmals kräftig durchkneten.

**2. Das Backen:**
Hierzu benötigt man eine Chapati- oder eine gusseiserne Pfanne mit schwerem Boden, die gleichmäßig die Hitze hält. Am besten eignet sich auch hier wieder der Gasherd, weil die Chapatis auch noch auf einer offenen Flamme nachgebacken werden. Das ist aber nicht zwingend notwendig.

Den Teig in etwa 8-10 gleichgroße Kugeln formen und mit etwas Mehl zu runden, gleichmäßig dünnen Fladen ausrollen. In der Pfanne beidseitig backen, bis die ersten kleinen Bläschen entstehen.

Dann auf einer offenen Flamme fertigbacken, bis sie einmal ganz aufgebläht sind. Wenn sie sich nicht aufblähen, ist der Teig nicht ausreichend geknetet worden.

**3.** Mit etwas Ghee bestreichen und warm servieren. Besonders geeignet sind Chapatis als Beilage zu Dalsuppen oder einfachen Eintopfgerichten.
Die Fladen können auch in heißem Ghee ausgebacken werden, das dauert nur wenige Sekunden. Dann heißen die Chapatis *Puri*.

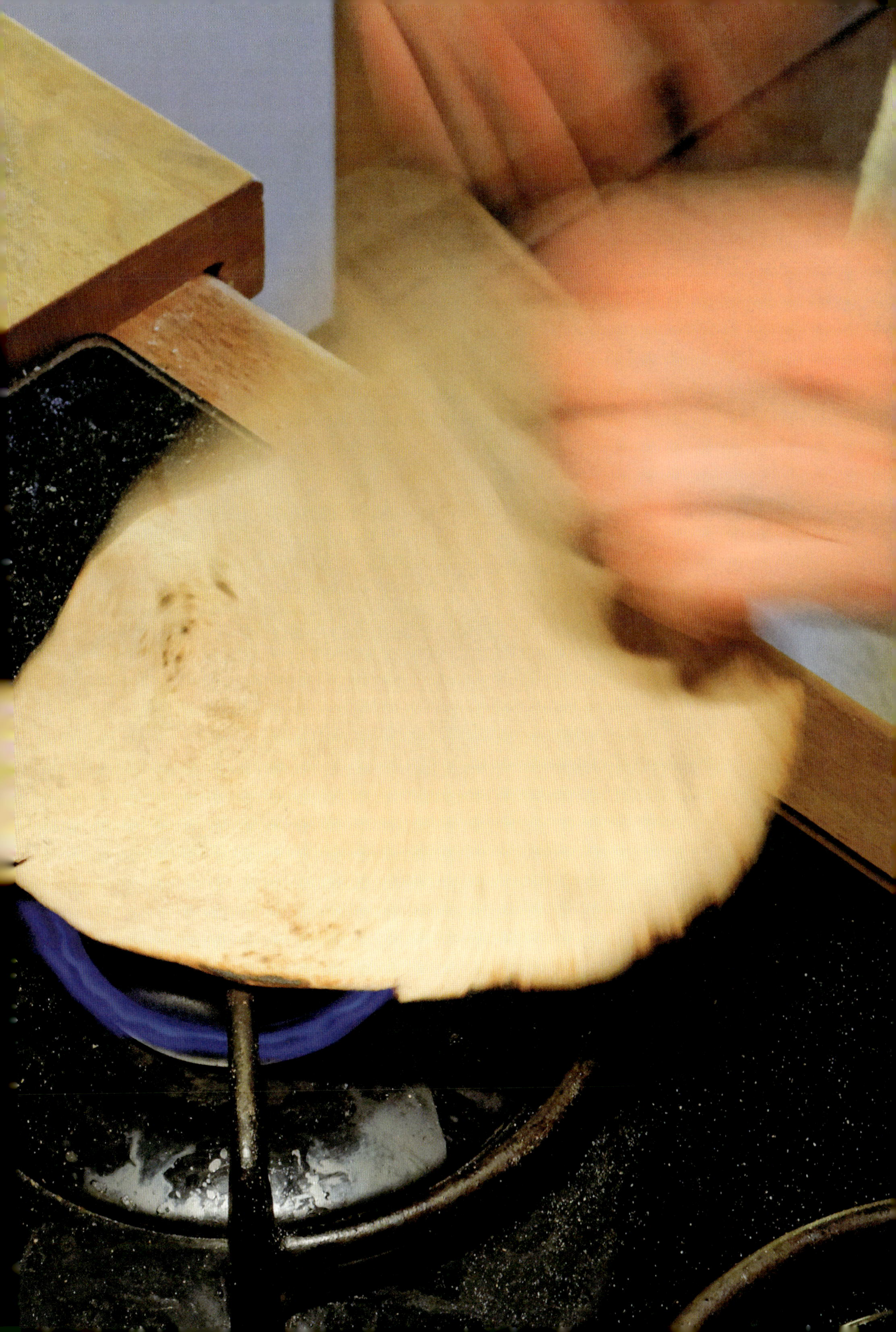

# Basisrezepte

## Alumasala, V⁺P°K°

### Zutaten:

*5 mittelgroße Kartoffeln*
*etwa 100 g frische grüne Erbsen*
*2 TL Ghee oder Pflanzenöl*
*1 EL frischer geriebener Ingwer*
*1 TL Senfsaat*
*1 TL Cumin*
*¼ TL Asant*
*1 TL Kurkuma*
*2 EL Kokosraspeln*
*1 TL Salz*
*½ TL Garammasala*
*1 EL frische gehackte Korianderblätter*

🕐 *30-40 min*

*(inklusive Garzeit der Kartoffeln, je kleiner sie die Kartoffeln schneiden, desto schneller sind sie gar)*

Diese Füllung ist ein Grundrezept für viele kleine Snacks und Leckereien, die an anderer Stelle in diesem Buch erwähnt werden.

### Zubereitung:

**1.** Die Kartoffeln schälen, würfeln und mit den Erbsen zusammen gar kochen und abgießen.
Beides zusammen mit einem Kartoffelstampfer zerstampfen oder mit einer Gabel zerdrücken.

Das Ghee in einem Topf erhitzen und nacheinander Senf, Cumin und Kurkuma anrösten, dann die Kokosraspeln und den Ingwer dazugeben.

**2.** Jetzt die Kartoffelmasse dazugeben und rundherum rösten, bis die Masse homogen goldgelb ist.
Dann salzen und die Korianderblätter untermischen.

Im Sommer kann diese Masala gern auch mit geschälten und fein gehackten Tomaten ergänzt werden. Diese sollten dann zuerst mit den Gewürzen angebraten werden, weil rohe Tomaten extrem *Pitta* erhöhend wirken.

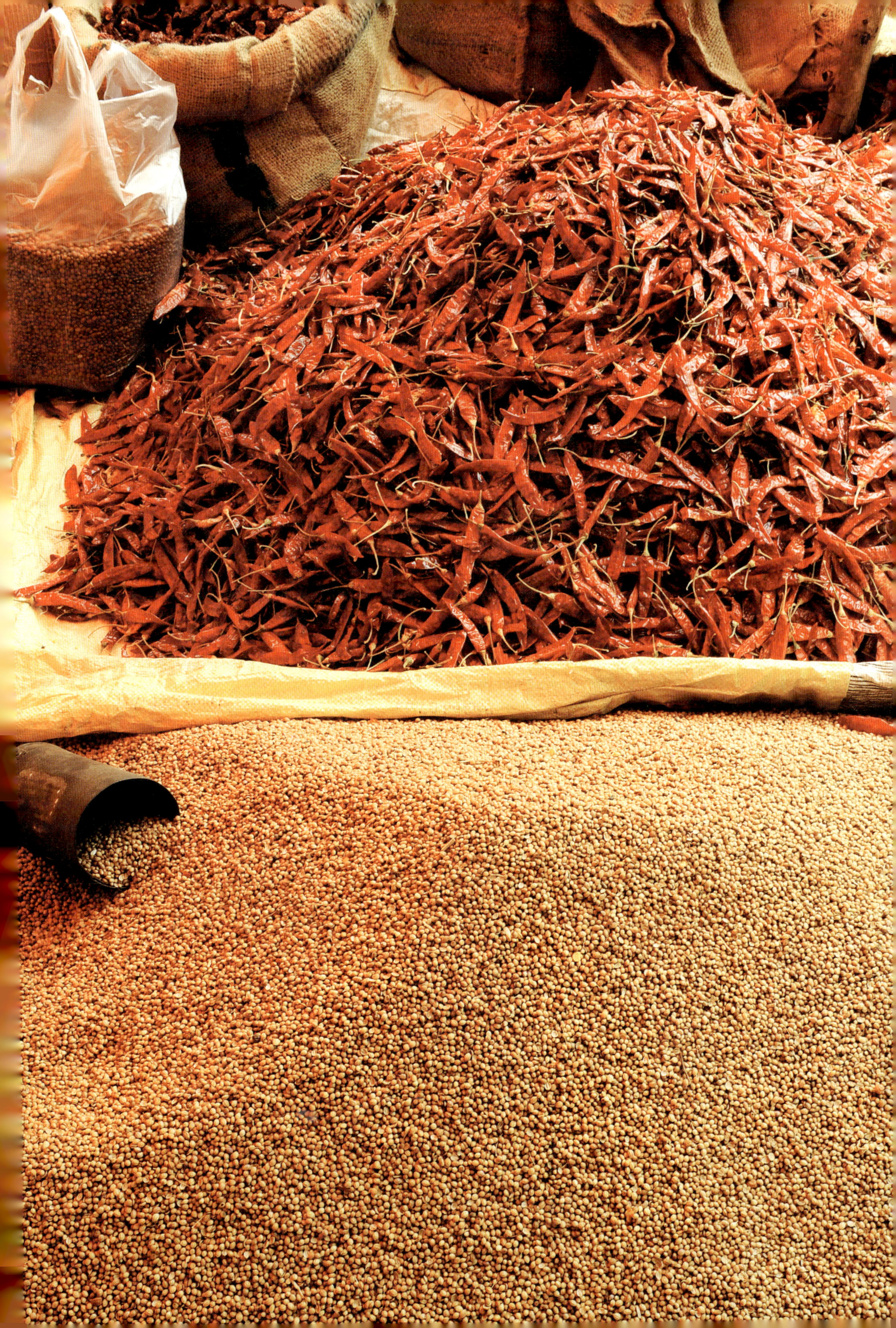

# Gewürzmischungen

Eine beliebte **indische Suppengewürzmischung** lässt sich vielseitig verwenden und wird am besten in kleineren Mengen **frisch zubereitet**.

Man kann sich die Mischungen natürlich auch auf Vorrat anfertigen, sollte sie aber dann luftdicht aufbewahren, z.B. in einem Glas mit Schraubverschluss.

Die Gewürzmischungen werden **zum Kochprozess in Ghee geröstet** in die Suppe gegeben.

## Rasammasala, V⁺P°K°

**Zutaten:**
*1 TL Cumin*
*1 TL Fenchelsamen*
*1 TL Kurkuma*
*1 TL Pfefferkörner*
*½ TL Nelken*
*½ TL Kardamompulver*
*½ TL Zimtpulver*
*1 TL Senfsamen*
*¼ TL Asant*
*eventuell Chili für Vata- und Kaphatypen*

🕒 *1-5 min je nach Menge*

Außerdem können sie zu den von mir angegebenen Würzungen in den Rasam-Rezepten zusätzlich von dieser fertigen Masala ½-1 TL dazugeben.

**Zubereitung:**

Die Zutaten in einem Mörser oder einer Mühle fein mahlen.

# Gewürzmischungen

## Garammasala, V⁻ P⁺ K⁻

*Zutaten:*

*Zu gleichen Teilen:*
*Zimt*
*Schwarzer Pfeffer*
*Fenchelsamen*
*Nelken*
*Koriandersamen*
*Kardamom*

🕒 *Zeitaufwand variiert je nach Menge*

*(in manchen Regionen wird kein Fenchel verwendet, in anderen wiederum schwarzer statt weißer Kardamom)*

Diese Mischung wird in ganz Indien oft verwendet, bestehend aus **bereits gerösteten Gewürzen** und wird nach dem Kochen den Speisen zugefügt. Sie besteht zu gleichen Teilen aus den in den Zutaten genannten Gewürzen.

**Zubereitung:**

Alle Zutaten werden in einer Pfanne trocken geröstet, bis sie goldbraun sind und stark duften, anschließend in einem Mörser fein mahlen.

## Digestivmasala, V⁻ P⁺ K⁻

*Zutaten:*
*5 Teile Fenchelsamen*
*5 Teile Koriandersamen*
*3 Teile Kreuzkümmel*
*2 Teile Ajwan*
*2 Teile Sesam*

🕒 *15-20 min je nach Menge*

Diese Masala findet man in indischen Restaurants oft auf dem Tisch. Sie **regt die Verdauung an** und **erfrischt den Atem**.

**Zubereitung:**

**1.** Die Gewürze werden einzeln und nacheinander in einer Pfanne trocken geröstet, bis sie leicht dampfen und eine goldbraune Farbe bekommen.
Beginnen Sie mit dem Fenchel und besprenkeln Sie ihn während des Röstvorgangs mit etwas Salzwasser. Rösten Sie ihn danach lange genug, bis er ganz trocken ist.

**2.** Die anderen Gewürze rösten Sie einfach für 3-5 Minuten trocken, rühren aber immer kräftig um.
Beim Sesam ist zu beachten, dass er sofort anfängt zu springen, wenn er in die heiße Pfanne kommt. Bedecken Sie daher umgehend die Pfanne, sonst springt er heraus. Sesam muss nicht so lange und nicht so heiß geröstet werden. Er brennt schnell an. Er ist fertig, wenn er aufhört zu springen.

**3.** Anschließend mischen Sie die Gewürze und verwahren Sie diese am besten in einem verschlossenen Behälter.

Hirsebällchen, Rezept S. 293

# 7 Rezepte

| | |
|---|---:|
| Suppen und Dals | 236 |
| Dosas und Pfannkuchen | 250 |
| Gemüsegerichte | 256 |
| Reisgerichte und Kicharis | 278 |
| Snacks | 286 |
| Frühstücksvorschläge und Desserts | 298 |
| Chutneys und Raitas | 308 |
| Getränke | 316 |

Viele vegane Rezeptideen

*Zitronenreis, Rezept S. 285*

Mit den in Kapitel 5 befindlichen Tabellen[23] kann sich jeder **Körpertyp** seine **eigenen Gerichte** zusammenstellen.

Auch gilt es zu berücksichtigen, dass bei uns der Winter eine **trockene Kälteperiode (V$^{++}$)** hat und zum Ende hin feucht wird, also **Kapha dominiert**. Dies kann mit Hilfe der Tabellen für jeden Typ angepasst werden.

---

23  Siehe Seite 174.

*„Wer lange suppt, lebt lange."*

*„Langes Abendbrot
macht dem Magen große Not."*

*„Kurzes Abendessen – langes Leben."*
Weisheiten aus Bulgarien

# Suppen und Dals

**Chanadal-Suppe, V⁺P°K°**

*Zutaten:*
*180-200 g Chanadal*
*1 Zimtstange, ca. 3 cm*
*1 EL geriebener frischer Ingwer*
*1½ TL gemahlener Koriandersamen*
*1 TL Kurkuma*
*1½ TL Kreuzkümmel*
*1 TL Fenchelsamen*
*1 grüner Chili*
*½ TL Asant*
*1½ TL Steinsalz*
*2 EL Koriander- oder Petersilienblätter*
*3 EL Zitronensaft*
*1 kleine Karotte*
*2 frische Tomaten, geachtelt (nur im Sommer)*

🕒 *1-1,5 Std.*
*(Einweichzeit 12 Std.)*

**Zubereitung:**

**1.** Den Dal über Nacht einweichen, in mittlerem Topf mit dem Zimt zum Kochen bringen und ca. eine Stunde kochen, bis der Dal zu zerfallen beginnt.

Die Tomaten und die gewürfelte Karotte dazugeben und weiterkochen, bis das Gemüse weich ist.

**2.** In einer kleinen Pfanne das Ghee erhitzen, die Senfsaat, alle Samen, Ingwer und Chili hinzugeben, kurz anbraten und die Würzmischung (= Fotni) in den Dal geben. Eine Minute weiter kochen lassen.

Salzen und mit Petersilien- und/oder Korianderblättern garnieren, Zitronensaft dazugeben und servieren.

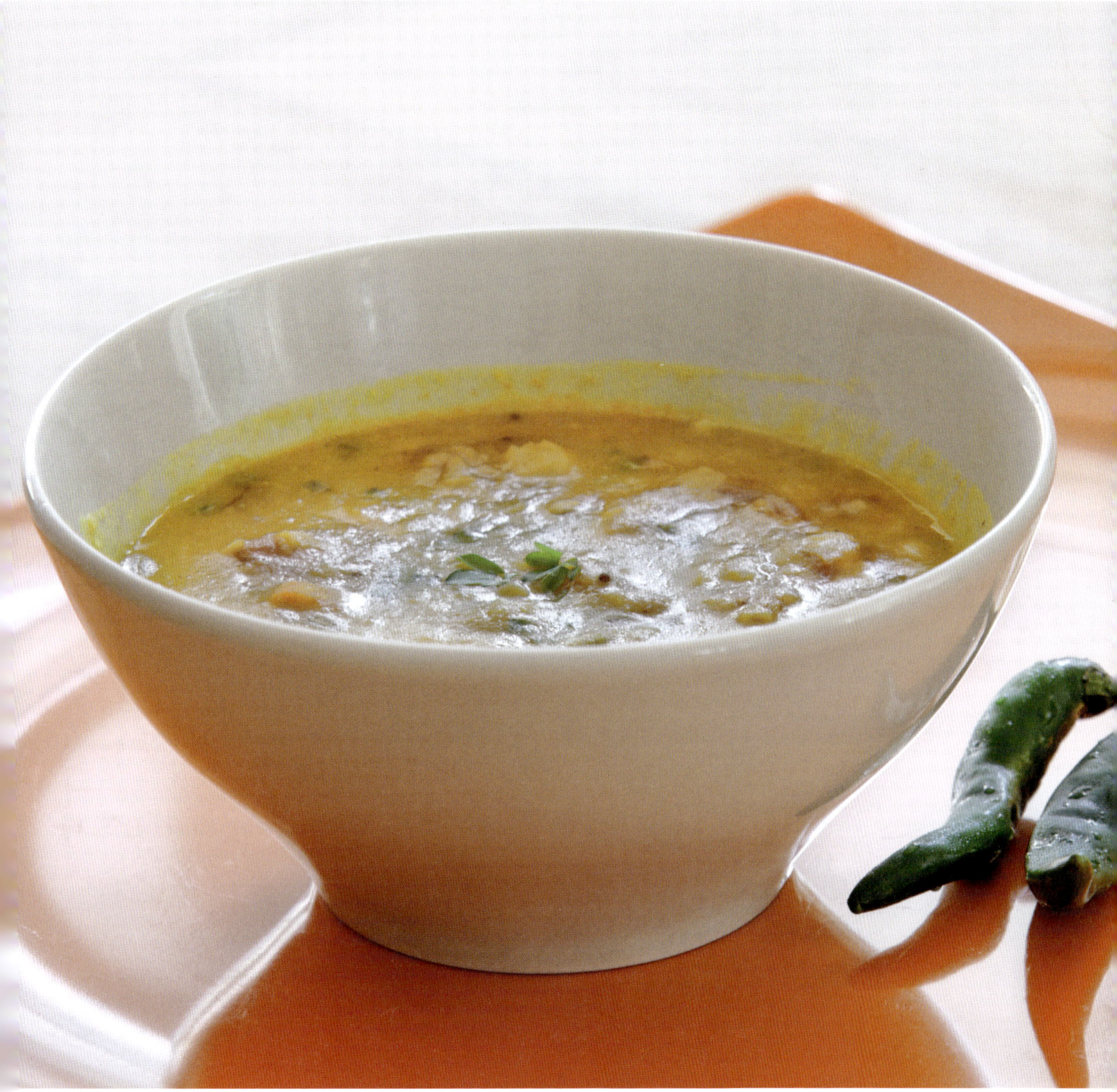

# Suppen und Dals

## Chanasabji-Gemüse mit Dal, V⁺P⁻K°

### Zutaten:
150 g Chanadal
1 Karotte, geschält und gewürfelt
2 Kartoffeln, geschält u. gewürfelt
3 Tomaten, geschält u. geachtelt
1 l Wasser
2 EL Ghee
1 Zimtstange, ca. 4 cm
1 TL Senfsaat, 1 TL Cumin
1 EL geriebener frischer Ingwer
1 TL Fenchel
1 TL Kurkuma
¼ TL Asant
¼ TL schwarzer Pfeffer
1 TL Salz
1 TL Kreuzkümmel
2 EL gehackte Koriander- oder Petersilienblätter

🕐 1 Std.

(Einweichzeit 12 Std.)

### Zubereitung:

**1.** Den Dal über Nacht einweichen und in einem mittelgroßen Topf zusammen mit der Zimtstange im Wasser zum Kochen bringen. Nach etwa einer halben Stunde das Gemüse dazugeben und weiterkochen, bis der Dal zu zerfallen beginnt.

**2.** Für den Gewürzsud das Ghee in einer Pfanne erhitzen, die Gewürze darin anrösten und zum Dal geben. Salzen und mit gehackten Kräutern garnieren.

## Dalbhat/Dalfry, V°P°K°

**Dals müssen nicht immer Suppen sein.** Sie können auch als sämige Gemüsesoßen verkocht sein, die dann zum Reis serviert werden. Diese Variante kann man mit jeder Art von Gemüse zubereiten. In der bürgerlichen indischen Küche werden anfangs noch einige Zwiebeln und Knoblauch angebraten und dann mit dem Dal gekocht.

*Zutaten:*
*150-180 g Toordal*
*2 Kartoffeln,*
*geschält und gewürfelt*
*1 Karotte, geschält und gewürfelt*
*1 Zucchini, gewürfelt*
*2 Tomaten,*
*geschält und geachtelt*
*1 Zimtstange*
*1 Lorbeerblatt*
*ca. 700 ml Wasser*
*1½ TL Salz*
*1 EL Vollrohrzucker o. Ä.*

*Für die Würze:*
*3 EL Ghee*
*1 TL Senfsaat, zerstoßen*
*1½ TL Kreuzkümmelsamen*
*1 TL Koriandersamen*
*1 TL Kurkuma*
*6-8 Curryblätter*
*1 TL Kalinji*
*½ TL gemahlener Kardamom*
*2 EL geriebener frischer Ingwer*
*evtl. 1 TL Garammasala*
*3 EL gehackte Koriander- oder Petersilienblätter*

🕒 *ca. 1 Std.*

*(Einweichzeit mindestens 8 Std.)*

**Zubereitung:**

**1.** Den Dal waschen und über Nacht einweichen. In einem mittelgroßen Topf 2 EL Ghee erhitzen und den abgetropften Dal mit dem Lorbeerblatt und der Zimtstange kräftig anbraten. Wasser dazugießen, zum Kochen bringen und gelegentlich den Schaum abschöpfen.
Nach etwa 25 Minuten die Gemüsewürfel dazugeben und weiterkochen, bis das Gemüse weich ist, der Dal zu zerfallen beginnt und die Soße eindickt. Gegebenenfalls muss man während des Kochens noch Wasser dazugeben, damit nichts anbrennt.

**2.** In einem kleinen Pfännchen das Ghee erhitzen und nacheinander die Gewürze zufügen, zuletzt den Ingwer und die Kräuter.
Alles zusammen in den Dal geben, gut umrühren und für 2–3 Minuten mitköcheln lassen. Salz dazugeben und mit Reis servieren. Dalbhat wird gern mit Zitronensaft verfeinert.

# Suppen und Dals
## Getreidesuppe für die kalte Jahreszeit, V°P⁺K⁻

*Zutaten:*
*2 Kartoffeln*
*1 Karotte*
*1 kl. rote Bete*
*1 kl. Winterrettich*
*100 g Kürbisstücke, geschält*
*1 Tasse Weizenschrot*
*z.B. Bulgur oder Gerstenschrot*
*2 EL Haferflocken*
*1 TL Ajwansamen,*
*1 TL Kreuzkümmel*
*1 TL Bockshornkleesamen*
*1½ TL Salz*
*½ TL gemahlener schwarzer Pfeffer*
*2 EL Ghee oder entsprechend Öl*
*800 ml Wasser*
*2 EL Bockshornkleeblätter oder Würzkräuter der Saison*

🕒 *30 min*

**Zubereitung:**

**1.** Kartoffeln, Karotte und rote Bete schälen und in beliebiger Form klein schneiden.
Den Rettich gut schälen und raspeln, einsalzen und zur Seite stellen.

Einen Topf von mittlerer Größe aufsetzen, das Ghee hineingeben und die Ajwansamen und den Kreuzkümmel leicht darin anbräunen.

**2.** Jetzt das geschnittene Gemüse ohne den Rettich hineingeben und rundherum etwas anbräunen (bitte nicht zu heiß).

Nach etwa 2 Minuten den Rettich mitsamt dem Saft dazugeben und mit Wasser auffüllen.

Jetzt das Getreide hinzugeben und zusammen gar kochen. Zum Schluss mit Kräutern und Salz würzen und heiß servieren.

## Karotten-Ingwersuppe, V°P°K°

### Zutaten:
*400 g Karotten,*
*geschält und grob gewürfelt*
*1 Kartoffel,*
*geschält und grob gewürfelt*
*50 g Ingwer, geschält und*
*gerieben*
*800 ml Wasser*
*1 EL Ghee*
*1 TL Karottensamen*
*(kann entfallen)*
*1 TL Senfsamen, zerstoßen*
*1 TL gemahlener Koriander*
*½ TL Kurkuma*
*1 Lorbeerblatt*
*1 TL Salz*
*2 EL gehackte Koriander- oder*
*Petersilienblätter*

🕒 *25 min*

### Zubereitung:

**1.** Das Ghee in einem Topf erhitzen, die Gewürze hineingeben und kurz anrösten.
Die Karotten- und Kartoffelwürfel dazugeben und anrösten, bis sie rundherum braun werden.
Jetzt den Ingwer dazugeben und kurz mitrösten, mit Wasser aufgießen, das Lorbeerblatt dazugeben und zum Kochen bringen.

Auf kleiner Flamme köcheln lassen, bis die Karotten weich sind.

Mit Sahne oder Sojasahne verfeinern, pürieren, salzen und mit den Kräutern garnieren.

## Kürbissuppe mit Fenchel, V°P°K°

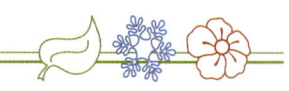

*Zutaten:*
*1 kl. Hokkaido- oder Goldennuggetkürbis*
*1 kl. Karotte, 1 gr. Kartoffel geschält und gewürfelt*
*1 Lorbeerblatt*
*1 l Wasser*
*2 EL Ghee*
*1½ TL Fenchelsamen*
*½ TL gemahlenen Cumin*
*¼ TL Asant*
*½ TL Ajwan*
*1 EL geriebener Ingwer*
*2 EL gehackte Petersilie oder Koriander*

🕒 *25-30 min*

**Zubereitung:**

**1.** Den Kürbis entkernen und in Stücke schneiden. In einem mittelgroßen Topf die Hälfte des Ghees erhitzen und die Gemüsestücke darin etwas anrösten. Den Ingwer dazugeben und mit anrösten. Wasser und Lorbeerblatt dazugeben und zum Kochen bringen. Wenn die Kartoffeln weich sind, ist der Rest des Gemüses ebenfalls fertig. Jetzt das Lorbeerblatt herausnehmen und die Suppe mit einem Mixer pürieren.

**2.** In einem kleinen Pfännchen den Rest des Ghees erhitzen und die Fenchelsamen darin rösten, bis sie goldbraun sind.

Jetzt die restlichen Gewürze dazugeben und die Mischung in die Suppe geben. Salzen, mit den gehackten Kräutern garnieren und heiß servieren.

## Leichte Gemüsesuppe, V°P°K°

*Zutaten:*
*1 kl. Karotte*
*1 kl. Kartoffel*
*1 Pastinake*
*1 kl. Zucchini*
*3 EL Getreideschrot, z.B. Bulgur*
*3 EL rote Linsen oder Mungdal*
*½ Tasse Kokosmilch*
*1 EL geriebener frischer Ingwer*
*1 TL Senfsaat*
*1 TL Kreuzkümmel*
*1 Zimtstange, 2 cm lang*
*½ TL Ajwansamen*
*5-6 Curryblätter*
*1 TL gemahlener Koriander*
*1 TL Kurkuma*
*2 EL Ghee oder Pflanzenöl*
*2 EL frische Koriander- oder Petersilienblätter*

ca. 25 min

*(mit Mungdal etwa 15 min länger als mit roten Linsen)*

**Zubereitung:**

**1.** Das Gemüse in feine Streifen schneiden, 1 EL Ghee in einem Topf erhitzen, den geriebenen Ingwer hineingeben und die Gemüsestreifen anbraten.
Mit Wasser aufgießen und zum Kochen bringen.

Linsen hinzugeben und ca. 10 Minuten auf kleiner Flamme köcheln. Wenn die Linsen gar sind, den Getreideschrot hinzugeben und weiterköcheln lassen, bis er weich ist. Gegebenenfalls Wasser hinzugeben, damit die Suppe nicht zu dick wird. Jetzt die Kokosmilch hinzugeben und kurz aufkochen.

**2.** Für die Würze eine kleine Pfanne mit dem restlichen Ghee erhitzen und den Kreuzkümmel und Ajwan rösten, bis sie bräunlich sind.
Nun den gemahlenen Koriander und Kurkuma und zum Schluss die Curry- und Korianderblätter dazugeben.

Alles zusammen in die Suppe geben und noch 2-3 Minuten mitköcheln lassen. Nach Bedarf salzen und heiß servieren.

**Tipp**

Diese Suppe lässt sich auch mit Suppennudeln oder Reisnudeln verfeinern.

### Mungdalsuppe, V°P°K°

Mungdalsuppe ist eine seit Jahrtausenden bekannte **Heilsuppe**, die bei allen Arten von inneren Erkrankungen Anwendung findet. Wenn man diese Suppe für einen Kranken zubereitet, lässt man einfach die Gewürze weg (außer Fenchel, Salz, Kurkuma und Cumin), fügt bestenfalls etwas Ingwer hinzu und kocht sie ohne das Gemüse. Dafür gibt man etwas Muskatnuss dazu. Mit dieser Suppe als Aufbaukost sollte man jemanden ernähren, der lange an Erbrechen oder Durchfällen gelitten hat.

*Zutaten:*
*200 g Mungdal*
*3 mittelgroße Kartoffeln*
*1 Karotte*
*750 ml Wasser*
*2 EL Ghee*
*2 EL Kokosraspel*
*1 TL Kreuzkümmel*
*1 TL Kurkuma*
*1 TL Fenchelsamen*
*½ TL Asant, 1 TL Senfsamen*
*½ TL Cayennepfeffer (nicht für Pitta-Typen)*
*5-6 Curryblätter, 1 kl. Zimtstange*
*1 EL geriebener frischer Ingwer*
*2 EL Korianderblätter od. Petersilie*
*1 TL Stein- oder Meersalz*
*1 TL Rohrzucker*
*Saft einer halben Zitrone*

ohne Einweichen ca. 45 min

**Zubereitung:**

**1.** Den Dal verlesen, waschen und im Idealfall über Nacht einweichen, notfalls auch nur für einige Stunden. Dieser Vorgang reduziert die Vata erhöhenden Eigenschaften von Hülsenfrüchten. Den Dal in einem mittelgroßen Topf mit Wasser aufsetzen und mit der Zimtstange und der Hälfte des Asafötidas zum Kochen bringen. In der Zwischenzeit die Kartoffeln und die Karotte schälen und in kleine Würfel (ca. 1 cm) schneiden. Nach ca. 15-20 Minuten beginnt der Dal zu zerfallen. Jetzt das geschnittene Gemüse hinzugeben und weiterkochen, bis der Dal ganz zerfallen und das Gemüse weich ist.

**2.** Eine kleine Pfanne aufsetzen, das Ghee erhitzen und die Senfsamen hineingeben. Wenn sie zu springen beginnen, Kreuzkümmel und Fenchel hinzugeben und leicht anbräunen. Jetzt den Ingwer, Kokosraspel und die restlichen Gewürze zufügen und alles zusammen in den Topf geben. Noch etwa 1 Minute weiterkochen, salzen und mit etwas Zitronensaft servieren.

## Rote Linsensuppe, V°P⁺K⁻

### Zutaten:
150 g rote Linsen
1 Karotte, geschält und gewürfelt
100 ml Tomatenpassata
2 EL Ghee
1 TL Senfsamen, zerstoßen
1 Zimtstange
1 TL Cumin
1 EL geriebener frischer Ingwer
½ TL Kurkuma
1 TL gemahlener Koriander
1 TL Fenchelsamen, ¼ TL Asant
1 EL Rohrzucker
1 TL Salz

🕒 25 min

### Zubereitung:

**1.** Die Linsen waschen und mit der Karotte und dem Zimt kochen, bis sie zerfallen. Tomatenpassata und Rohrzucker dazugeben und weiterkochen.

**2.** In einem kleinen Pfännchen das Ghee erhitzen, nacheinander die Gewürze hineingeben und kurz rösten, zuletzt den Ingwer zufügen.

Die Würze in die Suppe geben, für 2 Minuten mitköcheln lassen, salzen und mit frischen Kräutern bestreuen.

*Spinatrasam, Rezept S. 248*

**Rasam** ist ein Überbegriff für die südindischen Dal-Suppen. Ihre Basis ist meist der **Toordal**, eine große, gelbe **Schälerbse**, die hauptsächlich in der südindischen Küchentradition Verwendung findet und einen einzigartigen, erdigen und vollen Geschmack hat. Toordal sollte im Idealfall über Nacht, mindestens aber für 4-5 Stunden eingeweicht werden. Im Notfall kann man sie auch in einem Dampfkochtopf zerkochen. Zusammen mit einem **Chapati** oder **Papadam** ergibt diese Suppe eine volle Mahlzeit.

## Rasam mit grünen Bohnen, V⁺P°K°

*Zutaten:*
*150-200 g Toordal, über Nacht eingeweicht*
*150-200 g frische grüne Bohnen*
*ca. 800 ml Wasser*
*1 Zimtstange, ca. 3 cm lang*
*1 TL Salz*
*4 EL Zitronensaft*

*Für die Würzpaste:*
*1-2 EL Ghee*
*2 EL Chanadal (nicht für Vata-Typen)*
*1 grüne Chilischote entkernt und gehackt*
*1 EL Senfsamen, zerstoßen*
*1 EL Kreuzkümmel*
*¼ TL Asant*
*½ TL gemahlener schwarzer Pfeffer*
*1 TL Kurkuma*
*6-8 Curryblätter*
*evtl. 2 EL Koriander- oder Petersilienblätter*

🕒 *45-60 min*

*(Einweichzeit mindestens 4-5 Std. )*

**Zubereitung:**

**1.** Den Dal in einem mittelgroßen Topf mit der Zimtstange zum Kochen bringen und zwischendurch immer wieder den Schaum abschöpfen, der sich auf der Oberfläche bildet.

Nach etwa 30 Minuten die geputzten grünen Bohnen dazugeben und mit dem Dal weiterkochen, bis die Bohnen gar sind und der Dal zerfällt.

**2.** Zum Zubereiten der Würzpaste den Chanadal in einer kleinen Pfanne mit dem Ghee auf kleiner Flamme rösten, bis der Dal goldbraun wird.

Dann nacheinander die Senfsaat, den Kreuzkümmel und die restlichen Gewürze hinzugeben, zuletzt Chili und Curryblätter.

Diese Mischung zusammen mit etwas Wasser mixen, bis ein feiner Brei entsteht. Diesen Brei in die Suppe geben, Salz zufügen und noch 1-2 Minuten köcheln lassen.

**3.** Zum Schluss die Suppe je nach Belieben pürieren oder so belassen, wie sie ist.

**Tipp**

Wenn Sie die Suppe pürieren, nehmen Sie vorher unbedingt die Zimtstange heraus, sonst ruinieren Sie Ihren Mixer. Jetzt noch den Zitronensaft dazugeben und heiß servieren.

# Suppen und Dals

## Kokosrasam, V°P⁻K°

*Basis-Zutaten siehe Rasam mit grünen Bohnen*

*Zusätzlich:*
400 ml Kokosmilch

*Für die Würzpaste:*
3 EL Kokosraspel

**Zubereitung:**

Für die Kokosrasam ersetzen Sie etwa die Hälfte des Kochwassers durch Kokosmilch und fügen zur Würzpaste noch 3 EL Kokosraspel hinzu.

## Spinatrasam, V⁺P⁺K⁻

*Basis-Zutaten siehe Rasam mit grünen Bohnen*

*Anstelle von Bohnen:*
200g Spinat, gehackt

**Zubereitung:**

Für die Variation mit Spinat geben Sie einfach anstatt der Bohnen 200 g gehackten Spinat dazu.

## Tomatenrasam, V°P⁺K⁻

*Basis-Zutaten siehe Rasam mit grünen Bohnen*

*Anstelle von Bohnen:*
6 Tomaten, mittelgroß, gewürfelt

*Zusätzlich:*
1 EL Vollrohrzucker oder Jaggari
2-3 EL Korianderblätter, gehackt

**Zubereitung:**

Für die Tomatenrasam die Bohnen durch 6 mittelgroße, gewürfelte Tomaten ersetzen. Hier ist es ratsam, die Tomaten vorher kurz zu blanchieren und zu schälen, da Tomatenschalen unverdaulich sind und gern jahrelang im Darm festhängen.

Die Suppe bekommt eine schönere Konsistenz, wenn man sie püriert. Die Tomatenrasam sollte noch mit 1 EL Vollrohrzucker oder Jaggari abgerundet werden.

Traditionell fügt man vor dem Servieren noch 2-3 EL frische gehackte Korianderblätter hinzu.

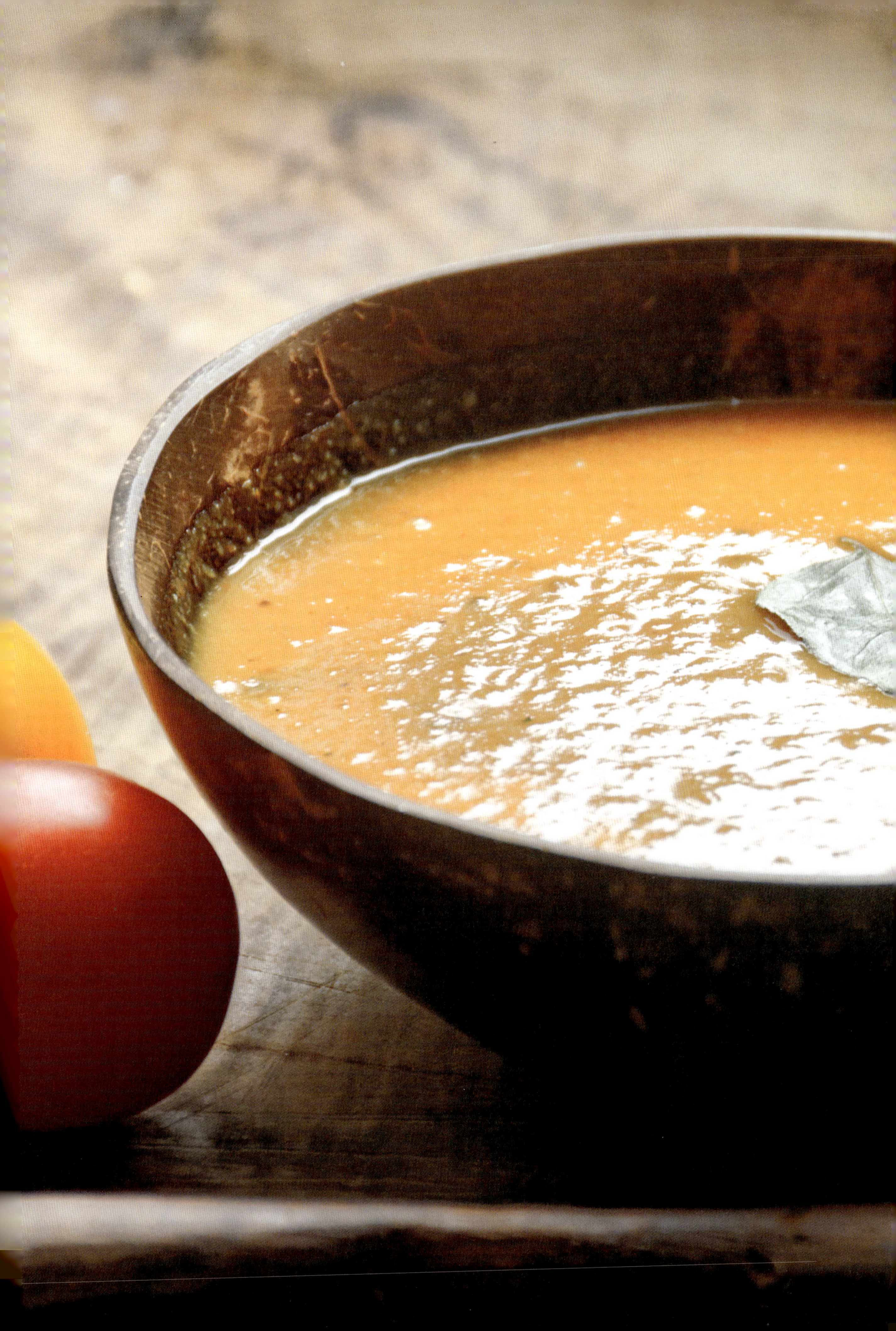

# Dosas und Pfannkuchen

## Gemüse-„Omelett" ohne Eier, V°P°K⁻

Dies ist eine **Basisrezeptur**, die man auf unzählige Art und Weise variieren und durch das Gemüse an jede Jahreszeit anpassen kann. Sie eignet sich zu jeder Tageszeit als Mahlzeit.

*Zutaten:*
*¼ Blumenkohl, geraspelt*
*1 Karotte,*
*geschält und ganz fein gewürfelt*
*1 kl. Kohlrabi,*
*geschält und fein gewürfelt*
*je 90 g Kichererbsenmehl,*
*Buchweizenmehl und Weizen-*
*vollkornmehl*
*1 TL zerstoßene Senfsamen*
*1 TL Cumin*
*½ TL Kurkuma*
*¼ TL Asant*
*¼ TL schwarzer Pfeffer*
*1 TL gemahlene Koriandersamen*
*½ TL Ajwan*
*1 TL Kalinji*
*3 EL gehackte Petersilie oder*
*Koriander*
*¾ TL Salz*
*1 EL Kräuter der Provence*
🕒 *20-25 min*

**Zubereitung:**

**1.** Die Gemüsewürfel zusammen mit dem Blumenkohl dämpfen, bis sie weich sind.
Die restlichen Zutaten in einer Schüssel zusammenmischen und mit etwa 200-250 ml Wasser zu einem Tropfteig verrühren, der etwa die Konsistenz von Pfannkuchenteig haben sollte.
Ergänzen Sie gegebenenfalls Mehl oder Wasser, bis die gewünschte Konsistenz erreicht ist.

**2.** Jetzt die gedämpften Gemüse dazugeben und unterrühren.
In einer kleinen Pfanne etwas Ghee erhitzen, jeweils eine große Kelle vom Teig in das heiße Fett geben und beidseitig fertig backen.

**Tipp**

Sie können entweder die ganze Größe der Pfanne nehmen oder nur kleine Küchlein daraus machen.

Bei der ganzen Pfannengröße sollten die Küchlein eine gewisse Dicke haben, damit sie beim Wenden nicht reißen.

# Kräuterpfannkuchen, V°P°K⁺

Dieses Pfannkuchenrezept dient als Basisidee und zeigt, dass für Pfannkuchen **keine Eier** nötig sind. Jedes Mehl bindet ab. Man kann unzählige Variationen selbst kreieren.

### Zutaten:
je 40 g Buchweizen-, Weizen-, Kichererbsen- und Reismehl
6 EL frische und getrocknete Kräuter Ihrer Wahl
1 TL gemahlenen Cumin
¼ TL Asant
1 TL Kurkuma
¼ TL gemahlenen schwarzen Pfeffer
¾ TL Salz

⏲ 20-30 min

### Zubereitung:

Ghee oder Öl zum Ausbacken.
Die Zutaten in einer Schüssel mit einem Schneebesen mit so viel Wasser glattrühren, bis ein tropffähiger Pfannkuchenteig entsteht.
Jeweils eine Kelle voll in eine gut gefettete, heiße Pfanne geben und auf beiden Seiten ausbacken.

### Vorsicht:

Je höher der Anteil an Kichererbsenmehl ist, umso schneller werden sie hart und trocken.

## Kürbisomelett mit Meerrettichsoße, V°P°K⁻

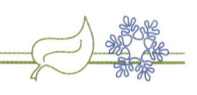

*Zutaten:*

*Für die Soße:*
*1 kleiner Meerrettich*
*3 EL Ghee*
*3-4 EL Reismehl oder weißes Mehl*
*½-¾ TL Salz*
*¼ TL gemahlener schwarzer Pfeffer*
*¼ TL Muskatnuss, gerieben*
*1 EL Zitronensaft*
*1 Prise Zucker*

*Für die Omeletts:*
*1 kleiner Hokkaido oder Golden Nugget*
*100 g Weizenvollkornmehl*
*je 50 g Buchweizen- und Kichererbsenmehl*
*1 TL Cumin*

**Zubereitung:**

**1.** Zuerst die Soße vorbereiten:

Den Meerrettich schälen und fein reiben oder in einem Mixer zerkleinern.
In einem Topf das Ghee erhitzen, mit einem Schneebesen das Mehl hinzugeben und eine Mehlschwitze anrösten. Mit heißem Wasser aufgießen und dabei glattrühren. Den Meerrettich hineingeben und auf kleiner Flamme bedeckt für etwa 5-10 Minuten köcheln lassen.

Die restlichen Zutaten hineingeben und mit einem Pürierstab gründlich pürieren, bis die Soße homogen ist. Zum Schluss den Zitronensaft einrühren.
Die Soße kann gern noch mit Petersilie oder Schnittlauch angereichert werden.

**2.** Den Kürbis waschen und in kleine Würfel schneiden und diese in einem geschlossenen Topf mit etwas Wasser für 5–6 Minuten andünsten.

*1 TL zerstoßene Senfsaat*
*1 TL Ajwansamen*
*1 TL Kalinji*
*¼ TL Asant*
*1 TL Kurkuma*
*1 TL Salz*
*½ TL gemahlener schwarzer Pfeffer*
*2 EL Kräuter nach Wahl*
*Wasser*
*Ghee oder Öl zum Ausbacken*

🕒 *30-40 min*

Die restlichen Zutaten in einer Schüssel mit so viel Wasser anrühren, dass ein nicht zu dünner Pfannkuchenteig entsteht. Die gedünsteten Kürbiswürfel mit in den Teig geben und gut durchmischen.

**3.** In einer Pfanne für jedes Omelett etwa 1 EL Ghee erhitzen, mit einer Kelle so viel Teig in die heiße Pfanne geben und ausstreichen, dass ein etwa 5-7mm dickes Omelett entsteht.

Mit der Größe kann man selbstverständlich variieren. Die Omeletts auf jeder Seite etwa 5-6 Minuten backen und auf der Meerrettichsoße servieren.

## Holunderküchle, V⁺P°K⁻

Diese Holunderküchle sind mit einem Chutney ein herrlicher **Snack**, eignen sich aber auch als **Beilage** zu verschiedenen anderen Gerichten.

**Zutaten:**
*12-15 frische Holunderblüten*
*150 g Mehl*
*(je nach Wahl Kichererbsen-, Weizen- oder Roggenmehl)*
*½ TL Salz*
*Wasser*
*Ghee oder Pflanzenöl zum Ausbacken*

🕒 *20 min*

**Zubereitung:**

Mehl, Salz und so viel Wasser verrühren, bis ein feiner Tropfteig entsteht, der die Beschaffenheit von Pfannkuchenteig hat.

Man entfernt von den Holunderblüten die dicken Stiele und taucht sie dann in den Teig, lässt sie abtropfen und backt sie bei mittlerer Hitze beidseitig aus.

# Dosas und Pfannkuchen

**Masala-Dosa** ist eine **Spezialität aus Udupi**, einer kleinen Stadt bei Mangalore an der Westküste Südindiens. Jedes Restaurant in ganz Indien, das **südindische Küche** anbietet, hat, wenn es etwas auf sich hält, Masala-Dosa auf der Karte.

Um die Dosas so **hauchdünn** zu **backen**, wie sie sein sollten, benötigt man etwas **Übung**.

Verzweifeln Sie also nicht, wenn es nicht gleich klappt!

## Masala-Dosa, V⁺P°K⁻

### Zutaten:
*150 g Urid-Dal, 150 g Reis*
*1 TL gemahlener Bockshornklee*
*1 TL Salz, Wasser*
*reichlich Ghee zum Ausbacken*

⏱ *45 min (Säuerungszeit mindestens 12 Std.)*

### Zubereitung:

**Für die Füllung:** Siehe Rezept „Alumasala", S. 226

**1.** Urid-Dal, Reis und die restlichen Zutaten mit Wasser in einem Mixer pürieren, bis ein feiner, fließfähiger Brei entsteht. Wenn Sie eine Getreidemühle besitzen, können Sie den Dal vorher zu feinem Mehl mahlen und Reismehl anstatt Reis verwenden. Dann werden die Dosas feiner.

Der fertige Teig wird für mindestens 12 Stunden an einen warmen Ort gestellt, z.B. auf die Heizung, und somit gesäuert. Manche schwören darauf, einen Teil des Reises oder des Reismehls durch gekochten Reis zu ersetzen, damit der Teig schneller säuert. Der fertige Teig sollte feine Bläschen geworfen haben und säuerlich riechen. Falls Schaum aufgequollen ist, diesen bitte abschöpfen. Vor dem Ausbacken den Teig noch einmal gut durchmischen. Gegebenenfalls noch etwas Wasser dazugeben, falls er zu dick ist.

**2.** Zum Ausbacken benötigen Sie eine Backplatte für Crepes oder eine eiserne Pfanne mit niedrigem Rand. Reichlich Ghee in der Pfanne erhitzen oder die Backplatte gut einfetten. eine Kelle voll Teig in die Mitte geben und ihn vorsichtig mit einer Palette oder einem T-Holz (für Crepes) zum Rand hin ausstreichen.
Der Dosa sollte so dünn wie möglich sein. Die kleinen Löcher, die entstehen, brauchen Sie nicht zuzustreichen. Sie geben dem Dosa die luftige Konsistenz.
Der Teig braucht einige Minuten, um schön anzubräunen. Zum Umdrehen streicht man etwas Ghee am Rand entlang. So löst sich der Rand und der Dosa kann mit einer langen Palette vorsichtig umgedreht werden.

**3.** Jetzt streicht man Alumasala auf die Hälfte des Dosa und lässt ihn fertigbacken. Zum Schluss klappt man ihn in der Hälfte um und nimmt ihn vorsichtig aus der Pfanne.

In Udupi sind die Dosas ungefähr 50-60 cm groß und mit der Füllung eingerollt. Mit etwas Übung gelingt es, genau den Punkt zu treffen, an dem man ihn noch rollen kann, bevor er ganz knusprig wird.
Serviert wird Masala-Dosa traditionell mit Kokos-Chutney (siehe Rezept S. 313)

# Gemüsegerichte

# Alu Matar – Kartoffeln u. Erbsen in Tomatensoße, V⁺P°K⁻

**Dieses Gericht ist einer der Klassiker der nordindischen Küche.**
Bevor die Portugiesen die weiße Kartoffel nach Indien brachten, wurde es mit der einheimischen Süßkartoffelart zubereitet. Das wäre eine weitere Variante, die sich ebenfalls lohnt, ausprobiert zu werden.

Alu Matar passt gut zu allen Reisgerichten, wird aber auch oftmals einfach mit Chapatis als Hauptgericht gegessen.

*Zutaten:*
*4 mittelgroße Kartoffeln, geschält und grob gewürfelt*
*6 Tomaten, geschält und gewürfelt*
*200 g grüne Erbsen*
*2 EL Ghee*
*1 TL Cumin*
*1 TL Kurkuma*
*1 EL frischer geriebener Ingwer*
*¼ TL Asant*
*½ TL gemahlener Kardamom*
*½ TL Senfsaat, zerstoßen*
*1 TL Garammasala*
*¼ TL gemahlener Zimt*
*4-6 Curryblätter*
*2 EL Koriander- oder Petersilienblätter, gehackt*
*1 EL Jaggari oder Rohrohrzucker*
*1 TL Salz*
*250 ml Wasser*

⏲ *ca. 30 min*

**Zubereitung:**

**1.** Für die Soße:
½ EL Ghee erhitzen, die Senfsaat hinzugeben und die Tomatenwürfel darin kurz anschwenken, das Wasser hinzugeben und für 5–8 Minuten auf kleiner Flamme köcheln lassen.
Den Zucker hinzugeben und idealerweise mit einem Pürierstab pürieren. Das kann aber auch entfallen.

**2.** In einem mittelgroßen Topf das Ghee erhitzen und nacheinander alle gemahlenen Gewürze (außer Garammasala) hinzugeben und kurz anrösten.

Anschließend den geriebenen Ingwer und die Kartoffelwürfel dazugeben und unter Rühren rösten, bis sie rundherum goldbraun sind.

Danach die Erbsen hinzugeben, umrühren, etwa 50-100 ml Wasser dazugeben und bedeckt für etwa 10 Minuten auf kleiner Flamme garen lassen.

Wenn die Kartoffeln weich sind, die Tomatensoße dazugeben und zusammen aufkochen. Salz und die gehackten Kräuter dazugeben und zum Schluss die Garammasala drüberstreuen.

# Gemüsegerichte

## Alu-Bhandghobisabji – Kohl und Kartoffeln geschmort V⁺P⁻K⁻

### Zutaten:
1 kleiner Weißkohl
4 mittelgroße Kartoffeln, geschält und grob gewürfelt
2 Tomaten, geschält und geachtelt
2 EL Ghee
1 TL Senfsamen, zerstoßen
1 TL Kreuzkümmel
1 TL Ajwain
¼ TL Asafötida
½ TL Kurkuma
½ TL gemahlene Nelken
½ TL Kalinji
¼ TL gemahlener Zimt
1 EL geriebener frischer Ingwer
½ TL Cayennepfeffer
½ TL gemahlenen, schwarzen Pfeffer
1 TL Salz
2 EL gehackte Koriander- oder Petersilienblätter
250 ml Wasser

ca. 25 min

### Zubereitung:

**1.** Den Kohl waschen, den Strunk entfernen und den Kohl in Streifen oder Stücke schneiden.

**2.** In einem großen Topf das Ghee erhitzen und zuerst die Senfsamen, danach den Kreuzkümmel und alle weiteren Gewürze bis auf Pfeffer und Salz hinzugeben. Der geriebene Ingwer wird als letztes hinzugefügt.

**3.** Die Kartoffelwürfel dazugeben und in der Masala für 2-3 Minuten unter Rühren anrösten, bis sie rundum schön braun sind.

**4.** Jetzt den Kohl dazugeben und ebenfalls unter Rühren anbraten, bis er etwas Farbe annimmt.

**5.** Nun die Tomatenstücke unterheben, das Wasser dazugeben und bedeckt auf kleiner Flamme köcheln lassen, bis die Kartoffelstücke weich sind.
Dies dauert je nach Größe der Stücke 15 bis 20 Minuten.
Zum Schluss Pfeffer und Salz dazugeben und mit den gehackten Blättern garnieren.

**Für Vatatypen:** Nehmen Sie anstatt dem Ghee Sesamöl, um das *Vata-Dosha* in Schach zu halten.

# Auberginen-Khaddi, V°P⁺K°

**Khaddis sind in ganz Indien zu finden.**
Von ihnen leitet sich der Begriff „Curry" ab. Gemeint ist damit eigentlich die Soße aus Buttermilch und Kichererbsenmehl. In einigen Regionen nimmt man dafür auch Wasser und Joghurt.
Man kann also auch anderes Gemüse so zubereiten.

*Zutaten:*
*2 mittelgroße Auberginen*
*1-2 EL Ghee oder Öl*
*½ TL Bockshornkleesamen*
*½ TL Kurkuma*
*1 TL Senfsaat*
*6-8 Curryblätter*
*0,5 l Buttermilch*
*1-2 EL Kichererbsenmehl*
*1 Msp. Asant*
*2 grüne Chilischoten, gehackt*
*½ TL Salz*
*evtl. ½ TL Chilipulver*

⏲ *30 min*

**Zubereitung:**

**1.** Für das Khaddi: Die Auberginen waschen, schälen und in grobe Würfel schneiden.

Alles für ca. 15-20 Minuten in ein großes Sieb mit dem Salz geben und einen Deckel darauflegen. Anschließend den bitteren Saft abpressen. Buttermilch zusammen mit Kurkuma, Chilipulver und etwas Salz mit dem Kichererbsenmehl glattrühren.

**2.** Das Fett in einem großen Stahltopf erhitzen. Bockshornkleesamen ca. 1 Minute braun anbraten, Curryblätter, Chilischoten und Asant hinzugeben und kurz anrösten.

Die abgepressten Auberginen dazugeben und zugedeckt etwa 5-8 Minuten unter Umrühren anrösten. Dann das Khaddi in die Auberginen einrühren und für weitere 10-15 Minuten bei schwacher Hitze gar kochen. Bitte darauf achten, dass das Khaddi nicht anbrennt. Gegebenenfalls noch Wasser hinzufügen.

Mit gehackten Korianderblättern und Reis, Kichari oder Pillaw heiß servieren.

## Bengalisches Kürbiscurry, V°P°K⁺

**Zutaten:**
*1 kleiner Kürbis Ihrer Wahl, z.B. Hokkaido,
geschält und gewürfelt
3 Tomaten, geschält und geachtelt
1 Zucchini, gewürfelt
1 Karotte, geschält und gewürfelt
2 EL Ghee oder Pflanzenöl
1 TL Fenchelsamen
1 TL gemahlener Cumin
1 TL Bockshornkleesamen
1 TL Senfsamen
¼ TL Asant
1 TL gemahlener Koriander
½ TL Kurkuma
½ TL Kalinjisamen
1 EL Bockshornkleeblätter
½ TL gemahlener Kardamom
3 gemahlene Nelken
1 EL geriebener frischer Ingwer
150 ml Wasser
8-10 Curryblätter
1 TL Garammasala
(siehe Rezept S. 230)
1-1½ TL Salz*

🕒 25-30 min

**Zubereitung:**

**1.** Das Ghee in einem mittelgroßen Topf erhitzen und nacheinander die Senfsamen, den Fenchel und den Bockshornklee hineingeben, danach die gemahlenen Gewürze (außer Garammasala) und zum Schluss den geriebenen Ingwer hinzufügen. Jetzt die Gemüsewürfel zufügen und unter Umrühren rösten, bis alle Gemüsestücke rundherum angebräunt sind.

**2.** Das Wasser und die Blattgewürze dazugeben und auf kleiner Flamme bedeckt köcheln lassen, bis das Gemüse insgesamt weich ist. Salzen und mit Reis und Chapatis oder Thikkas servieren.

## Bittergemüse, V°P‾K°

**Menschen mit starkem Pitta-Dosha** wird geraten, regelmäßig Bitteres zu essen. Bei uns sind z. B. Bittermelonen nicht bekannt und gebräuchlich. Deshalb verwenden wir einheimische Bitterstoffe, die auch über das ganze Jahr verfügbar sind.

*Zutaten:*
*4 Chicorée*
*1 EL Ghee*
*½ kleiner Weißkohl*
*1½ TL Bockshornkleesamen*
*½ TL Senfsamen*
*1 TL Kreuzkümmel*
*1 TL Ajwan, ¼ TL Asant*
*¼ TL schwarzer Pfeffer*
*¾ TL Salz*
*1 EL Bockshornkleeblätter*
*100 ml Wasser*

🕒 *10-15 min*

**Zubereitung:**

Das Gemüse waschen und in feine Streifen schneiden, den Strunk entfernen. Das Ghee in einem mittelgroßen Topf erhitzen und die Gewürze darin anrösten, die Gemüsestreifen hineingeben und unter Rühren anbraten. Etwa 100 ml Wasser dazugeben und bedecken. Für 6-8 Minuten dünsten, Salz dazugeben und die Bockshornkleeblätter unterheben.

# Gemüsegerichte

## Bittermelonen-Sabji, V°P‾K°

Dieses Gericht wird in Indien besonders in der heißen Jahreszeit viel gegessen. Die Bittermelone hat blutreinigende Eigenschaften und stärkt die Leber.
Das Gericht sollte in **kleinen Mengen** zubereitet werden, weil es sehr bitter ist und man selten viel davon isst. Die hier angegebene Menge ist bei 4 Personen nur als kleine Zugabe zu anderen Gerichten gedacht.

*Zutaten:*
*2 Karelas (Bittermelonen s. Bild)*
*1 Knoblauchzehe, gehackt*
*1 Zitrone, geschält und gewürfelt*
*2 TL Ghee*
*1 TL Senfsaat*
*1 TL Cumin*
*¼ TL Asant*
*½ TL Salz*
*125 ml Wasser*
*1 EL gehackte Korianderblätter*

⏱ 15-20 min

**Zubereitung:**

**1.** Die Bittermelonen in etwa 1 cm dicke Scheiben schneiden.

**2.** Das Ghee in einem Topf erhitzen, die Senfsaat, Cumin und Asant dazugeben und kurz anrösten. Jetzt den Knoblauch dazugeben und für eine Minute anbraten.

**3.** Die Bittermelonenstücke und Zitronenwürfel dazugeben, unter Rühren kurz anbraten, mit Wasser ablöschen und bedeckt auf kleiner Flamme für 10-15 Minuten garen.

Salz und Korianderblätter dazugeben und heiß servieren.

## Brinjal Poriyal – gefüllte Auberginen, V⁺P°K⁻

Auberginen sollten generell **geschält** verzehrt werden, weil ihre Schale ähnlich, wie bei Tomaten und Paprika, unverdaulich ist.
Bei diesem Rezept werden kleine, junge Auberginen verwendet, deren Schale noch nicht so fest ist. Deshalb werden sie ungeschält verwendet. Auf der Abbildung wurden gefüllte Hälften verwendet. Servieren Sie das Poriyal heiß mit Reis.

*Zutaten:*
*½ kg kleine, junge Auberginen*
*150 g Kokosraspel*

*Füllung:*
*Tamarinde von der Größe einer Zitrone*
*1 EL Ghee oder Pflanzenöl*
*1 TL Koriandersamen*
*2 EL Gramdal (Chanadal)*
*1 TL Cumin*
*½ TL Asant*
*1 TL Salz*

*Würzpaste:*
*1 EL Ghee oder Öl*
*1 TL Senfsamen,*
*1 TL Cumin*
*1 EL Gramdal (Chanadal)*
*5-6 Curryblätter*

⏲ *ca. 45 min*

**Zubereitung:**

**1.** Die Kokosraspel rösten, bis sie goldbraun sind.

**2.** Das Ghee in einer Pfanne erhitzen und alle Zutaten der **Füllung** rösten. Die Tamarinde und die Kokosraspel hinzugeben und alles unter der Zugabe von etwas Wasser pürieren, sodass ein feiner Brei entsteht.

**3.** Jetzt die Auberginen im Kreuzschnitt tief einschneiden. Achten Sie aber darauf, sie nicht ganz durchzuschneiden. Die Auberginen füllen und zur Seite stellen.

**4.** Die Zutaten für die **Würzpaste** nacheinander in einem breiten Topf im Ghee rösten. Wenn die Senfsamen aufhören zu springen, stellen sie die Auberginen nebeneinander in den Topf und geben etwas Wasser und Salz hinzu. Wenn Sie noch Füllung übrig haben, streuen Sie diese vorsichtig darüber.

**5.** Den Topf bedecken und alles auf kleiner Flamme köcheln lassen, bis die Auberginen gar sind. Lassen Sie das Poriyal noch unbedeckt weiterköcheln, bis das Wasser verdampft ist. Beim Umrühren oder Schwenken darauf achten, dass die Auberginen nicht zerbrechen.

# Gemüsegerichte

## Gefüllte Kohlblätter, V°P°K°

**Lassen Sie sich inspirieren.** Füllungen lassen sich aus den verschiedensten Zutaten herstellen – ob Gemüsepüree oder Getreidemischungen.

### Zutaten:
6-8 Weißkohlblätter
6 mittelgroße Kartoffeln
1 EL Ghee
1 EL Rosinen
2 EL Kokosraspel
2 EL geriebener Ingwer
1 TL Senfsaat
1 TL Cumin
1 TL Kurkuma
½ TL Garammasala
¼ TL Asant
2 EL gehackte Koriander- oder Petersilienblätter
¾ TL Salz

*außerdem: Zahnstocher oder Bindfaden*

⏱ 30-40 min

### Tipp
Nach Ablösen der äußeren Blätter den verbliebenen Kohl immer wieder für 10 Sekunden ins kochende Wasser legen!

### Zubereitung:

**1.** Kohlkopf blanchieren und die äußeren Blätter vorsichtig ablösen. Anschließend die Blattrippe an der dicksten Stelle, dem Blatt entlang, abschneiden, damit sich das gefüllte Blatt besser rollen lässt.

**2.** Für die Füllung die Kartoffeln kochen und schälen. Das Ghee in einer Pfanne erhitzen und nacheinander die Gewürze darin anrösten, zuletzt den Ingwer.

Jetzt die Kartoffeln mit einer Gabel zerdrücken und in die Masala geben. Gut durchmischen und die Rosinen und Kokosraspel darunterheben, Salz und Kräuter dazugeben und zur Seite stellen.

**3.** Das Kohlblatt mit der Innenseite nach oben auf die Arbeitsfläche legen und 2-3 EL (je nach Größe des Kohlblatts) der Füllung auf das Kohlblatt geben. Von der Stielseite her einrollen, die Seiten einschlagen und ganz zusammenrollen. Mit Zahnstocher oder Bindfaden die Rolle fixieren.

Etwas Ghee oder Öl in einen Topf geben und die Kohlwickel nebeneinander dicht an dicht im Topf aneinanderlegen. Ca. 1 cm hoch mit Wasser bedecken und unter Verschluss für etwa 8-10 Minuten dünsten.

# Gefüllte Paprika, V°P⁻K°

Diese oder ähnliche Varianten von gefüllten Paprikas gibt es auf der ganzen Welt, besonders im Mittelmeerraum. Normalerweise sind sie mit Reis gefüllt.

Ich stelle eine **Variante mit Weizenschrot** vor, die wesentlich schneller zuzubereiten ist. Man kann für die Füllung anstatt Bulgur auch einfach Reis nehmen, muss das Ganze dann aber 10 Minuten länger dämpfen.

Ich serviere diese Version gern mit einer Gemüsesoße oder mit Dal. Probieren Sie eigene Varianten aus. Sie können viele andere Kräuter oder andere Gemüsewürfel dazugeben. Ebenso kann man den Bulgur durch anderen Getreideschrot oder Reis ersetzen, man muss dann nur die entsprechende Garzeit und die andere Menge an Wasser berücksichtigen.

*Zutaten:*
*4-6 Paprika*
*ca. 500 ml Wasser*

*Für die Füllung:*
*1 EL Ghee oder Pflanzenöl*
*200 g Bulgur*
*1 kleine Karotte, fein gewürfelt*
*1 TL Cumin*
*¼ TL Asant*
*½ TL Garammasala*
*¼ TL schwarzer gemahlener Pfeffer*
*1 TL Salz*
*2 EL Mandelsplitter*
*2 EL Petersilienblätter, gehackt*

⏱ 30 min

### Tipp

Vermeiden Sie, die arabische oder türkische Version mit Joghurt zu servieren. Nachtschattengewächse zusammen mit Milchprodukten sind sehr schwer verdaulich.

### Zubereitung:

**1.** Die Paprika waschen und mit einem kleinen Messer vorsichtig an der Oberseite rund um den Stiel aufschneiden. Den „Deckel" abnehmen und den daran befindlichen Samenstrunk abschneiden, ohne den „Deckel" zu beschädigen.

**2.** Für die Füllung das Ghee in einem mittelgroßen Topf erhitzen, den Cumin und den Asant hineingeben und kurz rösten. Die Karottenwürfel und die Mandelsplitter dazugeben und unter Rühren anbräunen. Den Bulgur dazugeben und ebenfalls kurz anrösten, bis er etwas bräunlich wird. Die restlichen Gewürze dazugeben und zur Seite stellen.

Die geöffneten Paprika mit dem Bulgur füllen, sodass oben noch 1-2 cm frei bleiben. Dann wieder mit dem „Deckel" verschließen. Die Füllung wird aufquellen.

**3.** Die gefüllten Paprika in einen eingeölten Topf aufrecht hinstellen und mit kochendem Wasser so weit auffüllen, dass die Paprika zur Hälfte im Wasser stehen. Den Topf verschließen und auf kleiner Flamme garen, bis das Wasser vollständig aufgesaugt ist.

### Gemüsebällchen in Soße, V°P°K⁺

Auch hier sind den **Variationsmöglichkeiten** kaum Grenzen gesetzt. Erweitern sie die Zutaten und lassen Sie sich inspirieren.
Die Soße kann ebenfalls beliebig verändert werden. Man kann ebenso gut eine Tomatensoße oder eine Mehlschwitze als Basis nehmen. Durch die Linsen bekommt man aber eine ganz besondere Note und auch einen anderen Nährwert.

*Zutaten:*
*½ kleiner Blumenkohl*
*2 mittlere Kartoffeln, geschält*
*1 große Karotte, geschält*
*2 EL Mandelsplitter*
*100-150 g Kichererbsenmehl*
*1 TL Cumin, gemahlen*
*1 TL gemahlener Koriander*
*½ TL Garammasala*

**Zubereitung:**

**1.** Zuerst bereitet man die Soße zu, indem man die Linsen mit dem Wasser und der Zimtstange kochen lässt, bis sie zerfallen sind. Tomatenmark und Salz dazugeben und warm stellen.

**2.** Das Gemüse waschen, schälen und mit einer Reibe grob raspeln. Alle Zutaten bis auf das Ghee zu einer teigartigen Masse zusammenmischen.

*½ TL gemahlener Kardamom*
*1 TL Kalinji*
*1 TL Kurkuma*
*1 EL geriebener frischer Ingwer*
*evtl. 1 Chili, gehackt*
*¼ TL Asant*
*3 EL gehackte Petersilien- oder Korianderblätter*
*1 TL Salz*
*Ghee oder Öl zum Frittieren*
*Für die Soße:*
*80 g Rote Linsen*
*1 Zimtstange, ca. 3 - 4 cm*
*500 ml Wasser*
*2 EL Tomatenmark*
*½ TL Salz*

🕒 40-45 min

Die Feuchtigkeit der geriebenen Kartoffel sollte reichen, um die Masse zu binden. Falls sich die Masse nicht zusammendrücken lässt, einfach noch etwas Wasser hinzugeben.

**3.** Das Ghee in einem Topf oder Wok erhitzen, bis es fast zu rauchen beginnt.

Aus der Gemüsemasse kleine Bällchen von der Größe eines Tischtennisballs formen, nacheinander in das heiße Ghee geben und für etwa 4-6 Minuten frittieren, bis sie eine goldbraune Farbe bekommen. In einer Schüssel mit der Soße übergießen und heiß servieren.

# Gemüsegerichte

## Getreidebratlinge mit Gemüse, V°P°K°

Auf dieser Basis kann man **unzählige Variationen** erstellen und auch alle Getreidearten mischen. Man kann auch das Gemüse ersetzen oder ganz weglassen. Erfahrungsgemäß sind Bratlinge bei Kindern äußerst beliebt. Daher ist in diesem Fall die Mischung schwach gewürzt. Sie können gern die **Gewürzmengen um das Doppelte erhöhen** – außer natürlich dem Salz. Diese Bratlinge kann man zu allem servieren, sie sind aber auch alleine mit einem Chutney eine herzhafte Mahlzeit.

*Zutaten:*
*60 g Haferflocken*
*60 g 5-Korn-Flocken*
*60 g Vollkornmehl*
*2 EL Sesam*
*1 kleine Karotte, geschält und fein gewürfelt*
*½ Zucchini, fein gewürfelt*
*½ TL Garammasala*
*½ TL Cumin*
*½ TL Koriander, gemahlen*
*¼ TL Asant*
*½ TL Kalinjisamen*
*1 TL Salz*
*2 EL frische gehackte Petersilie*
*¼ TL schwarzer Pfeffer*
*ca. 300 ml Wasser*
*Ghee oder Pflanzenöl zum Braten*

🕒 20 min

**Zubereitung:**

**1.** Die Getreideflocken mit den Gewürzen in einer Schüssel gut durchmischen. Das fein gewürfelte Gemüse mit etwas Ghee in einem Topf kurz anbraten und weich dünsten. Die gedünsteten Würfel zur Getreidemischung dazugeben und mit etwa 300 ml kochendem Wasser übergießen, durchmischen und für etwa 10 Minuten quellen lassen.

**2.** Jetzt mit der Hand kleine Küchlein formen und mit etwas Ghee oder Öl in der Pfanne auf beiden Seiten goldbraun braten.
Mit feuchten Händen lassen sie sich besser formen. Sollte die Mischung nicht richtig zusammenhalten, geben Sie einfach etwas mehr Mehl und gegebenenfalls dann auch noch etwas mehr Wasser dazu.

**Tipp**

Gut als Burger im Brötchen für Kids.

## Grüne Bohnen in Kichererbsensoße, V⁺P°K⁻

*Zutaten:*
*400 g grüne Bohnen*
*4 EL gesiebtes Kichererbsenmehl*
*650 ml Wasser*
*1 EL Ghee oder Öl*
*1 TL Senfkörner, zerstoßen*
*¼ TL Asant*
*1 TL gemahlener Cumin*
*½ TL Kurkuma*
*½ TL gemahlener Kardamom*
*½ TL Kalinjisamen*
*1 EL geriebener frischer Ingwer*
*1 TL Salz*
*¼ TL gemahlener schwarzer Pfeffer*

🕒 *30 min*

**Zubereitung:**

**1.** Die Bohnen waschen, putzen und in ca. 3 cm lange Stücke schneiden. Das Kichererbsenmehl mit einem Schneebesen mit dem Wasser verrühren, bis keine Klümpchen mehr da sind.

**2.** Ghee in einem Topf erhitzen und in der Reihenfolge: Senfsaat, Kumin, Asafötida, Kardamom, Kalinji und zum Schluss Ingwer dazugeben. Kurz anrösten und die Bohnen dazugeben, unter Rühren für eine Minute weiter rösten.
Mehl-Wasser-Gemisch dazugeben und langsam aufkochen. Bei kleiner Flamme bedeckt köcheln lassen, bis die Bohnen gar sind. Dabei gelegentlich umrühren und aufpassen, dass die Sauce nicht zu sehr eindickt. Gegebenenfalls noch etwas Wasser dazugeben.

**3.** Zum Schluss Pfeffer und Salz dazugeben und nach Belieben mit Kräutern garnieren.

Passt gut zu allen Reisgerichten, aber auch zu Chapatis oder anderen Brotspezialitäten.

## Kaschmir-Kartoffeln, V⁺P⁻K°

Diese Art von **Ofenkartoffeln** gibt es in ganz Nordindien. Die hier erwähnte Variante wird in der Himachal-Region häufig im Tandoor, dem traditionellen Lehmofen, oder einfach in der Pfanne gegart.

Beachten Sie, dass Kartoffeln in der ayurvedischen Küche als Gemüse gelten, nicht als Beilage. Dennoch sollte zu diesem Gericht auch immer noch eine flüssigere Gemüsepräparation serviert werden. Mit Chapatis oder einem Reisgericht und Gemüse servieren.

*Zutaten:*
*2 EL Ghee*
*6-8 mittelgroße Kartoffeln, geschält und geachtelt*
*2-3 Tomaten, geschält und fein gewürfelt*
*2 EL geriebener frischer Ingwer*
*1 TL Senfsaat*
*1 ½ TL Kreuzkümmel (Cumin)*
*¼ TL Asant*
*¼ TL Zimtpulver*
*1 TL Kurkuma*
*½ TL Ajwan*
*1-2 grüne Chilischoten, gehackt evtl. ½ TL Garammasala*
*4-6 Curryblätter*
*1 TL Salz*
*2 EL gehackte Koriander- oder Petersilienblätter zum Garnieren*

⏱ *40-45 min*

**Zubereitung:**
Den Backofen auf 170 °C vorheizen.

**1.** Zuerst in einem Topf die Hälfte des Ghees erhitzen und nacheinander Senfsamen, Cumin, Ajwan, Asant, Kurkuma, Zimt und den Ingwer anrösten. Dabei kräftig rühren, damit der Ingwer nicht anbrennt. Chili und die Kartoffelachtel dazugeben, kräftig weiterrühren. Die Tomatenwürfel dazugeben und unter ständigem Rühren für 5-8 Minuten rösten, bis alles eine schön goldbraune Farbe hat. Jetzt das Salz dazugeben und gut durchmischen.

**2.** Mit dem restlichen Ghee eine Auflaufform kräftig einfetten und die Mischung hineingeben. Bei 170 °C für etwa 25-30 Minuten auf mittlerer Schiene backen, herausnehmen, Garammasala darüberstreuen und mit den gehackten Kräutern garnieren.

## Kichererbsencurry, V⁺P°K⁻

Dieses Curry ist ein Beispiel dafür, dass gutes Essen nicht viel kosten muss und **sehr nahrhaft** sein kann. Mit Chapatis servieren.

*Zutaten:*
*300 g Kichererbsen*
*1½ l Wasser*
*500 ml Tomatenpassata\**
*200 ml Sojasahne*
*2 EL Ghee oder Pflanzenöl*
*1 TL Senfsamen, zerstoßen*
*1½ TL Kreuzkümmel*
*¼ TL Asant*
*½ TL gemahlener Zimt*
*½ TL gemahlener Kardamom*
*1 TL Kurkuma*
*1 TL Garammasala*
*5-6 Curryblätter*
*2 EL gehackte Koriander- oder Petersilienblätter*
*1½ TL Salz*

*45-60 min*
*(Einweichzeit 12 Std.)*

### Zubereitung:

**1.** Die Kichererbsen über Nacht einweichen und ca. 1 Stunde kochen, bis sie richtig weich sind. Dann abtropfen lassen und zur Seite stellen.

**2.** In einem mittelgroßen Topf das Ghee erhitzen und nacheinander die Senfsamen, Kreuzkümmel, Asant, Zimt und Kurkuma hineingeben und kurz rösten. Jetzt die gekochten Kichererbsen dazugeben und rundherum für 2 Minuten anbraten. Die Tomatenpassata dazugeben und einmal aufkochen. Sojasahne unterrühren, Salz, Garammasala, Kardamom und die gehackten Kräuter dazugeben.

**Tipp**

*Die Tomatenpassata kann man selbst machen, indem man 6 große Tomaten blanchiert, schält, würfelt, kocht und püriert.

# Gemüsegerichte

## Kürbis-Kuzambhu, V°P⁻K⁺

**Kuzambhus gibt es in Südindien viele.**
Es ist praktisch ein Curry, das meist mit Joghurt oder einer Art Topfenquark gekocht wird und daher nicht für alle Typen gut geeignet ist.
Ich habe einfach eine **Version ohne Milchprodukte** ausprobiert und viel positive Resonanz dafür bekommen. Anstatt Kürbis kann man jedes andere Gemüse verwenden oder auch mischen.

Selbstverständlich kann man dieses Gericht noch mit frischen Kräutern verfeinern. Für die Originalversion einfach zum Schluss eine Tasse Joghurt oder Topfenkäse unterrühren.

*Zutaten:*
*1 kleiner Hokkaido oder ähnlicher Kürbis*
*2-3 EL Ghee*
*1 TL Bockshornkleesamen*
*1 TL Senfsaat*
*1 EL geriebener Ingwer*
*¼ TL Asant*
*5-8 Curryblätter*
*3 EL Cuminsamen*
*3 EL Koriandersamen*
*2 EL Kokosraspel*
*1 TL Kurkuma*
*3 EL Chanadal*
*500 ml Wasser*
*evtl. etwas Sojasahne*
*1 TL Salz*

⏱ *20-25 min*

**Zubereitung:**

**1.** Für die Würzpaste zuerst den Cumin, den Koriander, die Kokosraspel, die Senfsaat, den Chanadal, den Asant, Curryblätter, Ingwer und Kurkuma in einem Häcksler oder einem Mörser zerreiben, bis ein grobes aber gleichmäßiges Pulver entstanden ist.

Dieses wird jetzt in einer kleinen Pfanne mit dem restlichen Ghee geröstet, bis es eine goldbraune Farbe angenommen hat und nussig riecht. Die Mischung wird beiseitegestellt.

**2.** Den Kürbis oder das Gemüse in grobe Würfel schneiden. 1 TL Ghee in einem Topf erhitzen, den Bockshornklee anrösten und die Kürbiswürfel dazugeben.

Rundum etwas anrösten und die Würzpaste hinzugeben, gut durchmischen und mit dem Wasser auffüllen. Salz dazugeben und zum Kochen bringen.

Auf kleiner Flamme köcheln lassen, bis der Kürbis weich und die Soße eingedickt ist. Eventuell etwas Sojasahne dazugeben und heiß servieren.

## Mangoldgemüse mit Kartoffeln, V°P°K°

**Zutaten:**
*1 Mangold*
*4 Kartoffeln, geschält und gewürfelt*
*150 g frische Erbsen*
*1-2 EL Ghee*
*3 EL geriebener frischer Ingwer*
*1 TL Bockshornkleesamen*
*1 TL Senfsamen*
*1½ TL Cumin*
*1 TL Ajwan*
*½ TL gemahlener schwarzer Pfeffer*
*1 Lorbeerblatt*
*4-5 cm Zimtstange*
*¼ TL Asant*
*50 g Cashewnüsse*
*1 EL Kichererbsenmehl*
*evtl. 1 grüne Chilischote*
*1 TL Salz*
*400 ml Wasser*
*3 EL heiße Milch*
*¼ TL Safranpulver*

🕒 30 min

*(plus Einweichzeit für die Cashewnüsse)*

**Zubereitung:**

**1.** Zuerst die Cashewnüsse mit kochendem Wasser (ungefähr ein Drittel des Wassers) übergießen und für etwa 20-30 Minuten einweichen. Dann den Safran in der heißen Milch einweichen.

**2.** Den Mangold waschen und in feine Streifen schneiden. In einem mittelgroßen Topf das Ghee erhitzen und die Senfsamen, Bockshornkleesamen, Ajwan, Asant, Ingwer und Chili hineingeben und für 1-2 Minuten auf kleiner Flamme unter ständigem Rühren anrösten. Die Kartoffeln dazugeben und unter ständigem Rühren für weitere 4-5 Minuten rösten.
Den Mangold, die Erbsen, Lorbeer und Zimt dazugeben, andünsten und mit dem restlichen Wasser ablöschen. Bedeckt für etwa 10 Minuten köcheln lassen.

**3.** In der Zwischenzeit die eingeweichten Cashewnüsse zusammen mit dem Kichererbsenmehl zu einem feinen Püree mixen.
Wenn die Kartoffelwürfel fast gar sind, das Cashew-Püree zu dem Gemüse geben und gut umrühren. Salz, Pfeffer und die Safranmilch dazugeben und für weitere 5 Minuten leise köcheln lassen. Immer wieder umrühren, damit nichts anbrennt.

Heiß und mit Reis, Papadams oder Chapati/Puri servieren.

## Palak Paneer,
### selbst gemachter Frischkäse in Spinat, V⁻P⁺K⁺

**Zutaten:**
*120 g Paneer, gepresst und gewürfelt*

**Für die Lake:**
*1 TL Salz*
*1 TL Kurkuma*
*Wasser*

*500-700 g frischer Spinat*
*1 Tasse grüne Erbsen*
*0,2 l Kokosmilch*
*10 EL Ghee*
*1 TL Fenchelsamen*
*1 TL Kreuzkümmelsamen*
*1 TL Koriandersamen*
*1 TL Senfsaat*
*½ TL Asant*
*1 TL Kurkuma*
*1 EL geriebener frischer Ingwer*
*8-10 Curryblätter*
*2 EL Bockshornkleeblätter*
*1 g Chili für Kapha-Typen*

🕐 *1 Std.*

**Zubereitung:**

**1.** Die grünen Erbsen mit wenig Wasser bedeckt garen.

**2.** In der Zwischenzeit den gewürfelten Paneer in reichlich Ghee knusprig anbraten und in die Lake aus Wasser, Salz und Kurkuma einlegen und eine halbe Stunde ziehen lassen.

**3.** Den Spinat waschen und in feine Stücke hacken.

**4.** In einem mittelgroßen Topf etwa 2 EL Ghee erhitzen und die Senfsamen anrösten, bis sie zu springen beginnen. Jetzt die restlichen Gewürze dazugeben, zuletzt den Ingwer und Bockshornkleeblätter.

Die Curryblätter für später aufbewahren.

**5.** Wenn die Gewürze schön braun sind, nach und nach den Spinat dazugeben, bis er rundum angebraten ist. Jetzt die gegarten Erbsen dazugeben, mit der Kokosmilch aufgießen und 2-3 Minuten köcheln lassen.

Die Paneerstücke abgießen und zusammen mit den Curryblättern unterheben, salzen und heiß servieren.

# Pasta Verdura, V°P°K⁺

### Zutaten:
*500 g Linguine oder Tagliatelle*
*1 Karotte, geschält*
*1 Zucchini*
*2 Lauchzwiebeln*
*3 große Scheiben Ingwer*
*2 TL Ghee oder Öl*
*1-2 grüne Chilischoten*
*1 TL Senfsaat*
*1 TL gemahlener Cumin*
*½ TL gemahlener Koriander*
*2 Msp. Safran*
*1 TL Salz*
*2 EL gehackte frische Kräuter nach Wahl*
*½ TL schwarzer gemahlener Pfeffer*
*400 ml Sahne oder Sojasahne*

🕒 *25 min*

### Zubereitung:

**1.** Das Gemüse längs in feine Streifen schneiden. Die Nudeln in leicht gesalzenem Wasser „al dente" kochen und zur Seite stellen.
Von der Sahne etwa 3 EL wegnehmen und darin den Safran 10 Minuten lang einweichen.

**2.** In einem Topf das Ghee erhitzen und nacheinander die Gewürze (bis auf den Safran) anrösten, zuletzt den Chili.
Die Gemüsestreifen dazugeben und rundum anrösten, bis sie Farbe bekommen. Jetzt 4-5 EL Wasser dazugeben, mit einem Deckel verschließen und auf kleiner Flamme etwa 5 Minuten dünsten.

**3.** In der Zwischenzeit die gekochten Nudeln zusammen mit der Safransahne kurz in einer heißen Pfanne schwenken, bis sie gleichmäßig gefärbt sind.

Wenn das Gemüse weich ist, die Sahne dazugeben und ein Mal aufkochen (bei der Verwendung von Sojasahne, müssen Sie darauf achten, diese nur zu erhitzen und nicht zu kochen, weil sie sonst gerinnt).

Das Salz dazugeben, umrühren und zuletzt die gefärbten Nudeln dazugeben und gut durchmischen. Mit den gehackten Kräutern garnieren und heiß servieren.

# Gemüsegerichte

## Ayurvedisches Ratatouille, V°P°K°

Ratatouille ist ein **gängiges Gemüsegericht**, das wegen der Mischung von Nachtschattengewächsen recht komplex und schwer verdaulich ist.
Deshalb ergänzen wir es einfach mit verdauungsfördernden Gewürzen.

*Zutaten:*
*2 mittelgroße Auberginen*
*2 Zucchini*
*1 rote Paprika*
*1 grüne Paprika*
*4 Tomaten*
*200 ml Wasser*
*2 EL Ghee oder Pflanzenöl*
*1 TL Fenchelsamen*
*1½ TL Kreuzkümmel*
*½ TL gemahlene Nelken*
*1 EL geriebener frischer Ingwer*
*½ TL schwarzer Pfeffer*
*1½ TL Salz*
*2 EL Petersilienblätter, gehackt*

🕒 *20-30 min*

**Zubereitung:**

**1.** Die Auberginen schälen, auf einem Teller in Salz wenden und in einer Schüssel zur Seite stellen. Die Tomaten blanchieren, schälen und achteln. Zucchini und Paprika in ca. 2 cm große Stücke schneiden.

Die Auberginen mit der Hand ausquetschen, nachdem sie etwa 10 Minuten im Salz gelegen haben. Sie sollten nun einiges an Saft abgeben. (Das Ausdrücken dient der Verdaulichkeit, denn Auberginen enthalten schwer verdauliche Alkaloide.) Auberginen ebenfalls in Würfel von derselben Größe schneiden.

**2.** Das Ghee in einem mittelgroßen Topf erhitzen und nacheinander die Gewürze hinzugeben, zuletzt den Ingwer, und kurz anrösten.
Jetzt die Auberginenwürfel dazugeben und unter Rühren anrösten, bis sie braun werden.

Anschließend die restlichen Gemüsewürfel hinzufügem und weiter unter Rühren etwa 2 Minuten lang anbraten.

Das Wasser dazugeben und bedeckt auf kleiner Flamme köcheln lassen, bis das Gemüse weich ist.
Zum Schluss mit Salz, Pfeffer und den Kräutern abschmecken.

## Weißkohl geschmort, V°P°K°

Dieses Gericht ist, im Übermaß gegessen, *Vata* erhöhend. Der geschmorte Kohl ist nur durch Zugabe der starken Gewürze nicht mehr stimulierend auf *Vata* und muss unbedingt ganz **weich gegart** sein. Einen noch besseren Effekt erzielt man mit Chinakohl.

*Zutaten:*
*½ Weißkohl in feine Streifen geschnitten*
*100 g grüne Erbsen*
*2 EL Ghee*
*1 TL Cumin*
*1 TL Bockshornkleesamen*
*1 TL Senfsaat, zerstoßen*
*1 TL Ajwan*
*½ TL gemahlener Zimt*
*½ TL Kurkuma*
*¼ TL Asant*
*1 TL Fenchel*
*1 EL geriebener Ingwer*
*1 TL Salz*
*2 EL Bockshornkleeblätter*

🕒 20 min

**Zubereitung:**

**1.** Das Ghee erhitzen und die Gewürze darin anrösten, zuletzt den Ingwer.
Die Bockshornkleeblätter noch nicht hinzufügen. Den Kohl dazugeben und unter Rühren anrösten, die Erbsen und 150 ml Wasser hinzufügen und bedeckt für etwa 10-15 Minuten schmoren.

**2.** Bockshornklee hinzufügen, salzen und servieren.

# Reisgerichte und Kicharis

# Ayurvedisches Risibisi, V⁺P°K°

Wir kennen seit Langem die Kombination, die in der Kurküche essenziell ist: Getreide/Pseudogetreide kombiniert mit Hülsenfrüchten. Allerdings wird hierzulande wenig Wert darauf gelegt, diese Kombination mit **Verdauungshilfen** auszustatten, sie wird einfach nur zusammen gegart.

Durch die Kombination von Reis und Erbsen erhält man zwei Geschmacksnoten: süß und herb. Mit dem folgenden Rezept wird, ähnlich einem Kichari, diese Kombination *tridoshic* arrangiert, also für alle Typen verträglicher gemacht und auf ein Niveau gebracht, in dem die *Doshas* mehr harmonieren.

*Zutaten:*
*200 g Basmati- oder Langkornreis*
*100 g frische grüne Erbsen*
*2 EL Ghee oder entsprechendes Pflanzenöl*
*1 TL Fenchelsamen, gemahlen*
*1 TL Kreuzkümmelsamen, gemahlen*
*1 Lorbeerblatt*
*¼ TL Asant*
*½ TL gemahlener Kardamom*
*2 Nelken, gemahlen*
*Zimtstange, ca. 2 cm*
*2 EL gehackte Koriander- oder Petersilienblätter*

*Für Kapha-Konstitutionen:*
*1 frische grüne Chilischote*
*1 TL Salz*
*Wasser*

🕒 *25 min*

**Zubereitung:**

**1.** Waschen Sie den Reis und die Erbsen gründlich und lassen Sie sie abtropfen. Geben Sie das Ghee in einen mittelgroßen Topf und rösten Sie nacheinander den Fenchel, Cumin (Kreuzkümmel) und die anderen Gewürze außer dem Lorbeer in dem Ghee, bis Sie eine homogene, bräunliche Masse erhalten.

**2.** Jetzt den Reis, die Erbsen und das Lorbeerblatt dazugeben und alles kurz anrösten, bis es bräunlich ist. Nun so viel Wasser hinzufüllen, bis der Reis 2 cm mit Wasser bedeckt ist und einmal umrühren.
Den Topf verschließen und alles zusammen aufkochen lassen. Wenn das Wasser kocht, auf die kleinste Flamme stellen und bedeckt 8 Minuten köcheln lassen. Dann bedeckt noch 10 Minuten ziehen lassen, ohne den Topf zu öffnen oder umzurühren.

**3.** Das Salz und die gehackten Kräuter unterheben und mit einem Gemüsegericht Ihrer Wahl, Brot und z. B. Thikkas oder anderen Frittüren heiß servieren.

# Reisgerichte und Kicharis

## Biryani/Pilaw, V°P°K°

Diese Grundidee eines gebackenen Reisgerichts finden Sie über den ganzen Orient verteilt. Das Grundrezept hier ist an das **afghanische Nationalgericht Pilaw** angelehnt, das dort und im Iran hauptsächlich mit Hammelfleisch oder Geflügel zubereitet wird. Wir nehmen dem Vegetarier zuliebe einfach Sojafleisch.

Diese Version ist in Indien, vor allem in **Maharashtra, als Biryani** bekannt. Diesem wird allerdings Joghurt hinzugefügt.

Um eine **südindische Variante** zu bereiten, geben Sie einfach vor dem Backen eine Würzpaste hinzu, wie sie für die Rasams verwendet wird (siehe S. 247). In einigen Gegenden wird abschließend auch etwas Joghurt untergehoben.

### Zutaten:
- 200 g Basmatireis
- 50-60 g grobe Soja-Chunks
- 3 EL Cashewnüsse
- 2 EL Rosinen
- 2 EL Ghee oder Öl
- 1 TL Senfsaat
- 1 EL geriebener Ingwer
- 4 Kardamomkapseln
- 1 TL Koriandersamen
- 1½ TL Kreuzkümmelsamen
- 1 TL Fenchelsamen
- 1 TL Kurkuma
- ¼ TL Asant
- Zimtstange, 3-4 cm (Zimtpulver geht auch)
- evtl. 1 grüne Chilischote
- 6-8 Curryblätter
- ½ TL Garammasala
- 3 EL gehackte Korianderblätter
- 2 EL Zitronensaft
- Wasser

⏱ 45 min

### Zubereitung:

**1.** Den Reis waschen, abtropfen lassen und zur Seite stellen. Als Nächstes sollte man die Soja-Chunks garen, was je nach Hersteller unterschiedlich angegeben wird. Manche werden einfach mit kochendem Wasser übergossen und für 20 Minuten eingeweicht.
Die chinesischen Chunks wiederum, die auch in Indien verwendet werden, müssen für 5-8 Minuten gekocht werden. Ich persönlich gebe dem Wasser immer schon einige Gewürze bei, um den schalen Eigengeschmack der Sojawürfel zu überdecken. In der Zwischenzeit den Backofen auf 170 °C vorheizen.

**2.** Das Ghee/Öl in einem mittelgroßen Topf erhitzen und nacheinander Senfsamen und alle Gewürze hineingeben, außer den Korianderblättern und der Garammasala. Die Soja-Chunks, Nüsse, Rosinen und Reis dazugeben und ordentlich umrühren, bis alles etwas Farbe angenommen hat. Mit kochendem Wasser so weit auffüllen, bis der Reis ungefähr 2,5 cm hoch bedeckt ist, den Topf verschließen. Bei kleiner Flamme für etwa 5 Minuten köcheln lassen, ausschalten und weitere 5 Minuten verschlossen quellen lassen.

**3.** Das Biryani in eine eingefettete Auflaufform geben, salzen, gegebenenfalls nochmal mit etwas Wasser übergießen (falls der Reis zu trocken wirkt) und in den heißen Ofen geben. Nach etwa 20-25 Minuten herausnehmen, Korianderblätter und Zitronensaft unterheben und heiß servieren.

## Gewürzreis, V°P°K°

*Zutaten:*
*150 g Basmatireis*
*1 EL Ghee*
*1 TL Fenchelsamen*
*1 TL Kreuzkümmel*
*3 Nelken*
*3 Kardamomkapseln*
*Zimtstange, 2 cm*
*1 Lorbeerblatt*
*1 TL Salz*
*Korianderblätter oder*
*Petersilie zum Garnieren*

⏱ *20 min*
*(ohne Einweichzeit)*

**Zubereitung:**

**1.** Den Reis ca. eine Stunde einweichen, das Ghee in einem Topf erhitzen, die Gewürze hinzufügen und rösten, bis sie leicht braun sind. Den Reis hinzufügen und leicht anrösten.
Mit kochendem Wasser aufgießen, bis der Reis 1 cm bedeckt ist, und einmal umrühren, damit nichts anbrennt.
Den Deckel auf den Topf legen und für ca. 5 Minuten auf kleiner Flamme köcheln lassen. Dann die Flamme ausmachen und ca. 10 Minuten ziehen lassen. Jetzt auf keinen Fall öffnen oder umrühren.

**2.** Wenn der Reis fertig gequollen ist, Salz und Korianderblätter unterheben und heiß servieren.

# Reisgerichte und Kicharis

## Herbstkichari, V⁻P⁺K°

Im Herbst gibt uns die Natur viel Gemüse, das *Vata* reduziert, z.B. grüne Bohnen, Karotten, Fenchel, Rote Bete, eingelegter Spargel. Auf der **Basis von Kichari** können wir das alles zusammen verarbeiten.

*Zutaten:*
*150 g Mungdal*
*150 g Reis*
*¾-1 l Wasser*
*2 EL Ghee*
*1 Karotte, geschält und gewürfelt*
*1 Rote Bete, geschält und gewürfelt*
*75 g frische grüne Bohnen*
*1 kl. Fenchelknolle*
*1 TL Fenchelsamen*
*1 TL Cumin*
*Zimtstange, 2-3 cm*
*¼ TL Asant*
*1 EL geriebener frischer Ingwer*
*2 EL Korianderblätter*

🕒 30 min

**Zubereitung:**

**1.** Den Dal und den Reis waschen und zusammen mit ca. 1 l Wasser in einen mittelgroßen Topf geben, den Zimt hinzufügen und kochen, bis der Dal weich wird. Nun die Gemüsewürfel und -stücke dazugeben und zusammen weiterkochen, bis die Wurzelgemüse weich sind.

**2.** Jetzt in einem kleinen Pfännchen das Ghee erhitzen und nacheinander die Gewürze hineingeben, zuletzt Ingwer und Korianderblätter, kurz anrösten und dann ins Kichari geben und für 1 Minute mitköcheln lassen.

*Geröstete Gewürze*

## Kichari, V°P°K°

**Kichari ist die beste Aufbaukost** nach oder während Krankheit, es eignet sich auch hervorragend als Abendmahlzeit.

*Zutaten:*
*100-150 g Mungdal*
*100-150 g Reis*
*2 EL Ghee oder entsprechendes Pflanzenöl*
*1 Karotte, geschält und gewürfelt*
*1 große Kartoffel, geschält und gewürfelt*
*3-4 cm Zimtstange*
*1 EL geriebener frischer Ingwer*
*1 TL Fenchelsamen*
*1 TL Kreuzkümmel*
*1 TL Senfsaat, zerstoßen*
*¼ TL Asant*
*1 Lorbeerblatt*
*1 TL Salz*
*½ TL schwarze Zwiebelsamen (Kalinji)*
*1 TL Kurkuma*
*2 EL Petersilien- oder Korianderblätter*
*ca. 700 ml Wasser*

*⏲ 45 min*

**Zubereitung:**

**1.** Waschen Sie den Reis und die Linsen und lassen Sie sie abtropfen. Geben Sie 1 EL Ghee in einen mittelgroßen Topf und braten Sie Linsen und Reis kurz zusammen mit den Gemüsewürfeln an.

Jetzt geben Sie die Zimtstange, das Lorbeerblatt und das Wasser hinzu. Auf kleiner Flamme köcheln lassen, bis die Linsen ganz weich sind.

**2.** Für die Würze:
Ein kleines Pfännchen mit dem restlichen Ghee erhitzen und nacheinander Senfsaat, Kreuzkümmel, Fenchelsamen, Asant, Kurkuma, Kalinji und zum Schluss den geriebenen Ingwer dazugeben, kurz rösten und in das Kichari gießen. Noch etwas mitköcheln lassen, salzen und die Petersilie oder Koriander unterheben.

Je nachdem, wie flüssig man das Kichari haben will, gibt man mehr Wasser hinzu oder man lässt es zum Schluss noch bedeckt quellen, bis der Reis/die Linsen das Wasser vollständig aufgesaugt haben.

# Reisgerichte und Kicharis

## Powerkichari, V⁻P⁺K⁻

*Vor allem im Herbst und im Winter*

Dieses Kichari fällt unter die Kategorie *Rajasika* und dient als **Aufbaukost** nach schwächenden Krankheiten wie grippalen Infekten. Bei **Erkältungen** zeigt es seine Wirkung durch die Kombination der drei starken Gewächse Zwiebel, Knoblauch und Ingwer.

*Zutaten:*
*100 g Mungdal oder Mazoordal*
*100 g Reis*
*ca. 700 ml Wasser*
*1 Gemüsezwiebel, fein gewürfelt*
*3 Knoblauchzehen, gehackt*
*4-5 EL geriebener frischer Ingwer*
*1 Zimtstange*
*1 Lorbeerblatt*
*3 EL Ghee*
*4 Kardamomkapseln, zerdrückt*
*4-5 Nelken*
*1 TL Senfsaat, zerstoßen*
*2 TL Cumin*
*1 TL Fenchelsamen*
*1 TL Kurkuma*
*¼ TL Asant*
*1 grüne Chilischote, gehackt*
*1 TL Garammasala*
*1- ½ TL Salz*
*2 EL frische gehackte Kräuter wie Koriander oder Petersilie*

🕒 *45-60 min*

*(plus Einweichzeit mindestens 1 Std.)*

**Zubereitung:**

**1.** Reis und Dal für mindestens 1 Stunde einweichen. Zwiebeln und Knoblauch sollten ganz fein gehackt werden. Man kann diese und den Ingwer auch in einen Mixer geben und zu einer feinen Paste mixen.

Die Hälfte des Ghees in einem Topf erhitzen, Zimtstange, Lorbeerblatt, Nelken und Kardamom dazugeben und kurz anrösten. Jetzt die Zwiebeln, den Knoblauch und Ingwer oder die Paste dazugeben. Wenn Sie die Paste verwenden, bitte ständig gut umrühren.

**2.** 2-3 Minuten lang anbraten. Jetzt den abgetropften Reis und den Dal hinzufügen und gut umrühren. Mit Wasser auffüllen und zum Kochen bringen.

Auf kleiner Flamme köcheln lassen, bis der Dal zu zerfallen beginnt. Während des Kochens den Schaum an der Oberfläche immer wieder abschöpfen. Gegebenenfalls noch Wasser hinzufügen. Die Menge des Wassers hängt davon ab, wie flüssig oder breiig man das Kichari haben möchte.

**3.** Für die Würze das restliche Ghee in einem kleinen Pfännchen erhitzen, die Gewürze nacheinander hineintun, kurz anrösten und zum Kichari geben. Salz und Kräuter unterheben und heiß servieren.

## Zitronenreis, V°P°K⁻

**Dieses Gericht ist im Sommer sehr beliebt.**
Es passt ausgezeichnet zu Spinatgerichten oder einfach nur zu Dal und hat sich in unserer Praxis als ausgezeichneter **Helfer beim Abnehmen** erwiesen.

*Zutaten:*
*1½ EL Ghee*
*200 g Langkornreis*
*3 cm Zimtstange*
*1 TL Senfsaat*
*1 EL geriebener frischer Ingwer*
*1 TL Kurkuma*
*3 Nelken*
*3-4 Curryblätter*
*Zitronensaft von 2 Zitronen*
*1 TL Salz*
*2 EL Koriander-*
*oder Petersilienblätter zum Garnieren*

🕒 *20-25 min*

**Zubereitung:**

**1.** Waschen Sie den Reis und lassen sie ihn gut abtropfen. Erhitzen Sie das Ghee in einem mittelgroßen Topf und geben Sie die Senfsamen dazu. Wenn sie aufhören zu springen, fügen Sie den Ingwer hinzu und rühren kurz um.

**2.** Jetzt den Reis und die restlichen Gewürze dazugeben und gut umrühren. Mit kochendem Wasser auffüllen, bis der Reis ca. 1 cm bedeckt ist, den Topf abdecken und auf kleiner Flamme etwa 5 Minuten köcheln lassen.

Den Topf von der Flamme nehmen und geschlossen (!) noch etwa 15 Minuten quellen lassen.
Zum Schluss das Salz und den Zitronensaft mit einer Gabel unterheben und mit Petersilie oder Koriander garnieren.

# Snacks

*Dahltikka, Rezept S. 292*

## Alukofta, V°P°K⁺

### Zutaten
5 mittelgroße Kartoffeln
80-100 g Kichererbsenmehl
1 TL Senfsamen, zerstoßen
1 TL Cumin
1 TL Kurkuma
1 TL Fenchelsamen
1 TL Ajowan
¼ TL Asant
1 TL Kalinji
1 TL Salz
½ TL Garammasala
2 EL gehackte Kräuter nach Wahl
Ghee oder Öl zum Frittieren

🕒 25-30 min

### Zubereitung:

**1.** Die Kartoffeln mit einer Reibe raspeln und mit den übrigen Zutaten zu einer Teigmasse vermengen.

Der Saft der Kartoffeln sollte zum Anbinden reichen, gegebenenfalls etwas Wasser hinzufügen.

**2.** Bällchen formen und für 6–8 Minuten in heißem Fett ausbacken.

Mit Tomatensoße servieren.

## Alupatra-Kartoffelschnecken, V⁺P⁻K°

*Zutaten:*
*ca. 400 g Chapati-Teig (Rezept auf S. 224)*
*ca. 400 g Alumasala, vorzugsweise ohne Erbsen (siehe Rezept auf S. 226)*

🕒 *inklusive Masala 45 min*

### Tipp

Wenn man dem Chapati-Teig etwas Kurkuma beimischt, erhalten die Patras eine schönere goldene Farbe.

**Zubereitung:**

**1.** Den Chapati-Teig zu einem gleichmäßigen Rechteck von 3-4 mm Stärke ausrollen.
Die Kartoffelfüllung mit einer Palette vorsichtig auf dem gesamten Teig ausstreichen. Am oberen Ende ca. 5 mm freilassen.
Jetzt das Rechteck von unten her einrollen und den freien oberen Rand mit etwas Wasser befeuchten, damit die Rolle verschlossen bleibt.

**2.** Die Rolle in ca. 1,5 cm breite Scheiben schneiden und auf beiden Seiten in reichlich Ghee braten, bis sie goldbraun sind.

## Aluthikka, V⁺P°K°

*Zutaten:*
*Ghee oder Sonnenblumenöl zum Frittieren eine gewünschte Menge Alumasala (siehe Rezept S. 226)*

🕒 *ca. 45 min*

**Zubereitung:**

**1.** Eine mittelgroße Kartoffel ergibt ca. 2 Thikka. Für Aluthikka nehmen Sie das Grundrezept für Alumasala und eine entsprechende Menge Pakora-Teig (siehe Rezept S. 294).

**2.** Das Ghee in einem Gheewok oder Topf auf ca. 170 °C erhitzen (kurz bevor es zu rauchen beginnt). Aus der Alumasala kleine Küchlein formen und diese vorsichtig in den Pakora-Teig tauchen. Das lässt sich am besten mit 2 Löffeln bewerkstelligen. Auf den einen legen Sie das Küchlein, tauchen es in den Teig und wenden es dann auf den anderen Löffel, damit alles restlos mit Teig bedeckt ist. Nun den Thikka vorsichtig ins heiße Fett geben und backen, bis er goldbraun ist.

### Tipp

Aluthikka werden als Snacks mit verschiedenen Chutneys serviert, passen aber auch gut in ein Menü. Im Herbst mit viel Ingwer zubereiten.

# Snacks

## Dal Katchauri, V⁺P°K⁺

Diese **Brotspezialität** ist ein nahrhafter Snack, der in Bengalen häufig an Imbissbuden verkauft wird, aber auch als Beilage zu einem vollwertigen Menü serviert werden kann.
Kachauries können mit jedem Chutney serviert werden und sind auch alleine eine **vollwertige Mahlzeit**, weil sie eine perfekte Kombination von Getreide und Hülsenfrüchten sind.

### Zutaten:

Chapatiteig von ca. 200 g Mehl (siehe Grundrezept S. 224), ergibt ca. 12 Katchauries

100 g Toordal
¼ TL Zimt, gemahlen
½ TL Fenchelsamen, zerstoßen
½ TL Cumin, gemahlen
¼ TL Asant,
½ TL Kurkuma
½ TL Garam Masala
½ TL Salz
Ghee oder Pflanzenöl zum Frittieren

⏲ 1 Std.

### Zubereitung:

**1.** Den Dal waschen und auf kleiner Flamme kochen, bis er gar ist, aber noch nicht zerfällt. Dann den gekochten Dal in einem Sieb abtropfen lassen und ihn in eine Schüssel geben. Alle Gewürze zufügen und vorsichtig umrühren.
Jetzt den Teig in 10-12 Kugeln teilen, die etwas größer als ein Pingpongball sind.

**2.** In der Zwischenzeit das Ghee oder Öl auf Frittiertemperatur (170 °C) erhitzen. Sie benötigen dazu einen Topf, in dem Sie das Ghee ca. 5 cm hoch einfüllen können. (Beim Frittieren in Ghee schäumt das Ghee gern auf und steigt hoch. Das sollte man bei der Wahl des Topfes berücksichtigen.)

**3.** Mehl auf der Arbeitsfläche ausstreuen und die Teigportionen zu runden, etwa handtellergroßen Fladen drücken oder rollen.
Jetzt 2-3 TL der Dal-Füllung in die Mitte des Fladens geben. Die Ränder rundherum nach oben schlagen und zusammendrücken, sodass kleine Säckchen auf dem Tisch liegen. Die umgeschlagenen Randzipfel zusammendrehen und sorgfältig herunterdrücken.

**4.** Die Katchauries vorsichtig mit dem Nudelholz ausrollen, bis sie wieder die Größe des Fladens haben, mit dem Sie angefangen haben. Die Teighülle sollte unverletzt bleiben und die Füllung nirgends herausquellen. Das erfordert u.U. etwas Übung. Probieren Sie gegebenenfalls eine eigene Technik zum Füllen, z.B. auf der Hand.
Die Katchauries nacheinander ins heiße Fett geben und 2-3 Minuten ausbacken. Im Idealfall blähen Sie sich kugelförmig auf. Dabei sollten sie nicht aufplatzen.

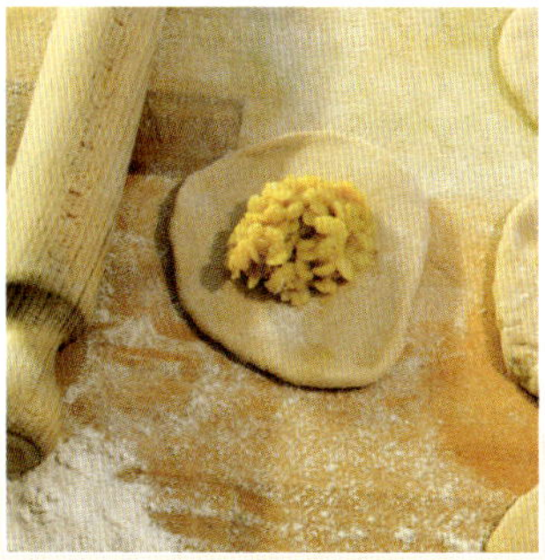

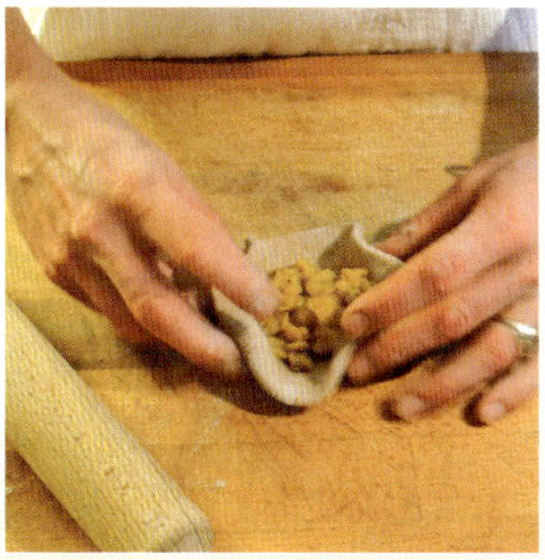

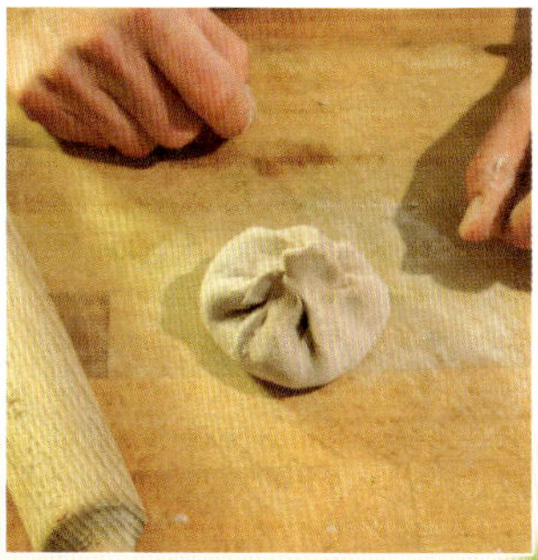

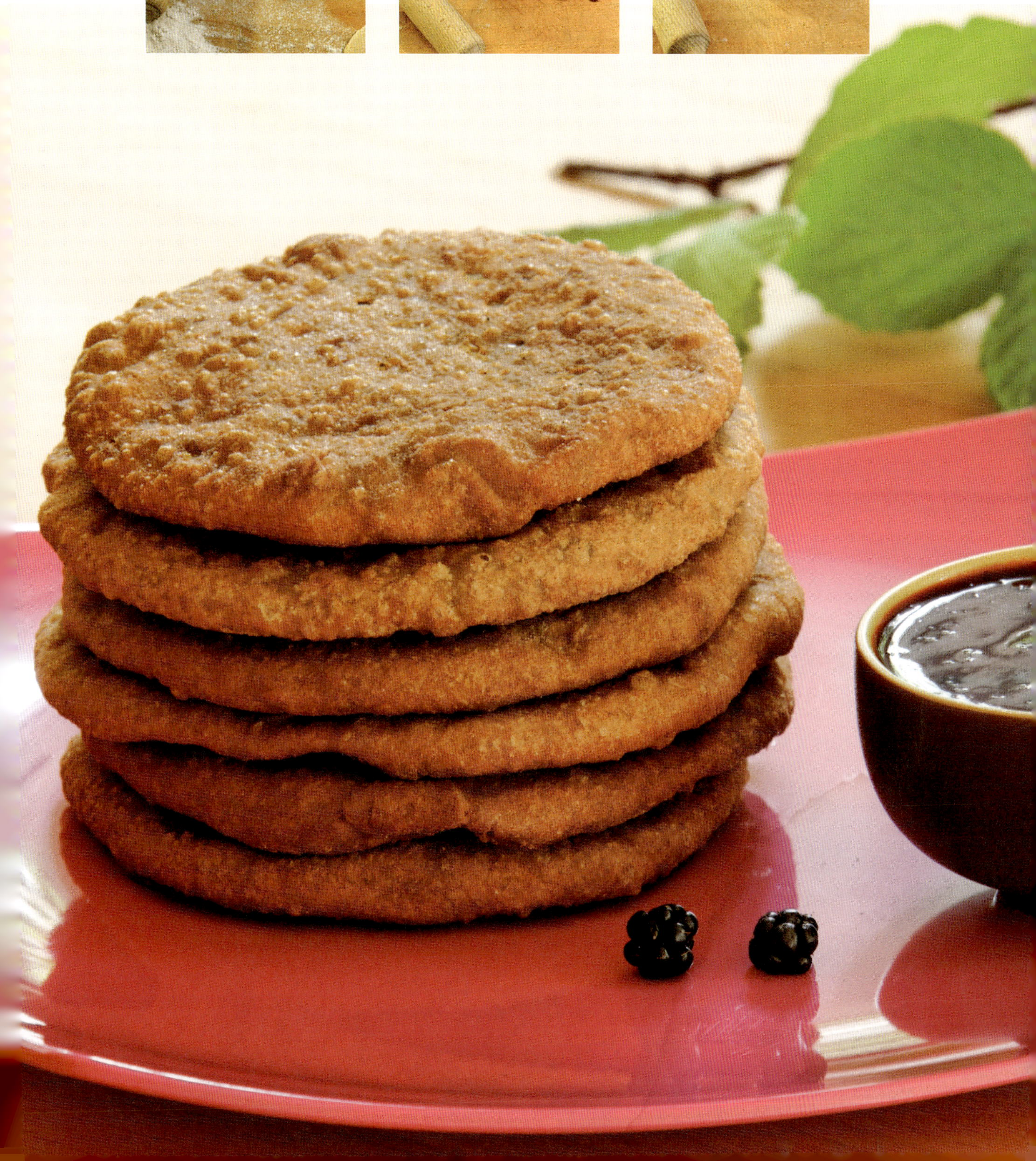

# Snacks

## Dalthikka, V⁺P°K⁻

### Zutaten:
150-200 g Chanadal oder Toordal
Ghee oder Pflanzenöl zum Frittieren
1 TL Cumin, gemahlen
1 TL Koriander, gemahlen
½ TL Kurkuma
¼ TL Asant
1 TL Garammasala
ca. 250 ml Wasser
1 TL Salz
evtl. 2 EL Kichererbsenmehl
im Winter gern auch 1 EL geriebener Ingwer
2 EL Koriander- oder Petersilienblätter

🕒 30-40 min

### Zubereitung:

**1.** 1-2 EL Ghee in einem mittelgroßen Topf erhitzen, nacheinander die gemahlenen Gewürze hineingeben und kurz anrösten.
Dann den gewaschenen und abgetropften Dal hineingeben. Alles kurz anrösten, bis der Dal leicht zu bräunen beginnt.
Jetzt das Wasser, Salz und die Blätter hineingeben und alles mit einem Mixer pürieren, bis ein dicker Brei entsteht.

**2.** Ghee in einem Gheewok oder mittelgroßem Topf auf ca. 170 °C erhitzen. Wenn ein kleines Küchlein von der Größe einer großen Münze im heißen Fett auseinanderfällt, der Mischung einfach 1-2 EL Kichererbsenmehl oder ein Mehl Ihrer Wahl hinzugeben und den Vorgang wiederholen, bis die Masse sich ausbacken lässt, ohne auseinanderzufallen. Sie können die Thikka auch etwas größer machen.

Thikka beidseitig jeweils 4-5 Minuten ausbacken, bis es rundherum goldbraun ist.

Dazu passt jedes Chutney, ich bevorzuge Minz-Chutney im Sommer und Joghurt-Chutney zu anderen Zeiten.

## Hirsebällchen, V⁺P⁺K⁻

Diese Frittüre ist eine Version, die Sie durch viele andere Getreidearten ersetzen können. Lassen Sie Ihrer Fantasie freien Lauf und benutzen Sie Getreide, das Ihrem Typus entspricht.

*Zutaten:*
*50 g Hirse*
*50 g frische Erbsen*
*4-5 EL Mehl*
*1 TL Cumin, gemahlen*
*1 TL Senfsaat, zerstoßen*
*½ TL Asant*
*1 TL Garammasala*
*1 TL Salz*
*6-8 Curryblätter*
*½ TL gemahlener Kardamom*
*Ghee oder Pflanzenöl zum Frittieren*

🕐 45 min

**Zubereitung:**

**1.** Die Hirse mit der doppelten Menge Wasser zusammen mit den Erbsen auf kleiner Flamme weich kochen und abkühlen lassen.
Die Gewürze und das Mehl dazugeben und alles zu einem homogenen Teig mischen. Kleine Bällchen daraus formen und in heißem Ghee oder Öl für etwa 3-5 Minuten ausbacken.

**2.** Anschließend können die Bällchen in einer beliebigen Soße eingelegt werden oder einfach mit anderen Gemüsezubereitungen serviert werden.

# Snacks

## Kürbisschnitze aus dem Ofen, V°P°K°

*Zutaten:*
*1 Hokkaidokürbis*
*1 EL Ghee*
*1 TL Cumin*
*1 TL Ajwan*
*1 TL Paprika, edelsüß*
*¼ TL schwarzer Pfeffer*
*1 TL Salz*

🕒 *20 min*

**Als Beilage oder als Snack mit Chutney servieren.**

**Zubereitung:**

**1.** Den Kürbis halbieren und mit einem Löffel die Kerne herausschaben. Die Kürbishälften nochmals halbieren und diese Viertel in etwa 1 cm breite Streifen schneiden. Alle Gewürze zusammen in einem Mörser zu einem homogenen Pulver mahlen.

**2.** Ein Backblech einfetten und die Streifen darauf ausbreiten, die Würze großzügig darüber streuen und im vorgeheizten Backofen bei 170 °C für etwa 15 Minuten backen.

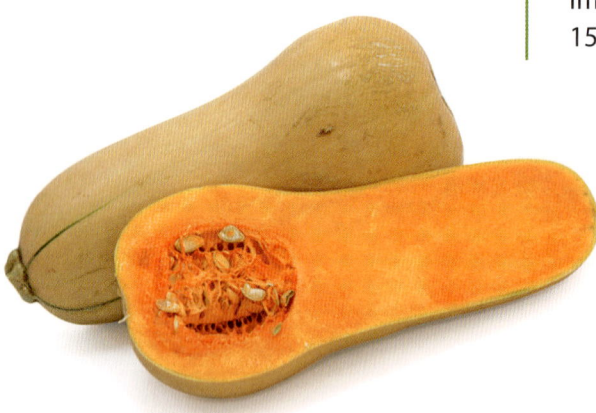

## Pakora-Teig, V°P°K°

Abhängig vom Gemüse

Für dieses Rezept ist es schwer, Mengen anzugeben, weil man ganz unterschiedlich viel benötigt – je nachdem, was man damit vorhat.
Wie unterschiedlich man diesen Teig benutzen kann, werde ich Ihnen anhand einiger Beispiele in diesem Buch aufzeigen. Erfahrungsgemäß können Sie diesem Teig alles beisteuern, was die **Gewürz- und Kräuterküche** hergibt. Lassen Sie Ihren Ideen freien Lauf.

*Zutaten:*
*100 g Kichererbsenmehl*
*Wasser*

**Zubereitung:**

**1.** Nehmen Sie 100 g Kichererbsenmehl und rühren Sie mit einem Schneebesen so viel Wasser hinein, dass ein zäher Tropfteig entsteht.

*Gemüse (Beispiele):*
*Kürbis- oder Zucchiniblüten*
*Blumenkohl*

*Gewürze und Kräuter (Beispiele):*
*1 TL Cumin*
*1 TL Koriander, gemahlen*
*1 TL Kurkuma*
*¼ TL Asant*
*½ TL Garammasala*
*½ TL Kalinjisamen*
*1-2 EL Petersilien- oder Korianderblätter*
*½ TL Salz*

🕒 *für den Teig 2 min*

*variiert je nach Pakora*

**2.** Gewürze und Kräuter in den Teig rühren, bis alles gut vermengt ist.

**3.** Die gewaschenen Kürbisblüten in den Teig tauchen, bis sie völlig damit überzogen sind. Kurz abtropfen lassen und sie zum Frittieren in heißes Ghee oder entsprechendes Öl geben. 3-4 Minuten ausbacken, bis sie goldbraun sind. Mit einer Lochkelle herausnehmen und das Fett in einem Sieb kurz abtropfen lassen.

Für Kürbisblüten-Pakora nehmen Sie 10-15 Kürbis- oder Zucchiniblüten und entfernen Sie vorsichtig den Blütenstempel im Inneren der Blüte.

Statt Kürbisblüten können Sie jede Art von Gemüse nehmen (Mix-Pakora-Rezept).

**Tipp**

Beim Backen von Pakora entstehen durch die Teigtropfen eine Art Backerbsen, die gebe ich gerne in Suppen hinein.

# Snacks

## Spicy Wedges mit Gemüsedip, V°P°K°

Die allseits beliebten **Potato Wedges**, mit vielerlei Dips und Chutneys kombinierbar, sind eine Attraktion auf dem Partybuffet oder als Snack zwischendurch.

Der *Vata* erhöhende Effekt wird hier durch die Gewürze ausgeglichen. Deshalb ist diese Variante *tridoshic*. Spicy Wedges können mit allen möglichen Dips serviert werden, lassen Sie sich inspirieren!

*Zutaten:*

*Für die Wedges:*
*1 kg junge Kartoffeln mit hauchdünner Schale (andere sollten geschält werden)*
*2 EL Ghee oder Sesamöl*

*Für die Masala:*
*1 EL Cumin*
*½ TL schwarzer Pfeffer*
*¼ TL Muskatnuss*
*1 TL Ajwan*
*½ TL Senfsaat*
*1 TL Paprika, edelsüß*
*½ TL Kurkuma*
*1 TL Salz*
*½ TL Garammasala*

*Für den Gemüsedip:*
*1 kleine Aubergine*
*1 kleine Karotte, geschält und gewürfelt*
*1 kleine Zucchini, gewürfelt*
*1 EL Ghee oder Öl*
*1 TL Senfsaat*
*¼ TL Asant*
*1 TL Cumin*
*evtl. 1 grüne Chilischote*
*2 TL Kräuter der Provence oder Kräuter nach Wahl*
*¾ TL Salz*

⏱ *45 min*

**Zubereitung:**

**1.** Alle Gewürze zusammen in einen Mörser oder in eine Gewürzmühle geben und zu einer feinen Mischung mahlen.
Die Kartoffeln waschen und längs in jeweils 8-12 Schnitze teilen.
Ein Backblech mit einem Pinsel mit Ghee oder Sesamöl einfetten und die Kartoffelschnitze darauf verteilen. Gleichmäßig von oben die Masala darüber verstreuen und im vorgeheizten Backofen bei ca. 180 °C für etwa 20 Minuten backen.

**2.** In der Zwischenzeit den Gemüsedip vorbereiten: Die Aubergine mitsamt der Schale über einer Flamme rösten oder von Anfang an mit in den Backofen geben, bis das Innere fast flüssig ist, das dann mit einem Löffel herausgeschabt wird. Die Karotten- und Zucchiniwürfel unterdessen in einem Topf bedeckt mit etwas Wasser weich dünsten. Mit der Auberginenmasse vermischen.

**3.** In einem kleinen Pfännchen das Ghee erhitzen und die Gewürze ohne Kräuter und Salz darin anrösten. Alles zusammen zu dem Gemüse geben, salzen und mit einem Mixer pürieren.

## Vegetarische Frikadellen, V⁺P°K°

Sie wirken weniger stärkend auf das *Vata-Dosha*, wenn sie in **Sesamöl** gebraten werden.

*Zutaten:*
*250 g feine Sojaschnetzel*
*50-80 g Mehl*
*1 kleine Karotte, geschält und fein gewürfelt*
*1 Lauchzwiebel, fein gehackt*
*3 EL Petersilie*
*2 TL Thymian, getrocknet*
*2 TL Majoran, getrocknet*
*1 TL Cumin*
*¼ TL Asant*
*1 Knoblauchzehe, fein gehackt*
*Ghee oder Öl zum Braten*

⏲ *25-30 min*

**Zubereitung:**

**1.** Alle Zutaten zusammen in einer Schüssel gut durchmischen und mit so viel kochendem Wasser übergießen, sodass alles gut mit Wasser bedeckt ist. 15 Minuten quellen lassen. Sollte die Masse nicht zusammenhalten, gegebenenfalls mehr Mehl oder Wasser dazugeben.

**2.** Mit feuchten Händen kleine Küchlein formen und in der Pfanne auf beiden Seiten 3-4 Minuten braten, bis sie schön braun sind.

# Frühstück und Dessert

*Laddu, Rezept S. 305*

# Apfel-Samosa, V⁻P°K⁺

Diese Samosa sind **bei Kindern beliebt** – als Snack am Nachmittag oder auch als Abendessen. Sie können mit Frucht-Chutney oder einfach so gegessen werden.

*Zutaten:*

*Chapati-Teig
von ca. 250–300 g Mehl
(siehe Rezept S. 224)*

*Füllung:*
*4-5 Äpfel, entkernt und fein gewürfelt
2 TL Ghee
1 TL Zimtpulver
¼ TL Nelkenpulver
½ TL Kardamompulver
¼ TL Ingwerpulver
5-6 EL Rohrohrzucker
2 EL Rosinen
1-2 EL gehackte Mandeln
Ghee oder Sonnenblumenöl zum Frittieren*

⏱ *1 Std.*

**Zubereitung:**

**1.** Für die Füllung:
2 TL Ghee in einem Topf erhitzen, die Gewürze anrösten, die restlichen Zutaten dazugeben und unter Rühren auf kleiner Flamme einkochen, bis alle Flüssigkeit verkocht ist. Anschließend die Mischung abkühlen lassen.

**2.** Aus dem Teig 10-12 gleichgroße Bällchen formen und auf einer eingemehlten Arbeitsfläche zu dünnen Fladen von etwa 20-25 cm Durchmesser ausrollen. Den Fladen halbieren und entlang der Schnittseite mit etwas Wasser befeuchten. Jetzt die obere Ecke der Schnittseite auf die untere klappen und den befeuchteten Rand gut zusammendrücken.
Nun kann man die Teigtasche wie eine kleine Tüte in die Hand nehmen und von der offenen Seite her mit jeweils 1-2 EL der Füllung befüllen.
Danach kann sie entweder mit angefeuchteten Fingern zusammengedrückt oder mit kleinen Falten umgeschlagen werden. Achten Sie darauf, dass alle Seiten gut verschlossen sind und keine Füllung herausquellen kann.

**3.** Alle Samosas sollten auf einer Arbeitsfläche oder einem eingefetteten Blech liegen, bevor man mit dem Ausbacken beginnt. In einem Gheewok oder einem breiten Topf das Ghee/Öl erhitzen und die Samosa für 8-10 Minuten goldbraun backen. Zwischendurch immer wieder wenden.

**4.** Zum Schluss mit Puderzucker bestreuen oder mit etwas Sirup beträufeln.

# Frühstück und Dessert

## Apfelkrapfen in Sirup, V°P°K°

Diese **Süßigkeit** kann in beliebiger Weise auch mit anderem Obst gemacht werden.

*Zutaten:*

*Für den Sirup:*
*0,7 l Wasser und etwa die gleiche Volumenmenge Rohrohrzucker*

*2 Äpfel, geschält, entkernt und fein gewürfelt*
*5 gehäufte EL Weizengrieß*
*8 gehäufte EL Vollweizenmehl*
*2 EL Haferflocken*
*1 EL Mandelsplitter*
*2 TL Kokosraspel*
*1 TL gemahlener Kardamom*
*1 TL gemahlener Zimt*
*¼ TL schwarzer gemahlener Pfeffer*
*Ghee oder Öl zum Frittieren*

⏱ 30-40 min

**Zubereitung:**

**1.** Wasser und etwa die gleiche Volumenmenge Rohrohrzucker zusammen verrühren und für etwa 30 Minuten einkochen, bis ein dicker Sirup entsteht.

**2.** Die anderen Zutaten in einer Schüssel gut durchmischen und mit so viel kochendem Wasser übergießen, dass eine Teigmasse entsteht, die man formen kann und die zusammenhält. Gegebenenfalls einfach noch etwas mehr Mehl dazugeben.
Je nach Größe der Äpfel kann die Menge variieren. Den Teig etwa 10 Minuten quellen lassen, in der Zwischenzeit das Ghee/Öl erhitzen.

**3.** Jetzt mit feuchten Händen kleine Bällchen von der Größe eines Pingpongballs formen, in das heiße Fett geben und frittieren, bis sie eine goldbraune Farbe annehmen. Das dauert 3-5 Minuten.
Die Krapfen herausnehmen, abtropfen lassen und in den Sirup einlegen. Warm oder kalt servieren.

## Gedünstetes Obst, V°P°K°

*Zutaten:*
*2 Äpfel, Birnen oder Bananen*
*1-2 TL Ghee*
*Zimt, Kardamom, Safran*
*Nelke, Ingwer, Anis*
*evtl. Kokosflocken*
*1 TL Rohrzucker oder Ahornsirup*

⏱ Ca. 10 min

**Zubereitung:**

**1.** Obst schälen. Das Gehäuse der Äpfel/Birnen entfernen und in dünne Scheiben schneiden. Die Bananen der Länge nach halbieren.
Ghee in einem Topf oder einer Pfanne erhitzen. Das Obst von beiden Seiten darin anbraten.

**2.** Anschließend die Gewürze/Kokosflocken je nach Vorliebe darüberstreuen. Eventuell etwas Wasser hinzufügen und bedeckt bei mittlerer Flamme 5 Minuten garen. Beim Anrichten Rohrzucker oder Ahornsirup hinzufügen.

## Geschmortes Obst, V°P°K°

*Zutaten:*
*frisches Obst, z.B.*
*1 Apfel*
*1 Birne*
*1 Pfirsich*
*alle Obststücke gewaschen, entkernt und gewürfelt*
*2 TL Ghee*
*½ TL Zimtpulver*
*½ TL Kardamompulver*
*2-3 Nelken*
*1 EL geriebener frischer Ingwer*
*1 TL Rohrzucker*

🕒 *5-10 min*

**Zubereitung:**

Das Ghee in einem Topf erhitzen, die Gewürze kurz darin anrösten. Obst und Ingwer dazugeben. 2-3 EL Wasser zufügen und bedeckt auf kleiner Flamme für 5-6 Minuten schmoren. Nach Belieben noch zuckern. Man kann solches Schmorobst auch noch mit Nüssen, Kokosraspel oder Rosinen verfeinern.

Dieses Rezept lässt sich mit **allen Obstsorten** anwenden, jedoch bitte nicht mit Melonen!

## Getreideporridge, V°P°K°

**Hafer-, Reis-, Gersten- oder Hirsebrei (für ca. 2 Personen)**

**Zubereitung:**

Ghee im Topf erhitzen, die Flocken und Nussraspeln einrühren und leicht anschwitzen.
Vorsichtig Wasser hinzugießen. Ingwer, Galgant oder Muskatnuss frisch hineinreiben. Die anderen Gewürze maßvoll hinzufügen, umrühren und aufkochen lassen. Weiter köcheln lassen, bis der Brei sämig ist.

*Zutaten:*
*2 Tassen Wasser, 1 Prise Salz, 1 TL Ghee*
*1 Tasse feine Getreideflocken, zusätzlich Nussraspeln*

*süß: Zimt, Kardamom, Anis, Ingwer, Safran, Gewürznelke, Vanille, Galgant. Eventuell Rosinen oder Datteln dazugeben. Zum Schluss mit Ahornsirup oder Honig süßen.*

*salzig: mit frischen oder getrockneten Kräutern, Muskat, Cumin, Gelbwurz/Gewürzbrühe oder Kräutersalz.*

🕒 *5 min*

## Halava, Grießdessert, V⁻P⁻K⁺

*Im Winter in Maßen*

Auf dieser Basis finden sich **rund um die Welt** Süßspeisen, weil sie sehr schnell und einfach zuzubereiten und außerdem sehr schmackhaft und nahrhaft sind.
Man kann unzählige Variationen daraus kreieren. Lassen Sie Ihrer Fantasie freien Lauf. Wenn Sie Halava mit Milch zubereiten, beachten Sie aber: keine Variation mit sauren Früchten!

### Zutaten:
*150 g Hartweizengrieß oder Weichweizengrieß*
*2 EL Poppyseeds (weiße Mohnsamen)*
*3 EL gemahlene Haselnüsse*
*3 EL Mandelsplitter*
*2 EL Rosinen*
*½ TL gemahlener Kardamom*
*½ TL gemahlener Zimt*
*½ TL gemahlener schwarzer Pfeffer*

⏱ *5-10 min*

### Zubereitung:

**1.** Die gemahlenen Nüsse mit den Mandelsplittern in einer großen Pfanne rösten, bis die Mandeln leicht bräunlich sind. Dann die Poppyseeds dazugeben und 1 Minute weiterrösten.
Den Grieß und die Gewürze dazugeben und alles zusammen unter Rühren weiterrösten, bis die ganze Mischung stark zu duften anfängt.

**2.** Jetzt die Flamme abschalten und die Mischung mit so viel Wasser oder Milch ablöschen, dass die ganze Masse gerade eben bedeckt ist. Einmal durchrühren und in eine Form oder Schale füllen und erkalten lassen.
Wenn es abgekühlt ist, wird das Halava fest und lässt sich beispielsweise in Rauten schneiden. Garnieren Sie die Stücke mit Mandelsplittern.

## Karotten-Halava, V°P⁻K°

Auch bei uns gibt es **Süßigkeiten aus Karotten** wie „Rüblikuchen" u. Ä. Das Karotten-Halava ist einfach zuzubereiten, benötigt aber viel Zeit. Halava ist als Dessert oder einfach als Snack zur Kaffee- und Kuchenzeit gedacht.

*Zutaten:*
*800-900 g Karotten, geschält und fein gerieben (feinste Stufe der Küchenreibe)*
*600 ml Milch*
*100 g Butter*
*250-300 g Vollrohrzucker*
*1 TL Kardamompulver*
*1 Msp. Safran*
*3 EL gehackte Mandeln oder Pistazien (ungesalzen)*
*3 EL Rosinen*

🕒 *45-60 min*

**Zubereitung:**

**1.** In einem mittelgroßen Topf die Butter langsam zerlassen, die geriebenen Karotten dazugeben und auf mittlerer Flamme unter Rühren für etwa 10 Minuten garen. Jetzt die restlichen Zutaten bis auf den Safran dazugeben und auf kleiner Flamme so lange kochen, bis die Masse eingedickt ist und keine Flüssigkeit mehr abgibt. Kurz vorher den in ein wenig Milch (etwa 2 EL) eingeweichten Safran dazugeben.

**2.** Die fertige Masse auf einem Blech oder in einer Form ausstreichen und abkühlen lassen.
Wenn das Halava abgekühlt ist, sollte es fest sein und sich in Rauten schneiden lassen. Vor dem Servieren kann man ruhig noch etwas Kardamompulver darüberstreuen.

# Frühstück und Dessert

## Hausrezept gegen Übergewicht, und erhöhte Cholesterinwerte, V⁻P⁺K⁺

bevorzugt im Winter u. Frühling (40 Tage)

**Zutaten:**
eine Handvoll ungeschälte Kichererbsen
1 EL Limonen- oder Zitronensaft
1 Msp. Himalayasalz
1 cm langes Stück frische, gehackte Ingwerwurzel

⏱ 10 min

**Zubereitung:**

**1.** Eine Handvoll ungeschälter Kichererbsen über Nacht in einer Schale mit Wasser übergießen, sodass sie bedeckt sind.

**2.** Am nächsten Morgen das Wasser abgießen, die Kichererbsen unter fließendem Wasser waschen. 1 EL Limonen- oder Zitronensaft, eine Messerspitze Himalayasalz und Ingwerwurzel hinzufügen.

Anstatt eines Frühstücks für 40 Tage. Gut kauen! Dazu etwas heißes Wasser trinken.

## Kheer – Milchreis, V°P°K⁺

Kheer gibt es in **unzähligen Varianten** auf der ganzen Welt. Auch bei uns ist Milchreis bekannt. Durch die Beigabe von Gewürzen erhält der Kheer eine besänftigende Wirkung und ist nicht mehr so stark verschleimend. Dieses Basisrezept kann man auf verschiedene Weise ändern, z.B. durch Tapioca anstatt Reis oder Grieß. Die Milch lässt sich auch durch **Sojamilch** ersetzen.

**Zutaten:**
120-150 g Rundkornreis oder Bruchreis
2 EL Ghee
4 Nelken
1 Lorbeerblatt
5 Kardamomkapseln
5-8 Pfefferkörner
1 Zimtstange, 4-6 cm lang
500-750 ml Milch oder Sojamilch
2 EL Rosinen
2 EL Mandelsplitter
5-6 EL Vollrohrzucker

⏱ Ca. 30 min

**Zubereitung:**

**1.** Den Reis waschen und zur Seite stellen. Das Ghee in einem Topf erhitzen, die Gewürze kurz anrösten, dann den Reis dazugeben und kurz glasieren.

Die Milch hinzugeben und unter ständigem Rühren aufkochen. Auf kleiner Flamme unter Rühren kochen, bis der Reis gar ist. Unter Umständen immer wieder Milch nachgießen, damit der Kheer einigermaßen flüssig bleibt.

**2.** Kurz bevor der Kheer fertig ist, gibt man den Zucker hinzu. Wenn der Reis gar ist, lässt man den Kheer noch verschlossen etwas quellen. Zum Schluss mit gemahlenem Zimt und Kardamom bestreuen und warm servieren.

## Laddu – Indisches Konfekt, aus geröstetem Kichererbsenmehl, V°P°K⁺

*Zutaten:*
*200 g Kichererbsenmehl, gesiebt*
*3 EL Mandelsplitter*
*3 EL Kokosraspel*
*50 g Rohrohrzucker oder Jaggari*
*1-2 TL gemahlener Kardamom*
*½ TL gemahlener Zimt*
*1 TL schwarzer Pfeffer*
*8-10 EL Ghee*
*Milch oder Sojamilch zum Anbinden*

🕒 *20-30 min*

**Man benötigt eine solide Röstpfanne.**

**Zubereitung:**

**1.** Das Kichererbsenmehl trocken in der Pfanne rösten, bis es rundum braun ist und stark nussig riecht. Je länger es geröstet wird, umso kräftiger wird sein Geschmack. Wenn sich Klumpen bilden, diese mit einer Gabel zerdrücken, sodass nichts Gelbes mehr sichtbar ist. Das geröstete Mehl zur Seite stellen.

**2.** Nacheinander in der Pfanne Mandelsplitter und Kokosraspel anrösten, bis sie leicht braun sind.
Jetzt wieder das Mehl und anschließend die Gewürze hineingeben. Mit dem Zucker überstreuen und kurz mitrösten, bis der Zucker leicht karamellisiert.
Das Ghee hineingeben und gleichmäßig vermengen. Wer den Laddu nicht so fettig mag, kann statt des Ghee am Schluss mehr Flüssigkeit dazugeben.

**3.** Wenn man den Laddu zum Schluss mit Milch oder Sojamilch ablöscht, verbindet er sich sofort zu einer klebrigen, formbaren Masse. Diese in eine Form geben oder Kugeln daraus formen, die man dann in Kokosraspel wälzt. Mit Pistazien garnieren.
Mit den Gewürzmengen kann man nach Geschmack experimentieren. (Der eine mag mehr Zimt, der andere mehr Pfeffer oder Kardamom usw.)

# Frühstück und Dessert

## Mandelkheer, V⁻P⁻K⁺

*Zutaten:*
*1 l Milch*
*100 g eingeweichte, geschälte und fein zerriebene Mandeln*
*1 Msp. Safran*
*¼ TL Vanille*
*½ TL Kardamom*
*40 g Reismehl*
*80-100 g Vollrohrzucker*

🕒 *10-15 min*

**Zubereitung:**

**1.** Von der Milch etwa ¼ Liter abschöpfen und das Reismehl mit einem Schneebesen einrühren.
In einem Esslöffel Milch den Safran einweichen.

**2.** Die restliche Milch zum Kochen bringen und den Zucker, die Mandeln und zuletzt die Reismehlpaste einrühren.
Unter ständigem Rühren einkochen und nach etwa 5 Minuten Vanille und Kardamom dazugeben. Weitere 5 Minuten köcheln lassen. Zuletzt den Safran unterrühren und warm servieren.

Dieses Gericht eignet sich auch hervorragend als **Frühstück** oder **Abendessen**.

## Porridgevariationen mit Obst, V°P°K°

*Zutaten:*
*1 Apfel, geschält und gewürfelt*
*80 g Haferflocken oder Weizengrieß*
*½ TL gemahlener Zimt*
*3 Kardamomkapseln*
*1 EL Ghee*
*1-2 EL Vollrohrzucker*
*2-3 EL Kokosraspel*
*0,2 l Wasser oder Milch*

🕒 *10 min*

**Zubereitung:**

Das Ghee erhitzen und die Apfelstücke anbraten, bis sie leicht braun werden.
Den Grieß und die Gewürze dazugeben und für 5 Minuten mit anrösten und mit der Flüssigkeit aufgießen. Den Zucker zufügen und unter Rühren für 2-3 Minuten bei leiser Flamme köcheln lassen.

Warm servieren.

# Sandesh – Käsedessert, V°P°K⁺

*Zutaten*
*80-100 g Paneer, ungepresst
(siehe Rezept S. 223)
40-50 g Rohrohrzucker
1 TL gemahlener Kardamom
1-2 EL gehackte Pistazienkerne
1 EL Rosenwasser*

⏱ *1 Std.*

### Tipp

**Probieren Sie Variationen aus**, die Möglichkeiten sind unendlich. Zum Beispiel können Sie Nussmehl verschiedener Nüsse dazu kneten, aber bitte *nicht* mit Früchten oder anderen Milchprodukten vermischen. Damit tun Sie Ihrer Verdauung keinen Gefallen.

### Zubereitung:

**1.** Paneer frisch zubereiten, abkühlen lassen. Sobald er handwarm ist, kräftig durch die Finger kneten. Bei diesem Rezept ist das Kneten sehr wichtig. Je geschmeidiger der Paneer wird, umso feiner ist hinterher der Sandesh. Nun den Käse in zwei Hälften teilen. In die eine Hälfte die gleiche Volumenmenge Zucker hineinkneten, die andere Hälfte zur Seite stellen.

**2.** Die gezuckerte Käsemasse in eine Pfanne geben und langsam umrühren, bis der Käse leicht flüssig und dann gleich wieder fest wird. Sofort heraus nehmen und mit dem restlichen Käse sowie dem gemahlenen Kardamom vermengen. Dann die Masse auf eine Platte streichen und die gehackten Pistazienkerne darüberstreuen. Kalt stellen und fest werden lassen.

**3.** Wenn Sie die Masse zu lange rösten, wird der Sandesh zu trocken. Mit ein wenig Übung werden Sie den richtigen Moment finden. Beim Rösten karamellisiert der Zucker. Je nach Zuckerart tritt dann mehr oder weniger Saft aus und dann dauert es unter Umständen etwas länger, bis der Käse weich und wieder fest wird. Den Sandesh mit dem Rosenwasser besprenkeln.

# Chutneys und Raitas

*Karotten-, Ananas- und Kokosnus-Chutney, Rezept S. 312, 309 und 313*

# Ananas-Chutney, V⁻P⁺K⁻

*Im Sommer mit wenig Chili*

*Zutaten:*
*1 mittelgroße Ananas*
*1 EL Ghee oder Pflanzenöl*
*1½ TL Cumin (Kreuzkümmel)*
*1 TL Senfsaat*
*1TL Kurkuma*
*Zimtstange, 3 cm*
*Ingwerstück, 4-5 cm*
*1 rote Chilischote (nicht für Pitta-Typen)*
*6 EL Rohrohrzucker oder Jaggari*
*125 ml Wasser*

⏱ *30 min*

**Zubereitung:**

**1.** Die Ananas schälen und den Strunk entfernen. Das Fruchtfleisch in kleine Würfel von ca. 1 cm Größe schneiden.
Das Ghee in einem mittelgroßen Topf erhitzen und nacheinander Senfsaat, Cumin, Kurkuma und die Chili hineingeben.
Wenn der Kreuzkümmel braun wird, die Ananasstücke hinzufügen und Sie gut umrühren.

**2.** Zimt und Ingwer (am besten mit einem Klopfer zerquetscht) hinzugeben und das Wasser dazufüllen.

Das Chutney auf mittlerer Flamme ca. 15 Minuten köcheln lassen. Jetzt den Zucker dazugeben und so lange weiterköcheln, bis die Flüssigkeit eingedickt ist. Kalt servieren.

### Apfel-Chutney, V°P°K°

*Zutaten:*
*4 mittelgroße Äpfel*
*1 EL Ghee oder Pflanzenöl*
*1½ TL Cumin (Kreuzkümmel)*
*1 TL Senfsaat, 1 TL Kurkuma*
*Zimtstange, 3 cm*
*1 rote Chilischote (nicht für Pitta-Typen)*
*6 EL Rohrohrzucker oder Jaggari*
*200 ml Wasser*

⏱ 30 min

**Zubereitung:**

**1.** Die Äpfel schälen und das Kerngehäuse entfernen. Das Fruchtfleisch in kleine Würfel von ca. 1 cm Größe schneiden.

**2.** Das Ghee in einem mittelgroßen Topf erhitzen und nacheinander Senfsaat, Cumin, Kurkuma und Chili hineingeben.
Wenn der Kreuzkümmel braun wird, die Apfelstücke hinzufügen und gut umrühren.

### Brombeer-Chutney, V⁻P⁺K⁻

*Zutaten:*
*500 g frische Brombeeren*
*2 EL Ghee*
*1 TL Senfsaat*
*½ TL Fenchelsamen*
*¼ TL Asant*
*6 EL Rohrohrzucker*

⏱ 20-30 min, je nach Wassermenge

**Zubereitung:**

**1.** Brombeeren waschen. Das Ghee in einem mittelgroßen Topf erhitzen und Sie nacheinander Senfsaat, Cumin, Fenchel und dann den Asant hinzugeben. Die Brombeeren zufügen und so viel Wasser hinzufüllen, bis die Beeren gerade bedeckt sind.

**2.** Das Chutney zum Kochen bringen und so lange köcheln lassen, bis das Wasser fast verdampft ist. Den Zucker dazugeben und Wasser dazufüllen, bis die Beeren wieder bedeckt sind. Kochen, bis das Chutney eingedickt und die Flüssigkeit verdampft ist.

# Gurken-Raita, V⁻ P° K⁺

**In der ayurvedischen Küche** gibt es die Idee der Rohkost nur in Form von Raitas, die in kleinen Mengen zum Hauptgericht serviert werden. Zwar gibt es Salate, aber sie werden meist aus gekochtem Gemüse zubereitet – ähnlich wie bei uns der Kartoffelsalat.

Raitas werden immer mit Joghurt angemacht, um die Verdauung zu unterstützen. Die am weitesten verbreitete Version ist Gurken-Raita. Bei diesem Rezept kann man die Gurke auch durch anderes Gemüse wie z.B. Karotten ersetzen.

*Zutaten:*
*2 mittelgroße Gurken*
*250 ml Naturjoghurt*
*1 TL Ghee*
*1 TL Senfsamen*
*1 TL Cuminpulver*
*¼ TL Asant*
*1 grüne Chilischote, fein gehackt*
*¾ TL Salz*
*1 EL gehackte Koriander- oder Petersilienblätter*

🕒 *10 min*

**Zubereitung:**

**1.** Die Gurken waschen und schälen, falls die Schale zu hart oder bitter ist.
Mit einer groben Reibe raspeln und in eine Schüssel geben. Den Saft abschütten.

**2.** In einer kleinen Pfanne das Ghee erhitzen und die Gewürze kurz darin anrösten.
Alles zusammen in den Joghurt geben, mit den Gurken und den Kräutern gut vermischen und servieren.

**Tipp**

Beachten Sie aber, keine Nachtschattengewächse wie Paprika oder Tomaten zu verwenden. Sie vertragen sich nicht mit dem Joghurt. Nachschattengewächse zusammen mit Milchprodukten bekommen unseren Verdauungssäften nicht. Das ist eine ayurvedische Faustregel.

### Joghurt-Minzchutney, V⁻P°K°

**Dieses Chutney passt zu allen Snacks**, vor allem zu Brotspezialitäten. Im Orient wird es gerne zu Vorspeisen wie Papadams gereicht. Es sollte allerdings immer in kleinen Mengen genossen werden.

*Zutaten*
*400 g glattgerührten Joghurt*
*1 Bund frische Nana-Minze*
*Saft einer halben Zitrone*
*1 EL Zucker*
*1 Prise Salz*

🕒 *5 min*

**Zubereitung:**

**1.** Die Minze vom Stiel befreien und fein hacken.

**2.** Alle Zutaten gut miteinander verrühren und nach Belieben noch mit einer Minzrose garnieren.

### Karotten-Chutney, V⁺P°K°

Passt gut zu Frittüren aller Art und ist eine feine farbliche Komponente auf jedem Teller.

*Zutaten:*
*2 mittelgroße Karotten, geschält und gewürfelt*
*2 EL Chanadal (Gram Dal)*
*1 TL Senfsaat*
*1 TL Cumin (Kreuzkümmel)*
*¼ TL Asant*
*1 grüne Chilischote*
*4–5 Curryblätter*
*½ TL Salz*
*2 TL Ghee*

🕒 *20 min*

**Zubereitung:**

**1.** Die Karottenwürfel in etwas Wasser dünsten, bis sie weich sind.

**2.** Das Ghee in einer kleinen Pfanne erhitzen und zuerst den Chanadal rösten, bis er goldbraun ist. Jetzt Senfsaat, Cumin, Asant und zum Schluss die Curryblätter hineingeben. Alles zu den Karottenwürfeln geben, salzen und mit dem Mixer pürieren.

## Kokos-Chutney, V⁺P⁻K°

**Zutaten:**
*ca. 100 g Kokosraspel*
*1 EL Chanadal (Gram Dal)*
*1 TL zerstoßene Senfsaat*
*1 TL Cumin (Kreuzkümmel)*
*¼ TL Asant*
*5-6 Curryblätter*
*½ TL Salz*
*½ TL Rohrzucker oder Jaggari*
*1 grüne Chilischote (nicht für Pitta-Typen)*

🕒 *15 min*

**Zubereitung:**

**1.** Den Chanadal in einem kleinen Topf oder einer Pfanne rösten, bis er goldbraun ist.

Nacheinander Senfsaat, Cumin, Asant, Chili und Curryblätter hinzugeben und alles zusammen etwa 1 Minute lang rösten. Kokosraspel zufügen und gut durchrühren.

**2.** Alles in einen Mixer geben, Salz und Zucker hinzufügen und mit etwas Wasser pürieren, bis ein feiner cremiger Brei entsteht.

Da der Dal gern nachquellt, später noch einmal etwas Wasser dazugeben, damit das Chutney nicht zu trocken wird.

## Chutneys und Raitas

### Tamarinden-Chutney, V⁻P⁻K°

*Zutaten:*
*150-200g Tamarinde oder*
*3 EL Tamarindenkonzentrat*
*0,5-0,7 l Wasser*
*2 TL Ghee*
*1 TL Cumin*
*1 TL Senfsaat*
*1 Zimtstange 3–4 cm*
*¼ TL Asant*
*1-2 grüne gehackte Chilischoten*
*2-3 EL Zucker*
*1 Prise Salz*

🕐 *20-30 min*

**Zubereitung:**

**1.** Die Tamarinde mit etwa einer Tasse Wasser einweichen und gut verrühren. Sie werden sehen, dass sich das Mark langsam mit dem Wasser vermischt. Diesen Brei durch ein grobes Sieb streichen, um die Kerne und Faserstücke herauszufiltern.

**2.** Das Ghee in einem Topf erhitzen, nacheinander Senfsamen, Cumin, Asant und Chili dazugeben und kurz rösten.
Jetzt den Tamarindenbrei und das Wasser dazugeben und mit der Zimtstange zusammen aufkochen.

Für etwa 5 Minuten köcheln lassen. Zucker und Salz dazugeben und weiterköcheln, bis das Chutney etwas eingedickt ist.

# Getränke

# Gewürzmilch, V⁻P⁻K⁺

Frühwinter (Vata-Jahreszeit)

In der **trockenen kalten Jahreszeit** ist es ratsam, öfter eine heiße Gewürzmilch zum Frühstück oder zwischendurch zu trinken. Sie „schmiert" die Gelenke (insbesondere Kurkumamilch) und stabilisiert die Schleimhäute. Sie wirkt stärkend, angenehm sättigend und erdend/entspannend auf luftige und hitzige Naturen.

Diese Gewürzmilch ist ideal bei degenerativen Kniegelenkserkrankungen wie Arthrose. Man muss dazu die Kurkumamilch allerdings täglich über einen Zeitraum von 40 Tagen trinken.

*Zutaten:*
*0,5 l frische, nicht homogenisierte Milch*
*3 Kardamomkapseln, zerstoßen oder Kardamompulver*
*Zimtstange, 3 cm oder Zimtpulver*
*3 Nelken*
*3 schwarze angestoßene Pfefferkörner*

⏲ *5-10 min*

### Zubereitung:

### Kurkumamilch

Für Kurkumamilch benötigt man 1 TL Kurkuma auf 0,5 l Milch. Sie muss so lange geköchelt werden, bis ⅓ der Milch eingekocht ist.

### Gewürzmilch

Die Milch unter Rühren zum Kochen bringen, die Gewürze dazugeben und auf kleiner Flamme für 5-10 Minuten köcheln lassen. Nach Belieben süßen.

# Gewürztee-Mischungen

### Vata

Der *Vata*-Tee besteht aus Nelken, Zimt, Ingwer, Kardamom und schwarzem Pfeffer.

Auch hier gibt es die Möglichkeit, eine würzigere Variante auszuprobieren. Diese besteht aus frischem Ingwer, gemahlenem Kardamom, Zimtpulver und Ajwan zu gleichen Teilen.

### Pitta

Der gängige Chai zur Besänftigung von *Pitta* besteht aus Kardamom, Süßholz, Zimt und Rosenblättern ungefähr zu gleichen Teilen.

Eine andere, würzigere Variation ist Cumin, Koriander, Fenchel, Rosenblätter und Korianderblätter zu gleichen Teilen.

### Kapha

Für *Kapha*-Typen geeigneter Tee kann aus Ingwerpulver, Nelkenpulver, Dillsamen und Bockshornkleesamen bestehen.

Alle diese Gewürztees sollten mit kochendem Wasser überbrüht werden und etwa 5 Minuten ziehen.

Beim Süßen achten Sie bitte auf ihren Typ.

# Getränke

## Honigwasser, V⁻P⁻K⁺

*Kapha-Zeit*

**Honigwasser gilt als sehr gesund.**
Man sollte darauf achten, dass der Honig nicht in zu heißes Wasser gegeben wird. Es sollte nur lauwarm sein. Dies ist ein Basisgetränk vor allem für *Kapha*-Typen. Honigwasser ist ein idealer Frühstücksersatz, besonders wenn es darum geht, Pfunde zu verlieren und den Stoffwechsel anzukurbeln.

*Zutaten:*
*0,5 l abgekochtes Wasser, Abkühlen lassen*
*2 TL Honig*
*Saft einer halben Zitrone*

🕐 *5-10 min*

**Zubereitung:**

Den Honig in das lauwarme Wasser geben, den Zitronensaft dazugeben, gut umrühren und warm trinken – am besten täglich.

## Limonade, V⁺P°K°

Selbst gemacht, schmeckt`s immer noch am besten!
Das gilt auch für Limonade. Im Sommer ist sie sehr erfrischend, im Winter kühlt sie allerdings stark aus.

*Zutaten:*
*1 l Wasser*
*150-200 ml Zitronen- besser noch, Limonensaft*
*1 EL Rosenwasser*
*5 EL Zucker*
*½ TL Salz, im Idealfall schwarzes Steinsalz (erhältlich in indischen Shops oder im Internet)*

🕐 *1-2 min*

**Zubereitung:**

**1.** Alle Zutaten gut durchmischen, bis sich der Zucker aufgelöst hat. Kühl servieren.

# Mangolassi, V⁻P°K⁺

**Mangolassi ist in ganz Indien bekannt und geschätzt.**
Es ist die Ausnahme in Bezug auf die Kombination von rohen Früchten und Milchprodukten.

Im Idealfall wird es mit Buttermilch oder im Verhältnis 1:1 mit Wasser und Joghurt hergestellt. Im Sommer eignet es sich als nachmittägliche Zwischenmahlzeit, da es auch sehr sättigend und nahrhaft ist.

*Zutaten:*
*0,5 l Wasser*
*500 g Joghurt*
*(oder 1 l Buttermilch)*
*1-2 große reife Mangos, geschält und entkernt*
*(oder ca. 400 g Mangopulpe aus der Dose)*

⏲ *5 min*

**Zubereitung:**

Alle Zutaten zusammen in einen großen Mixer geben oder mit einem Pürierstab in einer Karaffe pürieren und kühl servieren.

# Getränke

## Safranlassi, V°P°K°

Lassis gibt es **im ganzen Orient** in vielen Variationen. Sie bestehen meist aus Joghurt und Wasser. In Indien sind Lassis aus Buttermilch weitverbreitet, weil diese nicht so stark erwärmend wirken wie Joghurt.
Wenn man Lassis aus Joghurt und Wasser herstellt, sind sie meist so salzig wie der türkische Ayran. Lassis mit süßen Früchten sollte man nicht mit Joghurt herstellen. Das bekannte und beliebte Mangolassi ist aus **Buttermilch** gemacht.

*Zutaten:*
*1 l Buttermilch*
*1 EL Rohrohrzucker*
*8-10 Safranfäden*
*½ TL gemahlener Kardamom*

🕙 *10 min*

### Zubereitung:

Zuerst weicht man den Safran in einer halben Tasse Buttermilch für 10 Minuten ein. Zwischenzeitlich mischt man die anderen Zutaten mit einem Quirl kräftig durch und gibt zum Schluss die Safranbuttermilch dazu. Umrühren und kalt servieren.

## Safranmilch, V⁻P⁻K⁺

Die guten **Eigenschaften des Safrans** sind ausführlich im Kapitel „Küchenheilmittel" (siehe S. 204) beschrieben. Die Safranmilch ist stärkend, anregend und wird gern während Aufbaukuren und *Rasayana*-Therapien verwendet.

### Zubereitung:

Den Safran 5 Minuten in heißem Wasser ziehen lassen. Alle Zutaten in die Milch geben, diese unter Rühren aufkochen und 5 Minuten weiterköcheln lassen.

Ich koche mit der Milch gerne 2-3 zerstoßene Kardamomkapseln mit.

*Zutaten:*
*0,5 l frische, nicht homogenisierte Vollmilch*
*einen kleinen Schuss Wasser*
*1 Msp. Safranpulver oder etwa 8 Fäden nach Belieben Rohrzucker oder Honig (nur in die abgekühlte Milch geben!)*

🕙 *10 min*

## Sommerbowle, V⁻ P° K°

*Zutaten:*
*500 g Joghurt*
*1 l Wasser*
*oder wahlweise 1 l Buttermilch*
*1 EL Rosenwasser*
*Saft von 1-2 Zitronen*
*eine Handvoll Rosenblätter*
*4-5 Blätter Zitronenmelisse*
*1 EL Rosenwasser*
*½ TL Kardamom*
*1-2 EL Zucker*

🕒 *5-10 min*

**Zubereitung:**

Ca. 1 Tasse Wasser zum Kochen bringen, damit die Blätter übergießen und den Kardamom hineinrühren. Abkühlen lassen.
Derweil alle anderen Zutaten mischen und mit einem Schneebesen kräftig rühren. Jetzt den Sud dazugeben – entweder gesiebt oder mitsamt den Blättern.

Die Bowle schmeckt besser, wenn man sie lange durchziehen lässt und zwischenzeitlich immer wieder kräftig umrührt

## Stoffwechseltrunk, V⁻ P⁺ K⁻

*Zutaten:*

**Pro Person**
*1½ Tassen heißes Wasser*
*¼ TL Kreuzkümmelsamen*
*¼ TL Fenchelsamen*
*¼ TL Anissamen*
*1 Msp. gemahlener schwarzer Pfeffer*
*2 dünne Scheiben frischer Ingwer*
*3 Gewürznelken*
*1 Prise Steinsalz*

🕒 *5-10 min*

**Zubereitung:**

Alle Zutaten in einem Topf 5 Minuten kochen, abseihen und abkühlen lassen. Lauwarm mit 1 TL Honig servieren.

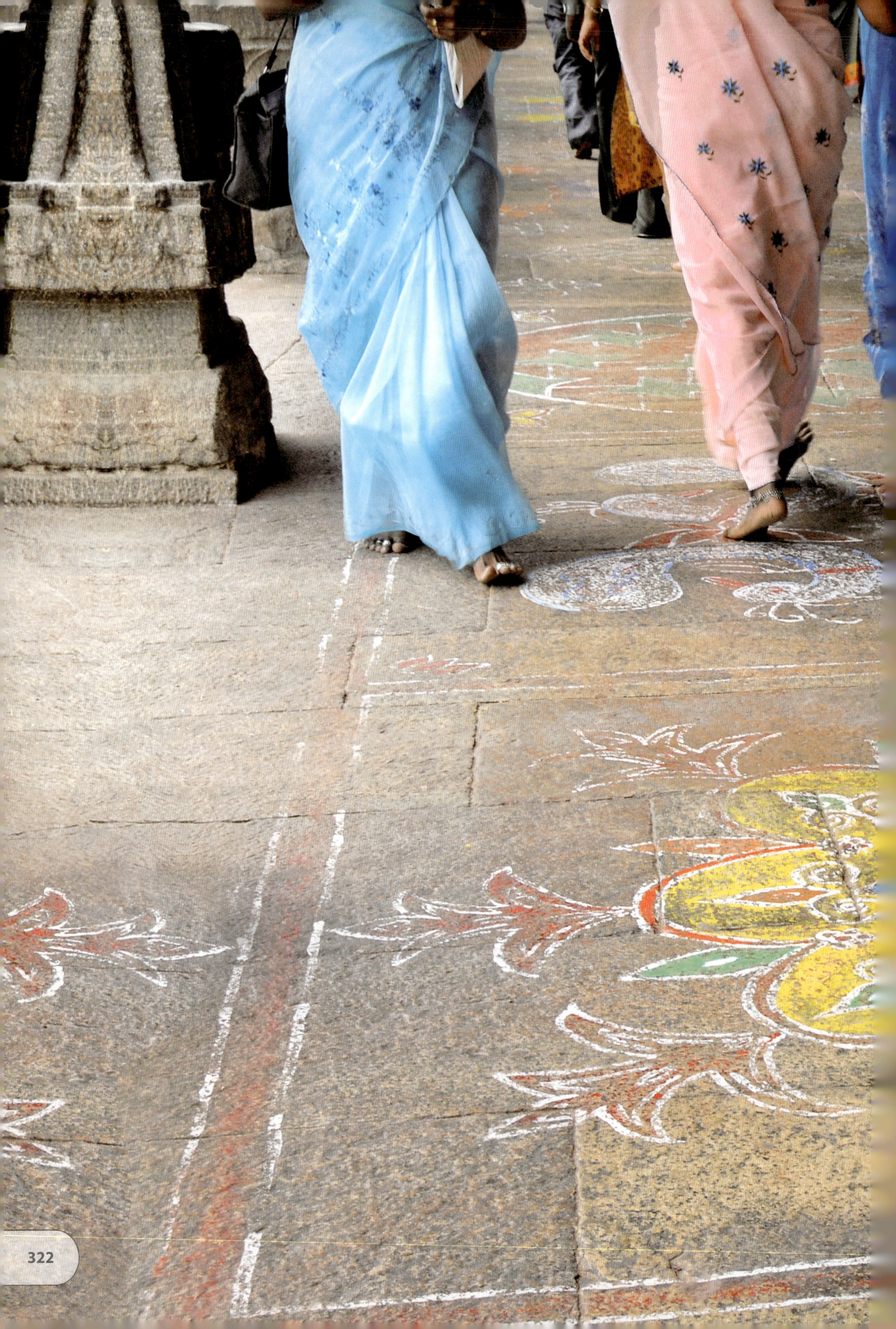

# 8 Kinderernährung nach Ayurveda

Kinder durchlaufen **drei Zyklen der Körperbildung**, bis sie das Erwachsenenalter erreicht haben. Während dieser verschiedenen Stadien benötigen sie **unterschiedliche Aufbaustoffe**. Natürlich ist **Muttermilch** in der ersten Zeit die **beste individuell abgestimmte Nahrung** und sollte so lange wie möglich gegeben werden.

Im Normalfall entwickelt jedes Kind spätestens ab Mitte des zweiten Lebensjahres von selbst ein Interesse an dem, was die Menschen in der Umgebung essen und trinken. Das erste Zufüttern geschieht meist mit vorgekautem oder weich gekochtem Gemüsebrei, später kommt dann Getreidebrei dazu. Der Verdauungsapparat wird auf diese Weise langsam aufgebaut.

Jede Mutter kann sich an die sorgenvolle Zeit erinnern, in der das Kind plötzlich bis auf wenige Ausnahmen alles ablehnt, was ihm angeboten wird. Plötzlich isst das Kind „nur" noch Kartoffeln oder Nudeln und die Mütter verzweifeln vor Sorge wegen Vitaminmangel oder anderer Schäden. Ich habe an meinen eigenen Kindern in beiden Fällen diese recht lang andauernde Phase miterlebt und stellte erstaunt beste Gesundheit fest. Wenn Kinder nicht in frühem Alter durch Industrienahrung, angereichert mit Zucker und Aromen, verlernen, richtig zu schmecken, haben sie ein feines Gefühl für ihre körperlichen Bedürfnisse. Das bedeutet, dass sie intuitiv wissen, was sie am meisten benötigen, um sich ihrem Typus entsprechend entwickeln zu können. Die Kartoffelphase meines Sohnes beispielsweise, der regelrecht verrückt nach Süßem ist, lässt sich auf den süßen Geschmack zurückführen – und auf die Kohlenhydrate, die viel Energie liefern. An diesem Beispiel sieht man, wie wenig ein Mensch tatsächlich benötigt, um zu überleben oder den Körper aufzubauen.

Nach der einseitigen Phase kommt in der Regel die Probierphase, in der mit Bestimmtheit entschieden wird, was das Kind mag und was nicht. Das ändert sich im Normalfall ungefähr die nächsten sieben bis acht Jahre nicht mehr, bis noch einmal ein neuer Entdeckungsdrang in Bezug auf Essen entsteht.

In der Regel lassen sich nach den ersten sieben Lebensjahren die ersten *Dosha*-Tendenzen erkennen. Ich habe aber schon oft festgestellt, dass man den genauen Typus frühestens ab dem 15. Lebensjahr erkennen kann. Eine Ausnahme bilden hier extreme *Vata*-Charaktere, die sehr früh die äußerlichen Merkmale entwickeln (zierlicher oder sehr hoher Wuchs, ausgeprägter Adamsapfel, schmale Lippen, etc.). Die eher pummeligen und stabilen Kinder, die man zunächst in Richtung *Kapha* einordnen würde, ändern ab dem 14. Lebensjahr oft vollständig die Richtung. Man ist dann erstaunt, wie sehr sich so manches dieser Kinder plötzlich „streckt".

Kinderernährung sollte ausgewogen sein. Man sollte Kindern nichts aufzwingen, was sie nicht mögen. Fördern Sie lieber von früher Kindheit an das Gefühl für den eigenen Körper. Erfahrungsgemäß essen Kinder gern Obst. Wenn es auf einem Teller bunt gemischt und aufgeschnitten ist, kann man auch die „Monoköstler" mit frischen Vitalstoffen versorgen.

Generell sollten Kinder so wenig Industrieprodukte wie möglich zu sich nehmen – also möglichst frisch kochen und regelmäßige Mahlzeiten einführen. Kinder vertragen mehr Zwischenmahlzeiten als Erwachsene. Nur Kinder mit starkem Übergewicht sollten maßvoll essen und vor allem auf aromatisierte Industrieprodukte verzichten.

Wenn Sie die Ernährung in der Familie auf ayurvedische Maßstäbe umstellen und anfangen, mit viel Gewürzen zu kochen, wundern Sie sich nicht, wenn Ihre Kinder das nicht mögen. Sie benötigen diese Verdauungshelfer noch nicht und mögen sie auch nicht. Vermeiden Sie, die Kinder dogmatisch zu ernähren. Sie werden Widerstand ernten und im schlimmsten Fall sogar Essstörungen verursachen.

### Allgemein gilt:

- keine zu sauren, scharfen und salzigen Speisen,
- keine zu süßen Speisen,
- keine fermentierten Produkte (z. B. Sojasoße, Sauerkraut, Miso),
- keine Fertigprodukte mit Aromen und Geschmacksverstärkern,
- keine zu fetten oder frittierte Speisen.

Kinder entfalten sich geistig und körperlich am besten, wenn sie in den ersten 14 Lebensjahren vegetarisch ernährt werden – mit wenigen Ausnahmen: Es gibt unruhige *Vata*-Charaktere, die mithilfe von Reis mit Geflügel (zweimal wöchentlich) „geerdet" werden können.

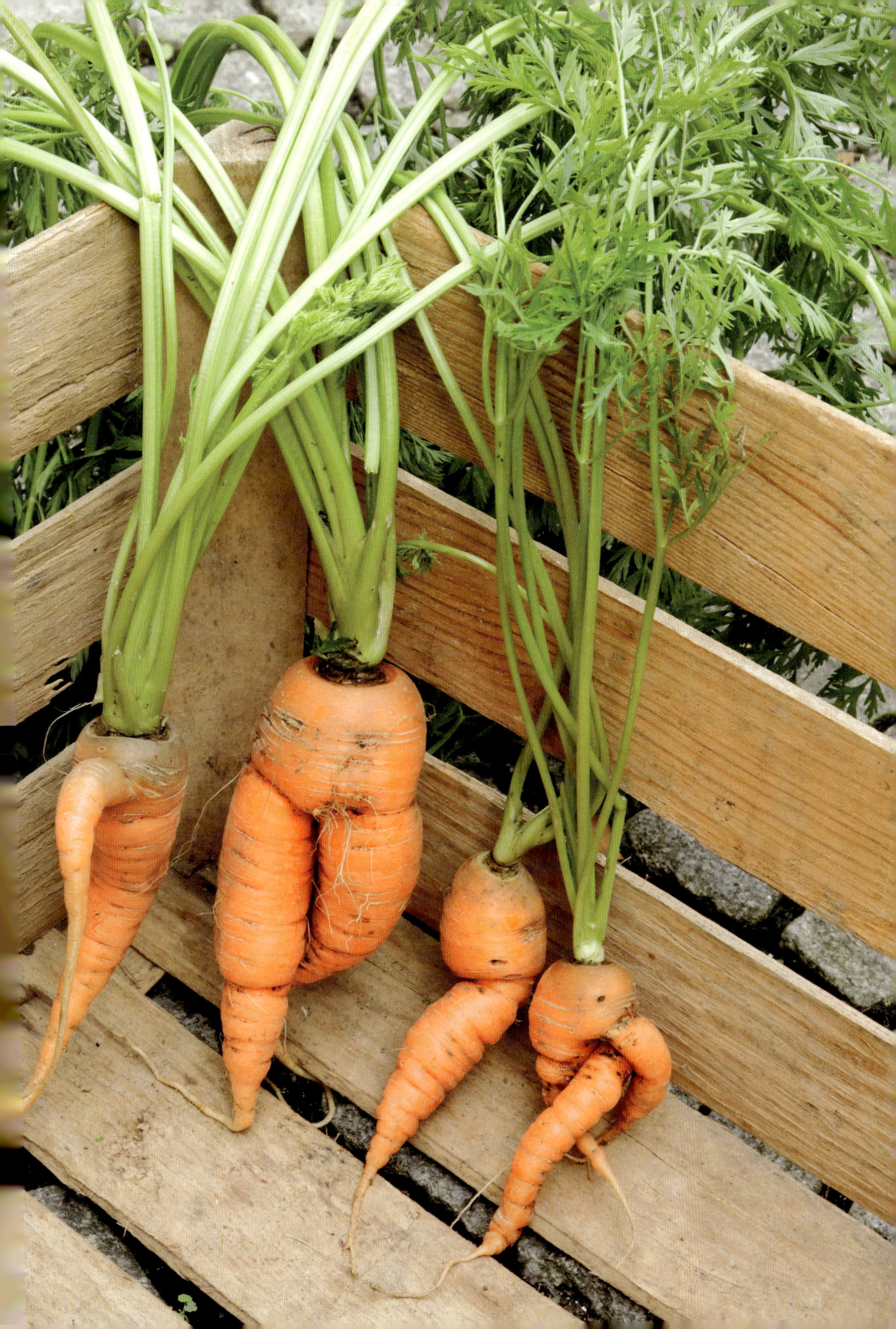

328

# 9 Heil- oder Reinigungsdiäten

| | |
|---|---:|
| Saftfasten | 334 |
| Monodiäten für Vata-Typen | 336 |
| Monodiäten für Pitta-Typen | 338 |
| Monodiäten für Kapha-Typen | 340 |
| Monodiäten für alle Typen | 342 |
| Übergewicht und Ayurveda | 344 |

Der Begriff **Diät** hat bei uns einen schlechten Beigeschmack. Er klingt nach Verzicht, Eintönigkeit, freudlosem Einheitsbrei und dem Fehlen jeglicher Abwechslung. In der **Ayurveda-Küche** ist das Gegenteil der Fall. Einschränkungen gibt es nur dort, wo unsere **Gesundheit** und unser **Wohlbefinden** bedroht sind. Alle **natürlichen Nahrungsmittel** haben – in Maßen genossen – Heilqualitäten.

*„Zwischen Essen und Ernähren können Welten liegen."* (Sprichwort)

Ayurveda betrachtet Nahrung und ihre Rolle im täglichen Leben in einzigartiger und umfassender Weise. Die unterschiedlichen Qualitäten eines Menschen (*Tridosha*) verschmelzen mit den Qualitäten (*Guna*), die der Nahrung innewohnen, zu einer individuellen Einheit. Das Ergebnis bestimmt, wie der Körper diese Substanzen annimmt und die Nahrung verarbeitet. Der Schlüssel zu einer ausgeglichenen Diät ist das grundlegende Verständnis der individuellen, menschlichen Konstitution. Die Ernährungsweise ist, je nach Ort, Klima, Boden, Umwelt, Alter und Konstitution, verschieden.

### Ayurveda lehrt uns,

welche Nahrungsmittel für welche Konstitution, bei welcher Stoffwechselaktivität, zu welcher Tages- und Jahreszeit und bei welchen Krankheiten zu empfehlen sind. Lebensgewohnheiten, das Alter sowie äußere Bedingungen spielen dabei ebenfalls eine große Rolle.

#### Die ayurvedische Diät hat nichts mit Verzicht, Verboten und erhobenem Zeigefinger zu tun

Wenn die Konstitution feststeht, ergibt sich daraus zwingend, dass dieser Mensch bestimmte Nahrungsmittel liebt, toleriert oder ablehnt. Meist brauchten die Patienten, die mit 50 oder 60 Jahren zum ersten Mal von ihrer Konstitution erfuhren, fast ein ganzes Menschenleben, um herauszufinden, was sie vertragen und was nicht. In der Ernährungsberatung bestätigen sich meist diese Erfahrungen. Mit diesem wertvollen Wissen kann man sich folglich viel Leid ersparen.

### Die Kriterien für die Wahl einer bestimmten Diät

**1.** Die Konstitution eines Menschen: sieben Grundtypen;

**2.** Das individuelle Magenfeuer (*Jatharagni*): *Vishmagni* (V+), *Mandagni* (K+), *Tikshnagni* (P+) und *Samagni*, das ausgeglichene *Agni*;

**3.** Eine akute oder chronische Krankheit;

**4.** Das Alter.

#### Zu 1. Die dem Typ entsprechende Diät

Die Konstitution ändert sich bis zum Lebensende nicht, nur die Lebensumstände und Einflüsse variieren. Die dem Typ entsprechende Diät ist folglich eine Diät auf Lebenszeit. Hier wird lediglich auf all jene Lebensmittel verzichtet, die ohnehin dem Wohlbefinden abträglich sind. Angepasst wird der Ernährungsplan nur entsprechend der Lebensphasen und dem *Agni*/Appetit.

#### Zu 2. Fasten – eine Maßnahme zur Stärkung des individuellen Agni

Fasten ist weit mehr als nur die Abwesenheit von Nahrung. Es ist ein effektives Werkzeug, um die Zündkerzen in unserem Verbrennungsmotor wieder richtig einzustellen. Fasten sollte nur zur inneren Reinigung bei *Ama*-Zuständen und geschwächtem *Agni* angewendet werden, wenn die *Pancha* Karma-Therapie nicht einsetzbar ist (siehe S. 105 ff.).

Natürlich gibt es auch noch andere Motive um zu fasten, außer den Körper zu reinigen. Manche fasten aus spirituellen Gründen, andere der geistigen Klarheit wegen. Mahatma Gandhi fastete mit dem Ziel, sein Land von Unterdrückung zu befreien und um Moslems und Hindus dazu zu bewegen, sich nicht mehr zu bekämpfen. Fasten setzt also auch Energien frei, die normalerweise für den Verdauungsprozess verbraucht werden. Selbst an Haustieren kann man beobachten, dass sie aufhören zu fressen, wenn sie sich unwohl fühlen. Wenn Sie zum ersten Mal fasten wollen, sollten Sie auf jeden Fall für professionelle Unterstützung sorgen. Sie werden möglicherweise physischen Stress erleben, wenn Ihr Körper schneller *Ama* mobilisiert, als Ihre Entgiftungsorgane verkraften können.

#### Für jeden Konstitutionstyp gelten beim Fasten andere Maßstäbe

**Der Vata-Typ** sollte nie länger als ein bis zwei Tage fasten. Eine Woche Fasten kann den gesamten Stoffwechsel aus der Bahn werfen. Vermeiden Sie Extremdiäten oder Wasserfasten. *Vata*-Naturen neigen rasch zur Gewichtsabnahme, Dehydrierung, Unterzuckerung und einer Autointoxikation im Bereich des Dickdarms. Diese Menschen fühlen sich dann wie krank, schwach und schwindelig und haben eine belegte Zunge. Ausgedehntes Fasten kann die Gesundheit eines *Vata*-Typs ruinieren. Hingegen ist das gelegentliche Auslassen einer Mahlzeit bei Appetitlosigkeit empfehlenswert. Monodiäten sind für *Vata*-Typen wesentlich besser verträglich als Fasten.

Der Pitta-Typ sollte nicht mehr als 3–7 Tage fasten. Er neigt schnell zur Übersäuerung. Sodbrennen, Magenschmerzen, Gereiztheit und schlechte Laune können die Folge sein. Saftfasten oder Obst- oder Rohkostdiäten (nach dem Motto: „All you can eat.") sind ein wunderbarer basischer Ausgleich zur Abpufferung der Magen-Gallensäfte.

Kapha-Naturen sollten hingegen eine Fastenroutine entwickeln, um ihr träges *Agni* zu stärken. Am Stück können sie problemlos mehr als ein bis zwei Wochen fasten und fühlen sich dabei fantastisch leicht und wohl. Als gute Kostverwerter neigen sie generell dazu, sich zu überessen und überschüssiges Wasser und Schleim im Körper anzusammeln. Ein Tag pro Woche und besonders an Vollmondtagen sollte nur grüner Tee, Kräutertee oder warmes Honigwasser mit Zitrone getrunken werden. Bewegung an frischer Luft ist dabei sehr wichtig. Um an Gewicht abzunehmen, ist eine kohlenhydratfreie Monodiät effektiv – ohne den gefürchteten Jojo-Effekt. Im Frühjahr, also zur *Kapha*-Jahreszeit, sollte eine schleimfreie Diät obligat sein.

### Zu 3. Krankheit erfordert eine drastische Ernährungsanpassung

Am Beginn und auch während einer Krankheit sollte man so lange fasten, solange kein Verlangen nach Nahrung besteht. Wenn man sich leicht, frisch und wohler ohne Nahrung fühlt, sollte das Fasten fortgesetzt werden – selbstverständlich unter medizinischer Begleitung. Wenn der Moment kommt, an dem man beginnt, sich energielos zu fühlen und das Hungergefühl einsetzt, sollte leichte gekochte Nahrung verzehrt werden. Empfehlenswert ist weich gekochter Reis oder Gerstengrütze. Wenn diese Speisen nicht mehr das Hungergefühl befriedigen, kann Kichari (Reis mit geschälten Mungbohnen) gegessen werden. Dieses Standardgericht der ayurvedischen Hospitäler in Indien reinigt und nährt die *Dhatus*. Darüber hinaus eliminiert es körperliches und mentales *Ama*, macht den Geist entspannt und leicht. Es ist die ideale Diät während lang andauernder Krankheiten und Therapien.
Ansonsten gilt für jede Erkrankung eine spezifische Diät, die der begleitende Ayurvedaarzt verordnet und überwacht.

### Zu 4. Jedes Alter erfordert eine bestimmte Ernährung

Junge Menschen im Kapha-Lebensabschnitt, also der Wachstumsphase, sollten nicht fasten. Ausnahme sind besondere Erkrankungen oder Umstände. Die Pitta-Lebensphase – zwischen Pubertät und Klimakterium – ist eine krankheitsanfällige Zeit. Hier sollte der Organismus dem Typ entsprechend routinemäßig entlastet werden.
In der Vata-Lebensphase, also ab 50 Jahren aufwärts, ist Fasten nur unter bestimmten Voraussetzungen sinnvoll. Auch hier spielen die Konstitution und die allgemeine körperliche Verfassung eine große Rolle. Es ist der Lebensabschnitt, in dem der menschliche Körper den naturgemäßen Abbau- und Alterungsprozessen ausgesetzt ist. Kurze Fastenperioden können ein Jungbrunnen sein; ganz sicher ist es eine dem Typ entsprechende, das *Agni* unterstützende Monodiät.

### Bei welchen Störungen typentsprechende Diäten ungeeignet sind:

- Massive Fettsucht (metabolisches Syndrom),
- Essstörungen (Bulimie/Magersucht),
- Psychosomatische Erkrankungen, Süchte,
- Immun-/Autoimmunerkrankungen,
- Chronische und systemische Krankheiten,
- Erkrankungen der inneren Organe,
- Krebserkrankungen,
- AIDS,
- Hormonelle Stoffwechselentgleisungen,
- Diabetes

Wenn Sie sich dennoch ayurvedisch behandeln lassen wollen, sind in diesen Fällen eine ayurvedische Anamnese und eine umfassende persönliche Beratung mit Komplextherapie unabdingbar.

### Beste Jahreszeiten zum Fasten:
- Frühjahr: Februar bis Mai (*Kapha*-Zeit);
- Frühherbst: September/Oktober (*Pitta*-Zeit).

Mit Einsetzen der ersten Nachtfröste sollte das Fasten beendet werden.

Eine Fastenkur sollte man möglichst bei abnehmendem Mond beginnen. Planen Sie immer noch genügend Zeit nach dem Ende des Fastens ein. Es dauert ca. eine Woche, bis Sie Ihren Stoffwechsel wieder an die normale „Alltagskost" oder besser die dem Typ entsprechende Diät gewöhnt haben.

Fasten ist auch eine mentale Reinigung. Es hat eine lange Tradition. Bereits Christus, Moses, Buddha, Zarathustra und Mohammed fasteten – nicht etwa, weil sie krank waren, sondern weil sie vor wichtigen Entscheidungen standen. Das Fasten zwang sie zur inneren Einkehr und einer besseren Wahrnehmung ihrer Intuition und der göttlichen Stimme.

Seien Sie also darauf gefasst, dass die physische Reinigung während einer Fastenkur auch von einem mentalen Reinigungsprozess begleitet sein kann. Die Fastendisziplin kann eine Menge Zorn, Negativität oder Traurigkeit zutage fördern. Wenn Sie in der Vergangenheit gegessen haben sollten, um emotionalen Hunger zu stillen, kann das Fasten diese unbefriedigten, „heruntergeschluckten" Bedürfnisse aufdecken. Hier hilft nur: Hochkommen lassen, wertfrei betrachten und mit Freuden loslassen.

Wie bricht man das Fasten?
Ein Sprichwort besagt: „Jeder Narr kann fasten, aber nur der Weise versteht, das Fasten richtig zu brechen und danach wieder entsprechend aufzubauen." Der Heileffekt des Fastens ist im gleichen Maße vom Fasten selbst wie vom Fastenbrechen abhängig. Ein tragisches Beispiel hierfür sind KZ-Häftlinge, die nach Kriegsende befreit wurden und ohne medizinische Fachkenntnis „normales" oder sogar reichhaltiges Essen bekamen. Sie starben innerhalb kürzester Zeit an Selbstvergiftung. Das geschwächte Verdauungssystem war nicht in der Lage, die Nahrung zu verarbeiten.

Jeder Neuling auf dem Gebiet des Fastens sollte die erste Fastenkur in jedem Fall unter medizinischer Begleitung und nach vorheriger Untersuchung durchführen. Zu viele junge Menschen ruinierten sich nichts ahnend ihr Verdauungssystem. Ayurveda ist deshalb auch mehr für sanftere Gangarten wie Monodiäten. Sie sind weniger drastisch, dafür aber problemlos für einen längeren Zeitraum durchführbar.

### Fasten

**Indikationen:**
- Stoffwechselkrankheiten: Adipositas, rheumatische Arthritis, Ischias, beginnender Diabetes, Gicht etc.;
- Herz-Kreislauf- und Bluterkrankungen, Angina pectoris, Gefäßerkrankungen, koronare Herzkrankheit, hoher/niedriger Blutdruck, Venenentzündung/Thrombose, Arteriosklerose, Blutveränderungen, Intoxikation, Schwermetallvergiftung;
- Chronische Hautkrankheiten: Psoriasis, Ekzem, Urtikaria, Akne, Wundrose, Furunkulose;
- Krankheiten des Verdauungssystems;
- Atemwegserkrankungen;
- Nieren- und Blasenerkrankungen;
- Frauenkrankheiten;
- Chronic-Fatigue-Syndrom;
- Allergien;
- Neurologische Erkrankungen;
- Endokrinologische Erkrankungen;
- Entzündliche Augenkrankheiten;
- Frühjahrsmüdigkeit.

**Kontraindikationen:**
- Psychische Störungen (Psychosen, Schizophrenie, Schwachsinn), Neurasthenie;
- Altersschwäche;
- Kachexie/Auszehrung;
- Tbc;
- Basedow-Krankheit;
- Nicht ausgeheilte Diphtherie;
- Akutes Magen-Darm-Geschwür (mit Nüchternschmerz);
- Insulinabhängige Diabetes;
- Chronische und konsumierende (auszehrende) Erkrankungen;
- Krebs (nur in Abstimmung mit dem behandelnden Arzt).

# Saftfasten

**Saftfasten ist eine relativ drastische Reduktions- oder Entgiftungsmaßnahme.** Sie ist mit äußerster **Vorsicht** und **Behutsamkeit** durchzuführen. Saftfastenkuren sind **sehr effektiv**, berücksichtigen aber nicht die Ausschleusung von Toxinen aus dem Darm.

Giftstoffe werden sehr schnell freigesetzt. Im Saft gibt es jedoch nichts, was zu einer Stuhlformung beiträgt. Extreme Müdigkeit, Schwäche, Gereiztheit und ähnliche Symptome treten oft dabei auf. Insofern ist es ratsam, das erste Saftfasten unter medizinischer Begleitung durchzuführen. Frauen sollten nicht länger als einen Tag mit Säften fasten. Monodiäten werden von Frauen generell besser vertragen.

**Vorteile des Saftfastens** sind die gezielte Reinigung der Entgiftungsorgane Lunge, Leber, Nieren, Darm und Haut sowie die Zellerneuerung. Es ist eine Verjüngungstherapie für Blut, Drüsen-, Hormon- und Nervensystem. Das Trinken von rohem Gemüsesaft ist die effektivste Art, den Vitamin- und Mineralgehalt aus Nahrungsmitteln aufzunehmen. Säfte aus basischen Gemüsen möglichst aus Bioanbau, eignen sich am besten für das Saftfasten.

## Saftrezepturen

### 1. Vata-Gemüsesaft

| | |
|---|---|
| Sellerie oder Gurke | 20 % |
| Möhren | 30 % |
| Ananas | 20 % |
| Orangen | 30 % |

Zugabe: 1 TL kalt gepresstes Olivenöl

### 2. Pitta-Gemüsesaft

| | |
|---|---|
| Apfel | 30 % |
| Möhren | 40 % |
| Rote Bete | 20 % |
| Korianderblätter (oder Petersilie) | 10 % |

grüne Gemüse, etwas frischer Ingwer
Zugabe: 1 TL kalt gepresstes Olivenöl

### 3. Kapha-Gemüsesaft

| | |
|---|---|
| Selleriestaude/Rettich | 30 % |
| Apfel | 50 % |
| Petersilie | 10 % |
| Karotte | 10 % |

1–2 kleine rote Chilischoten
1 cm langes Ingwerstück
Zugabe: 1 TL kalt gepresstes Olivenöl

### Weitere Säfte/Saftkombinationen:

Karotten
Rote Bete/Karotten
Selleriestaude
Rote Bete/Karotten/Selleriestaude
Kohlsaft (K-), Petersiliensaft (P-) und Gurkensaft (P-)

Solche Säfte werden auch zu therapeutischen Zwecken eingesetzt. Die Mineralstoffe und Vitamine aus frischen Gemüsesäften werden in wenigen Minuten über das Lymph- und Blutsystem aufgenommen. Um sie richtig aufzunehmen, ist es ratsam, sie zu kauen, um sie so vor dem Schlucken mit Speichel zu vermischen.

## Empfehlung

Beginnen Sie mit dem Saftfasten langsam! Fangen Sie mit einem Tag pro Woche an. Erhöhen Sie um einen Tag pro Monat, bis sieben Tage erreicht sind. Diese Reinigung ist äußerst stark und regeneriert den gesamten Organismus. Achten Sie darauf, dass der Darm sich täglich entleert. Empfehlenswert sind Einläufe jeden zweiten oder dritten Tag, besser noch Colonhydrotherapie (Darmspülungen) sowie die tägliche Einnahme von Flohsamen (Psyllium) zur Stuhlformung.

### Monodiäten

Wer die nötige Zeit und Geduld hat oder sich keine intensive *Pancha*-Karma-Kur leisten kann, sollte eine der folgenden Monodiäten erst einmal für drei bis sieben Tage ausprobieren. In dieser Zeit sollte man keinesfalls arbeiten. Wenn man die Monodiät 40 Tage durchhält, treten tief greifende, positive Veränderungen auf. 40 Tage sind mehr als ein Mondzyklus. Sie verändern das Bewusstsein und helfen, mit schlechten Gewohnheiten zu brechen. Spaziergänge, Ruhe und besonders die täglichen Yogaübungen, Walken, milde Schwitzbäder und leichter Sport sind eine effektive Begleitung. Während der Fastentage sollte man täglich 2–3 l temperiertes Wasser trinken. *Vata*-Typen sollten schluckweise abgekochtes heißes Wasser zu sich nehmen.

### Achtung:

Frauen sollten Monodiäten und Fastenkuren nicht länger als fünf bis zehn Tage machen (Ausnahme: PK-Typen).
Bei längeren Zeiten ist stets ein Spezialist zu konsultieren.

# Monodiäten für Vata-Typen

## Flüssigkeitsfasten

- Bitte kein Wasserfasten! Mit den entsprechenden *Vata*-Früchten einmal pro Woche oder alle zwei Wochen einen Säftetag einlegen. Viele *Vata*-Typen lieben zwischendurch auch frischen Zitronensaft und Honig in warmem Wasser.

- Während der jahreszeitlichen Umstellungen des Organismus, d. h. zur Frühlings- oder Herbst-Tag-und-Nacht-Gleiche (21.03./23.09.) oder bei Erkältungskrankheiten, empfiehlt sich ein Tag mit frischem Ingwerwasser: 3–4 hauchdünne frische geschälte Ingwerscheiben in 1 l kochendes Wasser geben und 5–10 Minuten köcheln. In eine Thermoskanne geben und über den Tag verteilt trinken, bis sich wieder ein normales Hungergefühl einstellt.

- Bei Absorptionsstörungen im Dünndarm, chronischen Verdauungsbeschwerden, Nahrungsunverträglichkeiten ist für *Vata*- oder *Vata-Pitta*-Typen eine *Takra*-Diät hervorragend: Buttermilch und heißes Wasser (1:1) mit etwas Steinsalz, Asant und Cuminpulver mixen und über den Tag verteilt trinken. Es sollten 2–4 l über den Tag verteilt sein. Mittags kann ein leichtes Kichari gegessen werden.

- Wer Milchprodukte verträgt und mag, kann auch Milchfasten machen. Die Milch wird einmal mit etwas Rohrzucker, Kardamom oder Safran aufgekocht. Auch Joghurt-Lassi 1:1 mit heißem Wasser und *Vata* reduzierenden Gewürzen ist empfehlenswert, um zusätzliche Energie zu gewinnen. Es ist eine wahrhaft sattvische Diät! Sie sollte aber nicht in der *Kapha*-Jahreszeit gemacht werden.

*Zitronenreis, Rezept Seite 285*

## Weizenkorndiät

Die Weizenkorndiät ist besonders für Frauen eine effektive Tagesdiät.

**Wirkung**
- blutreinigend,
- prämenstruellen Beschwerden vorbeugend.

**Durchführung**
Einen Teil ganze getrocknete und ungeschälte Bio-Weizen- oder Dinkelkörner auf drei Teile Wasser. Beides zusammen 10–15 Minuten lang kochen. Dann den Inhalt mitsamt dem Wasser in ein großes Thermosgefäß gießen. Am nächsten Tag sind die Weizenkörner weich und aufgepufft. Zu jeder Mahlzeit warme Milch oder Joghurt und Gewürze hinzufügen.

**Dauer**
Einen Tag pro Woche oder vor und während der Menstruation.

## Power-Reisdiät

**Wirkung**
- bringt die Drüsenfunktion, speziell der Schilddrüse, ins Gleichgewicht,
- stärkt die Nerven,
- reinigt die Nieren,
- verleiht Ausdauer und Entspannung.

**Durchführung**
Kein Salz verwenden! 6 Portionen: 1 Zimtstange, 1 fingerlanges Ingwerstück gehackt und 1 TL Kurkumapulver in 1 l Wasser 10 Minuten lang kochen. Dann 200 g gewaschenen Basmatireis, 5 g Hiziki- oder Combualge (5 Minuten vorher in kaltem Wasser eingeweicht) und 20 g Rosinen hinzufügen. 15 Minuten auf mittlerer Flamme kochen. 5 EL Zitronensaft hinzugießen. 5–10 Minuten weiterkochen.
Mit etwas Naturjoghurt servieren. Zwischen den Mahlzeiten abgekochtes Wasser oder Ingwertee trinken.

**Dauer**
Ca. eine Woche – je nach Empfinden.

# Monodiäten für Pitta-Typen

## Wassermelonendiät (vereinfachte Form)

### Wirkung
- Nieren und Darm reinigend,
- entwässernd,
- leicht Gewicht reduzierend.
- Die Fruchtfasern der Melone kratzen den Dickdarm sauber. Die Kerne remineralisieren den Körper, weil man ständig Wasserlassen muss. Der Pfeffer vermehrt die Durchblutung und wärmt und reinigt die Schleimhäute im Magen-Darm-Trakt.

### Durchführung
Die Wassermelonendiät ist eine typische Sommerdiät. Sie darf nur an schwül-heißen Tagen durchgeführt werden. Kühlt sich das Wetter ab, bricht man die Diät besser ab, sonst beginnt man zu frieren. Man benutzt ausschließlich Wassermelonen mit dunkelgrüner Schale und braun-schwarzen Kernen. Keine Sorte mit weggezüchteten Kernen benutzen! Das Fruchtfleisch in Würfel schneiden, die Kerne aber, die gut gekaut werden sollen, drinlassen. Darüber frisch gemahlenen schwarzen Pfeffer verteilen. Davon dreimal am Tag so viel essen, wie man Lust hat. Dazwischen kann man Wasser trinken. Bei trägem Darm empfiehlt sich täglich ein warmer Kamillentee-Einlauf bzw. die Einnahme von Flohsamen.

### Dauer
3–5 Tage

Man sollte die Diät beenden, wenn kein brauner Stuhl mehr ausgeschieden wird, sondern nur noch die rosafarbenen Melonenfasern.

## Chlorophylldiät

Die Chlorophylldiät ist eine regenerative Diät.

### Wirkung
- macht das Blut basisch,
- reduziert Fettgewebe und Wasser,
- klärt die Haut,
- reinigt die Leber,
- befreit den Körper von toxischen Schleimansammlungen.

### Durchführung
Grüne Nahrung (siehe Schale!) essen: Salate, grünschaliges Obst, frische Wild- und Gartenkräuter, gedämpftes grünes Gemüse, Avocados, Sprossen, grüne Oliven, gekochte grüne Mungbohnen (1–2 Tage eingeweicht). Grüner Tee oder verdünnter Fruchtsaft können während der Chlorophylldiät getrunken werden, aber nur zwischendurch. Wenn man sich schwach fühlt, kann gelegentlich eine Handvoll Nüsse, Studentenfutter oder eine Portion gekochtes Getreide gegessen werden. Zuviel davon kann Verdauungsprobleme verursachen und die Wirkung der Diät mindern.

Bei Akne keine Honigmelone, grüne Äpfel oder Weintrauben essen!

### Dauer
7–40 Tage

Die Monodiät wird gebrochen, indem man zuerst Früchte/Gemüse, Samen/Nüsse/Getreide und zum Schluss Milchprodukte hinzunimmt.

## Leberreinigungsdiät

Die beste Zeit, die Leber zu reinigen, ist der 11. Tag des zunehmenden Mondes. Das ist besonders für *Pitta*-Typen ein guter Leberreinigungstag.

**Wirkung**
- Leber und Blut reinigend, vitalisierend.

**Durchführung**

Variante 1: gedünstete Rote Bete, Karotten und Zwiebeln mit etwas geschmolzenem Käse darüber essen.

Variante 2: Rote Bete reiben, Hüttenkäse, schwarzen Pfeffer und eventuell etwas Chilipulver, Salz und Zitrone hinzufügen. Die Mischung dämpfen, bis der Hüttenkäse rot wird.

Variante 3: ein Safttag mit:
- Roter Bete, Karotten und Äpfeln,
- Roter Bete und Karotten,
- Karotten und Rettich.

**Dauer**

Tageweise bis eine Woche bei abnehmendem Mond.
Eine längere Leberdiät sollte nur in Absprache mit einem behandelnden Ayurvedaarzt oder Heilpraktiker erfolgen.

## Gemüsemusdiät

**Wirkung**
- reinigt den Darm
- klärt die Haut
- reduziert Gewicht

**Durchführung**

Täglich 15 Minuten lang 4–5 Zucchini, 4 Selleriestangen, ein Bund Petersilie und einen Zweig frische Minzeblätter dämpfen, bis alles weich ist. Frisch gemahlenen Pfeffer hinzufügen und alles pürieren. Mit Hüttenkäse servieren. Nach Belieben essen, aber nicht mehr als dreimal täglich. Grüner Tee oder Kräutertee und natürlich Wasser sind erlaubt.

**Dauer**

7–40 Tage

## Saftfasten

(siehe auch Saftrezepturen S. 334/335)
Mit verdünnten frisch gepressten Säften aus *Pitta* reduzierenden, d.h. süß-herben Früchten.
Besonders gut geeignet sind: Granatapfel, Mango, Papaya, Bananen, Trauben, Birnen, Kirschen, Ananas. Möglichst nur 1-3 Sorten mischen.

# Monodiäten für Kapha-Typen

Bei einer Neigung zu Gicht oder Rheuma ist in jedem Fall eine salzlose Diät angezeigt.

## Chlorophylldiät

Siehe unter *Pitta*-Monodiäten, Seite 338.

## Die Wassermelonendiät

Siehe unter *Pitta*-Monodiäten, Seite 338.

## Schleimfreie Diät

Dies ist eine gute Anfängerdiät!

### Wirkung
- Toxine und überflüssiger Schleim werden aus den Geweben geschleust.
- Nach einer Erkältung hilfreich zur Stabilisierung des Immunsystems.
- Pfeffer hinzugefügt, unterstützt die Ausscheidung von Darmgasen.
- Leichte Schwäche oder Müdigkeit können während der ersten vier Tage auftreten (eine Fußmassage mit Mandelöl kann dann hilfreich sein).

### Durchführung
Alle *Kapha* neutralen oder *Kapha* reduzierenden Früchte und Nüsse sowie gedämpftes (grünes) Gemüse essen. Vier Stunden Pause zwischen den Mahlzeiten einlegen. Frische Frucht- bzw. Gemüsesäfte (siehe *Kapha*-Rezepte) zwischendurch trinken. Körperübungen und Sport sind empfehlenswert. Keinen Sex während dieser Diät!

### Dauer
1 Woche

## Kurkumareis-Diät

**Wirkung**
- Gewichtsreduktion;
- Entwässerung;
- Löst Verschleimungen in Brust- bzw. Nasen-Rachenraum.

**Durchführung**

1. Tag: Basmatireis mit viel Kurkuma und Zitronensaft in der dreifachen Menge Wasser gekocht.

2. Tag: In Zwiebel-Knoblauch-Ingwer-Olivenölsud gedämpfter Brokkoli mit Chilipulver.

Fasten brechen mit einem Tag Zitronensaft mit warmem Wasser und Honig.

**Dauer**
Beide Tage im Wechsel oder allein für 1–2 Wochen bis max. 40 Tage.

## Selleriediät

Die Selleriediät macht man am besten um die Frühjahrs-/Herbst-Tag-und-Nacht-Gleiche, also um den 21.03./23.09. herum. Nervensystem und Stoffwechsel brauchen zum Jahreszeitenwechsel eine Umstimmungspause.

**Wirkung**
- Blut- und Leberreinigung;
- Effektive Gewichtsabnahme.

**Durchführung**
Nur gedämpfte Selleriestangen mit rotem Chili essen, dazu Wasser oder Kräutertees trinken.

**Dauer**
7–40 Tage

# Monodiät für alle Typen

## Kichari-Diät

Diese Mungbohnen-Reis-Diät ist die beste und sicherlich einfachste Monodiät. Sie ist ideal nach langen auszehrenden Krankheiten oder nach einer Schwangerschaft. Diese Reinigungsdiät verleiht viel Kraft und ist eine gute Diät während der *Vata*-Zeit. Sie ist besonders empfehlenswert für Menschen ab 40. Sie reinigt und tonisiert Nieren, Dickdarm (Verstopfung) und das gesamte Verdauungssystem. Von dieser einfachen Eintopfdiät könnte man über Monate, sogar Jahre ohne Mangelerscheinungen leben. Das Problem ist, dass *Vata*-Typen Routine und Eintönigkeit hassen.

### Wirkung
Wiederherstellung der Kraft.

### Durchführung
1 Zwiebel, 2–4 Knoblauchzehen, ein 3–4 cm langes Stück frischen Ingwer würfeln und hacken. Dies ist eine Mindestangabe, um ein Minimum an Reinigung und Verdauungsstärkung zu erzielen. Typgemäße Veränderungen sind erwünscht.
3–4 EL Ghee in einer Pfanne erhitzen. Unter ständigem Rühren ½ TL groben schwarzen Pfeffer, 2 TL Cuminsamen, ½ TL rotes Chilipulver, 1 TL Kurkumapulver und eine Zimtstange hinzugeben und alles anrösten, bis die Samen zu springen beginnen/sich ein angenehmes Aroma entfaltet.
½ Tasse gewaschene geschälte Mungbohnen (für PK-Typen auch grüne Mungbohnen, 1–2 Tage eingeweicht und gewaschen) und ¼ Tasse Basmatireis hinzufügen. Unter Rühren kurz anbraten. Dazu können dem Typ entsprechend frische Gemüse der Jahreszeit wie Zucchini, Möhren, Auberginen, Sellerie etc. genommen werden. 3–5 Tassen Wasser dazugießen und alles zusammen etwa 30–40 Minuten bedeckt kochen, bis sich die Mungbohnen leicht zwischen den Fingern zerdrücken lassen.

Dies entspricht je einer Tagesportion für mittags oder abends. Bitte jedes Mal frisch kochen!

*Vata*-Typen können dazu Zitronensaft oder Joghurt essen, *Pitta*-Typen Koriander- oder Minzblätter, *Kapha*-Typen nehmen gemahlene Chilis oder scharfe Chutneys oder Pickles dazu.

Früchte, Kräutertees oder Ayurvedatees können als Snack getrennt zwischendurch verzehrt werden.

### Dauer
7–30 Tage

9

# Übergewicht und Ayurveda

35 % aller Westeuropäer leiden an **Übergewicht**. In Deutschland sind davon durchschnittlich **jedes 3. Schulkind** und **jeder 5. Erwachsene** betroffen. Ganzheitlich gesehen, liegen die Ursachen zu 80 % in der **Psyche**, 20 % sind **Veranlagung**, also konstitutionell erklärbar.

Wohlstand ist nicht auf die „Reichen" beschränkt, ebenso wenig wie Fettsucht auf die „Armen". Jeder von uns, der denkt, er hätte Zeit und Geld zu verschwenden, lebt im „Über-Fluss". Das ist die Wurzel dieser Zivilisationskrankheit. Übergewicht, Diabetes und Gicht sind lediglich die Symptome dieser geistigen Haltung.

### Grenzenloser Konsum ist der Motor der Marktwirtschaft – Überfluss ihr Abfallprodukt

Dazu der Kommentar eines indischen Ayurvedaarztes: „Langeweile, geistloses Entertainment, endloses Essen und übermäßiger Schlaf – all das zusammen mästet dich wie ein Schwein." Wer den Film „Das große Fressen" sieht, findet dort im Detail alle Anleitungen zum Dick-, Krank- und Unglücklichwerden.

### Emotionales Essen als Ersatzbefriedigung

Hiermit ist keineswegs das so genannte „Überessen" gemeint. Viele Übergewichtige essen nicht mehr als Schlanke. Es ist das Essen als Trost bei Schmerz, Kummer, Trauer, Selbstmitleid, Verlust, Frust, Krankheit und zur Selbstbestätigung. Die Nahrung wird zum vermeintlichen Ersatz von Geborgenheit und Liebe. Sie schenkt den Betroffenen scheinbar alles, wonach sie sich sehnen. Innere Leere (Unerfülltheit) wird durch scheinbare Fülle (Erfülltheit) kompensiert. Wer dabei leer ausgeht, ist die unerfüllt bleibende Seele.

Die dominanteste Geschmacksrichtung (*Rasa*) ist süß. Sie vermag am schnellsten einen Zustand von Unterzuckerung (Nicht-Geerdet-Sein) auszugleichen. Deshalb entsteht bei emotionaler Unausgeglichenheit meist ein Heißhunger nach Süßem (siehe auch Tab. S. 84).

### An den Spätfolgen von Übergewicht sterben in den USA jährlich eine Million Menschen

Ein talmudischer Tischspruch lautet: „Durch den Kochtopf sind weit mehr Menschen gestorben als durch den Hunger." – Überessen als Rachefeldzug gegen uns selbst. So werden Depressionen, Selbsthass, Ekel, Ängste und narzisstische Kränkungen in überflüssiger Nahrung erstickt. In diesem Stresszustand ist jegliche Nahrungsaufnahme wie in einer Kampf- oder Fluchtsituation blockiert. Die unverdaute Nahrung wird zu *Ama* – toxischem Abfall (siehe S. 105 ff).

### Es gilt, zwischen zweierlei Fettsucht zu unterscheiden:

**1.** Die angeborene Fettsucht beginnt bereits in der pränatalen Prägungsphase durch die Verhaltens- und Gedankenmuster, die Ernährungsweise und die Konstitution der Mutter.

**2.** Der zweite Typus ist die erworbene Adipositas. Sie entsteht durch Unkenntnis und/oder Interesselosigkeit an der eigenen Konstitution und einer Lebens- und Essweise, die eine Wertschätzung der eigenen Persönlichkeit in hohem Maß ignoriert.

### Wer ist nach heutigen Gewichtsberechnungen risikobehaftet?

Die moderne Statistik liegt in Sachen Gesundheit nicht immer richtig. Bereits in den 50er Jahren wollten Versicherungsstatistiker einer Lebensversicherung in den USA herausfinden, bei welchem Körpergewicht – je nach Größe – die Lebenserwartungen am höchsten liegen. Sie irrten.

**Das Normalgewicht nach Broca errechnet sich aus der Körpergröße in Zentimetern abzüglich 100.**

**Beispiel 1:**
Ein Mann mit 1,70 m Größe: 170 – 100 = 70 kg
70 kg – 10 % = 63 kg (Normalgewicht)
Größte Lebenserwartung: 20–30 % über dem Idealgewicht: 75,5–90 kg

**Beispiel 2:**
Eine Frau mit 1,60 m Größe: 160 – 100 = 60 kg
60 kg – 15 % = 51 kg (Normalgewicht)
Größte Lebenserwartung: 20–30 % über dem Idealgewicht: 61–66 kg

Viele würden diese Ergebnisse aus eigener Erfahrung als nicht relevant ablehnen. Das Erreichen eines möglichst hohen Lebensalters ist lediglich eines von vielen Lebenszielen. Zahlen bilden nun einmal nicht das ganze Leben ab. Sie bieten höchstens eine grobe Orientierung. Und was zählt mehr? Dem Leben Jahre oder den Jahren Leben hinzuzufügen?
Im Deutschland der 90er Jahre hatten bereits 60 % der Bevölkerung das „Idealgewicht" überschritten. Nur 15 % lagen darunter.

# Übergewicht und Ayurveda

## Adipositas

Das grundsätzliche Problem ist, dass die zunehmende Ausbreitung dieser „Wohlstandsseuche" von medizinischer Seite nach wie vor nicht als Krankheit gesehen wird. Adipositas gilt immer noch als ein durch Essstörungen hervorgerufenes Gewichtsproblem, dem man mit eigener Willenskraft zu Leibe rücken sollte. Dementsprechend werden Übergewichtige oft mit einfachen Ratschlägen abgespeist, ohne dass die zugrunde liegende Ursache auch nur annähernd erkannt wird. Stattdessen wird die Menopause zur Krankheit erklärt – eine Absurdität in asiatischen Ländern. Dort sind hormonhaltige Hülsenfrüchte (wie bei uns noch im Mittelalter) Bestandteil der täglichen Nahrung.

**Die erworbene Adipositas entsteht meist am Übergang von der Pitta- zur Vata-Lebensphase**, also der Zeit vor der Menopause der Frau und der Andropause des Mannes. Es ist das Ende der Vorherrschaft von *Pitta*. In dieser Zeit kommt es zu großen hormonellen Veränderungen im menschlichen Organismus.

*In der Prämenopause* (um das 50. Lebensjahr herum) erzeugen die Eierstöcke der Frau immer weniger Hormone, die normalerweise durch *Pitta* gesteuert werden. Das wiederum erzeugt eine Vielzahl von Symptomen. Unregelmäßige Perioden bei der Frau deuten auf ein Absinken des Östrogen- und Progesteronspiegels mit PMS (prämenstruelles Syndrom), Regelschmerzen, verringerter Libido, Gewichtszunahme und auffälligen Konzentrationsstörungen hin.

*Zu Beginn der Andropause* sinkt bei Männern – je nach Konstitution – der Progesteron-/Testosteronspiegel signifikant. Sie spüren meist einen Verlust an Vitalität, Libido und Lebensfreude, begleitet von einer Gewichtszunahme im Bauchbereich. Deutliche Anzeichen für die beginnende Vorherrschaft von *Vata* mit seinen Abbau- und natürlichen Alterungsprozessen sind folgende Symptome in der *Vata*-Tageszeit (14–18 Uhr): Nachmittagsmüdigkeit, Müdigkeit beim Autofahren sowie nach dem Essen. Zu dieser Tageszeit steigt der Insulinspiegel an, der Blutzuckerspiegel fällt.

**Der wahre „Feind" Übergewichtiger ist nicht direkt das Fett.** Es ist Insulin, das einzige Hormon, das Fett produziert – insbesondere im Bauchbereich. Es stellt Fett her, indem es Zucker, für den die Muskeln keine Verwendung haben, in den Fettzellen einlagert. Von da an „bewacht" das Insulin die Fettzellen, um ihren Abbau zu verhindern.

**Kapha ist durch Hungerphasen genetisch auf „Wärmeisolation" und „Überleben" programmiert** Das ist eine wunderbare, natürliche Adaption. Gerade der *Kapha*-Typ ist genetisch auf Notzeiten programmiert: In Hungerperioden hat der Organismus des Steinzeitmenschen gelernt, auf den sogenannten *Hungermodus* umzuschalten. Der Körper hat dann das schlechte Fett behalten und die Stoffwechselaktivität so gedrosselt, dass selbst regelmäßige Wasserzufuhr streckenweise Körpergewicht erhaltend wirkte.

**„Light-Produkte" der große Denkfehler!** Fett hingegen löst keine Insulinproduktion aus. Das wird bei der „Fettfrei-Manie" und den kohlenhydratlastigen „Light-Produkten" nicht berücksichtigt. Ein Light-Produkt muss, um diesen Namen tragen zu dürfen, den natürlichen Fettgehalt um mindestens 30 % gegenüber dem Ausgangsprodukt reduziert haben. Fett ist ein natürlicher Geschmacksträger. Ein Light-Produkt-Hersteller ist gezwungen, einen Geschmacksverstärker einzusetzen, meist Zucker oder synthetische Zuckeraustauschstoffe. Nur so schmecken und verkaufen sich die Produkte, die in vielen Fällen versteckte Kalorienbomben sind. Light-Produkte sollten unbedingt mit den „normalen" Ausgangsprodukten verglichen werden, weil sie sich leider oft als Mogelpackung entpuppen. Der Süßstoff schädigt bei Dauergenuss die Geschmacksnerven und erhöht das Verlangen nach Süßem. Natürliche Süßmittel können später diesen Heißhunger auf Süßes aber nicht mehr befriedigen. Man gerät in einen Teufelskreis …

Seit Einführung dieser Produkte ist es in den USA und mittlerweile auch in Europa zu einer förmlichen XXXL-Mutation in unserer Gesellschaft gekommen. Popcorn, Salzgebäck, Pommes frites und Fast Food erzeugen zusammen mit Geschmacksverstärkern mehr Insulin als Süßigkeiten.

**Zu den ungesunden Ölen zählen:** hydrierte Öle, Rapsöl, Margarine, Frittieröle
**Gesunde Öle/Fette sind:** echte Butter, (Eier), Kokosöl, Olivenöl, Avocado, Nüsse/Nussöle
**Zu den „ungesunden" Kohlenhydraten gehören:** Weizen, Brot, Weißmehlprodukte und Backwaren, Cracker, Chips, Fertigmüslimischungen, Pommes frites, Süßwaren
**Gesunde Kohlenhydrate sind:** Reis, Dinkel, Hafer, Hirse, Quinoa, Buchweizen, Gerste, (Süß-)Kartoffeln, Früchte, Gemüse

Die längste Herzstudie der Welt, die Framingham-Heart-Studie, bestätigte, dass Männer, die die meisten gesättigten Fette (Butter, Ei, Milchprodukte, sogar Fleisch etc.) zu sich nahmen, das geringste Gewicht, die niedrigsten Cholesterinwerte und damit das geringste Risiko für Herzerkrankungen hatten. Fett ist also nicht das Problem, es ist das Insulin. Den Insulinspiegel zu senken, um Fett abzubauen, ist bei der *Kapha*-dominanten Adipositas der Schlüssel.

### Aber auch proteinlastige Diäten sind ein Schuss in den Ofen des Stoffwechselfeuers

Der menschliche Körper kann kein Protein speichern. Jeder Proteinüberschuss wird entweder ausgeschieden, führt zu Fäulnisprozessen im Darm oder wird in Zucker umgewandelt und als Fett in den Fettdepots eingelagert.

### Warum ist Sport allein nicht Mord aber doch vergebene Liebesmühe für viele Übergewichtige?

Wenn man nur 500 g Fett abnehmen möchte, muss man 3.500 Kalorien verbrennen. Das bedeutet, dass man mehr als einen Marathon laufen muss: 50 km! Es gibt Menschen, die mit weniger als 1.000 Kalorien pro Tag auskommen, vier Stunden täglich trainieren und kein einziges Gramm abnehmen. Das frustriert. Man kann nicht hungern und dabei langfristig abnehmen.

### Mit Kaloriendiäten, Sport und Fettreduktion lässt sich also dauerhaft kein Gewicht reduzieren. Was ist dann das Geheimnis?

Alles dreht sich um den Machtbereich von *Pitta* – den Stoffwechsel. Die Kunst besteht darin, das Fett verbrennende *Agni* (Verdauungsfeuer) der Leber anzuregen, anstatt das Kohlenhydrate verbrennende *Agni* des Pankreas. Man muss dem Körper die Kohlenhydrate entziehen, aus denen er am meisten Zucker herstellt und die wiederum am stärksten die Insulinproduktion ankurbeln. Etwa drei Tage nach Abstinenz von Zucker/Kohlenhydraten beginnt die Leber, auf Fettverbrennung umzustellen. Der Körper braucht diese Zeit, um die Glykogenspeicher (zuckerhaltige Energievorräte) in den Muskeln zu verbrennen. Danach ist der Körper gezwungen, Fett zu verbrennen. Ab diesem Zeitpunkt unterstützt jeder

# Übergewicht und Ayurveda

kleine Spaziergang die Fettverbrennung. Abhängig vom Ausgangsgewicht lassen sich so 4–6 kg Fett pro Monat abspecken (siehe Details ab S. 334 ff.). Auch im Fall der Fettverbrennung ist immer der jeweilige Konstitutionstyp und das vorherrschende Stoffwechselfeuer (*Agni*) zu berücksichtigen.

**10 „todsichere" Anleitungen zum Dickwerden:**

**1.** Frühstücken Sie ausgiebig, besonders Käse, Quark, Ei, Speck, Schinken, Wurst, Milchkaffee und Müsli mit Joghurt und Früchten.

**2.** Lassen Sie so häufig wie möglich eine Mahlzeit aus und „snacken" Sie dafür lieber über den ganzen Tag verteilt, besonders Nüsse, Käsebrote, Bonbons, Schokolade & Co.

**3.** Trinken Sie möglichst viel und zwar direkt nach den Mahlzeiten, besonders Softdrinks, kaltes Wasser, kalte Milch und viel Kaffee.

**4.** Überessen Sie sich häufig, bis der Magen schön prall ist und Sie angenehm müde werden.

**5.** Gehen Sie so oft wie möglich in Restaurants essen. Auch mittags ist eine Kantine oder ein Schnellimbiss eine willkommene Abwechslung.

**6.** Bewegen Sie sich so wenig wie möglich und schlafen Sie so viel und lange wie möglich. Halten Sie möglichst nach dem Mittagessen ein langes Nickerchen.

**7.** Legen Sie Ihre Hauptmahlzeit auf den späten Abend, am besten gleich vor dem Fernseher. Zu bevorzugen sind hier ausgedehnte fleisch- oder fischlastige Gänge, Eierspeisen, große Käseplatten und reichlich Salate. Besonders das Billigfleisch aus Supermärkten enthält oft Dickmacher wie Masthilfsmittel, künstliche Hormone, Antibiotika, Penicillin und Beruhigungsmittel.

**8.** Sorgen Sie nach den Hauptmahlzeiten immer für ein schönes Dessert und trinken Sie reichlich dazu.

**9.** Stellen Sie sicher, dass Sie jeden Abend ein, zwei oder auch drei Gläser Wein und Bier genießen.

**10.** Abends nach 20 Uhr sind Salzgebäck, Chips, Schokolade und Kekse eine verdiente „Abrundung" des Tages.

Wenn es Ihnen schwerfällt, von all diesen schlechten Gewohnheiten aus eigener Kraft abzulassen, sollten Sie zunächst Ihren Hormonspiegel überprüfen lassen, eine ganzheitliche Ernährungsberatung in Anspruch nehmen und eine *Pancha-Karma*-Kur oder eine medizinisch begleitete Fastenkur machen. Oft bewirkt die Leberreinigung Wunder.

**Die 10 versteckten, modernen Dickmacher:**

**1.** Alle Light-Produkte, wie bereits erwähnt.

**2.** Fruktose aus Obst als vermeintlicher Ersatz für die gemeine Saccharose; jeder Zucker enthält pro Gramm vier Kilokalorien. Regelmäßiger Konsum von Softdrinks hält das Hungergefühl stabil.

**3.** Glutamat als Geschmacksverstärker macht nachgewiesenermaßen hungrig und fett zugleich: Es erhöht den Insulinspiegel und blockiert die Ausschüttung des Hypophysenhormons Somatotropin, das normalerweise die Fettverbrennung anregt. Geschmacksverstärker fördern die Insulinausschüttung, noch bevor die Nahrung im Blut angekommen ist. Glutamat ist in Hefeextrakten, Fertigsuppen und -soßen sowie in Kräutersalz, Chips und China-Food versteckt.

**4.** Süßstoffe gaukeln unserem Gehirn vor, dass es mit energiereichem Zucker versorgt wird. Da der Schwindel zwangsläufig herauskommt, verlangt unsere zentrale Denkstation unweigerlich nach mehr Süßem.

**5.** Gemüse ohne natürliche Bitterstoffe: Viele toxische Stoffe sind bitter, auch grüne Gemüse. Bitterstoffe signalisieren unserem Gehirn „Gefahr im Verzug". Das Gehirn drosselt folglich die Nahrungszufuhr, um die verzehrten Speisen möglichst schnell durch den Magen-Darm-Trakt zu schleusen. So können die vermeintlichen „Giftstoffe" schneller unschädlich gemacht werden. Wenn die Gemüsezüchter die Bitterstoffe herauszüchten oder die Nahrungsmittelindustrie sie mit Zucker und Süßstoffen übertüncht, wird unser natürliches Sättigungsgefühl ausgetrickst.

**6.** **Weichmacher:** Über Verpackungen wie Tüten, Folien, Kronkorken, Schraubdeckel und Plastikbehälter werden die Weichmacher (sog. *Phthalate*) durch Fettstoffe herausgelöst. Jedes fünfte Lebensmittel enthält mehr Phthalate als vom Bundesinstitut für Risikobewertung erlaubt ist. Rückstände dieser Weichmacher lassen sich bei nahezu jedem Erwachsenen im Urin nachweisen. Phthalate wirken ähnlich wie Hormone. Sie können den Stoffwechsel beeinflussen und somit langfristig auch Übergewicht verursachen. Deshalb: weniger Verpackung, mehr frische Nahrungsmittel!

**7.** **Regelmäßig Fernsehen und Essen:** Langzeitstudien in Australien und Neuseeland haben ergeben, dass regelmäßiges Fernsehen bei Kindern im Vorschulalter die Neigung zu Fettsucht vervielfacht. Weiterführende Langzeituntersuchungen bei denselben Kindern nach einigen Jahren haben das bestätigt. Eine andere Studie ergab, dass Fernsehen, unabhängig vom Programm, beim Zuschauer einen sympathikotonen Zustand auslöst. Mit anderen Worten: Wir werden in das archaische Programm von Flucht- bzw. Kampfbereitschaft versetzt: Erhöhte periphere Durchblutung der großen Muskelgruppen und verringerte Magen-Gallen-Pankreas-Sekretion. Das bedeutet, dass alles, was wir in diesem Zustand essen, nicht verdaut und folglich zu Stoffwechselschlacken wird (siehe S. 105 ff.). Wenn man hingegen längere Zeit auf einen ausgeschalteten Fernseher sieht, funktioniert der Stoffwechsel ganz normal.

**8.** **Schnell essen** (*Fast Food* oder russisch *Bistro*): Der Stammkunde bei McDonald's & Co. braucht zum Verzehr seiner 800-Kalorien-Mahlzeit so lang wie im Sprechzimmer seines Hausarztes: 3–5 Minuten. Kurze Mahlzeiten machen uns unempfindlich für das natürliche Sättigungsgefühl, das sich erst 20–30 Minuten nach Beendigung der Mahlzeit einstellt. Die Signale werden quasi überholt. Deshalb kommen die 3-für-2- oder XXL-Portionen immer mehr in Mode. Bei schnell verzehrten Gerichten, die nicht bewusst (folglich durch Ablenkung) verspeist werden, produziert der Körper auch keine Glückshormone. Es bleibt ein Gefühl des Unbefriedigt-Seins zurück. Glückshormone werden nur produziert, wenn wir Nahrung bewusst verzehren.

**9.** **Kalorienzählen:** Eine französische Langzeitstudie mit 800 Probanden bewies, dass verordnetes Kalorienzählen bei Übergewichtigen zum Gegenteil führt – zu kurzzeitigen Kalorienexzessen, quasi als Belohnung für die mühsame Askese. Die Kalorienmenge hat keinen primären Einfluss auf die Gewichtsab- oder –zunahme – ausgenommen sind natürlich ausgesprochene Zucker- und Fettbomben. Die meisten Menschen essen eher zu wenig „gesunde" und dafür mehr energiereiche Kalorien.

**10.** Die Magie der Markenprodukte: Wie stark bereits das Unterbewusstsein von Kindern manipuliert werden kann, zeigt eine kalifornische Studie mit 63 Kindern im Alter von 3–5 Jahren. Auf dem Speiseplan standen Hamburger, Chicken MacNuggets, Pommes frites, Milch und Babykarotten. Alle Produkte waren von McDonald's. Zur Wahl gab es die gleichen Produkte in neutralen Behältern und in Pappgeschirr mit dem typischen „M". Die Kinder sollten von allen Behältern probieren und ihr Geschmacksurteil abgeben. Das Resultat war überzeugend: Die „McDonald's-Produkte" wurden eindeutig besser bewertet, im Fall von Pommes frites sogar um 77 %.

# Übergewicht und Ayurveda

**Die drei Schlüssel zu erfolgreicher Gewichtsabnahme:**

**1.** Die Beseitigung der Hormonstörung (Schilddrüse/Östrogendominanz/Hyperinsulinämie) ggf. durch human-identische Hormone unter ärztlicher Kontrolle (vorher Hormonstatus im Blut ermitteln); dieser Punkt ist natürlich nur für eine Adipositas verbunden mit einer hormonellen Entgleisung von Bedeutung. Bei stark Übergewichtigen, die bereits alles ausprobiert haben, ist eine Untersuchung des Hormonspiegels sicher ein vielversprechender Ansatz.

**2.** Das Weglassen von lipogenen (Fett erzeugenden) Medikamenten, die eine Gewichtszunahme verursachen: Antidepressiva, Betablocker, synthetische Östrogene, Diuretika, Entzündungshemmer, Statine. Im Fall einer langjährigen Medikation ist dringend eine *Pancha*-Karma-Kur bzw. Leberreinigung angeraten.

**3.** Basiswissen über die eigene Konstitution, die Nahrungsenergetik sowie die Einhaltung der Essregeln, der typengemäßen Diät mit stark eingeschränkter Kohlenhydratzufuhr; eine typengemäße Monodiät oder medizinisch begleitete Fastenkur kann letztendlich eine Zäsur im anabolen Stoffwechselgeschehen darstellen. Eine tägliche Gesundheitsroutine mit angepasstem Körpertraining sorgt zusätzlich für ein positives Körpergefühl und eine ausgeglichene Psyche. Und nicht zu vergessen: Bringen Sie Ihre Beziehungen in Ordnung!

Der ayurvedische Arzt *Caraka* stellte Ursachen und Symptome von Überernährung vor ca. 2500 Jahren sehr treffend und zeitlos dar:
„Jemand, der ölige (fettige), süße, schwere, schleimige Substanzen, frisches Getreide, frischen Wein, Fleisch von Sumpf- und Meerestieren, Milchprodukte, Milch (...) und Mehlspeisen im Übermaß zu sich nimmt und sich zur gleichen Zeit wenig bewegt und am Tage schläft, leidet unter Krankheiten, die durch Übersättigung verursacht werden wie z. B. Diabetes, diabetische Beulen, Juckreiz, Hautausschläge, Mattigkeit, Körperschwere, Störungen der Sinnesorgane und der *Srotas* (Körperkanäle, Anm. d. V.), Müdigkeit, Schwellungen etc." (Caraka Samhita, Sutrasthanam, 7.4.1)

**Für die Beseitigung dieser Störungen empfiehlt Caraka Jahrtausende alte Methoden**, die sich bis heute bewährt haben: Emesis (therapeutisches Erbrechen), Purgation (Abführtherapie), Aderlass, körperliche Übungen, *langhana* (Diätfasten), *Dhumapana* (Rauchen von arzneilichen Substanzen), *Svedana* (Schwitztherapie) und raue Nahrung.

**Die Komplexität der Gewichtsprobleme ist stark abhängig von der individuellen Konstitution**
Menschen mit chronischem Übergewicht, Stoffwechsel- und hormonellen Entgleisungen haben meist eine dominante **Kapha-Konstitution** (weiches Bindegewebe, Ödemneigung, Herz-Lungen-Probleme, Verschleimung der Atemwege). **Der Kapha-Vata-Typ** neigt zu großen Gewichtsschwankungen, emotionalem Essen, Candidamykosen, Kälteproblematik, Verstopfung, Krampfadern, Bronchialasthma. **Der Kapha-Pitta-Typ** hingegen hat mehr Probleme mit der Ansammlung schlechter Säfte in Magen (Azidose), Leber und Galle (intrahepatische Steinbildung), Blut (z. B. bei Bluthochdruck; zu viel Säure oder „emotionale Hitze" im Blut) sowie Heuschnupfen.

**All diesen Mischtypen ist eines gemein:**
Das dominante Wasserelement. Es drosselt die Bewegungsabläufe (*Vata*) im Organismus und führt zur Stagnation der Körpersäfte. Außerdem löscht es das Stoffwechselfeuer *Agni*, schwächt damit die

Verdauung und das Hormonsystem (*Pitta*) und verursacht *Ama* (unverdaute Stoffwechselabbauprodukte). Es kann auch zu Depressionen führen. Es handelt sich immer um ein Zuviel, einen Überfluss der Körpersäfte – ein typisches Kennzeichen unserer Gesellschaft.

> „Therapie lässt sich dreifach in spirituelle (*Devavyapashraya*), rationale (*Yuktivyapashraya*) und psychologische Therapie (*Satvavajaya*) unterteilen. (...) Bei Störungen der *Doshas* (die drei Regulationskräfte *Vata*, *Pitta* und *Kapha*) werden entsprechend der Störung drei Therapien verordnet:
> 
> **1.** Innere Reinigung (Einnahme von Drogen und durch Diät).
> 
> **2.** Äußere Reinigung (Massagen, Dampfanwendungen, Pasten).
> 
> **3.** Chirurgische Operation: Einschneiden, Herausschneiden, Punktieren, Abkratzen (...)."
> 
> CS, Sutrasthanam, Therapeutik 4.4.3

Der jahreszeitliche Einfluss von *Kapha*, also die nasskalte bewölkte Jahreszeit ist in Westeuropa die Zeit zwischen dem 1.2. und dem 1.6. jeden Jahres. Da *Kapha* bereits Anfang des Jahres ansteigt, hat man die besten Therapieerfolge ab Januar bis in den Mai hinein.

**Der klassische Ansatz beinhaltet folgende bewährte Therapieelemente:**

**Zu 1.** (siehe Kasten): Arzneien und Speisen mit vorwiegend bitterem, herbem und scharfem Geschmack sowie erhitzender, nicht-schleimender und leichter Verdauungswirkung, z. B. schwarzer Pfeffer, Pippalpfeffer, Ingwer, Berberitze, Gersten- und Kohlsuppen, würzige Reis-Mungbohnen-Eintöpfe und bitteres Gemüse. Gefastet wird nur anfänglich zur Entschleimung des Magens. Dann sind zwei bis drei leichte regelmäßige Mahlzeiten vorgesehen. Ein Glas trockener Wein täglich ist erlaubt.

*Kürbisblüten im Pakora–Teig, Rezept S. 294*

**Zu 2.** (siehe Kasten): Bewährt haben sich Trockenmassagen mit Seiden- oder Jutehandschuhen, russisch-tibetische Honigmassagen zur Entschlackung des Bindegewebes und Anregung der „Head'schen Organreflexzonen" am Rücken. Des Weiteren ist die Schwitztherapie mit trockener Hitze effektiv. Sie regt die Entwässerung und Ausscheidung wasserlöslicher Schlacken an. Bei diesen Therapien macht man sich die rauen, leichten, harten, scharfen, heißen, spröden und austrocknenden Wirkungen auf Haut-, Bindegewebe und Lymphe zunutze.

**Zu 3.** (siehe Kasten): Chirurgische Eingriffe kommen in diesem Fall natürlich nicht zur Anwendung. Bewährt haben sich eine Kombination aus Trockenschröpfen, Akupunktur der Abnehm- und Entwässerungspunkte, Ohrakupunktur der psychovegetativen Punkte sowie das Baunscheidtieren zur Anregung des Lymph- und Immunsystems und der Ableitung schlechter Säfte über die Haut.

Ein weiterer integrativer Bestandteil effektiver Gewichtsabnahme ist die Leberreinigung nach Andreas Moritz. Die Befreiung der Leber und Gallenblase von Gallensäuren und Cholesterin war in verschiedenen Völkern schon im Altertum ein wichtiges Reinigungsritual zur Vorbeugung und Gesunderhaltung. Sie benötigt sechs Tage Vorbereitung, gefolgt von 16–20 Stunden der eigentlichen Reinigung. Sie ist eine der preiswertesten und effektivsten Maßnahmen, um die Gesundheit wiederherzustellen. Nebenbei ist es eine beeindruckende Krebsprophylaxe. Außerdem ist die Leber das wichtigste Stoffwechselorgan. Alle

# Übergewicht und Ayurveda

sogenannten Zivilisationskrankheiten sind mit einer geschwächten Leberfunktion assoziiert: Herz-Kreislauf-Erkrankungen, Bluthochdruck, Arteriosklerose, Diabetes, Adipositas, Stoffwechsel-, Immun-, Hormon- sowie Blutgerinnungsstörungen. Es gibt keine Risiken, wenn man alle medizinischen Anweisungen befolgt. Zur vollständigen Reinigung der Leber benötigt man ca. acht Leberreinigungen im Laufe mehrerer Jahre. Die erste Leberreinigung sollte auf jeden Fall unter medizinischer Begleitung erfolgen.

### Wodurch entstehen Gallensteine in der Leber bzw. Gallenblase?

Die von feinen Kanälchen durchzogene Leber stellt täglich etwa einen Liter Galle her. Die durch einen Gang mit der Leber verbundene Gallenblase ist der Vorratsbehälter für den Gallensaft. Sie entleert sich etwa 20 Minuten, nachdem man Fette oder tierische Eiweiße zu sich genommen hat, in den Dünndarm. Der Gallensaft besteht neben der Verdauungsflüssigkeit vor allem aus Abbaustoffen (Nitrate, Purine, Harnstoffe etc.), die von der Leber aus dem Blut herausgefiltert wurden. Gallensteine in der Leber sieht man nicht im Ultraschall, aber am erhöhten Cholesterinspiegel. Bei fast allen Menschen, sogar bei Kindern, sind die Gallenkanälchen zumindest teilweise durch Cholesterinablagerungen verstopft. Sie bleiben im Röntgenbild unsichtbar und zeigen sich auch im Ultraschall erst, nachdem sie eine gewisse Größe erreicht haben und kalzifiziert sind. Dies geschieht vor allem, wenn große Klumpen für lange Zeit in der Gallenblase liegen bleiben. Während einer Leberreinigung werden sowohl die wachsweichen Verklumpungen als auch kalzifizierte Steine nach und nach aus den Gallengängen schmerzfrei herausgespült.

**Vor der eigentlichen Leberreinigung** bewirkt die Colonhydrotherapie die Befreiung des Dickdarms von alten Kotablagerungen (*Ama*). Das ist besonders wichtig, damit der Leber-Gallen-Grieß besser durch die Därme geschleust werden kann. Nach erfolgter Leberreinigung ist eine weitere Darmspülung Pflicht. So mancher Patient wendete sich reumütig mit klaren Symptomen einer Autointoxikation an uns. Die intrahepatischen Steine sind kristallisierter Giftmüll, den die Leber zum Schutz der Organe und des Blutes unter Verschluss gehalten hat.

Diese Prozedur ist einfach und zeitigt gerade bei austherapierten Patienten verblüffende Erfolge. Trotzdem gibt es Skeptiker unter der Ärzteschaft und in der Pharmaindustrie, die diese effektive Naturheilmethode zu diskreditieren versuchen.

## Ganzheitliche Empfehlungen zum Gewichtsabbau

Morgenroutine: Günstig sind Trockenmassagen mit Jutehandschuhen oder einer Kneippbürste, anschließend empfiehlt sich ein lauwarmes Bad mit Rosmarin-, Wintergreen-, Bergamotte- oder Lavendelölzusatz.

### Frühstückszeit ist die träge Kapha-Zeit: 6:30–8:00 Uhr

Fast anstatt Breakfast! Das Beste ist, das Frühstück mager ausfallen zu lassen.
Es empfiehlt sich Ingwerwasser, *Kapha*-Tee, lauwarme grüne Tees mit etwas Honig, Honigwasser mit Zitronensaft oder frisch gepresste Gemüsesäfte, Gerstenbrei/-suppe (leicht, entzieht Wasser), Sojamilch mit Gewürzen (Kardamom, Pfeffer, Ingwer, Safran, Galgant; aufgekocht, trinken), wenig Obst (da schwer und süß) wie Ananas, Apfel, Birne, Trauben sowie Reiswaffeln, Roggenknäcke- oder Toastbrot (wenig, leicht) mit Honig.

### Hauptmahlzeit ist Pitta-Zeit: 12:00–13:00 Uhr

Trennen Sie tierisches Eiweiß und Kohlenhydrate
Es empfehlen sich Rohkost, Salate, gedünstete Gemüse. Chili wirkt wie Schokolade. Er bewirkt eine Ausschüttung von Glückshormonen, allerdings ohne die fatalen Nebenwirkungen der Schokolade, solange er in Maßen genossen wird.
Scharfes baut Fett ab: Gewürze, Chutneys, Pickles oder scharfe Soßen, Dal und Gemüsesuppen (mit Ingwer, Zwiebel und Knoblauch kochen). Verwenden Sie immer mehrere Gemüsesorten mit Curry und grünen Chilis.
**Als scharfes Gemüse:** Meerrettich, rote Paprika, Peperoni, rohe Zwiebel, Schalotten, Ingwer, alle Küchengewürze, Rettich, Radieschen, Petersilienwurzel.
**Kräutertees:** Yogitee mit Orangensaft, Pfefferminz-, Eukalyptus-, Kamillentee, Wegwarte, Schafgarbe, Wermut, Zitronengras und Eisenkraut.
Bitteres entschlackt und nimmt die Lust auf Süßes
**Anstatt Dessert:** wenig Kaffee (besser Getreidekaffee mit Sojasahne), Chai, Jasmin- oder Grüntee.
**Als bitter schmeckendes Gemüse:** Artischocke, Aubergine, Blattgemüse, Chicorée, Spinat, Mangold, Lauch, Bittermelone, Sprossen und Bockshornklee. Bittere Gewürze: Dill, Estragon, Kerbel, Rosmarin, Koriander und Kreuzkümmel.
Herbes reduziert Wasser, Fett und Hungergefühle
**Als Gemüse:** Blumenkohl, grüne Bohnen, Brokkoli, Fenchelgemüse, alle Hülsenfrüchte, Staudensellerie, alle Kohlsorten, Okra und grüne Paprika.
**Herbe Tees:** Malve, Hagebutte, schwarzer und grüner Tee, Matetee, Himbeer-, Brombeer- und Erdbeerblätteraufguss.
**Obst:** Äpfel, Birnen, Beerenobst, Quitten und Schlehen.
**Gewürze:** Borretsch, Fenchelsamen, Kurkuma, Salbei und Wacholderbeeren.

### Kritische Vata-Zeit: 14:00–18:00 Uhr

Meiden Sie Stress, suchen Sie Bewegung und frische Luft, trinken Sie *Vata*-Tee und essen Sie keine Snacks. Ideal ist ein Glas warmes Honigwasser mit Zitrone.

### Abendessen: 17:00–19:00 Uhr

Es empfiehlt sich leichtes Backofengemüse mit vorgekochten Kartoffeln und Wurzelgemüsen, Kräutern, Gewürzen, Olivenöl und etwas Reibekäse. Dünsten oder blanchieren Sie bittere Blattgemüse (Chicorée, Radicchio, Spinat, Mangold, Löwenzahn) und schmecken Sie mit Zitronensaft, etwas Olivenöl und schwarzem Pfeffer ab.
Außerdem:
- Kartoffel-Blumenkohl-Subjee (vgl. S. 258);
- Gegrillte Tofuscheiben mit Zitronen-Kurkumareis und frischen Kräutern;
- Hirse-Gemüse-Aufläufe;
- Gerstensuppen;
- Maximal zwei Scheiben Vollkornbrot getoastet mit Sojaaufstrich.

### Später Abend/Nacht – Kapha-Krisenzeit: 20:00–22:00 Uhr

Eine Aromatherapie (Grapefruit, Zypresse, Ylang Ylang, Rose, Sandelholz) kann das limbische System im Gehirn anregen und besänftigend auf die Psyche wirken.

# Übergewicht und Ayurveda

### Bei Heißhunger:

Warme Sojamilch mit Honig, Kurkuma, Kardamom, Muskat, nehmen Sie regelmäßig vor dem Schlafen 1 EL Flohsamen in Sojamilch oder Wasser ein.

### Hilfreiche Kräuter/Gewürze:

Trikatu (Ingwer, schwarzer Pfeffer, langer Pfeffer), 1 TL morgens nüchtern mit Honig. Außerdem sind Bockshornkleepulver, Asant, Senfsamen, Knoblauch und Zimt empfehlenswert.

> **Merke:**
> - **Süßes** baut Gewebe auf, macht Lust auf mehr.
> - **Saures** facht den Appetit an.
> - **Salziges** macht hungrig und süchtig nach mehr.

### Letzte Gedanken zur Gewichtsabnahme

Der menschliche Organismus muss ernährt und mit Wasser versorgt werden. Nur so verbrennt er Fett!

**1.** Lassen Sie keine Mahlzeiten aus! Unser Herz schlägt, unser Gehirn braucht 24 Stunden am Tag Nahrung und täglich laufen Zigtausende biochemischer Reaktionen ab. Wenn wir das Frühstück auslassen, hat der Körper durchschnittlich 15 Stunden lang keine Nahrung erhalten. Er wird auf diesen Entzug damit reagieren, die nächsten 24 Sunden Fett zu speichern. Selbst bei geringem Hunger sollte man morgens eine Kleinigkeit zu sich nehmen.

**2.** Trinken Sie ausreichend Wasser! Der menschliche Körper besteht zu über 50 % aus Wasser. Achten Sie stets auf die Färbung Ihres Urins. Ist er gelb, ist das ein Indiz dafür, dass Sie dehydriert sind. Sie sollten täglich so viel Wasser trinken, dass der Urin farblos wird. Wenn der Körper Fett verbrennen soll, ist Alkohol tabu. Alkohol ist zwar ein wichtiger Stoffwechselkatalysator; hat der Körper aber die Wahl zwischen Alkohol und Fett, wird er immer zuerst den Alkohol verstoffwechseln.

**3.** Bauen Sie Stress durch gezieltes Stressmanagement ab! In Bezug auf Stresssituationen unterscheiden wir uns heute unwesentlich vom Steinzeitmenschen. Bei Lebensgefahr gibt es auch bei uns einen Überlebensmechanismus. Wurde ein Höhlenmensch von einem Bären angegriffen, produzierten seine Nebennieren Cortisol. Dadurch stieg kurzzeitig der Blutzuckerspiegel an, um den Muskeln die benötigte Energie für Flucht oder Kampf bereitzustellen. Zusätzlich wurde Adrenalin ausgeschüttet, wahlweise um zusätzliche Energiereserven zu haben oder zur Anregung der Fettzellen, noch mehr Energie zur Verfügung zu stellen. Diese Mobilisierung von Energiereserven war jedoch beschränkt auf einen Zeitraum von nicht mehr als 10 Minuten.

**Heute ist Dauerstress leider ein alltägliches Phänomen** Vor allem für Übergewichtige ist Cortisol problematisch. Bei ihnen schüttet die Nebenniere permanent Cortisol aus. Das erhöht auf Dauer den Blutzuckerspiegel, was für noch mehr Fetteinlagerung sorgt. Achten Sie deshalb darauf, Ihren Geist durch Entspannungstechniken, z. B. durch Meditation, auszugleichen und auf körperlicher Ebene „Dampf abzulassen"!

### Ein letzter Tipp mit erfreulichen Folgen...

Wenn Sie herausfinden möchten, ob Sie Fett verbrennen, können Sie in der Apotheke einen rezeptfreien *Ketostix* kaufen. In der Endphase des Fettstoffwechsels produziert der Organismus sogenannte *Ketonkörper*, die teilweise über die Nieren ausgeschieden werden. Verändern die Teststreifen bei Kontakt mit Ihrem Urin die Farbe, wissen Sie, dass Sie Fett verbrennen. Dieser Test kann auch helfen, ggf. den Diätplan zu modifizieren oder strenger einzuhalten. So können Sie langfristig die Menge an höherwertigen Kohlenhydraten auf das Minimum beschränken, das Ihr Muskelgewebe für ein störungsfreies Funktionieren benötigt.

Heil- oder Reinigungsdiäten

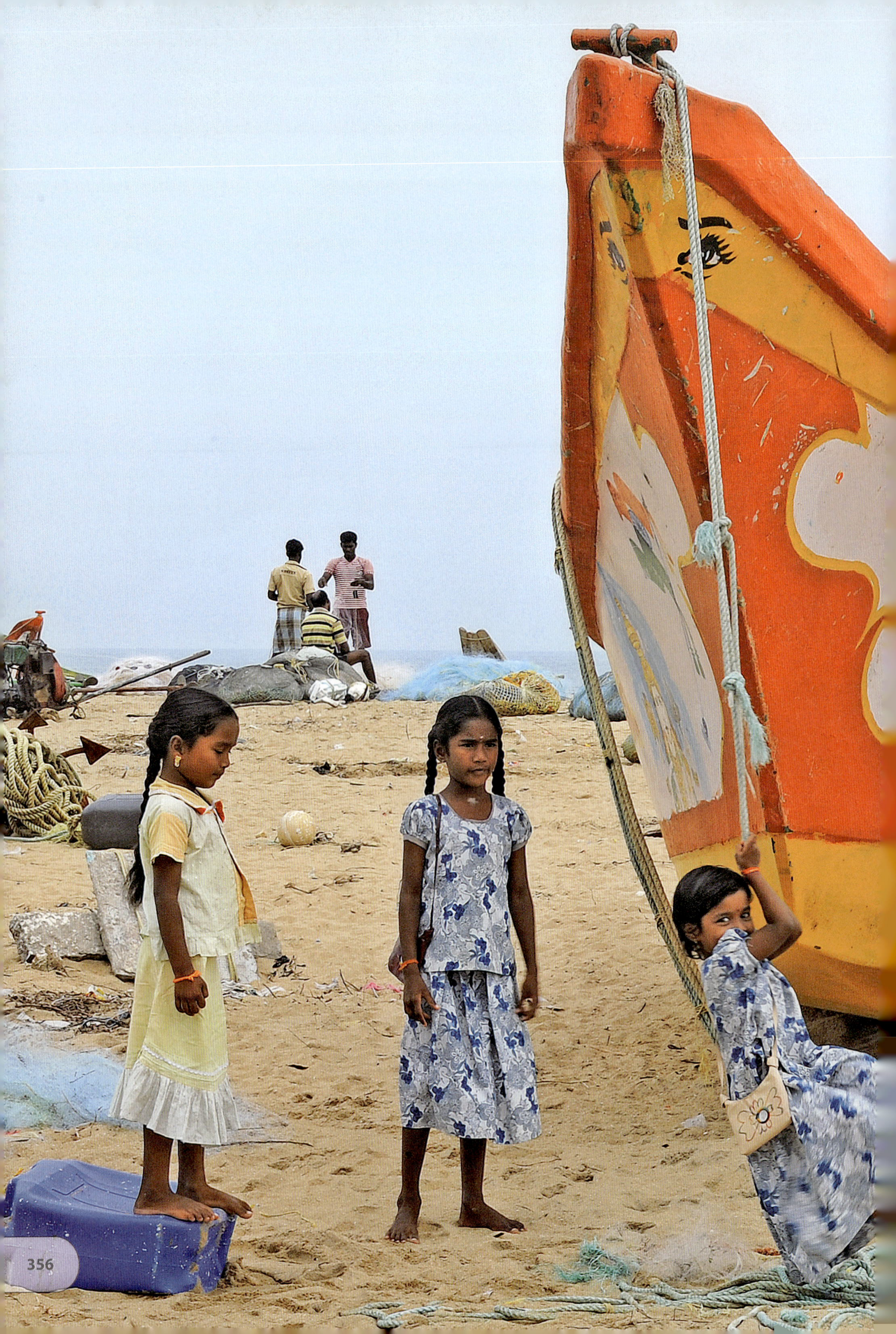

# 10 Anhang

| | |
|---|---:|
| Liste der E-Nummern | 358 |
| Bibliografie | 374 |
| FAQ | 376 |
| Bezugsquellen und Links | 378 |
| Danksagungen | 378 |
| Nachworte | 380 |
| Sanskrit-Glossar | 382 |
| Stichwortindex | 386 |
| Abbildungsverzeichnis | 395 |
| Die Autoren | 396 |

# Liste der E-Nummern

| E-NR. | NAME | BEMERKUNGEN |
|---|---|---|
| 100 | Kurkumin | Gewinnung aus der Gelbwurz, färbt Curry, Senf, Margarine |
| 101 | Riboflavin | Vitamin B2 |
| 102 | Tartrazin | Allergien auslösender Stoff, Kennzeichnungspflicht ab 20.7.2010: „Kann Aktivität und Aufmerksamkeit bei Kindern beeinträchtigen." |
| 104 | Chinolingelb | Allergien auslösender Stoff, Kennzeichnungspflicht ab 20.7.2010: „Kann Aktivität und Aufmerksamkeit bei Kindern beeinträchtigen." |
| 110 | Gelborange S | Allergien auslösender Stoff, Kennzeichnungspflicht ab 20.7.2010: „Kann Aktivität und Aufmerksamkeit bei Kindern beeinträchtigen." |
| 120 | Echtes Karmin | Lebensmittelfarbstoff aus zu Pulver zermahlenen weiblichen Koschenilleläusen. Allergische Reaktionen möglich. |
| 122 | Azorubin | Allergien auslösender Stoff, Kennzeichnungspflicht ab 20.7.2010: „Kann Aktivität und Aufmerksamkeit bei Kindern beeinträchtigen." |
| 123 | Amaranth | Allergien auslösender Stoff. Ist in den USA seit 1976 wegen Verdacht auf krebsfördernde Wirkung verboten. |
| 124 | Cochenillerot A | Allergien auslösender Stoff, Kennzeichnungspflicht ab 20.7.2010: „Kann Aktivität und Aufmerksamkeit bei Kindern beeinträchtigen." |
| 127 | Erythrosin | Eine Förderung der Brustkrebsentstehung ist möglich. Nur noch in Lippenstiften, Cocktail- und Kaiserkirschen zugelassen. |
| 128 | Rot 2G | Allergien auslösender Stoff |
| 129 | Allurarot AC | Allergien auslösender Stoff. In niedriger Dosis erbgutschädigend. Kennzeichnungspflicht ab 20.7.2010: „Kann Aktivität und Aufmerksamkeit bei Kindern beeinträchtigen." |
| 131 | Patentblau V | |
| 132 | Indigotin I | |
| 133 | Brillantblau FCF | |
| 140 | Chlorophylle, Chlorophylline | natürliche Farbstoffe des Blattgrüns |
| 141 | kupferhaltige Komplexe der Chlorophylle, Chlorophylline | werden künstlich aus Chlorophyll hergestellt |
| 142 | Grün S | |
| 150a | Einfaches Zuckerkulör | wird aus Invertzucker, Traubenzucker oder Zucker hergestellt |
| 150b | Sulfitlaugen-Zuckerkulör | wird aus Invertzucker, Traubenzucker oder Zucker hergestellt |
| 150c | Ammoniak-Zuckerkulör | wird aus Invertzucker, Traubenzucker oder Zucker hergestellt |

| E-NR. | NAME | BEMERKUNGEN |
|---|---|---|
| 150d | Ammonsulfit-Zuckerkulör | wird aus Invertzucker, Traubenzucker oder Zucker hergestellt |
| 151 | Brillantschwarz BN | Allergien auslösender Stoff |
| 153 | Pflanzenkohle | Herstellung aus Pflanzenasche |
| 154 | Braun FK | Bei höheren Dosierungen im Verdacht, innere Organe zu schädigen. |
| 155 | Braun HT | Allergien auslösender Stoff. Ein Teil des Farbstoffes wird in Nieren und Lymphgefäßen eingelagert. |
| 160a | Carotine | Pflanzenextrakte oder synthetisch - gelten als unbedenklich |
| 160b | Annatto; Bixin; Norbixin | ölige und wässrige Extrakte von Samen - gelten als unbedenklich |
| 160c | Paprikaextrakt; Capsanthin; Capsorubin | Farbstoffe aus der roten Paprikaschote - gilt als unbedenklich |
| 160d | Lycopin | Tomaten, Orangen oder synthetisch - gilt als unbedenklich |
| 160e | Beta-apo-8'-Carotinal (C 30) | |
| 160f | Beta-apo-8'-Carotinsäure-Ethylester (C 30) | kommt in Gras, Orangen, Leber vor |
| 161b | Lutein | natürliche Farbstoffe, der aus Algen u. Brennnesseln gewonnen wird |
| 161g | Canthaxanthin | synthetischer Farbstoff - Verdacht auf Leberschäden - vom häufigen Verzehr abzuraten. Kann außerdem zu Sehstörungen führen (wurde in Bräunungspillen verboten). Die WHO befürchtet, dass C. Leberschäden verursacht. |
| 162 | Betenrot | natürliche Farbstoffe aus der Wurzel der roten Rübe |
| 163 | Anthocyane | natürlicher Farbstoff aus Schalen der roten Weintrauben, Holunder, Preiselbeeren und Rotkohl |
| 170 | Calciumcarbonat | mineralische Pigmente - gilt als unbedenklich |
| 171 | Titandioxid | mineralische Pigmente - gilt als unbedenklich |
| 172 | Eisenoxide und Eisenhydroxide | mineralische Pigmente - gelten als unbedenklich |
| 173 | Aluminium | für Alzheimer-Patienten bedenklich |
| 174 | Silber | in geringen Mengen unbedenklich - mehrere Gramm wirken giftig |
| 175 | Gold | vom häufigen Verzehr ist abzuraten (Haarausfall, Nierenschäden, Hautveränderungen) |

# Liste der E-Nummern

| E-NR. | NAME | BEMERKUNGEN |
|---|---|---|
| 180 | Litholrubin BK; Aluminiumlacke | Allergien auslösender Stoff (nur in essbarer Käserinde und Make-up) |
| 200 | Sorbinsäure | gilt als unbedenklich (werden im Körper wie Fettsäuren abgebaut) |
| 202 | Kaliumsorbat | gilt als unbedenklich |
| 203 | Calciumsorbat | gilt als unbedenklich |
| 210 | Benzoesäure | Vom häufigen Verzehr ist abzuraten - allergische Reaktionen sind möglich, besonders bei Personen, die empfindlich auf Azetylsalicylsäure (ASS) reagieren. Benzoesäure ist in Hunde- und Katzenfutter verboten, da bereits geringe Mengen zum Tod führen können. |
| 211 | Natriumbenzoat | |
| 212 | Kaliumbenzoat | Vom häufigen Verzehr ist abzuraten - allergische Reaktionen sind möglich, besonders bei Personen, die empfindlich auf Azetylsalicylsäure (ASS) reagieren. Benzoesäure ist in Hunde- und Katzenfutter verboten, da bereits geringe Mengen zum Tod führen können. |
| 213 | Calciumbenzoat | |
| 214 | Ethyl-p-hydroxybenzoat | Allergien auslösender Stoff |
| 215 | Natriumethyl-p-hydroxy-benzoat | Allergien auslösender Stoff |
| 216 | Propyl-p-hydroxybenzoat | Allergien auslösender Stoff |
| 217 | Natriumpropyl-p-hydroxy-benzoat | Allergien auslösender Stoff |
| 218 | Methyl-p-hydroxybenzoat | Allergien auslösender Stoff |
| 219 | Natriummethyl-p-hydroxy-benzoat | Allergien auslösender Stoff |
| 220 | Schwefeldioxid | |
| 221 | Natriumsulfit | |
| 222 | Natriumhydrogensulfit | |
| 223 | Natriummetabisulfit | Kann zu Kopfschmerzen, Übelkeit, Durchfall und schweren Asthmaanfällen führen (besonders nach Weingenuss), zerstören Vitamin B1 und Biotin - vom häufigen Verzehr ist abzuraten. Darmschädigungen sind möglich. |
| 224 | Kaliummetabisulfit | |
| 226 | Calciumsulfit | |
| 227 | Calciumbisulfit | |
| 228 | Kaliumbisulfit | |

| E-NR. | NAME | BEMERKUNGEN |
|---|---|---|
| 230 | Biphenyl | pilztötende Substanzen bei Zitrusfrüchten - Verminderte Fruchtbarkeit, Nierenschäden und Blasenkrebs im Tierversuch - vom Verzehr behandelter Schalen ist abzuraten. Behandelte Früchte müssen gekennzeichnet sein: „mit Biphenyl behandelt". |
| 231 | Orthophenylphenol | pilztötende Substanzen bei Zitrusfrüchten - Verminderte Fruchtbarkeit und Nierenschäden im Tierversuch - vom Verzehr behandelter Schalen ist abzuraten. Behandelte Früchte müssen gekennzeichnet sein: „mit Orthophenylphenol behandelt". |
| 232 | Natriumorthophenylphenol | pilztötende Substanzen bei Zitrusfrüchten - Verminderte Fruchtbarkeit und Nierenschäden im Tierversuch - vom Verzehr behandelter Schalen ist abzuraten. Für Allergiker Hautkontakt bedenklich. Früchte müssen gekennzeichnet sein: „mit Orthophenylphenol behandelt". |
| 234 | Nisin | |
| 235 | Natamycin | |
| 239 | Hexamethylentetramin | |
| 242 | Dimethyldicarbonat | |
| 249 | Kaliumnitrit | Bildung von krebserregenden Nitrosaminen |
| 250 | Natriumnitrit | Bildung von krebserregenden Nitrosaminen |
| 251 | Natriumnitrat | Bildung von krebserregenden Nitrosaminen |
| 252 | Kaliumnitrat | Bildung von krebserregenden Nitrosaminen |
| 260 | Essigsäure | natürliches unschädliches Säuerungsmittel |
| 261 | Kaliumacetat | Salze der Essigsäure - gelten als unbedenklich |
| 262 | Natriumacetate | |
| 263 | Calciumacetat | |
| 270 | Milchsäure | natürliches unschädliches Säuerungsmittel |
| 280 | Propionsäure | |
| 281 | Natriumpropionat | |
| 282 | Calciumpropionat | |

# Liste der E-Nummern

| E-NR. | NAME | BEMERKUNGEN |
|---|---|---|
| 283 | Kaliumpropionat | |
| 284 | Borsäure | Vom Verzehr wird abgeraten. (ist nur noch für Kaviar vom Stör zugelassen) |
| 285 | Natriumtetraborat (Borax) | Vom Verzehr wird abgeraten. |
| 290 | Kohlendioxid | natürlich oder synthetisch - Treibgas (Kohlensäure) |
| 296 | Apfelsäure | natürlich oder synthetisch - Säuerungsmittel - gilt als unbedenklich |
| 297 | Fumarsäure | natürlich oder synthetisch - Säuerungsmittel - gilt als unbedenklich |
| 300 | Ascorbinsäure | Vitamin C |
| 301 | Natriumascorbat | wird aus der Ascorbinsäure gewonnen - bedenklich |
| 302 | Calciumascorbat | wird aus der Ascorbinsäure gewonnen |
| 304 | Fettsäureester der Ascorbinsäure | |
| 306 | Stark tocopherolhaltige Extrakte | Vitamin E |
| 307 | Alpha-Tocopherol | synthetische Vitamin E-Verbindung - gilt als unbedenklich |
| 308 | Gamma-Tocopherol | synthetische Vitamin E-Verbindung - gilt als unbedenklich |
| 309 | Delta-Tocopherol | synthetische Vitamin E-Verbindung - gilt als unbedenklich |
| 310 | Propylgallat | allergische Reaktionen möglich |
| 311 | Octylgallat | allergische Reaktionen möglich |
| 312 | Dodecylgallat | allergische Reaktionen möglich |
| 315 | Isoascorbinsäure | |
| 316 | Natriumisoascorbat | |
| 319 | Tertiär-Butylhydrochinon (TBHQ) | |
| 320 | Butylhydroxyanisol (BHA) | kann Überempfindlichkeitsreaktionen und Allergien hervorrufen - reichert sich im Fettgewebe an |
| 321 | Butylhydroxitoluol (BHT) | kann Überempfindlichkeitsreaktionen und Allergien hervorrufen - reichert sich im Fettgewebe an |

| E-NR. | NAME | BEMERKUNGEN |
|---|---|---|
| 322 | Lecithine | wird aus Sojabohnen gewonnen - unbedenklich |
| 325 | Natriumlactat | unbedenkliches Salz der Milchsäure |
| 326 | Kaliumlactat | unbedenkliches Salz der Milchsäure |
| 327 | Calciumlactat | unbedenkliches Salz der Milchsäure |
| 330 | Zitronensäure | natürlicher Bestandteil von Zitrusfrüchten; aggressive Säure, die Zähne angreift |
| 331 | Natriumcitrate | unbedenkliche Salze der Zitronensäure |
| 332 | Kaliumcitrate | unbedenkliche Salze der Zitronensäure |
| 333 | Calciumcitrate | unbedenkliche Salze der Zitronensäure |
| 334 | L(+)-Weinsäure | natürlicher Stoff |
| 335 | Natriumtartrate | synthetisch oder naturidentisch - Salze der Weinsäure |
| 336 | Kaliumtartrate | natürlich oder naturidentisch - Salze der Weinsäure - Weinstein |
| 337 | Kaliumnatriumtartrat | synthetisch oder naturidentisch Salze der Weinsäure |
| 338 | Phosphorsäure | verursacht möglicherweise Hyperaktivität - vom häufigen Verzehr abzuraten (besonders Colagetränke) |
| 339 | Natriumphosphate | verursacht möglicherweise Hyperaktivität - vom häufigen Verzehr abzuraten (besonders Colagetränke) |
| 340 | Kaliumphosphate | verursacht möglicherweise Hyperaktivität - vom häufigen Verzehr abzuraten (besonders Colagetränke) |
| 341 | Calciumphosphate | verursacht möglicherweise Hyperaktivität - vom häufigen Verzehr abzuraten (besonders Colagetränke) |
| 343 | Magnesiumphosphate | verursacht möglicherweise Hyperaktivität - vom häufigen Verzehr abzuraten (besonders Colagetränke) |
| 350 | Natriummalate | unbedenkliche Salze der Apfelsäure |
| 351 | Kaliummalat | unbedenkliche Salze der Apfelsäure |
| 352 | Calciummalate | unbedenkliche Salze der Apfelsäure |
| 353 | Metaweinsäure | unschädliche Säuren und Salze |
| 354 | Calciumtartrat | unschädliche Säuren und Salze (Salz der Weinsäure) |

# Liste der E-Nummern

| E-NR. | NAME | BEMERKUNGEN |
|---|---|---|
| 355 | Adipinsäure | unschädliche Säuren und Salze - Adipat |
| 356 | Natriumadipat | unschädliche Säuren und Salze - Adipat |
| 357 | Kaliumadipat | unschädliche Säuren und Salze - Adipat |
| 363 | Bernsteinsäure | natürlicher unschädlicher Stoff |
| 380 | Triammoniumcitrat | unbedenklich |
| 385 | Calciumdinatriumethylendiamintetraacetat | kann zu Stoffwechselbeeinträchtigungen führen - vom häufigen Verzehr abzuraten |
| 400 | Alginsäure | Wird u. a. aus Braunalgen gewonnen, kann vom Körper nicht verwertet werden und bildet mit einigen Spurenelementen, z. B. Eisen, schwerlösliche Verbindungen, die Eisenaufnahme im Körper wird dann behindert. |
| 401 | Natriumalginat | |
| 402 | Kaliumalginat | |
| 403 | Ammoniumalginat | Wird u. a. aus Braunalgen gewonnen, kann vom Körper nicht verwertet werde und bildet mit einigen Spurenelementen, z. B. Eisen, schwerlösliche Verbindungen, die Eisenaufnahme im Körper wird dann behindert. |
| 404 | Calciumalginat | |
| 405 | Prophylenglycolalginat | |
| 406 | Agar-Agar | unverdauliches Geliermittel aus Rotalgen |
| 407 | Carrageen | Allergien auslösender Stoff; kann die Schmerzschwelle senken |
| 407a | Verarbeitete Eucheuma-Algen | |
| 410 | Johannisbrotkernmehl | wird aus Samen des Johannisbrotbaumes hergestellt - für Allergiker bedenklich |
| 412 | Guarkernmehl | wird aus der Bohne der Guarpflanze hergestellt - für Allergiker bedenklich |
| 413 | Traganth | getrocknete Gummiabsonderung der asiatischen Astralagus-Sträucher - schwere allergische Reaktion möglich |
| 414 | Gummi arabicum | getrocknete Gummiabsonderung eines Leguminosenbaumes oder einer Akazienart - selten auftretende Überempfindlichkeit |
| 415 | Xanthan | wird aus der zuckerhaltigen Lösung von Pflanzen gewonnene - gilt als unbedenklich |
| 416 | Karaya | abführend - vom häufigen Verzehr abzuraten. Die Mineralstoffaufnahme im Körper kann gestört werden. |
| 417 | Tarakernmehl | wird aus den Samen des Tara-Strauches gewonnen - unbedenklich |

| E-NR. | NAME | BEMERKUNGEN |
|---|---|---|
| 418 | Gellan | unbedenklich |
| 420 | Sorbit | Zuckeraustauschstoff, bei einer Aufnahme von mehr als 50 g am Tag kann Durchfall auftreten, dient auch zum „Weichhalten" v. Süßwaren. |
| 421 | Mannit | gelegentlich Überempfindlichkeitsreaktionen möglich |
| 422 | Glycerin | unbedenkliche Feuchthaltemittel |
| 425 | Konjak | |
| 426 | Sojabohnen-Polyose | |
| 431 | Polyoxyethylen-(40)-stearat | unbedenklich |
| 432 | Polyoxyethylen-sorbitan-monolaurat (Polysorbat 20) | unbedenklich |
| 433 | Polyoxyethylen-sorbitan-monooleat (Polysorbat 80) | unbedenklich |
| 434 | Polyoxyethylen-sorbitan-monopalmitat (Polysorbat 40) | unbedenklich |
| 435 | Polyoxyethylen-sorbitan-monostearat (Polysorbat 60) | unbedenklich |
| 436 | Polyoxyethylen-sorbitan-tristearat (Polysorbat 65) | unbedenklich |
| 440 | Pektine | wird aus Früchten, z. B. Äpfeln, gewonnen |
| 442 | Ammoniumsalze von Phosphatidsäuren | synthetischer Stoff - gesundheitliche Wirkung unklar |
| 444 | Saccharoseacetatisobutyrat | Wirkung auf den Organismus unklar |
| 445 | Glycerinester aus Wurzelharz | unbedenklich |
| 450 | Diphosphate | verursacht möglicherweise Hyperaktivität - vom häufigen Verzehr abzuraten (besonders Colagetränke) |
| 451 | Triphosphate | verursacht möglicherweise Hyperaktivität - vom häufigen Verzehr abzuraten (besonders Colagetränke) |
| 452 | Polyphosphate | Stehen im Verdacht, bei regelmäßigem Konsum (z.B. Colagetränke, Schmelzkäse) Osteoporose zu fördern und daher wird vom häufigen Verzehr abgeraten. |
| 459 | Beta-Cyclodextrin | |
| 460 | Cellulose | unverdauliches Verdickungsmittel - regt die Verdauung an |

# Liste der E-Nummern

| E-NR. | NAME | BEMERKUNGEN |
|---|---|---|
| 461 | Methylcellulose | synthetisch - chemisch oder physikalisch behandelte Cellulose |
| 462 | Ethylcellulose | |
| 463 | Hydroxypropylcellulose | gilt als unbedenklich |
| 464 | Hydroxypropylmethylcellulose | gilt als unbedenklich |
| 465 | Ethylmethylcellulose | gilt als unbedenklich |
| 466 | Carboxymethylcellulose, Natriumcarboxymethylcellulose, Cellulosegummi | gilt als unbedenklich |
| 468 | Vernetzte Natriumcarboxymethylcellulose | |
| 469 | Enzymatisch hydrolysierte Carboxymethylcellulose, enzymatisch hydrolisierter Cellulosegummi | |
| 470a | Natrium-, Kalium- und Calciumsalze von Speisefettsäuren | gilt als unbedenklich |
| 470b | Magnesiumsalze von Speisefettsäuren | gilt als unbedenklich |
| 471 | Mono- und Diglyceride von Speisefettsäuren | gilt als unbedenklich |
| 472a | Essigsäureester von Mono- und Diglyceriden von Speisefettsäuren | gilt als unbedenklich |
| 472b | Milchsäureester von Mono- und Diglyceriden von Speisefettsäuren | gilt als unbedenklich |
| 472c | Zitronensäureester von Mono- und Diglyceriden von Speisefettsäuren | gilt als unbedenklich |
| 472d | Weinsäureester von Mono- und Diglyceriden von Speisefettsäuren | gilt als unbedenklich |
| 472e | Mono- und Diacetylweinsäureester von Mono- und Diglyceriden von Speisefettsäuren | wird von der WHO als bedenklich eingestuft |
| 472f | Gemischte Wein- und Essigsäureester von Mono- und Diglyceriden von Speisefettsäuren | gilt als unbedenklich |
| 473 | Zuckerester von Speisefettsäuren | gilt als unbedenklich |
| 474 | Zuckerglyceride | gilt als unbedenklich |

| E-NR. | NAME | BEMERKUNGEN |
|---|---|---|
| 475 | Polyglycerinester von Speisefettsäuren | gilt als unbedenklich |
| 476 | Polyglycerin-Polyricinoleat | von häufigem Verzehr abzuraten |
| 477 | Propylenglycolester von Speisefettsäuren | gilt als unbedenklich |
| 479b | Thermooxidiertes Sojaöl mit Mono- und Diglyceriden von Speisefettsäuren | schwer verdauliches Trennmittel aus Sojaöl - unbedenklich |
| 481 | Natriumstearoyl-2-lactylat | gilt als unbedenklich |
| 482 | Calciumstearoyl-2-lactylat | gilt als unbedenklich |
| 483 | Stearoyltartrat | gilt als unbedenklich |
| 491 | Sorbitanmonostearat | gilt als unbedenklich |
| 492 | Sorbitantristearat | gilt als unbedenklich |
| 493 | Sorbitanmonolaurat | gilt als unbedenklich |
| 494 | Sorbitanmonooleat | gilt als unbedenklich |
| 495 | Sorbitanmonopalmitat | gilt als unbedenklich |
| 500 | Natriumcarbonate | gilt in normalen Mengen als unbedenklich |
| 501 | Kaliumcarbonate | gilt in normalen Mengen als unbedenklich |
| 503 | Ammoniumcarbonate | gilt in normalen Mengen als unbedenklich |
| 504 | Magnesiumcarbonate | unbedenklich |
| 507 | Chlorwasserstoffsäure | Salzsäure - ist im verzehrfertigen Lebensmittel nicht mehr vorhanden, daher unbedenklich |
| 508 | Kaliumchlorid | gilt in normalen Mengen als unbedenklich |
| 509 | Calciumchlorid | gilt in normalen Mengen als unbedenklich |
| 511 | Magnesiumchlorid | gilt in normalen Mengen als unbedenklich |
| 512 | Zinn-II-chlorid | gilt in normalen Mengen als unbedenklich |

# Liste der E-Nummern

| E-NR. | NAME | BEMERKUNGEN |
|---|---|---|
| 513 | Schwefelsäure | die üblicherweise verwendete Mengen gelten als unbedenklich |
| 514 | Natriumsulfate | auch als Glaubersalz (Abführmittel) bekannt - unbedenklich |
| 515 | Kaliumsulfate | gelten als unbedenklich |
| 516 | Calciumsulfat | gilt als unbedenklich (Gips) |
| 517 | Ammoniumsulfat | gelten als unbedenklich |
| 520 | Aluminiumsulfat | für Alzheimer-Patienten bedenklich - von Verzehr abzuraten |
| 521 | Aluminiumnatriumsulfat | für Alzheimer-Patienten bedenklich - von Verzehr abzuraten |
| 522 | Aluminiumkaliumsulfat | für Alzheimer-Patienten bedenklich - von Verzehr abzuraten |
| 523 | Aluminiumammoniumsulfat | für Alzheimer-Patienten bedenklich - von Verzehr abzuraten |
| 524 | Natriumhydroxid | gilt als unbedenklich (Natronlauge) |
| 525 | Kaliumhydroxid | gilt als unbedenklich |
| 526 | Calciumhydroxid | gilt als unbedenklich |
| 527 | Ammoniumhydroxid | gilt als unbedenklich |
| 528 | Magnesiumhydroxid | gilt als unbedenklich |
| 529 | Calciumoxid | gilt als unbedenklich |
| 530 | Magnesiumoxid | gilt als unbedenklich |
| 535 | Natriumferrocyanid | gilt als unbedenklich |
| 536 | Kaliumferrocyanid | gilt als unbedenklich |
| 538 | Calciumferrocyanid | gilt als unbedenklich |
| 541 | Saures Natriumaluminium-phosphat | für Alzheimer-Patienten bedenklich - von Verzehr abzuraten |
| 551 | Siliciumdioxid | unverdauliches Trennmittel - unbedenklich (Kieselsäure) |
| 552 | Calciumsilicat | unverdauliches Trennmittel - unbedenklich |

| E-NR. | NAME | BEMERKUNGEN |
|---|---|---|
| 553a | Magnesiumsilicat, Magnesiumtrisilicat | unverdauliches Trennmittel - unbedenklich |
| 553b | Talkum | gilt als unbedenklich |
| 554 | Natriumaluminiumsilicat | für Alzheimer-Patienten bedenklich - von häufigem Verzehr ist abzuraten (Kieselsäure) |
| 555 | Kaliumaluminiumsilicat | für Alzheimer-Patienten bedenklich - von häufigem Verzehr ist abzuraten (Kieselsäure) |
| 556 | Calciumaluminiumsilicat | für Alzheimer-Patienten bedenklich - von häufigem Verzehr ist abzuraten (Kieselsäure) |
| 558 | Bentonit | für Alzheimer-Patienten bedenklich - von häufigem Verzehr ist abzuraten (Kieselsäure) |
| 559 | Aluminiumsilicat (Kaolin) | für Alzheimer-Patienten bedenklich - von häufigem Verzehr ist abzuraten (Kieselsäure) |
| 570 | Fettsäuren | unbedenkliche natürliche Fettsäure |
| 574 | Gluconsäure | gilt als unbedenklich |
| 575 | Glucono-delta-lacton | gilt als unbedenklich |
| 576 | Natriumgluconat | gilt als unbedenklich |
| 577 | Kaliumgluconat | gilt als unbedenklich |
| 578 | Calciumgluconat | gilt als unbedenklich |
| 579 | Eisen-II-gluconat | Färbungsmittel für Oliven - gilt als unbedenklich |
| 585 | Eisen-II-lactat | gilt in normalen Mengen als unbedenklich |
| 586 | 4-Hexylresorcin | |
| 620 | Glutaminsäure | Kann bei empfindlichen Menschen Schläfendruck, Kopf- und Magenschmerzen auslösen, wird als Geschmacksverstärker in vielen Fertiggerichten eingesetzt (Chinarestaurants) - allergische Reaktionen sind möglich. |
| 621 | Mononatriumglutamat (MNG) | |
| 622 | Monokaliumglutamat | |
| 623 | Calciumdiglutamat | Kann bei empfindlichen Menschen Schläfendruck, Kopf- und Magenschmerzen auslösen, wird als Geschmacksverstärker in vielen Fertiggerichten eingesetzt (Chinarestaurants) - allergische Reaktionen sind möglich. |
| 624 | Monoammoniumglutamat | |
| 625 | Magnesiumdiglutamat | |

# Liste der E-Nummern

| E-NR. | NAME | BEMERKUNGEN |
|---|---|---|
| 626 | Guanylsäure | für gesunde Menschen unbedenklich - Personen mit erhöhten Harnsäurewerten im Blut (Hyperunikamie) sollten diesen Stoff meiden |
| 627 | Dinatriumguanylat | |
| 628 | Dikalimguanylat | |
| 629 | Calciumguanylat | |
| 630 | Inosinsäure | |
| 631 | Dinatriuminosinat | für gesunde Menschen unbedenklich - Personen mit erhöhten Harnsäurewerten im Blut (Hyperunikamie) sollten diesen Stoff meiden |
| 632 | Dikaliuminosinat | |
| 633 | Calciuminosinat | |
| 634 | Calcium-5'-ribonucleotid | |
| 635 | Dinatrium-5'-ribonucleotid | |
| 640 | Glycin u. dessen Natriumsalze | gilt als unbedenklich |
| 650 | Zinkacetat | |
| 900 | Dimethylpolysiloxan | gilt als unbedenklich |
| 901 | Bienenwachs, weiß und gelb | natürliches, unbedenkliches Überzugsmittel |
| 902 | Candelillawachs | Überzugsmittel, wird aus einem mexikanischen Wolfsmilchgewächs gewonnen - gilt als unbedenklich |
| 903 | Carnaubawachs | gilt als unbedenklich |
| 904 | Schellack | Überzugsmittel, wird aus Ausscheidungen der Lackschildläuse gewonnen - gilt als unbedenklich |
| 905 | Mikrokristallines Wachs | Überzugsmittel, wird aus Erdöl gewonnen |
| 907 | Hydriertes Poly-1-decen | |
| 912 | Montansäureester | Vom Verzehr der damit behandelten Zitrusfrüchteschalen ist abzuraten. |
| 914 | Polyethylenwachs-oxidate | gelten als unbedenklich |
| 920 | L-Cystein | Schweineborsten oder Menschenhaare |

| E-NR. | NAME | BEMERKUNGEN |
|---|---|---|
| 927b | Carbamid | gilt als unbedenklich |
| 938 | Argon | gilt als unbedenklich |
| 939 | Helium | gilt als unbedenklich |
| 941 | Stickstoff | gilt als unbedenklich |
| 942 | Distickstoffmonoxid | gilt als unbedenklich (Lachgas) |
| 943a | Butan | |
| 943b | Isobutan | |
| 944 | Propan | |
| 948 | Sauerstoff | ungiftig |
| 949 | Wasserstoff | |
| 950 | Acesulfam-K | gilt als unbedenklich |
| 951 | Aspartam | Für Menschen mit Phenylketonurie bedenklich. Kann Heißhunger hervorrufen und somit Übergewicht fördern. Der Verdacht, Krebs zu erzeugen, konnte aufgrund aktueller Studien entkräftet werden. |
| 952 | Cyclohexansulfamidsäure und ihre Na- und Ca-Salze | in den USA wegen Krebsverdachts verboten - von häufigem Verzehr ist abzuraten |
| 953 | Isomalt | vom Verzehr über 20 mg ist abzuraten |
| 954 | Saccharin und seine Na-, K- und Ca-Salze | von häufigem Verzehr ist abzuraten |
| 955 | Sucralose | |
| 957 | Thaumatin | natürlicher Süßstoff - gilt als unbedenklich |
| 959 | Neohesperidin DC | gilt als unbedenklich |
| 961 | Neotam | Süßstoff aus Aspartam |
| 962 | Aspartam-Acesulfamsalz | Mischung aus 64 % Aspartam und 36 % Acesulfam-K |
| 965 | Maltit | vom Verzehr über 30 mg ist abzuraten |

# Liste der E-Nummern

| E-NR. | NAME | BEMERKUNGEN |
|---|---|---|
| 966 | Lactit | vom Verzehr über 50 mg ist abzuraten |
| 967 | Xylit | von einmaligem Verzehr von 20 mg oder 50 mg täglich ist abzuraten. Kann bei übermäßigem Genuss Durchfall auslösen. |
| 968 | Erythrit | |
| 999 | Quillajaextrakt | vom Verzehr wird abgeraten |
| 1103 | Invertase | |
| 1105 | Lysozym | Probleme bei Allergie gegen Hühnerei |
| 1200 | Polydextrose | gilt als bedenklich |
| 1201 | Polyvinylpyrrolidon | gilt als bedenklich |
| 1202 | Polyvinylpolypyrrolidon | gilt als bedenklich |
| 1204 | Pullulan | |
| 1404 | Oxidierte Stärke | gilt als bedenklich |
| 1410 | Monostärkephosphat | gilt als bedenklich |
| 1412 | Distärkephosphat | gilt als bedenklich |
| 1413 | Phosphatiertes Distärkephosphat | gilt als unbedenklich |
| 1414 | Acetyliertes Distärkephosphat | gilt als unbedenklich |
| 1420 | Acetylierte Stärke | gilt als unbedenklich |
| 1422 | Acetyliertes Distärkeadipat | gilt als unbedenklich |
| 1440 | Hydroxypropylstärke | gilt als unbedenklich |
| 1442 | Hydroxypropyldistärkephosphat | gilt als unbedenklich |
| 1450 | Stärkenatriumoctenylsuccinat | gilt als unbedenklich |
| 1451 | Acetylierte oxidierte Stärke | |
| 1452 | Stärkealuminiumoctenylsuccinat | |

| E-NR. | NAME | BEMERKUNGEN |
|---|---|---|
| 1505 | Triethylcitrat | |
| 1517 | Glycerindiacetat (Diacetin) | |
| 1518 | Glycerintriacetat (Triacetin) | gilt als bedenklich |
| 1519 | Benzylalkohol | |
| 1520 | 1,2-Propandiol (Propylenglykol) | |

Quelle E-Nummern:
Bundesgesetzblatt 2003, Teil I, Nr. 29, Seite 1027 ff
vom 24. Juni 2003, Liste B, mit Änderungsnachträgen.

Die unter „Bemerkungen" gemachten Angaben spiegeln unterschiedliche Interpretationen von Bewertungen in der Literatur z.B. den Informationstabellen von Verbraucherschutzverbänden wider. So wird einerseits von „allergieauslösend" und andererseits von „in Einzelfällen allergieauslösend" gesprochen. Oder, in den Fällen, in denen Zusatzstoffe als „bedenklich" eingestuft werden, wird auch bei anderen Interpretationen von ähnlichen Bedenken gesprochen. In der Grundaussage herrschen also ähnliche Bewertungen vor, wenn auch in leicht abweichenden Interpretationen.

# Bibliografie

**Klassische Texte aus dem Sanskrit**

Charaka Samhita (Sanskrit-Originaltext mit engl. Übersetzung von P. V. Sharma), 3 Bände, Ed. Chaukambha Orientalia, Varanasi 1981

Susruta Samhita (engl. Übersetzung v. R. R. Bishagratna) Chaukambha Sanskrit Series, Varanasi 1963

Materia Medica of Ayurveda, Based on Madanapala's Nighantu, Vaidya Bhagwan Dash, Health und Harmony, 1991, New Delhi

Ayurveda-Lehrbuch-Kompendium der Charaka Samhita-Band 1 u. 2, Srikanta Sena, Vasati Verlag, Berlin 2003

**Moderne Fachliteratur in deutscher und englischer Sprache**

Ayurveda – Wesen und Methodik, Prof. Subash Ranade, M. A. Sc., Ph. D., Karl F. Haug Verlag, Heidelberg 1994

Biogenic Secrets of Food in Ayurveda, L. P. Gupta, Chaukhamba Sanskrit Pratishthan, Delhi, 1999

Food Principles for Healthy Living, Dr. Rajif Rastogi, Chaukamba Sanskrit Pratishthan, Delhi 2003

Ayurvedic Healing – A Comprehensive Guide, By Dr. David Frawley, O. M. D., Morson Publishing, Salt Lake City, 1989

The Ayurveda Encyclopedia, Natural Secrets to Healing, Prevention, und Longevity, Swami Sada Shiva Tirtha, Ayurveda Holistic Center Press, Bayville, NY, 1998

Mitschriften aus der Ayurveda-Fachausbildung mit Dr. Vasudevan Namboothiri über den niedersächsischen Fachverband für Heilpraktiker in Wunstorf und Coimbatore, Tamil Nadu, 1998/99

Secrets of Healing, Maya Tiwari, Lotus Press, Twin Lakes, 1995

Kitchen Remedies – The Ayurvedic Way, Dr. Anand Moreshwar Raut, Chaukamba Sanskrit Pratishthan, Delhi, 2003

Ayurveda – Der Weg des gesunden Lebens, Dr. Vinod Verma, Heyne, München 1995

Das Ayurveda Lebensbuch, Reinhart Schacker, Iris Verlag, Amsterdam, 2000

Die 4 Elemente – Der geheime Schlüssel zur geistigen Macht, Emil Stejnar, Ibera-Verlag, Wien, 2008

The Ayurvedic Course, Part III, Ayurvedic Therpeutic Methods, Copyright David Frawley, 1988

Textbook Of Ayurveda – Fundamental Principles Vol. 1, Dr. Vasant Lad, The Ayurvedic Press, Albuquerque, N.M., 2002

Die Hormon Revolution – spektakuläre Behandlungserfolge mit bioidentischen Hormonen, Dr. med. Michael E. Platt, VAK Verlags GmbH, Kirchzarten b. Freiburg, 2009

Das große Ayurveda Handbuch, Maya Tiwari, Windpferd Verlagsgesellschaft mbH, Aitrang, 1996

Ernährung für Mensch und Erde – Grundlagen einer neuen Ethik des Essens, Christian Opitz, Hans-Nietsch-Verlag, 1995

Ayurvedic Cooking for Self-Healing, Usha Lad und Dr. Vasant Lad, The Ayurvedic Press, Albuquerque, N.M., 1994/97

Ayurvedic Remedies For The Whole Family, Light Miller, Motilal Banarsidass Publ., pr. Ltd., Delhi, 2006, repr.

Practice Of Ayurveda, Swami Sivananda, Divine Life Society, Shivanandanagar, 2001

Prakruti – Your Ayurvedic Constitution, Dr. Robert E. Svoboda, Motilal Banarsidass Publishers, Delhi, 2005

Ayurveda Materia Medica, Über die Eigenschaften von Pflanzen, Nahrungsmitteln und Rezepturen im Ayurveda, Srikanta Sena, Vasati Verlag, Berlin/Deutschland, 2007

Die Kraft lebendiger Räume – Das große Vastu-Buch, Marcus Schmieke, AT Verlag, Aarau, Schweiz, 2000

R. Steiner, „Naturgrundlagen der Ernährung" – Themen aus dem Gesamtwerk, Bd. 6, Verlag Freies Geistleben, Stuttgart, 1981

Ronald Kaiser, „Kölner Ethnologische Arbeitspapiere", Herausgeber Thomas Schweizer, Band 3, Holos Verlag, Bonn, 1992

Vedische Kochkunst, Adiraja Dasa, The Bhaktivedanta Book Trust, 1987

Andreas Moritz, Die wundersame Gallenblasenreinigung. Ein kraftvolles Verfahren zur Verbesserung Ihrer Gesundheit und Vitalität, Voxverlag, Germany, 2008

**Zeitschriften – Fachmagazine**

Forum Ayurveda, Vol.1, Beitrag v. S.N. Gupta: „Basic Terms Of Ayurveda", VEAT/Mahindra-Institut, 2002, Zürich

GEO Wissen, „Nahrung + Gesundheit", 21/94, Gruner + Jahr, Hamburg

Der Spatz, Anzeiger für Ökologie und Gesundheit, 21. Jg., I/2010, März/April, Art.: „Wie man uns Tag für Tag zu Vielfressern erzieht"

# FAQ

Häufig gestellte Fragen von Kurgästen und Patienten und den Antworten der Autoren

### Frage nach einer Ernährungsberatung: „Ich möchte aber nicht täglich indisch essen!"

*Antwort:* Sie können ayurvedisch europäisch essen, ohne dass es exotisch schmecken muss. Entscheidend ist, dass Sie die Nahrung so zubereiten, dass sie schmackhaft, energetisch ausgeglichen und gut verträglich ist. (Lesen Sie mehr zu den Unterschieden zwischen indisch und ayurvedisch Kochen auf S. 32 ff.).

### Kurgast am Ende einer Pancha-Karma-Kur: „Muss ich im Alltag auf Fleisch verzichten?"

*Antwort:* In den USA wollte ein Mann unbedingt in das Guinnessbuch der Rekorde kommen. Er verspeiste innerhalb eines Jahres nach und nach sein Auto. Wenn er heute noch in Gesundheit leben sollte, habe ich großen Respekt. Es gibt Menschen, die täglich nicht einmal ein Schälchen Salat verdauen können. In der Definition von Ayurveda dreht sich alles um die Zu- und Abträglichkeit. „Fleisch oder kein Fleisch" ist eher eine Frage der Ästhetik oder der geistig-spirituellen Ausrichtung. Ayurveda hat mich dazu bekehrt, mit diesen Grundfragen undogmatisch umzugehen. Ich bin seit 30 Jahren Vegetarier und kann trotzdem meinen Kindern die Schnitzel klein schneiden. Jeder muss selbst herausfinden, was seiner Gesundheit und seinem Leben am besten tut.

### Frage: „Darf ich jetzt gar keinen Salat mehr essen, keinen Kaffee mehr trinken und kein Brötchen mehr essen?"

*Antwort:* Ayurveda ist alles andere als dogmatisch. Früher wollte ich alle Patienten zu Vegetariern machen. Ich wurde eines Besseren belehrt. Solange die Genussfreude nicht mit der eigenen gesundheitlichen Toleranzgrenze kollidiert, können Sie essen, wonach Ihnen der Sinn steht. Als „Stoffwechselwesen" haben wir eine innere Verbrennungsmaschine, ein Feuer. Achten Sie stets darauf, dass dieses Feuer am Leben erhalten bleibt. (Mehr dazu S. 94 ff.)

### Frage: „Wie koche ich Zuhause für alle Familienmitglieder ausgleichend? Ich kann doch nicht für jeden extra kochen?!"

*Antwort:* Dies ist eine sehr gute Frage! Wenn Sie sattvisch kochen, d. h. so, wie im vorliegenden Buch beschrieben, verwenden Sie milde Gewürze, Vollwertgetreide, Nüsse, geschälte Hülsenfrüchte, Gemüse und Obst der Jahreszeit und Frischmilchprodukte. Sie werden die Erfahrung machen, dass jedes Familienmitglied gleichermaßen diese Art zu kochen verträgt. Jeder kann dann nach seinen Vorlieben die Beilagen und Zutaten variieren. Ein Pitta-Typ wird vielleicht einen süßen Lassi oder einen Salat vorwegnehmen und frisch gehackten Koriander zur Hauptspeise oder Früchte als Nachtisch wählen. Ein Vata-Typ wird sich etwas mehr Ghee auf die warmen Speisen geben oder etwas Naturjoghurt oder süßes Chutney beimengen. Ein Kapha-Typ kann etwas grünen Chili oder scharfen Pickles verwenden. Generell kann man sich auch an der Idee der Tridosha orientieren, was die Kombination von Lebensmitteln betrifft.

### Frage: „Warum soll man abends kein Eiweiß zu sich nehmen?"

*Antwort:* In der Regel essen wir in der Kapha-Zeit zu Abend, also zwischen 18 Uhr und 22 Uhr. In dieser Zeit ist unser Agni schwach und träge. Eiweiße sind schwer verdaulich, d. h. die Verweildauer der Nahrungsstoffe im Magen ist abends doppelt so lange. Wenn Eiweiß nicht vollständig (wie tagsüber) verstoffwechselt wird, entstehen Fäulnisprozesse, wilde Gärungen, mit der Bildung von Leichengiften (Kadavarinen) und toxischen Gasen (Indol, Skatol, Kresol). Diese sind eine enorme Belastung für Leber und Darm und damit auch für das Blut. Zu tierischem Eiweiß gehören neben Fleisch und Wurst auch Fisch, Ei und Milchprodukte. Selbst pflanzliche Eiweiße von Hülsenfrüchten sollten demzufolge abends eher gemieden werden.

### Frage: „Trinken Sie gar keinen Alkohol?"

*Antwort:* Es ist immer schwierig, von sich auf andere zu schließen. Nach dem Motto: „Was des einen Nahrung, ist des anderen Gift", kann mein abendliches Glas Wein für Sie schon negative gesundheitliche Auswirkungen haben. Es ist wichtig, seine eigenen Grenzen zu kennen und zu respektieren. Unser Ego und unser Verstand sind wie zwei ungezähmte Affen, die uns ständig auf dem Kopf herumtanzen und Dummheiten machen. Wir können sie nur bezähmen, indem wir einen klaren Rahmen setzen. Andererseits sollten wir ständigem Drängen nach Genuss, Luxus, Spaß und Vergnügen maßvoll Ausdruck verleihen. Befriedigung kommt von Frieden. Ständige Befriedigung verlangt nach mehr und wird zum Laster, zur Sucht.

**Frage:** „Darf ich jetzt gar kein Importobst mehr essen?"

*Antwort:* Sie sollten wissen, dass dieses Obst, bevor es in Ihren Händen landet, mindestens 20 mal gespritzt und schließlich unreif geerntet wurde. Viele Vitamine und Spurenelemente entstehen erst während des Reifungsprozesses unter der Einwirkung von Sonnenlicht. Unreife Importfrüchte sind deshalb extrem säuernd, selbst wenn sie im Reifezustand basisch wirken. Ganz anders verhält es sich, wenn Sie beispielsweise auf den Kanaren frische Dattelfeigen oder in Indien Mangos oder Fingerbananen essen. Man sollte nach Möglichkeit die Früchte und Gemüse verzehren, die in der gleichen Region gereift sind, in der wir leben.

**Frage:** „Abends ist die einzige Mahlzeit, bei der mein Mann und ich in Ruhe beisammensitzen. Wenn ich da auf Käse, Fleisch oder Fisch verzichten muss – was bleibt denn dann noch?"

*Antwort:* Es ist alles eine Frage der Gewöhnung. Man kann sich auch deftige Suppen aus Gemüsen und Kräutern zaubern, die die Lust auf Pikantes stillen, oder Gemüsegratins, leichte Aufläufe oder leckere Eintöpfe. Es ist kein Problem, da ab und zu etwas Käse darüberzustreuen. Wer erst einmal auf die fleischlose Entdeckungsreise geht, wird überraschend viel Schmackhaftes finden. Seien Sie fantasievoll! Kreieren Sie Ihren eigenen Speiseplan im Rahmen der ayurvedischen Maßstäbe nach Ihrem persönlichen Geschmack! Es gilt auch hier nicht das Dogma des Verzichts. Man muss nicht auf alles verzichten, sollte sich aber über die möglichen Folgen bewusst sein und regelmäßig fasten, wenn man abends über die Strenge schlägt.

**Frage:** „Nahezu alle Zutaten werden in der ayurvedischen Küche gekocht. Nimmt man da genügend Vitamine zu sich?"

*Antwort:* Zu diesem Thema findet man viele widersprüchliche Theorien. Ich glaube nicht, dass alle Menschen, die sich in den vergangenen Jahrtausenden ayurvedisch ernährt haben, an Vitaminmangel gelitten haben. Bestimmte Nahrungsmittel wie Kohl und Hülsenfrüchte werden erst durch den Garungsprozess (nicht durch den Gärungsprozess!) verdaulich. Die darin enthaltenen Vitamine werden deshalb nicht komplett zerstört. In der westlichen Hemisphäre sind so gut wie keine Fälle von Avitaminose bekannt. Sie kommt nur unter extremen Lebensbedingungen vor (wie z.B. bei den Seefahrern, die häufig an Skorbut erkrankten und daran auch starben). Sie sollten auch zwischen der ayurvedischen Kurküche und der Alltagsküche unterscheiden. Zuhause sind Obst und Salate nicht tabu – außer Ihr Verdauungssystem toleriert sie im Augenblick nicht. Die goldene Mitte zu finden, auch in diesen elementaren Lebensbereichen, ist sicherlich erstrebenswert.

**Frage:** „Ernähren Sie sich Zuhause auch immer ayurvedisch?"

*Antwort:* Nach ayurvedischen Kriterien zu essen, ist keine Frage nationaler Küchentraditionen. Es geht hier um eine Zubereitungsmethode. Sie können ayurvedisch mediterran, skandinavisch, russisch oder indisch kochen. Der Schlüssel zu einer gesunden Ernährungsweise ist immer die individuelle Konstitution, das Agni, die Jahreszeiten, die Lebensphase. Wer die Grundqualitäten der Nahrungsmittel kennt, sollte wissen, wie er sich ausgeglichen ernährt.

# Bezugsquellen und Links

## Bezugsquellen und Links

Die Dimensionen des Mikrokosmos Mensch und des Makrokosmos, also des Universums, wird in einem spektakulären Kurzfilm namens „Zehn hoch" dargestellt.

### In unserem Naturhaus finden Sie eine Auswahl der im Buch verwendeten Ayurvedischen Produkte

www.narayana-verlag.de (Rubrik Naturhaus)

Wie zum Beispiel das Set zum Buch „Ayurvedisches Küchenset zum Einsteigen" mit 19 Gewürzen und weiteren Grundzutaten.

Das Sortiment wird ständig erweitert und angepasst.

### Ayurveda-Fachartikel, Interviews und viele Infos:

www.ayurveda-portal.de
www.vigyanprasar.gov.in/index.asp
www.ayurved-wagholi.org

www.marktplatz.de
www.ayurveda-handel.de

# Danksagungen

Unser Dank gilt Frau Dr. Hedwig Gupta, die uns an einem kritischen Punkt des Buchs eine äußerst hilfreiche Neuorientierung gab. Ihre Anregungen sorgten im theoretischen Teil für sehr viel mehr Klarheit und Struktur. Hinter all dieser Arbeit steckt als Spiritus Rector Dr. Lad. Viele Aspekte und Gedanken seiner bahnbrechenden Pionierarbeit im Westen flossen auch in dieses Buch mit ein. Ihm sei hiermit großer Dank und unsere tiefste Verehrung ausgesprochen. Auch unseren Familien danken wir für ihre Geduld und Unterstützung. Ein besonderer Dank gilt Freund Bernd Neddermeyer, der eigens mit nach Indien fuhr, um dort für das Buch schöne stimmungsvolle Bilder einzufangen. Von ihm stammen auch einige Küchenfotos. Letztlich haben unsere Kurgäste den Grundstein zu diesem Buch gelegt. Sie waren es, die uns immer wieder dazu ermutigt haben, doch endlich ein allgemein verständliches, praktisches Kochbuch zu schreiben.

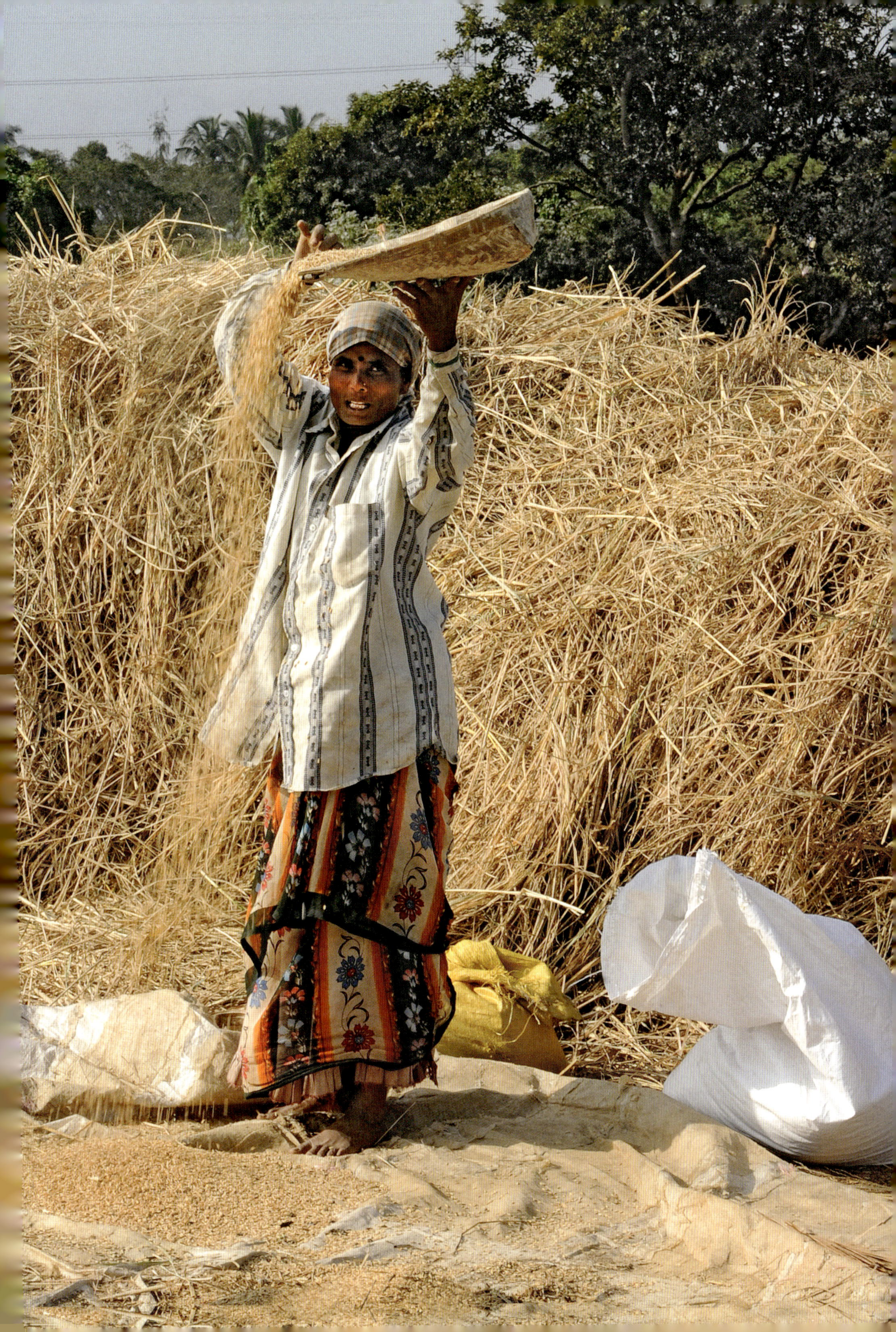

# Nachworte

## Nachwort von Alexander Pollozek

Die Ayurveda-Diät, wie wir sie Ihnen – gemäß alter Traditionen in unsere Zeit gestellt – hier präsentieren, ist ohne medizinische Kontrolle ausschließlich für Gesunde gedacht, die sich bewusster und dem Typ entsprechender ernähren möchten. Es ist ratsam, vor Beginn einer Ernährungsumstellung, einen ayurvedischen Gesundheitscheck bei einem Fachmann durchführen zu lassen. So haben Sie schneller Erfolg. Auch werden Sie so kaum Gefahr laufen, diese ganzheitliche Lebensweise nach einigen Wochen missmutig abzuhaken, wie Sie es vielleicht bei so mancher „Illustrierten-Diät" getan haben.

Bei welchen Störungen diese typgemäße Diät ungeeignet ist:
- Massive Fettsucht (metabolisches Syndrom)
- Essstörungen (Bulimie/Magersucht)
- Psycho-somatische Erkrankungen, Süchte
- Allergien u.a. Immun-/Autoimmunerkrankungen
- Chronische und systemische Krankheiten
- Erkrankungen der inneren Organe
- Krebserkrankungen, AIDS
- Hormonelle Stoffwechselentgleisungen
- Diabetes u.a. endokrine Störungen

> **Merke**
>
> In diesen Fällen ist eine ayurvedische Anamnese und umfassende persönliche Beratung mit Komplextherapie unabdingbar, falls Sie sich ayurvedisch behandeln lassen wollen.

Im Vergleich zu allen bisherigen Medizinsystemen ist die ayurvedische Nahrungsenergetik universell, komplex und überraschend klar. Hier ist nicht die chemische Zusammensetzung von Belang. Auch der Gehalt an Vitaminen, Mineralien und Spurenelementen oder Kalorien interessiert hier nicht. Folglich kann es auch keine Standarddiät geben. Von zentraler Bedeutung ist vielmehr, dass die Nahrung, die wir zu uns nehmen und die Art und Weise, wie wir sie verzehren, in Harmonie schwingt mit unserer eigenen Natur. In Indien gibt es unzählige Food Doctors – Diätärzte. Sie heilen Krankheiten nur mithilfe von Diäten. Auch wenn die Resultate etwas länger auf sich warten lassen: Die ayurvedische typenbezogene Diättherapie ist, wenn z. B. keine Arzneimittel zur Verfügung stehen, die zielsicherste Therapie überhaupt.

Zur verantwortungsvollsten Pflicht jedes Heilkundigen zählt, die Potenz jeder Substanz zu kennen. Wer als medizinischer oder Ernährungsberater tätig ist, sollte die toxischen Wirkungen, die Potenzen und die chemischen Reaktionen von Heilpflanzen, Gewürzen und unseren Nahrungsmitteln und chemischen Zusätzen kennen. Ohne dieses Wissen wird er in der Diagnostik und Behandlung gesundheitlicher Störungen hilflos und ineffektiv sein.

Zu Zeiten der Rishis gab es weder polychlorierte Biphenyle, DDT oder Natriumchloracetat, Dioxin, radioaktive Strahlung oder Schwermetalle in Nahrung, Wasser, Boden oder der Luft. Reine Nahrung nach sattvischen Kriterien gibt es heute so gut wie nirgendwo mehr auf der Erde. Desto mehr ist es ein Gebot der Umstände, für eine routinemäßige Unterstützung der Ausscheidung und für eine Entgiftung des Körpers zu sorgen. Wer erfahren hat, wie sehr der eigene Körper vor einer *Pancha*-Karma-Kur vergiftet war, wird ihn künftig als Tempelheiligtum begreifen.

Der Hirnforscher Gerald Hüther stellt in einem kürzlich gegebenen Interview fest, dass sich die Menschheit, seit der Entdeckung Amerikas, also seit über 500 Jahren, als rücksichtslose „Ressourcenausbeutungsgesellschaft" auf unserem Planeten betätigt. Ich schließe mich aus tiefster Überzeugung seinem Plädoyer an: Die einzige Chance der Rettung unseres Planeten ist ein grundlegender Paradigmenwechsel. Wenn wir anfangen, unsere eigenen humanen Ressourcen, unsere geistigen Potentiale, ‚auszubeuten' für die Erhaltung unserer Umwelt, haben wir eine Überlebenschance. Nutzen wir sie!

## Nachwort von Dominik Behringer

Auf der Erde wirken im 3. Jahrtausend Kräfte, die Strukturen schaffen, denen man sich kaum noch entziehen kann. Wohin diese Entwicklung weitergeht, lässt sich nicht sagen. Ausschlaggebend ist, dass jeder Einzelne für die Entwicklung mitverantwortlich ist: durch sein Verbrauchsverhalten, sein Informationsverhalten und in der Erziehung seines Nachwuchses. Wir werden mit einer systematischen Qualitätsreduzierung aller natürlichen Nahrungsmittel konfrontiert und nur die wenigsten haben die Möglichkeit, sich alternativ zu versorgen.

Aus allen Mysterienoffenbarungen der letzten Jahrtausende ist uns bekannt, dass Materie aus Geistkraft gebildet wird und nicht umgekehrt. Das bedeutet, dass Geistkraft schöpferisches Potenzial besitzt und der Materie hierarchisch übergeordnet ist. Da die menschliche Geisteskraft im 3. Jahrtausend bereits sehr geschwächt ist, ist es für einen bewussten Menschen erforderlich, sich in der Stärkung der geistigen Kraft zu üben. Ein wunderbares Ritual hierfür ist das Kochen und „Imprägnieren" unserer Speisen mit geistigen Qualitäten. Das stärkt unsere Gedanken- und Vorstellungskraft und damit unseren Willen. Willenskraft ist der stärkste Motor zum Erreichen persönlicher Ziele und der Schlüssel zu einem erfolgreichen und gesunden Leben.

Sich des Prozesses, dem man sich hingibt, bewusst zu werden, ist der Schlüssel zur erfolgreichen Geistesschulung. Das Essen und auch das Zubereiten sind nur zwei von vielen Möglichkeiten, diesen Schlüssel anzuwenden. Hier kann man sich meist ungestört beobachten. Mit der Zeit wird man diesen Prozess auch auf andere Bereiche übertragen. Gesundes Kochen erfordert „Wach-Sein", um bewusst durchgeführt zu werden. Zu Beginn eines jeden Kochvorgangs werden Sie immer die erforderliche Haltung einnehmen und einen guten Vorsatz haben. Wenn Sie sich diese Inhalte aber nach 20 Minuten „zurückholen", werden Sie überrascht sein, wohin Ihre Gedanken in der Zwischenzeit abgeschweift sind.

„Wunschimprägnieren" Sie das Essen. Damit ist das Aufladen mit Wünschen und damit verbundenen Wirkungen gemeint. Stellen Sie Ihr angerichtetes Essen vor sich hin und halten Sie Ihre Handflächen darüber. Konzentrieren Sie sich auf einen Gedanken oder Wunsch, mit dem Sie das Essen „anreichern" wollen (z. B. „Gesundheit" oder „Zufriedenheit" oder eine andere Eigenschaft Ihrer Wahl). Seien Sie sich ohne jeden Zweifel gewiss und schicken Sie diese Eigenschaften auf den Weg. Mit ein wenig Übung wird Ihre Vorstellungskraft immer stärker und deutlicher werden. Die letzten zweifelnden Gedanken, die sich anfangs noch dazwischendrängen, werden nach und nach verschwinden. Wenn sich der letzte Zweifel aufgelöst hat, werden Sie feststellen, dass die Nahrung Ihnen das beschert, was sie wollen. Diese geistigen Übungen lassen sich auf viele andere Lebensbereiche übertragen und zeigen überall Wirkung, solange man sie weiter praktiziert und nicht nachlässig wird. Wir beeinflussen mit unserem Verhalten auf diese Weise unsere direkte Umgebung, also Familie, Bekannte und Freunde. Wenn wir uns dieser „Macht" bewusst sind, wird unsere gestalterische Fähigkeit wachsen.

Die Schlüssel zum Entwickeln von positivem Denken liegen in Mitgefühl, Liebe und dem Bewusstsein über die Macht der eigenen Gedanken. Dies alles sind sattvische Qualitäten!

# Sanskrit-Glossar

| | |
|---|---|
| Abhishyandi | Klebrige, schleimige, schwer verdauliche Nahrungsmittel mit stark blockierender Wirkung auf die Srotas (Körperkanäle). |
| Agni | Verdauungsfeuer, das Nahrung in Energie oder Bewusstsein transformiert. |
| Ahamkara | Wörtlich: „Ich-Former"; das Ich-Empfinden, Ego. |
| Ahara | Nahrung, Nahrungsaufnahme. |
| Ahara rasa | Chylus oder Nahrungsbrei, der für die Absorption in die Gewebe (Dhatu) bereit ist. |
| Ama | Unverdaute Stoffwechsel-, Abbauprodukte. |
| Amavisha | Endogene, durch Ama-Bildung, verursachte Toxikose. |
| Amla | Siehe u.a. Rezept S. 192. |
| Amrut | Wörtlich: „Nektar der Unsterblichkeit"; nahrhafte, die Sinne, den Geist und Körper stärkende, süße, Schönheit verleihende Mittel von sattvischer Natur. |
| Anupanam | Adjuvans, klassisches Einschleusungsmedium für Arzneien wie z.B. Milch (V), Ghee (VP), Honig (K) oder Wasser (PK). |
| Asatmendriyartha Samyoga | Unkorrekter Gebrauch der Sinnesorgane mit ihren -objekten. Schädigender Einsatz der Wahrnehmungs- und Tatorgane zur falschen Zeit. |
| Asatmya | Unzuträglicher, Krankheit verursachender Kontakt der Tat- bzw. Sinnesorgane mit den Sinnesobjekten. |
| Ashwabala | „Was den Pferden Kraft verleiht". |
| Asthi dhatu | Knochengewebe; das 5. der sieben Körpergewebe. |
| Atharva Veda | Eine kanonisierte Textsammlung der vier Vedas. |
| Atiyoga | Exzessive Stimulation der Sinnesorgane. |
| Aushadha | Medikament, Therapie. |
| Avastha paka | Rohform des Nahrungsbreis der während der einzelnen Stadien der Verdauung (süß, sauer, salzig etc.) mithilfe der Verdauungssäfte immer weiter aufgespalten wird. |
| Ayoga | Mangelnde Stimulation der Sinnesorgane. |
| Bhagavadgita | „Der Gesang Gottes" ist ein spirituelles Gedicht – traditionell die Quintessenz der Veden, eine der zentralen Schriften des Hinduismus (2. - 5. Jt. v. Chr.) |
| Bhagavata Purana | 12-bändige Verssammlung über die Beziehung der Seele zu ihrem Ursprung. |
| Bhutagni | Das Stoffwechselfeuer, basierend auf den fünf Elementen mit Sitz in der Leber. |
| Buddhi | Der individuelle menschliche Intellekt, das „Buddha-Bewusstsein". |
| Devavyapashraya | Klassische „spirituelle Therapie". |
| Dhatu | Körpergewebe; insgesamt sieben Struktur verleihende Gewebe, die den menschlichen Körper aufbauen. |
| Dhatvagni | Von Dhatu & Agni: Das Stoffwechselfeuer jedes Gewebes mit Sitz in der Zellmembran; es nährt das Gewebe, erhält den Gewebestoffwechsel und transformiert unreifes in reifes Gewebe. |
| Dhumapana | Rauchen von arzneilichen Substanzen wie spezielle, die Atemwege reinigende Gewürze und Heilkräuter. |
| Dinacharya | Wörtlich „Tagesroutine"; vorbeugendes, täglich praktiziertes Morgenritual bzw. allgemeine Präventivmaßnahmen zur körperlichen & geistigen Hygiene. |
| Dipana | Prozess der Entfachung des Agnis durch entsprechende Gewürze, Fasten, Yoga u. a. medizinische Maßnahmen. |

| | |
|---|---|
| Dosha | Mit Bezug auf Vata, Pitta und Kapha die drei psychophysiologischen Funktionsprinzipien des Körpers; ihr Verhältnis zueinander wird zum Zeitpunkt der Empfängnis bestimmt. Die Doshas erhalten und unterstützen alle Funktionen des Körpers. Aus dem Gleichgewicht geraten, können sie Krankheiten erzeugen. |
| Dravya | Materie, Substanz; definiert als das, was in einer untrennbaren Einheit verbunden, Eigenschaften (Guna) und Wirkungen (Karma) besitzt. |
| Ghee | „Flüssiges Gold"; geklärte gereinigte Butter oder reines Butterfett; durch einen langen Kochprozess wird das Wasser der Butter verdampft und das verfestigte Eiweiß vom Butterfett getrennt. Verfügt über hohe medizinische und kosmetische Qualitäten! |
| Guna | Attribut oder Qualität; eine der 20 universellen Qualitäten und eine der drei Qualitäten des kosmischen Bewusstseins (siehe Triguna: Sattva, Rajas, Tamas). |
| Gurvadi Guna | Die 20 universellen Qualitäten oder zehn Gegensatzpaare. |
| Jatharagni | Das zentrale Feuer des Verdauungsapparats, verantwortlich für die Absorption und Assimilation aufgenommener Nahrung. |
| Jivatma | Die individuelle Seele (des Menschen). |
| Jnanendriya | Die fünf Sinnesempfindungen; die inneren Tore der Wahrnehmung einschließlich der Sinnesorgane und deren Reizleitungen zum Gehirn. |
| K+ | Vermehrt Kapha-Symptome. |
| Kaliyuga | Das so genannte „dunkle Zeitalter" des Materialismus, der Gottlosigkeit und Zerstörung; Niedergang vieler Kulturen. |
| Kapha | Eines der Tridoshas, bestehend aus Erd- und Wasserelement; das psychophysiologische Prinzip, das dem Körper Struktur und Stabilität verleiht und den Zellverband zusammenhält. |
| Karma | Wörtl. „Handlung" od. „Behandlung"; das karmische Gesetz besagt, dass es für jede Aktion im Universum eine entgegengesetzte Reaktion gibt; spezifische pharmakologische Wirkung einer Substanz oder Droge; Qualität (Guna) & Wirkung (Karma) bilden die inhärente Natur einer jeden Substanz. |
| Kayagni | Kaya = der Körper; das Feuer im menschlichen Organismus, das durch Nahrungszufuhr unterhalten wird. |
| Kichari/ Kichadi | Das Kernstück der ayurvedisch-vegetarischen Küche ist ein Eintopf aus Reis und Dal (Linsen oder Bohnen) mit Gewürzen & Gemüsen der Jahreszeit. |
| Krimighna | Wurmkiller, Anthelmintikum. |
| Langhana | Fasten ist ein wichtiger Bestandteil der Pancha Karma-Therapie, um Ama zu eliminieren und Agni anzuregen. |
| Mahabhutas | Fünf Elemente. |
| Mahad | Das große Prinzip, die kosmische Intelligenz, der kosmische Aspekt des Intellekts; enthält Buddhi (menschl. Intellekt) Ahamkara (Ego) und Manas (Verstand). |
| Majja dhatu | Knochenmark; das 6. der sieben Körpergewebe. |
| Mala | Ausscheidungsstoff der drei Mala: Stuhl, Urin und Schweiß. |
| Mamsa dhatu | Muskelgewebe; das 3. der sieben Körpergewebe. |
| Manas | Der menschliche Verstand - einer der Ursachenfaktoren für Leid & Krankheit. |
| Mandagni | Langsame, träge Verdauung der Kapha-Konstitution; eine der 3 Kategorien von gestörtem Agni (siehe S. 94). |
| Meda dhatu | Fettgewebe; das 4. der sieben Körpergewebe. |
| Mithyayoga | Pervertierter Gebrauch der Sinnesorgane. |

# Sanskrit-Glossar

|  |  |
|---|---|
| Nidana parivarjanam | Die Vermeidung von Krankheitsursachen mittels präventiver (Samshamanam) bzw. ausleitender (Samshodhanam) Maßnahmen. |
| Ojas | Subtile Manifestation des Kaphadosha; Essenz aus dem Stoffwechselkreislauf in den Geweben (s. Dhatu). |
| P+ | Vermehrt Pitta-Symptome. |
| Pacana | Kochen; das, was die Verdauung/Verstoffwechslung ankurbelt. |
| Panca mahabhuta | Die fünf Urelemente, die sich als Materie manifestieren: Äther, Luft, Feuer, Wasser und Erde. |
| Panir | Frischer indischer Hauskäse, gewonnen aus geronnenem und gepresstem Milcheiweiß. |
| Pitta | Eines der Tridoshas, bestehend aus Feuer- u. Wasserelement; das psycho-physiologische Prinzip, verantwortlich für Verdauung, Absorption, Assimilation, Zellversorgung u. Körpertemperatur. |
| Prakruti | Urmaterie; die kosmische Mutter; das kreative Potenzial; die psychosomatische und biologische Konstitution eines Individuums; die einzigartige Kombination der Tridosha zum Zeitpunkt der Empfängnis. |
| Prana | Subtile Manifestation des Vatadoshas; die vitale Lebenskraft; ohne sie ist Leben unmöglich; der Fluss zellulärer Intelligenz, der Zellkommunikation und Nervensystem kontrolliert. |
| Puja | Feueropfer, klassische hinduistische Feuerzeremonie, bei welcher Reis, Ghee und Früchte symbolisch dem Feuer geopfert werden in Verbindung mit Mantrarezitationen. |
| Purusha | Reines, undifferenziertes, unendliches Bewusstsein; neutrale, passive Wahrnehmung; Bewusstsein, das in den Sinneszentren des Menschen existiert. |
| Rajas | Eine der drei Qualitäten des kosmischen Bewusstseins (siehe Triguna: Sattva, Tamas); Prinzip der kinetischen Energie. |
| Rajasika | Nahrungsmittel mit anregender Wirkung auf Geist, Vegetativum und Hormonsystem. |
| Rakta Dhatu | Rote Blutkörperchen (Blutgewebe); das 2. der sieben Körpergewebe. |
| Rasa | Geschmack; feinstofflichstes Sinnesobjekt, verbunden mit dem Element Wasser; die 1. Wahrnehmung einer Substanz im Bereich des Mundes & der Zunge. Es gibt sechs Rasa: süß, sauer, salzig, bitter, herb und scharf. |
| Rasa Dhatu | Blutplasma, Lymphe; das 1. der sieben Körpergewebe. |
| Rasana | Geschmacksorgan. |
| Rasavahasrotas | Feine Lymphgefäße. |
| Rigveda | Der älteste Teil der 4 Veden (ca. 1750-1200 v.Chr.) Liederkreis-Sammlung über die Opferrituale und Hymnen der Arier. |
| Rishi | Ayurvedische Priesterärzte der Antike. |
| Sattva | Eine der drei Qualitäten des kosmischen Bewusstseins (siehe Triguna: Rajas, Tamas); Prinzip des Gleichgewichts, der Intelligenz, der klaren Wahrnehmung. |
| Shita | Kühlend; eine der 20 Qualitäten (siehe Guna). |
| Sattvika | Träger sattvischer Energie, siehe unter Sattva. Nahrungsmittel mit besänftigender, ausgleichender Wirkung auf Körper, Geist und Gemüt. |
| Satvavajaya | Klassische „psychologische Therapie". |
| Shita | Kühlend; eine der 20 Qualitäten (siehe Guna). |
| Shukra/Arthava | Männliche und weibliche Fortpflanzungsgewebe; das 7. von sieben Körpergeweben. |

| | |
|---|---|
| Srotas | Wegsystem; subtiler oder grobstofflicher Kanal bestehend aus Geweben (siehe Dhatu), die Substanzen oder Energien innerhalb des Körpers transportieren. |
| Svedana | Schwitztherapie, eine der vorbereitenden Therapien für die 5 klassischen Ausleitungsverfahren (Pancha Karma). |
| Tamas | Eine der drei Qualitäten des kosmischen Bewusstseins (siehe Triguna: Sattva, Rajas, Tamas); Prinzip der Dunkelheit, Ignoranz, Trägheit und Unwissenheit. So genannte „Genussgifte" mit tamasischer Wirkung. |
| Tamasika | Träger tamasischer Energie, siehe unter Tamas. Nahrungsmittel mit erdender aber auch abstumpfender Wirkung auf den Geist. |
| Tejas | Subtile Manifestation von Agni/des Pittadoshas; kontrolliert die fein- und grobstoffliche Verdauung. |
| Tridosha | Die drei Dosha: Vata, Pitta und Kapha. |
| Triguna | Die drei Guna: Sattva, Rajas und Tamas. |
| Ugragandha | Wörtlich: „stark riechend". |
| Unani-Medizin | Die arabisch-persisch-griechische Medizin der Mogulkaiser, Besetzer Indiens. |
| Upadhatu | Das wichtigste Nebenprodukt aus der Bildung der Gewebe (Dhatu) z.B. Muttermilch aus der Bildung von Rasa Dhatu. |
| Upanishads | Sammlung philosophischer Schriften (ca. 700-200 v. Chr.), Teil der Veden; z.B. Chandogya Upanishad. |
| Ushna | Erhitzend; eine der 20 Qualitäten (siehe Guna). |
| V⁺ | Vermehrt Vata-Symptome. |
| V⁺P⁻K° | Abkürzung für Vata, Pitta und Kapha. „+" bedeutet erhöhende Wirkung, „-" bedeutet reduzierende Wirkung, „°" bedeutet neutrale Wirkung. |
| Vaidya | Der ayurvedische Arzt, wörtlich „der Wissende" bzw. Kundige der Veden. |
| Vastu (oder Vasati) | Wissenschaft der ‚kosmischen Architektur' oder „indisches Feng Shui" genannt. |
| Vata | Eines der Tridosha, bestehend aus Äther- und Luftelement; das psychophysiologische Prinzip, das alle Bewegungen im Körper kontrolliert. |
| Vega | Drang, Trieb; Impuls, der den Funktionen von Vata untersteht und u. a. die 13 Körpertriebe auslöst. |
| Vegasamdharana | Das Unterdrücken der natürlichen Reflexe. |
| Vikruti | Unausgeglichener, unnatürlicher, veränderter Zustand; der akute, gestörte Zustand der Dosha im Vergleich zu Prakruti. |
| Vipaka | Die terminale Nachverdauungswirkung von Nahrung im Dickdarmbereich mit Auswirkung auf die drei Mala. |
| Viruddhacesta | Die Gesundheit gefährdenden unbewussten Verhaltensweisen wider besseren Wissens. |
| Viruddhahara | Die Gesundheit gefährdende Nahrungsmittel und Tabukombinationen. |
| Virya | Die kühlende oder erhitzende Energie oder Potenz einer Substanz; die sekundäre Verdauungswirkung einer eingenommenen Substanz im Bereich des Magens. |
| VPK | Abkürzungen für Vata, Pitta und Kapha (als Tendenz) für die Bezeichnung der Konstitution (z.B. V1P3K2). |
| Yogasana | Yogaposition wie Kerze, Rad oder Kamel. |
| Yuktivyapashraya | Die klassische „rationale Therapie"; sie entspricht dem allopathischen, deduktiven Medizinansatz im Ayurveda. |

# Stichwortindex

## A

Abführmittel 63, 85, 93, 368
Abführtherapie 350
Abnehmen 196, 198
Absorption 45, 55, 95, 98, 100, 103, 129, 134, 382–384
Absorptionsphase 98, 100
Absorptionsstörungen 135
Äderchen, geplatzte 211
Aderlass 350
Adipositas 333, 345–347, 352
Adrak 196
Adrenalin 354
AIDS 332
Ajwan 188
Akne 207, 333
Akupunktur 351
Alkohol 13, 38, 45, 53, 63, 65, 74, 97, 116, 123, 125, 145, 155, 177, 188, 214, 354, 376
Alkoholiker 189
Alkoholsucht 188
Allergie 32, 35–36, 49, 53, 57, 73, 96, 105, 123, 142–143, 332–333, 362
Allergien auslösender Stoff 358, 360, 364
Allergiker 361, 364
allergische Reaktionen 200, 360, 362
Altersschwäche 333
Alzheimer 359, 368–369
Ama 85, 92, 95–96, 98, 101, 103, 105–107, 109, 111, 114, 120, 136, 144
Amenorrhö 202
Amöbenruhr 192
Amylase 100
Anämie 131, 142, 204, 212
Angina pectoris 333
Anginen 64
Angst 57, 63, 84, 124, 130
Anorexie 131, 172–173, 195–196
Anti-Anorektikum 191
Antibiotika 348
antidiuretisch 92
Antidot 111, 163, 214
Antioxidationsmittel 165
Äpfel 210
Aphrodisiakum 198, 204
Appetitanreger 198
Appetitlosigkeit 172, 189–190, 196, 201–202, 206, 215, 331
Appetitverlust 203, 208
Aromen 165

Arteriosklerose 105, 333, 352
Arthritis 96, 210
Arthritis, rheumatische 333
Arthrose 207
Arthrose, im Kniegelenk 207
Asant 189
Aspartam 165
Assimilation 29, 45, 55, 95–96, 98, 129, 134, 383–384
Asthma 86, 96, 105, 195–196, 205
Asthmaanfälle 194, 360
Astronautennahrung 165
Atembeschwerden 205
Atemnot 198, 212
Atemwegserkrankungen 333
Aufstoßen 96, 131, 200, 215
Augenbrennen 192–193, 215
Augenkrankheiten 131
Augenprobleme 193
Ausfluss 211
Austrocknung 47, 82
Auszehrung 333
Autoimmunerkrankungen 142, 332
Autointoxikation 96, 331, 352
Azidose 98, 123, 144, 350
Azidose-Therapie 34

## B

Badi Shep 192
Bananen 210
Bandwurminfektionen 192
Basedow-Krankheit 333
Bauchkrämpfe 63, 131, 190, 206
Bauchschmerzen 202, 204, 206, 208
Baunscheidtieren 351
Beruhigungsmittel 348
Bestrahlung 166
Bewusstlosigkeit 196
Bewusstseinsverlust 90
Bindehautentzündung 194
Bindemittel 165
Bingen, Hildegard von 33, 187
Bioanbau 166
Bioladen 166
biologisch-dynamisch 163
Blähbauch 105, 203–204, 208
Blähsucht 107, 131, 198
Blähungen 34, 48, 63, 68, 96, 124, 131, 189, 192, 196–197, 201, 205–206, 210
Blähungen, chronische 200
Blähungen, krampfhafte 197
Blasenentzündung, akute 199

Blasenerkrankung 333
Blaseninkontinenz 208
Blasenkrebs 361
Blindheit 144
Blutbildung 196
Blutdruck 333
Bluthochdruck 64, 93, 139, 196, 203, 350, 352
Blutkrankheiten 172
blutreinigend 202
Blutreiniger 207
Blutreinigung 341
Blutsystem 335
Blutungen 207, 215
Blutungen, starke 193, 199
Blutzuckerspiegel 100
Bockshornklee 190
Brechreiz 190, 215
Brennen 45, 90, 107, 171, 191, 197–198
Brennen, beim Harnlassen 200
Brennen, inneres 215
Bronchialasthma 190, 350
Bronchialasthma, chronisches 211
Bronchien 188
Bronchitis 64, 105
Brustkrebs 358
Brustschmerzen 210, 212
Büffelmilch 172
Burn-out 63
Butter, frisch 173
Buttermilch 172

## C

Candidamykosen 350
Chili 191
Chinch 206
Cholera 188
Cholesterinbelastung 196
Cholesterinspiegel 139
Cholesterinspiegel, erhöhter 352
Cholesterinwerte 304, 347
Chronic-Fatigue-Syndrom 333
**Chutneys und Raitas**
  Ananas-Chutney 309
  Apfel-Chutney 310
  Brombeer-Chutney 310
  Gurken-Raita 311
  Joghurt-Minzchutney 312
  Kokos-Chutney 312–313
  Tamarinden-Chutney 314
Chylus 101
Colonhydrotherapie 335, 352

Convenience-Food 133
Cortisol 354
Cuminsamen 201
Curryblätter 192

## D

Dalchini 208
Darm 338
Darmbeschwerden 210
Darmfunktionsstörungen 193
Darmgase 340
Darmperistaltik 92
Darmschädigungen 360
Darmspasmen 34
Datteln 212
Defekte, genetische 142
Dehydrierung 193, 331
Depression 38, 50, 53, 64, 84, 90, 112, 114, 120, 122, 131, 345, 351
Depressionsneigung 107
Dhania 200
Diabetes 35, 45, 50, 53, 64, 86, 96, 105, 188, 190, 211, 332–333, 345, 350, 352
Diäten
  Säure-Basen-Diät 30
  Schlankheitsdiät 193
Diätfasten 350
Diätrichtungen 32
Dinacharya 121
Diphtherie 333
**Dosas und Pfannkuchen**
  Gemüse-„Omelett" ohne Eier 250
  Holunderküchle 253
  Kräuterpfannkuchen 251
  Kürbisomelettes mit Meerrettichsoße 252
  Masala-Dosa 255
Dravya 81
Drüsenfunktion 337
Drüsenvergrößerung 194
Duodenum 98
Durchblutung 338
Durchblutungsstörungen 48
Durchfall 34, 49, 69, 90, 96, 103, 105, 107, 123, 143, 172, 192–196, 199, 201, 203–204, 206, 208, 210–211, 244, 360, 372
Durchfall, chronischer 205
Durchfallneigung 63
Durchfall, starker 203
Durst 57–58, 90, 105, 131, 136, 192
Durstlöscher 206
Dysmenorrhö 202

# Stichwortindex

Dyspnoe 131, 169, 172
Dysurie 131

## E

Eier 170
Einläufe 335
Eiweißverdauung 98
Ekzem 199, 211, 333
Elaichi 197
Elemente 6, 19, 37, 41, 44, 47, 49–50, 52–53, 55, 60–61, 81, 83, 90–91, 100, 122–124, 139, 151, 165, 187, 209, 374, 383
Emulgatoren 165
Entgiftungsorgane 334
Entschlackung 108, 351
Entzündungen 45, 49, 53, 123, 195–196
Entzündungsprozesse 96
E-Nummern 165
Enzyme 134
Erbrechen 90, 105, 107, 131, 142, 195–197, 203, 206, 208, 211, 244
Erbrechen, therapeutisches 350
Erde 14, 27, 33, 36, 45, 50, 53, 55, 81, 84, 87, 91, 98, 111, 119, 122, 133, 163, 187, 374, 380–381, 384
Erkältung 35, 50, 107, 122, 125, 139, 190, 196, 203–204, 207–209, 215, 284
Erkältung, chronische 188
Erkältungskrankheiten 336
Ernährungsumstellung 112
Erschöpfung 48, 108, 131, 142
Erschöpfungszustände 204
Essregeln 132
Essritual 128
Essstörungen 50, 96, 136, 139, 210, 326, 332, 346
Exkretion 55, 92, 95

## F

Farbstoff 165
Farbstoff, natürlicher 358
Farbstoff, synthetischer 359
Fasten 97, 105–107, 126, 131, 139, 141, 332–333
Fastenbrechen 333
Fastenkur 125–126, 348
Fast Food 133, 347, 349
Fäulnisprozesse 376
Feigen 171
Fenchel 192
Fernsehen 142
Fette 100
Fettgewebe 338

Fettleibigkeit 195, 207
Fettsäuren 360
Fettstoffwechsel 354
Fettsucht 207, 332, 345, 349
Fettverbrennung 348
Fettverdauung 98
Fettzellen 346
Feuer 81
Fieber 45, 49, 53, 105, 107, 123, 131, 171–172, 193, 196–197, 202, 209, 211, 215
Fiebergefühl 201
Fieber, postnatales 202
Fischfleisch 170
Fischverzehr 33
Fleisch 112, 376
Fleischsorten 170
Fleischverzehr 33, 206
Fruchtbarkeit, verminderte 361
Fructose 145
Frühjahrsmüdigkeit 333
**Frühstück und Dessert**
  Apfelkrapfen in Sirup 300
  Apfel-Samosa 299
  Gedünstetes Obst 300
  Geschmortes Obst 301
  Getreideporridge 301
  Hausrezept gegen Übergewicht, u. erhöhte Cholesterinwerte 304
  Halava, Grieß-Dessert 302
  Karotten-Halava 303
  Kheer – Milchreis 304
  Laddu – Indischer Konfekt, aus geröstetem Kichererbsenmehl 305
  Mandelkheer 306
  Porridgevariationen mit Obst 306
  Sandesh – Käsedessert 307
Furunkulose 333
Fußschwellungen 210

## G

Galle 98
Gallenblasenentzündungen 210
Gallenfluss 92
Gallensäure 84, 109, 351
Gallensekretion 136
Gallensteine 64, 105, 109, 352
Gärungen 376
Gastritis 123, 142, 190–191, 196, 198, 210
Gastroenteritis 105
Gedächtnisschwund 198
Gehirnschlagrisiko 139

Geist 113
Gelbwurz 206
Gelenkbeschwerden 190, 198
Gelenkprobleme 48
Gelenkschmerzen 63, 124, 191–193, 203, 208
Gelenksteifigkeit 107
Gemüse 170

**Gemüsegerichte**
Alu Matar – Kartoffeln u. Erbsen in Tomatensoße, 257
Auberginen-Khaddi 259
Ayurvedisches Ratatouille 276
Bengalisches Kürbiscurry 260
Bittergemüse 261
Bittermelonen-Sabji 262
Brinjal Poriyal – gefüllte Auberginen 263
Gefüllte Kohlblätter 264
Gefüllte Paprika 265
Gemüsebällchen in Soße 266
Getreidebratlinge mit Gemüse 268
Grüne Bohnen in Kichererbsensoße 269
Kaschmir-Kartoffeln 270
Kichererbsencurry 271
Kürbis-Kuzambhu 272
Mangoldgemüse mit Kartoffeln 273
Palak Paner, selbst gemachter Frischkäse in Spinat 274
Pasta Verdura 275
Weißkohl geschmort 277

Genitalschmerz 131
Gereiztheit 50, 63, 201, 332, 334
Gerste 169
Geschmack 82
Geschmacksverstärker 39, 133, 143, 165, 326, 347–348, 369
Geschwüre 49, 123, 188, 193–194, 200, 202, 209
Geschwüre, Magen 189–191
Geschwüre, Mund 194, 200, 205, 208
Gesichtslähmung 131
Gesichtsparalyse 173
Gesundheit 12–13, 27, 30, 32, 69, 81, 91, 95, 111–112, 121, 130, 138–139, 149, 165–166, 170, 201, 209, 325, 330, 351, 381

**Getränke**
Gewürzmilch 317
Gewürztee-Mischungen 317
Honigwasser 318
Limonade 318
Mangolassi 319
Safranlassi 320
Safranmilch 320
Sommerbowle 321

Stoffwechseltrunk 321
Getreide 169
Gewichtsabnahme 63, 331, 341, 350–351
Gewichtsproblem 346
Gewichtsreduktion 338, 341
Gewichtsverlust 199
Gewichtszunahme 75, 121–122, 143, 154, 346, 350
Ghee 173
Gicht 105, 109, 333, 340, 345
Gliederschmerzen 190–191, 193, 196–197, 208, 215
Gliederschwäche 215
Glückshormone 134, 349, 353
Glutamat 348
Glykogenspeicher 347
Granatapfel 171
Grüne Mungbohnen 193
Guna 82

## H

Haarausfall 199, 207, 359
Halitose 197
Halsreizungen 194, 196
Halsschmerzen 193
Hämorrhoiden 169, 172, 192, 205, 208
Harndrang 188
Harndrang, schmerzhafter 131
Harndrang, übermäßiger 193, 211
Harnretention 172
Hasenfleisch 170
Hauptmerkmale VPK 6, 56
Hautallergien 63
Hautausschläge 96, 203, 207
Hautbrennen 199
Hautirritationen 197
Hautkrankheiten 131
Hautkrankheiten, chronische 333
Hautpilz 142
Hautprobleme 49, 98, 123
Hautreizungen 192, 198
Hautreizungen, allergische 207
Hautveränderungen 359
Heiserkeit 171, 194, 205
Heißhunger 345–346, 371
Heißhungerattacken 136
Hernien 131
Herpes 202
Herzinfarkt 64, 74, 139
Herzkrankheiten 93, 96, 131, 170
Herzkrankheiten, koronare 333
Herz-Kreislauf-Erkrankungen 352
Herz-Lungen-Probleme 350

# Stichwortindex

Herzschmerzen 131
Heuschnupfen 35, 64, 74, 122, 350
Hing 189
Hitzeattacken 215
Hitzeempfindungen 63
Hitzewallungen 191
Honig 194
Hormone 348
Hühnerfleisch 170
Hungergefühl 133, 336
Husten 122, 124, 169, 172, 190, 195, 197, 204–205, 208, 210, 215
Husten, chronischer 207, 215
Husten, starker 198
Hybride 166
Hyperaktivität 363, 365
Hypoglykämie 210

## I

Immunerkrankungen 332
Immunstörungen 96, 121
Immunsystem 36, 39, 45, 53, 55, 61, 95, 139, 340
Impotenz 131, 142, 203, 210, 212
Infekte 35, 49, 63, 123, 142, 199, 284
Infekte, Magen-Darm 107, 123
Infekte, virale 199
Infektionen 202
Infektionen, bakterielle 188
Infektionen der Speicheldrüsen 198
Infektionskrankheiten 196, 200
Ingwer 196
Insektenbisse 201
Insektenstiche 189, 192, 194, 197, 215
Insulin 346–347
Insulinabhängige Diabetes 333
Intoxikation 333
Ischias 333

## J

Jahreszeiten 90, 125
Jaiphala 203
Jeera 201
Joghurt 172
Jucken der Kopfhaut 199
Juckreiz 98, 131, 194, 197, 199, 207, 215

## K

Kachexie 333
Kadhi Patta 192
Kaffee 13, 38, 63, 84, 116, 120, 144, 155, 197, 303, 348, 353, 376

Kaffeekonsum 133
Kali Mirch 205
Kalorienzählen 349
Kannda 209
Kardamom 197
Karies 205
Karma 85
Karma-Kur 348
Keshara 204
KH-Spaltung 98
Kirschen 211
Klimakterium 332
Knoblauch 170, 198
Knochenschmerzen 126
Knochenstärkung 212
Kohlenhydratverdauung 98
Kokosnuss 198
Kolik 105, 131, 210
Kongestionen 122
Königskümmel 188
Konservenkost 133
Konservierungsmittel 165
Konzentrationsschwäche 48, 198
Konzentrationsstörungen 346
Kopfschmerzen 107, 131, 197, 203, 205, 208, 360, 369
Koriander 200
Koronarsklerose 105
Körpergeruch 107
Körperschmerzen 192
Kotstau 131
Krampfadern 350
Krämpfe 48
Krankheiten, chronische 204
Krebs 142, 333, 371
Krebserkrankungen 332
Krebs erregende Nitrosamine 361
Krebsprophylaxe 351
Kreuzkümmel 201
Kribbeln, Glieder, der 215
Kuhmilch 172
Kurkuma 206

## L

Lactase 34–36
Lahasun 198
Laktose 145
Lebensmittelvergiftungen 202
Leberleiden 193
Leberreinigung 133, 341, 351–352
Leberreinigungsdiät 339
Leberschäden 359

| | | | |
|---|---|---|---|
| Leguminosen | 169 | Mundgeruch | 107, 189, 201, 203, 208 |
| Leichengifte | 376 | Mundtrockenheit | 171 |
| Lepra | 142, 144 | Mungbohnen | 169 |
| Lethargie | 45, 50, 84, 201, 209 | Muskatnuss | 203 |
| Leukorrhöe | 190 | Muskelkrämpfe | 210 |
| Libido | 188 | Muskelschmerzen | 202 |
| Libido, verringerte | 346 | Muskelschwäche | 210 |
| Light-Produkte | 133, 346 | Muskelschwund | 210 |
| Lipase | 100 | | |
| Luft | 81 | | |

## N

| | |
|---|---|
| Lungenkrankheiten | 189 |
| Lymphfluss | 135 |
| Lymphstau | 105 |
| Lymphsystem | 335 |

| | |
|---|---|
| Nackensteifheit | 131 |
| Nagelpilzerkrankungen | 199 |
| Nahrungsaufnahme | 100 |
| Nahrungsintoleranzen | 96 |
| Nahrungsunverträglichkeiten | 336 |
| Nano-Food | 165 |
| Naral | 198 |
| Nasenbluten | 199–200 |
| Natriumglutamat | 39 |
| Nausea | 131 |
| Nebenhöhleneiterung | 50 |
| Nebenhöhlenkatarrh | 125 |
| Nervenleiden | 189 |
| Nervosität | 124 |
| Nesselfieber | 199, 207 |
| Nesselvergiftung | 199 |
| Neurasthenie | 333 |
| Niedergeschlagenheit | 190, 211–212 |
| Nierenerkrankung | 333 |
| Nierenfunktionsstörungen | 193 |
| Nierenschäden | 359, 361 |
| Nikotin | 13, 38, 155 |
| Normalgewicht | 345 |
| Nulldiät | 97 |

## M

| | |
|---|---|
| Madenbefall | 188 |
| Madhu | 194 |
| Magenbrennen | 201 |
| Magen-Darm-Geschwür | 333 |
| Magenschleimhautentzündungen | 63, 210 |
| Magenschmerzen | 196, 332, 369 |
| Magenverstimmung | 201 |
| Magersucht | 172, 188 |
| Mandelentzündung | 205, 208 |
| Mango | 171 |
| Masern | 199 |
| Melancholie | 50, 58 |
| Menopause | 346 |
| Menstruation | 204, 337 |
| Menstruationsblutung, exzessive | 208 |
| Menstruationsfluss | 199 |
| Met | 171 |
| Methi | 190 |
| Migräne | 131, 200, 205 |
| Migräneanfall | 204 |
| Mikrowelle | 39, 109, 142, 148 |
| Milch | 172 |
| Milchfluss | 193, 201 |
| Milchsekretion | 93 |
| Minze | 202 |
| Mirch | 191 |
| Mitha Neem | 192 |
| Mittelohrentzündung | 142 |
| Monodiät | 331, 335 |
| Monokulturen | 166 |
| Moong | 193 |
| Müdigkeit | 64, 98, 107, 120, 122, 131, 133, 207, 334, 340, 350 |
| Müdigkeit, chronische | 107 |
| Mundfäule | 195 |

## O

| | |
|---|---|
| Obstipation | 105, 124 |
| Ödeme | 105, 142, 190 |
| Ödemneigung | 350 |
| Ohrakupunktur | 351 |
| Ohrenschmerzen | 194, 198, 202 |
| Ojas | 103 |
| Orangen | 171 |
| Osteoporose | 365 |
| Östrogenspiegel | 346 |

## P

| | |
|---|---|
| Pancha-Karma-Kur | 380 |
| Pancha-Karma-Therapie | 105, 142 |
| Panik | 130 |
| Pankreassäfte | 98 |

# Stichwortindex

| | |
|---|---|
| Parodontose | 199 |
| Pati Chaha | 208 |
| Penicillin | 348 |
| Pepsin | 98 |
| Pferdebohnen | 169 |
| Phenylketonurie | 371 |
| Phobien | 130 |
| Phthalate | 349 |
| pH-Wert-Bestimmung | 29 |
| Pickel | 142, 199, 203, 207 |
| Pigmentstörung | 142, 199 |
| Pilzbefall | 192 |
| Pilze | 170 |
| Pilzinfektionen | 199 |
| PMS | 337, 346 |
| Polyarthritis | 105 |
| Polyurie | 190 |
| Prabhava | 92 |
| Prämenstruelle Beschwerden | 211 |
| Prana | 12–14, 38–39, 53, 55, 60, 86, 95, 103, 109, 129, 133, 136, 142, 153–154, 162–163, 165, 167 |
| Progesteronspiegel | 346 |
| Proteine | 100 |
| Proteinspaltung | 98 |
| Psoriasis | 211, 333 |
| Psychose | 333 |
| Psychose, endogene | 142 |
| Psychosomatische Erkrankungen | 332 |
| Psychotrauma | 130 |
| Ptyalin | 98 |
| Pudina | 202 |
| Pusteln | 142 |

## R

| | |
|---|---|
| Rachenkatarrh | 200, 205, 208 |
| Rajas | 111 |
| Rasa | 29, 82, 122–124, 170 |
| Rasayana Cikitsa | 96 |
| Raum | 81 |
| Regelschmerzen | 346 |
| Reinigungsdiät | 342 |
| Reis | 169 |
| Reisemüdigkeit | 211 |
| Reiseübelkeit | 211 |

**Reisgerichte und Kicharis**

| | |
|---|---|
| Ayurvedisches Risibisi | 279 |
| Biryani/Pilaw | 280 |
| Gewürzreis | 281 |
| Herbstkichari | 282 |
| Kichari | 283 |
| Powerkichari | 284 |
| Zitronenreis | 285 |
| Reizhusten, trockener | 196 |
| Rettich | 170 |
| Rheuma | 105, 109, 126, 340 |
| Rhinitis | 170, 172 |
| Ringwurminfektionen | 189, 192, 199, 207 |
| Rohkostdiäten | 332 |
| Routine | 127 |
| Ruhr, chronische | 203 |

## S

| | |
|---|---|
| Saatgut | 166 |
| Safran | 204 |
| Saftfasten | 332, 334 |
| Salz, jodiertes | 133 |
| Salzsäure | 100 |
| Samenproduktion | 86, 92 |
| Sättigungsgefühl | 134 |
| Sauerdattel | 206 |
| Säuerungsmittel | 165 |
| Säuglinge, zahnende | 212 |
| Schafsmilch | 172 |
| Schilddrüse | 337 |
| Schizophrenie | 333 |
| Schlafengehen | 135 |
| Schlaflosigkeit | 172, 210–211 |
| Schlafstörungen | 48, 61, 63, 107, 124, 126, 196, 210 |
| Schleim | 22, 35, 45, 53, 55, 84, 96–97, 100, 107, 125, 169, 210, 332, 340 |
| Schleimhäute | 338 |
| Schleimhautreizungen | 49 |
| Schleim, reduzierend | 169 |
| Schließmuskelschwäche | 205 |
| Schluckauf | 131, 169, 172, 191, 194–196, 202, 207, 211 |
| Schluckauf, chronischer | 197 |
| Schmerzen | 48, 68, 131, 190, 193, 198, 204, 208, 210–211 |
| Schmerzen beim Harnlassen | 193 |
| Schmerzen im Brustraum | 201 |
| Schmerzlinderung | 207 |
| Schnittverletzungen | 207 |
| Schnittwunden | 215 |
| Schnupfen | 125, 200 |
| Schuppen | 199, 207 |
| Schwäche | 340 |
| Schwachsinn | 333 |
| Schwangerschaft | 212, 342 |
| Schwarze Bohnen | 169 |
| Schwarzer Pfeffer | 205 |

Schweinefleisch 142, 170
Schweiß 30, 45, 57–58, 84, 91, 103, 105–107, 383
Schweißabsonderung 96
Schweißbildung 90
Schwellungen 45, 50, 131, 172, 193, 195–196, 198, 207, 350
Schweregefühl 98
Schwermetalle 380
Schwermetallvergiftung 333
Schwindel 86, 90, 105, 131, 191, 197, 348
Schwindelanfälle 63
Schwindelgefühl 203
Schwitzen 96
Schwitztherapie 350
Sehschwäche 211
Sehstörungen 142, 359
Sex 134, 142
Skorbut 377
Skorpionstiche 202, 207
**Snacks**
   Alukofta 287
   Alupatra-Kartoffelschnecken 288
   Aluthikka 289
   Dal Katschauri 290
   Dalthikka 292
   Hirsebällchen 293
   Kürbisschnitze aus dem Ofen 294
   Pakora-Teig 294
   Spicy Wedges mit Gemüsedip 296
   Vegetarische Frikadellen 297
Sodbrennen 63, 69, 144, 188–189, 191–192, 195–197, 199, 205–206, 215, 332
Softdrinks 348
Somatotropin 348
Sonnenbrand 199
Speichelfluss, übermäßiger 189, 194, 198, 203
Sport 134
Steine, intrahepatische 352
Steinleiden 50
Stillen 192
Stoffwechsel 6, 27–28, 30, 45, 53, 55, 61, 72, 76, 82, 84, 87, 90–91, 95–96, 105, 108–109, 111, 119–120, 318, 331, 333, 341, 347, 349–350, 382, 384
Stoffwechselaktivität 95
Stoffwechselprobleme 32
Stoffwechselprozess 101
Stress 48, 50, 57, 63, 68, 72–74, 109, 120, 135, 211, 331, 353
Stresssituationen 354
Stuhl 30, 57–58, 68, 84, 92, 100, 103, 105–107, 179, 338, 383

Substanz 81
Sucht 38, 74, 84, 112, 114, 155, 332, 377
Süchte 50
**Suppen und Dals**
   Chanadal-Suppe 236
   Chanasabji-Gemüse mit Dal 238
   Dalbhat/Dalfry 239
   Getreidesuppe für die kalte Jahreszeit 240
   Karotten-Ingwersuppe 241
   Kokosrasam 248
   Kürbissuppe mit Fenchel 242
   Leichte Gemüsesuppe 243
   Mungdalsuppe 244
   Rasam mit grünen Bohnen 247
   Rote Linsensuppe 245
   Spinatrasam 248
   Tomatenrasam 248
Süßstoff 346

## T

Tages- und Jahreszeiten 117
Tamarinde 206
tamasisch 111
Taubenfleisch 170
Taubheit 144, 191, 215
Taubheit der Glieder 202
Taubheitsgefühl 196
Tbc 333
Testosteronspiegel 346
Thrombose 333
Tiefkühlkost 133
Tod 144
Toxikose, endogene 142
Toxine 340
Tremor 131
Trennkost 145
Trennmittel 165
Triglyzeride 139
Triguna 110, 114
Trockenmassagen 353
Trypsin 100
Turmerik 206

## U

Übelkeit (siehe auch unter „Nausea") 63, 105, 196–197, 203, 208, 212, 360
Überempfindlichkeit 63, 364
Überempfindlichkeitsreaktionen 365
Überessen 345, 348
Übergewicht 11, 35, 45, 50, 58, 64, 86, 106, 114, 139, 215, 304, 325, 329, 344–346, 348–350, 352,

# Stichwortindex

354, 371
Übergewichtige 354
Übersäuerung 30, 35, 49, 65, 69, 75, 105, 108, 143, 188, 190–191, 193, 195, 198–201, 203, 206, 208, 210, 215, 332
Ungeduld 63
Ungeziefer 215
Unruhe 45, 47–48, 57, 61, 63, 114
Unsicherheit 53, 63
Unterkühlung 124
Unterleibsbeschwerden 61
Unterzuckerung 331
Unverträglichkeiten 96
Urin 29–30, 57–58, 84, 92, 103, 105–108, 193, 349, 383
Urinsteine 131
Urtikaria 333

## V

Vata-Störungen 61, 170
Vegetarier 30, 37, 280, 376
Vegetarismus 32
Venenentzündung 333
Verbrennung 194, 215
Verdauung 6, 13, 22–23, 27–29, 33, 38, 47, 49–50, 55, 58, 73, 75–77, 82, 85, 92, 95–96, 98, 101, 103, 105–106, 111, 126, 129, 134, 142, 152–154, 177, 231, 307, 311, 365, 384–385
Verdauungsbeschwerden, chronische 336
Verdauungsenzyme 192
Verdauungslähmung 190
Verdauungsschwäche 188, 196
Verdauungsstörungen 107, 189, 195, 201, 203, 208
Vergiftungen (siehe auch unter „Intoxikation") 172
Verjüngungsmittel (siehe auch unter „Rasayana Cikitsa") 198
Verletzungen 192
Verletzungen, schwere 193
Verschleimung 35, 53, 64, 109, 143, 350
Verspannungen 48, 68, 126, 131, 190–192
Verstopfung (siehe auch unter „Obstipation") 45, 48, 63, 68, 96, 103, 107, 143, 171, 193, 195–196, 201, 206, 342, 350
Virya 90
Vitaminmangel 37
Vitiligo 199
Völlegefühl 201

## W

Wadenkrämpfe 131
Wasser 81, 172
Weichmacher 349
Wein, alt 171
Wein, frisch 171
Weintrauben 171
Weißfluss 206
Weißmehl 33, 38, 133
Weizen 169
Winde 57, 84
Windpocken 199
Wunden 194, 202
Wunden, entzündete 198, 203
Wundheilung 207
Wundrose 333
Wurmbefall 188, 198, 201, 204, 207

## Y

Yogasana 121

## Z

Zahnen mit Durchfall 212
Zahnfäule 203
Zahnfleischbluten 199, 210
Zahnfleischschwund 192
Zahnschmerzen 189, 194, 202–203, 208
Zeitzyklen 117
Zellatmung 30, 95
Ziegenfleisch 170
Ziegenmilch 172
Zimt 208
Zitronengras 208
Zittern 144, 172
Zugempfindlichkeit 48
Zungenbelag 107
Zusatzstoffe, chemische 133
Zwiebel 170, 209
Zwischenmahlzeiten 98

# Abbildungsverzeichnis

## Kapitel 1:

Seiten 1, 4, 23, 27, 31, 39: © Kara Kotsya – Fotolia.com S. 2: © MicroJapan – Fotolia.com, S. 6: oben: © hdsidesign – Fotolia.com, mitte: © Vulkanisator – Fotolia.com, unten: © Volodymyr Goinyk – Fotolia.com, S. 7: © photka – Fotolia.com, Seiten 8, 11 (links), 16/17, 24, 28: © Jutta Schneider und Michael Will, S. 11 mitte: © iStock.com, rechts: © AJITHA.A – Fotolia.com, Seiten 15, 18, 21, 25, 26, 37: © Bernd Neddermeyer, S. 19: © Alexander Pollozek, S. 32: © peppi18 – Fotolia.com, S. 34: © Okea – Fotolia.com

## Kapitel 2:

S. 40/41: © styleuneed – Fotolia.com, Seiten 43, 51, 58/59, 61, 67, 70/71: © Kara Kotsya – Fotolia.com, S. 46: © marlies plank – Fotolia.com, S. 48: © hdsidesign – Fotolia.com, S. 49: © Vulkanisator – Fotolia.com, S. 50: © Goinyk Volodymyr – Fotolia.com, S. 60: © kalafoto – Fotolia.com, Seiten 62, 76: © Alexander Pollozek, S. 72: © iStock.com, S. 77: © Bernd Neddermeyer

## Kapitel 3:

Seiten 78/79: © Jutta Schneider und Michael Will, S. 80: © Elena Schweitzer – Fotolia.com, Seiten 88, 89, 104, 110, 117, 132, 140: © Bernd Neddermeyer, S. 93: © Luftbildfotograf – Fotolia.com, S. 94: © Giorgio Clementi – Fotolia.com, S. 97: © Wikipedia, S. 102: © Vasant Lad, Ayurveda: The Science of Self Healing, Lotus Press, Twin Lakes, WI, 1984, Seiten 127, 130: © Kara Kotsya – Fotolia.com, S. 128, 137, 138: © iStock.com, S. 143: © rachwal – Fotolia.com, S. 145: © Lsantilli – Fotolia.com

## Kapitel 4:

Seiten 146/147, 150, 155, 156, 158 (links oben und rechts unten), 159 (rechts unten): © Jutta Schneider u. Michael Will Seiten 148, 152, 153: © Bernd Neddermeyer, Seiten 157 (links), 158 (rechts oben): © iStock.com, S. 157 rechts: © volff – Fotolia.com, S. 158 links unten: © Marco Mayer – Fotolia.com, links oben: © Kybele – Fotolia.com, S. 159 rechts oben: © Kara Kotsya – Fotolia.com, links unten: © eyewave – Fotolia.com

## Kapitel 5:

Seiten 160/161, 166/167, 168, 169 (unten), 172, 173, 191, 203: © Jutta Schneider und Michael Will, Seiten 162, 164, 169 (oben), 171 (oben), 213: © Bernd Neddermeyer Seiten 163, 171 (unten), 195 (oben), 216: © Kara Kotsya – Fotolia.com, S. 186/187: © Mikael Miro – Fotolia.com S. 188: © HLPhoto – Fotolia.com, S. 189: © CRAIG MCATEER – Fotolia.com , S. 190: © Cogipix – Fotolia.com, S. 192 oben: © Sonja Pauen, unten: © kulana – Fotolia.com, S. 193: © Sarefo, S. 195 unten: © rimglow – Fotolia.com, S. 196: © Torbz – Fotolia.com, Seiten 197, 211 (oben): © Elena Schweitzer – Fotolia.com, S. 198: © Tomboy2290 – Fotolia.com, S. 199: © eyewave – Fotolia.com, S. 200: © unpict – Fotolia.com, S. 201: © Christoph Werner – Fotolia.com, S. 202: © Miroslawa Drozdowski – Fotolia.com, S. 204: © Rainer Zenz, S. 205: © MacJac – Fotolia.com, S. 206: © Popova Olga – Fotolia.com, S. 207: © Leena Damle – Fotolia.com, S. 208 oben: © Light Impression – Fotolia.com, unten: © Wikipedia, S. 210: © Alex Shmit – Fotolia.com, Seiten 211 (unten), 215 (vorne): © iStock.com, S. 212: © aris sanjaya – Fotolia.com, S. 215 hinten: © Giuseppe Porzan – Fotolia.com

## Kapitel 6:

Seiten 218/219, 220, 222, 223, 224 (Bilderfolge links), 225, 229 (unten), 230 (unten): © Jutta Schneider und Michael Will, S. 224 rechts unten: © eyewave – Fotolia.com, S. 226 links: © Dionisvera – Fotolia.com, rechts: © Alexander Bryljaev – Fotolia.com, S. 227: © Bernd Neddermeyer, S. 228: unten: © Kara Kotsya – Fotolia.com, S. 229 oben: © photka – Fotolia.com, S. 230 oben: © unpict – Fotolia.com, S. 231 oben: © Janet Layher – Fotolia.com, unten: © kulana – Fotolia.com

## Kapitel 7:

Seiten 232/233, 234, 236 (Bildfolge oben), 237 (oben), 238 (unten), 241 (oben), 243, 245, 246, 249, 251 (oben), 252, 253, 254, 255, 258, 260, 263, 266, 267, 269, 270, 273, 274, 275, 277, 278 (oben), 281, 282, 285, 286, 288, 289, 291, 292, 293, 295, 297, 298 (oben), 302 (oben), 303, 305, 307, 308, 310, 313: © Jutta Schneider und Michael Will, S. 233: © yuliaglam - Fotolia.com, S. 235, 236/237, 311: © creative_stock - Fotolia.com, Seiten 236 (unten), 242 (unten), 247, 283, 294, 318: © Elena Schweitzer – Fotolia.com, S. 238: © Alexander Pollozek , S. 239: © unpict – Fotolia.com, S. 240: © Joerg Beuge – Fotolia.com, S. 241 unten: © Torbz – Fotolia.com, S. 242 oben: © Bernd Juergens – Fotolia.com, S. 244, 276: © iStock.com, S. 250: © womue – Fotolia.com, Seiten 256, 301, 314, 316, 319, 320: © Bernd Neddermeyer, S. 261: © rdnzl – Fotolia.com, S. 262 unten: © Bernd Neddermeyer/Tomboy2290 – Fotolia.com, S. 264: © st-fotograf – Fotolia.com, S. 267 oben: © Furret – Fotolia.com, S. 268: © kostrez – Fotolia.com, Seiten 271, 278 (unten), 287, 298 (unten), 309, 315: © Kara Kotsya – Fotolia.com, S. 285 (unten), 317: © photka – Fotolia.com, S. 302 unten: © emer – Fotolia.com, S. 304: © Light Impression – Fotolia.com

# Abbildungsverzeichnis / Die Autoren

**Kapitel 8:**

Seiten 322/323, 324, 327: © Jutta Schneider und Michael Will, Seiten 324, 326: © Kara Kotsya – Fotolia.com, S. 325: © Bernd Neddermeyer

**Kapitel 9:**

S. 328/329: © Francesco83 – Fotolia.com, Seiten 330, 337 (rechts), 339 (links), 342, 350, 351: © Jutta Schneider und Michael Will, S. 334: © teressa – Fotolia.com, S. 336, 355: © iStock.com, Seiten 337 (links), 340, 341 (links): © Bernd Neddermeyer, S. 338 links: © Daorson – Fotolia.com, rechts: iStock.com, S. 339 rechts: © squirlgirl – Fotolia.com, S. 341 rechts: © Aussiebloke – Fotolia.com , Seiten 343, 349: © Kara Kotsya – Fotolia.com, S. 344: © AJITH.A – Fotolia.com, S. 347 oben: © chestra – Fotolia.com, unten: © VRD – Fotolia.com, S. 352: © Teamarbeit – Fotolia.com

**Kapitel 10:**

Seiten 356, 373, 379, 396: © Bernd Neddermeyer, S. 375, 396: © Alexander Pollozek, S. 378: © creative_stock – Fotolia.com, S. 381, 394: © Kara Kotsya – Fotolia.com

**Rückseite Cover:** © Jutta Schneider und Michael Will, © Bernd Neddermeyer

Alle übrigen Abbildungen: © Narayana Verlag

## Die Autoren

**Alexander Pollozek** (geb. 1957) ist Heilpratiker, klinischer Ayurveda-Spezialist MI, Physiotherapeut, Akupunkteur, Yogalehrer, Seminarleiter, Mitglied des VEAT & EUAA, mit Ausbildungen in Indien, Sri Lanka und USA.

**Dominik Behringer** (geb. 1976). Nach seiner Ausbildung als Restaurantfachmann begann er professionell zu kochen und kam immer mehr zu der Erkenntnis, dass die Schulküche Europas alles andere als gesund und zuträglich ist. Durch Aufenthalte in vedischen Klöstern in Europa bekam er tiefere Einblicke in die Ayurvedische Küche, was ihn veranlasste, für ein Jahr nach Indien zu gehen, um das Studium der Materie zu vertiefen.

**AYURVEDA KURZENTRUM TRIGUNA®**
Kavaliershaus am Schlossplatz
HP Alexander & HP Alexandra Pollozek
Blauenstr.1 - 79410 Badenweiler
Tel. +49 (0) 7632 - 82 30-90, Fax -92
info@ayurvedazentrum.de
www.ayurvedazentrum.de

Nach der Ausbildung zum Heilpraktiker hat Alexander Pollozek verschiedene Fachlehrgänge im Bereich Ayurveda-Medizin in Indien absolviert, wie auch ein Fachstudium der Ayurveda-Medizin mit dem Abschlussdiplom „Medizinischer Ayurveda-Spezialist" bei Dr. Gupta, Mahindra-Institut in Birstein. Er hat 20 Jahre medizinische Erfahrung und ist seit 2008 der Leiter des Ayurveda Kurzentrums Triguna® im Kavaliershaus in Badenweiler mit integrierter Ayurvedischer Kurküche und Lehrinstitut.

Aus erster Hand lernte er dort den Ansatz von Nahrungsaufnahme als Therapiemöglichkeit kennen und Essen als Medizin einzusetzen. Seit Januar 2010 arbeitet er als Koch und Ernährungsberater in der Triguna- Küche in Badenweiler.

## Weitere Werke im Narayana Verlag

## Harsha Gramminger

### New Age Ayurveda - Meine Basics
*Ayurveda für jede Lebensphase*
145 Seiten, geb., € 14,80

Harsha Gramminger, geb. 1952, bleibt durch Ayurveda attraktiv, fit und gesund. Die praktizierende Ärztin ist eine moderne Botschafterin für die über 5.000 Jahre alte indische Volksmedizin. In ihrem Einführungsbuch New Age Ayurveda zeigt sie, wie einfach es ist, den Ayurveda in unseren westlichen Alltag zu integrieren. Ayurveda wirkt vor allem wohltuend, aber Ayurveda kann noch viel mehr!

Im Mittelpunkt steht die ganzheitliche Betrachtung des Menschen und seine Individualität. Diese Einführung erklärt die Ayurveda-Basics: Die konstitutionsgerechte Ernährung nach dem Vata-, Pitta-, Kapha-Prinzip, die Anwendung der Heilkräutermedizin und die Bedeutung von Yoga und Meditation anhand von Patientengeschichten. Schnell kommt man in die Balance. „Ayurveda ist längst keine Glaubenssache mehr. Spätestens nach drei Wochen ist der hartnäckigste Skeptiker überzeugt, weil er sich einfach besser fühlt!", sagt die Autorin. Den Basics folgen ein ausführliches New Age Ayurveda-Handbuch und ein New Age Ayurveda-Kochbuch mit vielen tollen Rezepten und Bildern, jeweils unterteilt in die einzelnen Lebensphasen... ein tolles *„Ayurveda-für-alle–Einsteigerbuch"*!

### New Age Ayurveda - Mein Handbuch
*Tipps für jede Lebensphase: Ernährung • Kräutermedizin • Yoga • Meditation*
490 Seiten, geb., € 48.-

Die Ärztin Dr. med. Harsha Gramminger zeigt in diesem Handbuch noch umfassender, wie ihr moderner New Age Ayurveda in die heutige Zeit und in unser Leben passt.

Ihre Erkenntnisse als Ärztin und Ayurvedin für ein gesundes zufriedenes Leben, verbinden sich zu einem großen heilsamen Ganzen. Jeder köstliche Ernährungstipp, jede Yogaübung, Meditation und Heilkräuterempfehlung ist nach den jahrtausendealten Prinzipien der ayurvedischen Heilkunst auf den Einzelnen abgestimmt. Aber Harsha Gramminger geht noch einen Schritt weiter: Nicht nur die Einteilung in die Doshas: Vata, Pitta, Kapha und die Subdoshas gehen auf die individuelle Befindlichkeit der Person ein. Zum ersten Mal eröffnet ein Buch Kindern, Schülern, Studenten, Berufstätigen, Reisenden, Schwangeren, Männern und Frauen in den „Wechseljahren" sowie Senioren die vielfältige, sinnliche Welt des Ayurveda.

Die Kapitel sind nach Lebensphasen unterteilt und berücksichtigen jeweils die Themen Ernährung, Yoga, Meditation, Kräuterheilkunde und Orientierungsratschläge für eine gesunde und glückliche Lebensweise.

### New Age Ayurveda - Mein Kochbuch
*Rezepte für jede Lebensphase*
270 Seiten, geb., € 34.-

Die Ayurvedische Küche schöpft aus einem Füllhorn an kulinarischen Erlebnissen.

Die köstlich-gesunden Ayurveda-Rezepte im New Age Ayurveda-Kochbuch entsprechen der konstitutionstypischen Ernährung nach den drei Doshas: Vata, Pitta, Kapha und sorgen für Genuss und optimale Bekömmlichkeit.

Dr. Harsha Gramminger, die moderne Botschafterin des jahrtausendealten Ayurvedas, hat traditionelle Rezepte bis hin zu neuen pfiffigen Kochideen aus der würzigen Ayurvedaküche zusammengestellt. Es riecht köstlich nach gesundheitsfördernden Kräutern und Gewürzen.

Sie versprechen wunderbare Geschmackserlebnisse für alle sechs Rasas: salzig, süß, sauer, scharf, bitter und herb. Wunderschöne Rezeptbilder machen Appetit aufs Nachkochen.

Kinder, Schüler und Studenten finden über das schmackhafte Essen Zugang zum Ayurveda, denn die Rezepte sind nach Lebensphasen unterteilt. Das Buch gibt sogar Ernährungstipps für unterwegs, für Berufstätige, Menschen in den Wechseljahren und Senioren – denn Stoffwechsel und Verdauungskraft, das Agni, sind je nach Lebenssituation unterschiedlich. Ein besonderes Kochbuch für die Gesundheit mit 150 Rezepten und vielen Farbfotos.

# Weitere Werke im Narayana Verlag

Andrea Zoller und Helmut Nordwig
## Heilpflanzen der Ayurvedischen Medizin
*Ein praktisches Handbuch über Zubereitung, Wirkung und Anwendung von über 220 Ayurvedischen Heilpflanzen und deren Rezepturen. Mit 340 Abbildungen und 400 Tabellen*
740 Seiten, geb., € 79.-

Ayurveda, die traditionelle indische Heilkunde, gehört zu den ältesten Heilmethoden und erfreut sich auch im Westen großer Beliebtheit. Das Standardwerk „Heilpflanzen der Ayurvedischen Medizin" ist eines der umfassendsten Kompendien und beschreibt detailliert über 220 der wichtigsten Heilpflanzen in übersichtlicher Tabellenform.

Die Autoren geben eine lebendige Einführung in die Ayurvedische Heilkunst, deren Grundlagen und das besondere Verständnis von Krankheiten. Die einzelnen Pflanzen werden detailliert beschrieben, wie z.B. Wirkung auf Doshas, Inhaltsstoffe und Herkunft. Besonders die genauen Angaben zur Zubereitung, Dosis und Anwendung sowie Hinweisen auf Nebenwirkungen machen die Mittelbeschreibungen auch für den westlichen Therapeuten einfach nutzbar.

Ausführlich wird die Wirkung der Heilpflanzen auf die Körpersysteme wie Atemwege, Verdauung, Haut, Herz-Kreislauf-System, Urogenitaltrakt sowie Nervensystem beschrieben. Besonders wertvoll sind klinische Tipps zu einzelnen Pflanzen aus der westlichen Praxis erfahrener Ayurveda-Therapeuten.

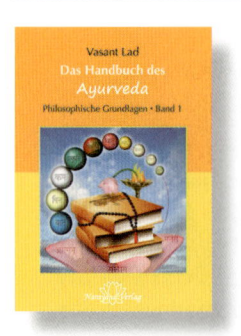

---

Vasant Lad
## Das Handbuch des Ayurveda
*Philosophische Grundlagen - Band 1*
400 Seiten, geb., € 49.-

Im vorliegenden Handbuch vermittelt Vasant Lad in dynamischer und inspirierender Weise die grundlegenden philosophischen Prinzipien des Ayurveda.

Wenn Vasant Lad die Mysterien des Ayurveda aus den klassischen Sanskrit-Texten enthüllt, bietet er dieses jahrhundertealte Wissen so dar, dass es für den modernen Studenten leicht zugänglich wird und trotzdem seinen uralten Wurzeln treu bleibt.

Vasant Lad beschreibt das Weltbild des Ayurveda und die Anwendungsmöglichkeiten im menschlichen Leben. Er erläutert die grundlegenden Strukturen und Funktionen von Körper, Geist und Seele, deren Aufbau und Zusammenwirken. Das Buch ist reich an Illustrationen, Tabellen, Diagrammen und praktischen Beispielen und verhilft dem Leser so zu einem umfänglichen Verständnis der grundlegenden Prinzipien des Ayurveda.

Dr. Lad ist einer der großen Ayurvedischen Lehrer unserer Zeit. Seine Ausführungen sind von ungewöhnlicher Klarheit und Schönheit, und es ist eine Freude seine Bücher zu lesen.

---

Rosina Sonnenschmidt
## Die Saft-Therapie
*Rohsäfte, Smoothies und Latte macchiati*
120 Seiten, geb., € 29,50

Dass frisch gepresste Obst- und Gemüsesäfte gesund sind, ist durch viele Bücher belegt. Hier geht es aber um den gezielten therapeutischen Wert und Einsatz frisch gepresster Säfte als Teil einer ganzheitlichen Behandlung.

Interessant ist, um wie viel besser homöopathische Mittel wirken, wenn durch die Obst-Rohsäfte die Reinigung von Blut, Lymphe und Gewebe angeregt wird und wenn durch die Gemüse-Rohsäfte der entkräftete Organismus aufgebaut wird. Außer Rohsäften werden auch Dicksäfte therapeutisch eingesetzt.

Die Rohsaft-Therapie spielt auch eine dominante Rolle bei Gewichtsproblemen, ob Adipositas, Magersucht oder Kachexie. Anhand von häufigen Krankheiten werden Rohsaft-Rezepte vorgestellt und durch spezielle naturheilkundliche Kuren ergänzt.

Das Buch dient sowohl dem ganzheitlich behandelnden Therapeuten für die tägliche Praxis als auch jedem Menschen, der vorbeugend die Heilkraft der Rohsäfte einsetzen möchte, um das Immunsystem stabil zu halten.

## Weitere Werke im Narayana Verlag

Evelyne Majer-Julian

### Homöopathie für die Wechseljahre
*Die wichtigsten Beschwerden und ihre homöopathische Behandlung*
148 Seiten, geb., € 29.-

Das erste Werk, welches die homöopathische Behandlung von klimakterischen Beschwerden in dieser Tiefe und Ausführlichkeit beschreibt.
Die französische Frauenärztin Dr. Evelyne Majer-Julian, Tochter des bekannten Homöopathen Othon-André Julian, praktiziert bereits seit über 40 Jahren und verfügt über große Erfahrung in der homöopathischen Therapie von typischen Beschwerden in der Menopause. Dies umfasst Hitzewallungen, Schweißausbrüche, Gewichtszunahme, sexuelle Beschwerden, Venenerkrankungen, Hautveränderungen und vaginale Trockenheit - auch langfristige Folgen wie Osteoporose, Arteriosklerose und typische Krebserkrankungen in dieser Lebensphase. Außerdem geht die Autorin auf die Hormonersatztherapie ein. Die Therapieempfehlungen sind sehr detailliert und gehen weit über die üblichen Polychreste hinaus. Oft empfiehlt die erfahrene Gynäkologin auch die Therapie mit spezifischen homöopathischen Hormonen oder anderen „kleinen" Mitteln. So empfiehlt sie z. B. Badiaga, Angelica sinensis oder homöopathisches Cortison bei Gewichtsproblemen oder Radium bromatum, Stillingia und Parathormon bei Osteoporose einschließlich einem klaren Dosierschema. Außerdem gibt die Autorin wertvolle Ratschläge aus der Gemmotherapie und der Phytotherapie. Ein umfassendes Werk, welches Therapeuten und Betroffenen gleichmaßen eine wichtige Hilfestellung bietet.

---

Alfonso Losa

### Lust auf Qi Gong - DVD
*mit Alfonso Losa -* Die **8 Brokate**
DVD, € 14,90

Seit über zehn Jahren beschäftigt sich der Schauspieler Alfonso Losa (Marienhof) mit Qi Gong. Als langjähriger Schüler unter dem Zen-Mönch Dokuho erlernte er diese effiziente Methode aus China zur ganzheitlichen Gesunderhaltung. Dass Alfonso mit Herz und Seele bei der Sache ist, zeigt seine erfrischende erste DVD mit den 8 Brokaten des Qi Gong.
Die Kulisse dafür ist atemberaubend: Auf einem Felsplateau über dem Atlantik zeigt er die meditativ anmutenden Bewegungsfolgen aus dem Fernen Osten. Die Übungen sind leicht, im Alltag nachzumachen, egal wie alt oder beweglich man ist. Das beharrliche Üben (Gong) kombiniert mit dem Nachspüren, wohin der Atem, die Lebensenergie (Qi) im Körper fließt, ergeben wunderbare, oft sofort spürbare Auswirkungen: Klarheit, Flexibilität der Gedanken, mehr Entspannung, mehr Kraft, mehr Körpergefühl - ein Cooldown für Körper, Geist und Seele.

---

Christiane Maute

### Homöopathie für Pflanzen
*Ein praktischer Leitfaden für Zimmer-, Balkon- und Gartenpflanzen. Mit Hinweisen zur Dosierung, Anwendung und Potenzwahl*
168 Seiten, geb., € 24.-

Ein handlicher Ratgeber über die häufigsten Pflanzenerkrankungen, Schädlinge und Verletzungen und deren bewährte homöopathische Behandlung.
Christiane Maute ist eine der Vorreiterinnen, die bereits vor zehn Jahren begann, die Nutz- und Zierpflanzen in ihrem Garten homöopathisch zu behandeln.
Die Reaktion der Pflanzen auf die Homöopathie war für sie in vielen Fällen verblüffend. Ob bei Blattflecken-Krankheit der Rosen, Braunfäule der Tomaten, Feuerbrand an Obstbäumen, Blattläusen, Kräusel-Krankheit, Krebs, Mehltau, Monilia-Fruchtfäule, Schneckenbefall, Sternrußtau oder schwachem Wachstum – Frau Maute erläutert zu den häufigsten Erkrankungen die wichtigsten homöopathischen Mittel.
Ein besonders für Hobbygärtner geeigneter Ratgeber, der durch Übersichtlichkeit besticht und auch Nicht-Homöopathen schnell zu begeisterten Anwendern werden lässt.

## Narayana Verlag

Blumenplatz 2, D-79400 Kandern
Tel: +49 7626-974970-0, Fax: +49 7626-974970-9

info@narayana-verlag.de

In unserer Online-Buchhandlung
**www.narayana-verlag.de**
führen wir alle deutschen und englischen Homöopathie-Bücher, sowie ein großes Sortiment an Titeln über Ayurveda und Naturheilkunde. Es gibt zu jedem Titel aussagekräftige Leseproben.

Auf der Webseite gibt es ständig Neuigkeiten zu aktuellen Themen, Studien und Seminaren mit weltweit führenden Homöopathen, sowie einen Erfahrungsaustausch bei Krankheiten und Epidemien.